中国墨子学会文库

墨子研究论丛(十四)

主　编　张子玉
副主编　张庆军　颜玉明

山东大学出版社
SHANDONG UNIVERSITY PRESS
·济南·

图书在版编目(CIP)数据

墨子研究论丛.十四/张子玉主编.—济南：山东大学出版社，2021.12

ISBN 978-7-5607-7165-6

Ⅰ.①墨… Ⅱ.①张… Ⅲ.①墨家—学术思想—国际学术会议—文集 Ⅳ.①B224.5-53

中国版本图书馆CIP数据核字(2021)第215153号

责任编辑 李 淼
封面设计 王秋忆

出版发行 山东大学出版社
社 址 山东省济南市山大南路20号
邮政编码 250100
发行热线 (0531)88363008
经 销 新华书店
印 刷 济南华林彩印有限公司
规 格 710毫米×1020毫米 1/16
27印张 457千字 彩插6
版 次 2021年12月第1版
印 次 2021年12月第1次印刷
定 价 115.00元

第十三届国际墨子鲁班学术研讨会开幕式

中共山东省委宣传部副部长孔繁轲在开幕式上讲话

中国墨子学会会长李守信在开幕式上讲话

山东大学常务副校长王琪珑在开幕式上讲话

枣庄市委常委、宣传部部长霍媛媛在开幕式上讲话

滕州市委书记刘文强在开幕式上讲话

清华大学国学研究院院长陈来在开幕式上致辞

中国墨子学会顾问、武汉大学教授朱传棨在开幕式上致辞

山东省人大常委会原副主任王玉玺宣布
第十三届国际墨子鲁班学术研讨会开幕

中国墨子学会会长会议

中国墨子学会副会长兼秘书长、滕州市墨子研究中心主任

张子玉在会长会议上做工作情况汇报

第八届墨子文化节暨第十三届国际

墨子鲁班学术研讨会高端论坛

中国墨子学会顾问、山东大学教授姜宝昌做主题演讲

中国墨子学会副会长、中国人民大学哲学院教授杨武金做主题演讲

中国墨子学会常务理事、中国政法大学
马克思主义学院教授解启扬做主题演讲

分组研讨

线上研讨

山东大学党委副书记陈宏伟在闭幕式上讲话

第十三届全国政协常委、中国墨子学会副会长、山东大学儒学高等研究院执行院长兼《文史哲》杂志主编王学典在闭幕式上做学术总结

滕州市委常委、宣传部部长朱晏辰在闭幕式上讲话

目 录

致辞讲话

研究论文

致辞讲话

在第十三届国际墨子鲁班学术研讨会开幕式上的讲话

孔繁轲

各位来宾，各位专家，女士们，先生们：

今天，我们齐聚泉城济南，举行第十三届国际墨子鲁班学术研讨会，从两千多年前两位齐鲁圣贤的思想中探寻修身立德、社会治理的智慧，这是具有很大学术意义和社会意义的盛事！在此，我谨代表山东省委、省政府向与会的专家学者及诸位朋友表示衷心欢迎！向筹备这次会议的山东大学和滕州市委、市人民政府表示热烈祝贺！

孔子与墨子是春秋战国时期活跃在齐鲁大地上的两位杰出思想家，他们创立的儒家学派和墨家学派，是中华优秀传统文化的两大源流，对中华民族精神产生了深远影响，是人类宝贵的精神财富。儒家所倡导的讲仁爱、守中庸、尚和谐、重民本、崇礼治的精神内核，代表着中国传统社会的主流价值追求，蕴含着经纶天下的家国情怀和济世使命。墨学虽未能被秦汉以后的大一统意识形态接纳，但作为先秦与儒家并立的另一显学，它所折射出的热爱和平、崇尚正义、不惧强暴、艰苦奋斗、视死如归的积极进取精神，早已内化为中华文化的重要元素，熔铸于千百年来无数仁人志士惊天地泣鬼神的伟大壮举之中。我们要继承和弘扬儒墨两家所彰示的优秀传统文化，从中汲取智慧和力量，为人类命运共同体的构建而努力。

山东作为儒墨思想文化的发祥地，有着深厚的优秀传统文化根基。多年来，在习近平总书记关于继承弘扬中华优秀传统文化重要指示的指引下，在省委省政府的正确领导和积极部署下，山东实施了一系列继承弘扬中华优秀传统文化的重大措施，组织开展了一系列水平高、规模大的弘扬传统文化的活动,在国内外思想文化界和社会上产生了广泛影响。

山东大学作为著名的综合性大学,素以文史见长。山东大学儒学高等研究院是教育部认定的儒家文明省部共建协同创新中心的常设运行机构,也是教育部与山东省人民政府共建的尼山世界儒学中心山东大学分中心的执行机构。近年来,该院在学校的大力支持下,以儒学研究为特色,积极开展以古文、古史、古哲、古籍为标志的中国古典学术研究,扎根齐鲁大地、面向社会大众推进中华人文精神建设,在学界和社会各界备受瞩目。

滕州自古被称为"三国五邑之地、文化昌明之邦",该地是墨子、鲁班的故乡,为中华文化贡献了墨家学说和工匠精神,而且成就了儒家学说。滕州人民和地方党委政府都有着强烈的文化传承使命意识,高度重视发掘当地历史文化资源,近年来先后实施了薛国故城、北辛遗址保护项目,举办墨子文化节等一系列文化活动,为弘扬优秀传统文化做出了很大贡献。

各位来宾,各位专家,朋友们!

当今世界,正经历百年未有之大变局,而2020年新冠肺炎疫情的暴发,又对国际格局产生了更加深刻的影响,全球形势的不确定性和不稳定性正在增加。作为人文学者,我们有责任进一步维护和弘扬中华民族优秀传统文化,挖掘其蕴含的仁爱和合、兼爱非攻等珍贵思想智慧,用我们的学术成果,呼唤时代的良知,倡导多边合作,使不同文明、不同种族的人们团结起来,共同应对人类面临的挑战和危机,努力推进人类命运共同体建设,携手建设好我们共同的家园。

预祝会议圆满成功!谢谢大家!

在第十三届国际墨子鲁班学术研讨会开幕式上的讲话

李守信

尊敬的各位嘉宾、各位专家学者、同志们：

今天，由山东大学、滕州市委市政府、中国墨子学会联合主办的第十三届国际墨子鲁班学术研讨会在美丽的泉城济南隆重开幕，这是儒学界、墨学界共同参与的一次盛会，在此，我谨代表中国墨子学会，向出席大会的各位嘉宾，向远道而来的各位专家学者表示热烈的欢迎和衷心的感谢！

众所周知，孔子、墨子同是中国古代伟大的哲学家、思想家、教育家，儒家、墨家于先秦时期并称“显学”，战国时期的百家争鸣，有“非儒即墨”之称。但是，由于历史的原因，千百年来儒家和墨家一直处于隔绝状态，汉代以后，统治者独尊儒术，而墨学则处于“中绝”状态。这不能不说是中国学术史的巨大缺憾。今天，我们跨越横亘在儒家和墨家之间的千年藩篱，儒墨两家学者就国家治理这一主题展开对话，这本身就是一个创举。近年来，我们对与世界不同文化之间的交流有了充分的认识，但中华文化内部不同支系同样需要对话。我们只有将中国传统思想文化进行充分的融会贯通，才能形成真正能够代表中国的、整体的、多种思想有机结合的，具有中国特色、中国气质、中国风格的中国学派。

儒墨应该会通，儒墨也能会通。儒家和墨家表面上看有很多矛盾，但它们实质上存在极大的互补性。无论是儒家还是墨家，它们所代表的都是国家的利益、民族的利益、人民的利益，它们所期望的都是社会安定、人民幸福、天下太平。墨家是从儒家开出来的反对派，墨家之所以从儒家阵营中出走，在于看到了儒家“推己及人”的仁爱思想的不足而提出“爱人若己”的主张。长期以来，儒家被看作代表上层，墨家被看作代表下层；但其实，国家治理既要反映精英阶层的诉求，也要反映普通大众的诉求。只有这两种诉求达到平衡，国家才能实现长治久安。而会通儒墨，无疑有利于找到更加平衡的治国之策。从社会发展的角度讲，墨子讲的“尚同”“尚贤”和孔子所讲的道德、秩序，本质上是相通的，在根本目标上，他们是一致的。

当前，世界处于百年未有之大变局，面对世界格局变迁，社会科学工作者要面向社会、世界与未来，勇于担起构建中国特色哲学社会科学的使命。2016 年 5 月 17 日，习近平总书记在哲学社会科学工作座谈会上的讲话中提出：要加强对中华优秀传统文化的挖掘和阐发，使中华民族最基本的文化基因与当代文化相适应、与现代社会相协调，把跨越时空、超越国界、富有永恒魅力、具有当代价值的文化精神弘扬起来。我们不仅要让世界知道“舌尖上的中国”，还要让世界知道“学术中的中国”“理论中的中国”“哲学社会科学中的中国”。总书记的教诲，为我们开展墨子研究提供了根本遵循。自 1992 年 10 月成立以来，在山东大学和滕州市的倾力合作下，在全国墨学研究者的鼎力支持下，中国墨子学会取得了一大批研究成果，28 年间，中国墨子学会共出版《墨子大全》《墨子研究论丛》《墨学与当今世界丛书》《墨学研究》《墨子名言》《科圣墨子》等著作 300 余部，其中一些作品堪称墨子研究史上的标志性成果。这些论著深入挖掘和诠释了墨子的现代价值，认真梳理和研究了墨子的思想体系，为千年绝学的伟大复兴做出了突出贡献。

环视海内，中国墨子学会的成功，可谓名校与地方政府合作推动传统文化研究的典范。28 年来，山东大学与滕州市精诚合作，互扶互持，为墨学研究提供了强大的驱动力。加上本次会议，我们共召开了 13 次墨子鲁班国际学术研讨会，举办了八届国际墨子文化节、两届祭墨大典等文化活动，这些活动声势浩大，影响广泛，极大地提高了墨学研究在全国学术界的地位和号召力。中国墨子学会的累累硕果表明，山东大学和滕州市政府的合作是成功的，也是卓有成效的。当前，国家正在大力倡导协同创新，这为我们提供了新的发展机遇，我们一定要再接再厉，把中国墨子学会打造成一个世界级的墨学研究平台。

推动传统文化的发展，关键是要围绕现实做文章。当前，党和国家正致力于推进国家治理体系和治理能力现代化，这预示着我们党对现代国家治理的认识达到了高度的文化自觉和文化自信。要治理好今天的中国，需要对我国历史和传统文化有深入了解，也需要对我国古代治国理政的经验和智慧进行积极总结。儒家和墨家学说中蕴含着丰富的国家治理思想，这些亟待专家学者进行深入挖掘和系统阐释。希望与会的专家学者能够充分发挥聪明才智，围绕会议主题展开深入讨论，为建构中国特色社会主义国家治理体系贡献智慧。

最后，祝第十三届国际墨子鲁班学术研讨会取得圆满成功！祝各位嘉宾、专家、学者，同志们、朋友们工作顺利、身体健康、万事如意！

谢谢大家！

在第十三届国际墨子鲁班学术研讨会开幕式上的讲话

王琪珑

尊敬的各位嘉宾，女士们、先生们，朋友们：

今天，由山东大学、中国墨子学会和滕州市委市政府联合举办的第十三届国际墨子鲁班学术研讨会隆重开幕了！我谨代表山东大学向来自海内外的专家学者，向莅临大会的各位嘉宾表示热烈欢迎和衷心感谢！

孔子是中国古代的思想家、政治家、教育家，是儒家学派创始人，被称为“大成至圣先师”“万世师表”，儒家思想一直是古代中国的主流意识形态，无论对中国还是对世界都产生了深远影响。墨子是我国古代伟大的思想家、教育家、科学家、军事家，是墨家学派的创始人。孔子和墨子不仅是春秋战国时代的巨人，也是上下五千年中国历史上的巨人，更是世界文明发展史上的巨人。穿越两千年时空隧道，孔子和墨子的思想学说仍能表现出巨大的现代价值，这是最值得我们引以为傲的地方。对于这些彪炳青史的先贤，我们对他们最好的纪念，莫过于传承他们的智慧、继承他们的学说，并将之在新时代发扬光大。

当今时代，中国正在崛起。党的十八大以来，党和国家把传统文化的创造性转化和创新性发展，当作培育社会主义核心价值观、提升国家软实力的重要依托。这反映了国家在文化发展战略上的重大调整。习近平总书记就弘扬传统文化发表了一系列讲话，这些讲话的主旨，无一不是强调从优秀传统文化中汲取实现中国梦的精神力量。2013 年，习近平总书记在视察曲阜时指出：一个国家、一个民族的强盛，总是以文化兴盛为支撑的，中华民族伟大复兴需要以中华文化发展繁荣为条件。对历史文化特别是先人传承下来的道德规范，要坚持古为今用、推陈出新，有鉴别地加以对待，有扬弃地予以继承。这是对中国传统文化的肯定，更是对传统文化复兴运动的纲领性意见。我们研究儒学和墨学，必须以习近平总书记一系列讲话为指导；儒学和墨学的复兴光大，也必须与实现中国梦的远大目标结合。孔子和墨子的思想，必将在中华民族的复兴大业中充当更加积极的角色。

让我们倍感荣耀的是，山东自古出圣人，齐鲁之圣构成了中国文化的主流。孔子和墨子就是山东众多圣人的杰出代表。地处众圣之乡，山东大学一直以建设弘扬中华传统文化最有作为的大学自期。山东大学儒学高等研究院是全国规模最大的儒学院之一，研究实力雄厚；山东大学牵头设立的“儒家文明省部共建协同创新中心”是国家级科研平台，正在努力建设成为世界一流儒学重镇、儒家文化的“两创”基地，以及国家文化发展战略的智库。由山东大学提供学术支撑的尼山世界文明论坛，已成为弘扬中华优秀文化、促进中外文化交流、推动建设人类命运共同体的国际性思想文化对话交流平台，对促进世界不同文明之间的交流互鉴，推动建设和谐世界，增强中华文化在国际上的传播力、影响力发挥了重要作用。

让我们欣慰的是，早在28年前，山东大学就敏锐觉察到经济的发展必将带来传统文化的复兴。共同的愿望，让我们与滕州市委市政府先行一步，携手成立了山东大学滕州墨子研究中心。28年来，经过滕州市委市政府、山东大学，以及众多墨学研究者的共同努力，山东大学滕州墨子研究中心逐渐发展壮大，成为国内墨学研究的领头雁。我们的目标是将山东大学滕州墨子研究中心建设成为一个世界性的墨学研究平台，使其在将山东大学打造成为“世界古典学术复兴的东方中心”这一宏大工程中发挥重要作用。在协同创新已经成为知识生产重要形态的今天，我们热情邀请全世界全国有志于儒学、墨学研究的专家学者到山东大学来，到儒家文明省部共建协同创新中心、滕州墨子研究中心来，通过跨区域合作，壮大传统文化研究队伍，提高传统文化研究水平，推动儒学和墨学研究向纵深发展。

孔子和墨子的思想经天纬地、博大精深、历久弥新。本次研讨会的主题是“儒墨会通与国家治理”，这正与当前我国推进国家治理体系和治理能力现代化的命题相契合。推进国家治理体系和治理能力现代化，推动中国特色社会主义更加成熟定型，是当前我们面临的重大现实课题。习近平总书记指出:“一个国家选择什么样的治理体系,是由这个国家的历史传承、文化传统、经济社会发展水平决定的,是由这个国家的人民决定的。我国今天的国家治理体系,是在我国历史传承、文化传统、经济社会发展的基础上长期发展、渐进改进、内生性演化的结果。”①因此,深刻认识国家治理体系内生性演化的规定性,是今天我们理性地推进国家治理体系和治理能力现代化的重要前提。“以古人之规矩,开自己之生面”,儒家和墨家学说蕴藏着丰富的治国理政思想,亟待我们深入挖掘和系统整理。希望与会的各位专家发扬儒墨两家经世致用的优良传统,充分发挥聪明才智,集思广益,就这一主题展开热烈而富有成效的讨论,对儒墨两家的治国理政思想进行体系化总结,努力从古代治国理政优秀思想传统中汲取国家治理的智慧,为健全和完善中国特色社会主义国家治理体系做出积极贡献。

最后,祝大会取得圆满成功!祝各位学者、朋友们身体健康、万事如意!

谢谢大家!

① 《习近平关于全面深化改革论述摘编》,中央文献出版社2014年版,第21页。

在第十三届国际墨子鲁班学术研讨会开幕式上的致辞

霍媛媛

尊敬的各位领导、各位嘉宾，女士们、先生们、朋友们：

今天，第十三届国际墨子鲁班学术研讨会就要隆重开幕了！在此，我代表中共枣庄市委、枣庄市人民政府，向前来参加开幕式的各位领导和嘉宾表示诚挚的欢迎！

墨子是古代杰出的思想家、教育家、科学家、军事家和社会活动家，他崇尚科学、以人为本，他创立的墨子学说，以其独到的见解、鲜明的主张，对中国文化发展产生了深远影响。鲁班是古代能工巧匠和发明家的典范，是勤劳智慧和自主创新的中国人民的榜样，其积极进取、勇于创新的精神，对中华民族精神有着深刻持久的影响。墨子鲁班文化博大精深，源远流长，是齐鲁文化的珍贵遗产，也是中华优秀传统文化的重要组成部分。顺应时代要求，认真研究挖掘、大力传承弘扬墨子鲁班文化精神，是传承、弘扬和保护我国优秀传统文化的客观要求，地方党委、政府责无旁贷。

党的十八大以来，习近平总书记就传承弘扬中华传统文化发表了一系列重要讲话，深刻阐述了中华优秀传统文化的地位作用、价值意义、基本内涵和传承弘扬的原则要求，提出了一系列新思想、新观点、新论断，为推进中华优秀传统文化创造性转化、创新性发展指明了方向。党的十九届五中全会提出要繁荣发展文化事业和文化产业，提高国家文化软实力；要坚定文化自信，推进社会主义文化强国建设。这些重要论述，也为新形势下传承弘扬中华优秀传统文化提供了重要遵循。

山东省委、省政府领导对弘扬墨学文化高度重视，将墨子和墨家文化纳入了全省文化建设和文化产业发展大盘子。在《山东省传承发展中华优秀传统文化工作方案》中列入“墨家文化的挖掘阐释”等相关内容，在《山东省新旧动能转换重大工程实施规划》中列入墨子文化节、鲁班文化节等相关内容，墨子文化产业发展被纳入曲阜优秀传统文化传承发展示范区和运河文化带建设工程。下一步，枣庄市委、市政府将一如既往地支持滕州市举办多种形式的弘扬墨子鲁班文化的活动，广邀四海宾朋，会集各界精英，走进墨子故里，共谋发展大计。希望滕州市以办好这次研讨会为契机，进一步加强与国内、国际的经济文化交流与合作，加快发展区域特色文化产业，推动经济社会持续快速协调发展。同时，恳请各位领导、各位嘉宾一如既往地关心支持枣庄的发展，进一步加强与枣庄的联系与合作，携手并进，共同创造更加辉煌灿烂的明天。

最后，祝第十三届国际墨子鲁班学术研讨会取得圆满成功！祝各位领导、各位来宾工作顺利、事事如意！

谢谢大家！

在第十三届国际墨子鲁班学术研讨会开幕式上的致辞

刘文强

尊敬的各位领导、各位嘉宾，女士们、先生们，朋友们：

大家上午好！

今天，我们非常荣幸地邀请到各位领导和专家学者，齐聚在美丽的泉城济南，共同参加以儒墨会通与国家治理为主题的第十三届国际墨子鲁班学术研讨会，这既是中华优秀传统文化交流互鉴的一次盛会，也是滕州人民热切期盼的一件盛事。首先，我代表滕州市委、市政府向莅临本次盛会的各位领导、嘉宾和各界朋友表示热烈的欢迎和衷心的感谢！

滕州是枣庄下辖的县级市，总面积 1495 平方公里，人口 175 万。滕州古为“三国五邑之地、文化昌明之邦”，孕育了距今 7500 年的北辛文化，是“科圣”墨子、“工匠祖师”鲁班的故里，因滕文公礼聘孟子施仁政而素称“善国”，拥有极其丰厚的优秀传统文化积淀。现代的滕州是中国中小机床之都、工艺玻璃之乡、马铃薯之乡，拥有高端装备、高端化工、新能源新材料等八大优势产业，综合实力位居全国百强县前列。2020 年以来，我们围绕贯彻落实新发展理念，大力实施“五闯五攻五样板”三年行动，即闯创新发展之路，攻动能转换之坚，打造经济高质量样板；闯协调发展之路，攻城乡融合之坚，打造新型城镇化样板；闯绿色发展之路，攻生态环保之坚，打造可持续发展样板；闯开放发展之路，攻深化改革之坚，打造动力新高地样板；闯共享发展之路，攻全面小康之坚，打造治理现代化样板，坚定朝着全省高质量发展样板城市的目标大踏步迈进。

中国墨子学会成立近 30 年来，在各位领导和专家学者的关心支持下，坚持“研究、传承、挖掘、弘扬、运用”并重的原则，先后与山东大学等高校联合，设立了墨子鲁班文化研究基金，成功举办十二届研讨会、七届文化节，开创了优势互补、学用相长的校地合作模式，为墨子鲁班文化的创造性转化、创新性发展奠定了坚实基础。习近平总书记在视察山东时指出，山东是齐鲁文化发祥地，是孔孟故乡，也是墨子、孙子、荀子等古代思想家的故里，在弘扬中华民族传统美德方面资源丰富。我们将深入贯彻习近平总书记指示批示精神，以此次盛会为契机，认真听取各位领导、各位专家提出的宝贵意见建议，进一步强化传承发展，抓好转化运用，更好地提升墨子鲁班文化的知名度、传播力和影响力。殷切期待各位领导、专家百忙之余经常来到墨子鲁班故里，切实感受墨子鲁班文化的独特魅力；真诚希望各位学者、各界人士以节会为纽带，进一步加强与滕州的交流合作，携手共创美好未来！

最后，预祝本次盛会取得圆满成功！衷心祝愿各位领导、专家学者身体健康、工作顺利，阖家幸福、万事如意！

谢谢大家！

在第十三届国际墨子鲁班学术研讨会开幕式上的致辞

陈　来

各位嘉宾、各位学者、各位朋友：

很高兴在美丽的泉城济南、大明湖畔出席本次儒墨会通与国家治理国际学术研讨会。我谨代表与会的儒学研究学者对大会的召开表示祝贺！

“先秦诸子，半在齐鲁”，在春秋战国圣贤辈出的时代，齐鲁大地涌现出了一批中国哲学史上最为杰出的思想大家，是中华大地最富有思想创造活力的区域。其中，由孔子开创的儒家、墨子开创的墨家对后世影响最大。孔子故乡曲阜、墨子故乡滕州，相距仅七十多公里，地缘相近，时代相隔也不远。据说，墨子也曾从学于孔子的门人后学，因不满于儒家的一些流弊，于是另创墨家。

战国时代，儒墨相互攻击颇多，墨家“非儒”“非乐”“非命”“天志”“明鬼”等都是直接批评儒家或儒家一些主张的流弊，而孟子、荀子对墨家也持激烈批判态度。由此，在中国历史上，历代儒家也多排斥、批判墨家，但也有一些儒家学者对墨家表示肯定，主张儒墨互补，如唐代韩愈就说“孔子必用墨子，墨子必用孔子，不相用，不足为孔墨”。

在今天古今中西大融汇的时代，我们确实要跳出传统狭隘的儒墨门户，从更加宽泛的视野来看待儒墨之长，做到古为今用，予以转化创新。儒学一直代表着中华文化的大传统。全面来看，抽象来讲，儒学实际上可以说是没有门户的，一切好的、善的都可以被吸收。儒学在根本上追求止于至善，它是一套情理交融的人文教化系统，有很强的包容性、整合性，与时偕行、生生不息。同时，儒学又可以说是中华文化的脊梁骨与主动脉，一定意义上，诸子百家以及外来文化的融入，都是在儒家中和理性精神的协同下得以和谐共生、相得益彰。当然，儒学不可能面面俱到，包揽一切，它本身也不断在革故鼎新、吐故纳新。

近代，在梁启超、胡适等人的推动下，形成了一股墨学复兴的思潮。科技、逻辑是西学的强势及其突出特征，在固有中华文化的诸子学中，只有墨学能与西学呼应，这样传统上不受重视的墨学逻辑与科技思想就得到极大关注。此外，墨子及其门徒身上洋溢着一种带有宗教狂热情节的“摩顶放踵”、不怕牺牲、舍己为人、兼爱天下的救世主义精神，也鼓舞了近代很多热血青年义无反顾地去从事救国救民的革命事业。凡此种种，皆为狭义儒学所不足，而为广义儒学所当许。

战国及至汉初很多学者皆以儒家仁爱与墨家兼爱精神相通。韩愈说：“儒墨同是尧舜，同非桀纣，同修身正心，以职天下国家，奚不相悦如是哉。”我们今天看《墨子》中的《亲士》《修身》《所染》等篇的诸多主张与儒家思想很接近。从修身到治国，儒墨皆有可以为今人借鉴的思想智慧。

山东大学的墨学研究有着悠久的历史传统，栾调甫、张知寒、姜宝昌三代学人薪火相传，引领墨学研究不断向前发展。同时，山东大学也是国内儒学研究的重镇。相信儒墨会通这个话题在滕州、山大、山东、海内外会持续深入，在各位同仁的努力下，不断涌现出新成果，碰撞出新火花，为新时代中华文明大放异彩和走向世界贡献力量。

最后，祝大会圆满成功！

在第十三届国际墨子鲁班学术研讨会开幕式上的致辞

朱传棨

尊敬的诸位领导、诸位嘉宾、诸位与会专家学者：

大家上午好！

首先，请允许我代表与会墨家思想研究同仁，向第十三届国际墨子鲁班学术研讨会暨儒学全球论坛(2020)、儒墨会通与国家治理国际学术研讨会的召开表示热烈的祝贺！向研讨会组织者的邀请表示衷心感谢！

这次研讨会的主题"儒墨会通与国家治理"，既有重要的历史意义，更有现当代的实际意义。墨子鲁班研究自山东大学、滕州市联合举办首届国际墨子学术研讨会以来，已经30年。工作虽然艰辛，但取得的成就惊人，不仅建造了墨子纪念馆、鲁班纪念馆和墨砚馆，举办墨子文化节、鲁班文化节，还编辑出版了百卷本的《墨子大全》，出版了十三辑《墨子研究论丛》，定期发行《墨子研究》期刊。现在在墨研中心工作的有编审和副编审，还有两位在读的博士。墨学研究的未来令人期待。

儒家学说和墨家学说虽然以对立、争辩的形态表现，但其主导论题、学说思想体系却存在相通性和共同性。因为儒墨两家都是春秋战国时代的产物，有共同的时代背景、共同的社会文化影响，当然就存在共同的基因。就学理上说，任何学说和思想观念特别是对社会历史产生过重大影响的学说和思想观念，一经产生不仅有其相对独立发展的规律性，而且还会渗透到整个文化思想发展中。任何一个学派的核心论题和主旨性的思想观念，不仅与其同时存在的学派的主旨思想和重要观念相互影响、相互渗透，而且还同它之前和之后的学派的主旨思想和重要观念存在沿袭与变革、吸收与剔除的相互关系。这既是创造性转化、创新性发展的思想前提，也是研究儒墨会通和相互融合的思想基础。因此，我们要以大历史观的整体性方法论分析研究儒墨会通问题。

实际上，无论是先秦时期的思想家，还是近代以来的著名学者，推重的都是儒道墨三家。《庄子·天下》篇对先秦学术流派的论述一直为学者赞同，“篇中一唱三叹者，惟孔老墨三家，实能知学界之大势”。《孟子·滕文公下》也说：“杨朱、墨翟之言盈天下。天下之言，不归杨则归墨。”《韩非子·显学》篇概括当时思想的状况是：“世之显学，儒墨也。儒之所至，孔丘也。墨之所至，墨翟也。”当时诸子均是儒墨并称，足见墨家学说之巨大影响。直到汉代的《淮南子》《盐铁论》《论衡》等书，仍然是“儒墨”连词、“孔墨”并举，足以说明墨学在当时的显学地位。到了近代，梁启超将孔、老、墨确视为中国文化“三大宗”。梁漱溟《东西文化及其哲学》也分中国文化为孔、老、墨三家。李石岑《人生哲学》也认为先秦诸子哲学，不过是儒、道、墨三家而已。因此，我们要以思想史、哲学史研究和政治学研究融为一体的研究方法进行分析和研究。思想史、哲学史研究注重的是揭示历史层面的概念、论题和学说思想体系的逻辑演进和发展，政治学研究注重的是社会政治制度、国家、政权等政治实体的谋划和建立问题。将两种学科的研究方法融合运用，就可以比较具体地揭示儒墨会通与国家治理的会通点和共同点。

当前，我们要在党的十九届五中全会关于繁荣发展文化事业和文化产业、提高国家文化软实力的要求指引下，坚定文化自信，努力深化儒墨会通研究，使之与现实文化相融相通，进一步推进中华优秀传统文化创造性转化、创新性发展。这是时代赋予我们的历史责任！

以上所言，如有不当，请批评指正。

祝本次学术研讨会圆满成功！

祝诸位领导、诸位嘉宾和与会专家学者会间愉快、身体安康！

谢谢！

在中国墨子学会会长会议上的讲话

李守信

同志们：

刚才，听取了十三届国际墨子鲁班学术研讨会、第八届墨子文化节、儒学全球论坛（2020）筹备情况汇报，大家为大会的顺利召开做了大量工作，付出了艰辛的劳动，各项工作井井有条，考虑周密，为大会的圆满成功奠定了坚实的基础，我代表学会向大家表示诚挚的慰问和感谢！

根据实际情况，中国墨子学会领导班子做了调整，这是学会的大事，我代表学会对离任的同志为学会发展所做的贡献表示衷心的感谢，对新上任的学会领导表示热烈的祝贺。今天的会议还修改了学会章程，这为学会的未来发展制定了新的框架，意义重大。希望大家以此次领导班子调整为契机，开拓学会工作的新局面。

按照山东大学及中国墨子学会的安排，由我继续担任中国墨子学会会长，深感责任重大。我一定发扬“功成不必在我”的精神，在过去八年工作的基础上，强化振兴墨学、弘扬传统文化的使命感和责任感，带领大家开拓进取，奋勇争先，使中国墨子学会在更好地服务于国家文化发展战略、助力传统文化复兴等事业中更有作为。

同志们，党的十九届五中全会通过了《中共中央关于制定国民经济和社会发展第十四个五年规划和 2035 年远景目标的建议》，这为中国墨子学会的发展指明了方向。张子玉同志对近年来中国墨子学会的工作情况进行了总结汇报，我们高兴地看到，经过大家兢兢业业的工作，学会的各项事业稳步推进，取得了很大的成绩，各项工作规划正在逐步实现，墨学的美好蓝图正在绘就。中国墨子学会一定要继续勇立时代潮头，站在时代前列。

我们必须牢记，传统文化的复兴面临千载难逢的机遇。党的十八大以来，习近平总书记以及党中央高度重视中华优秀传统文化的传承发展，始终从中华民族最深沉的精神追求的高度来看待优秀传统文化，从国家战略资源的维度来继承优秀传统文化，从推动中华民族现代化进程的角度来创新发展优秀传统文化。党的十九大更是为弘扬优秀传统文化做出明确的战略部署，这对我们发扬光大墨家学说、创造性地发挥墨家学说在培育新时代社会主义核心价值观等方面的独特作用提出了新的要求。下一步，我们一定要认真贯彻落实习近平总书记关于弘扬优秀传统文化的系列讲话精神，积极主动地承担起传承和创新墨学文化的重大责任，倾力打造国内外知名的墨学文化品牌，真正让墨学文化走向全国、走向世界。

中国墨子学会自成立以来，经过历届学会领导的辛勤工作以及广大墨学同仁的齐心勠力，已成为国内外墨学研究的中心、联系墨学同仁的枢纽。墨学研究的声势日渐壮大，墨学文化的影响日见扩大，墨学重光的前景日益明朗，取得的成绩举世瞩目。这些成绩的取得来之不易，凝结了大家的心血和汗水，尤其是各会长单位、各位会长都给予学会极大的支持，这些都铭记在墨学复兴的史册当中。希望各会长单位、各位会长共同努力，继续下大力气来推动中国墨子学会的工作。希望滕州市委市政府继续重视弘扬墨学文化，利用毗邻孔子故里、孟子故里的区位优势，打造墨学品牌，建设墨学圣地。山东大学、山东建筑大学等高校也要拿出更多的精力和人力，切实加强墨子鲁班文化研究力量，充分发挥各自的人才优势，积极开展学术研究工作，争取推出一批高质量的研究成果。墨子研究中心作为中国墨子学会的秘书处，要继续做好联络协调工作，加强学术交流活动，把更多、更优秀的墨学同仁团结在中国墨子学会周围，力争把中国墨子学会建设成为复兴传统文化的模范。

同志们，展望新的征程，我们责任重大、使命光荣。让我们同心协力，共同奋斗，推动中国墨子学会取得新突破、再创新佳绩！

谢谢大家！

在中国墨子学会会长会议上的讲话

刘文强

尊敬的李守信会长，各位会长：

明天，第八届墨子文化节、第十三届国际墨子鲁班学术研讨会、儒学全球论坛即将开幕。自1991年起，历届研讨会、文化节的筹备和举办，无不倾注了各位会长的关怀、支持和心血。在此，我代表滕州市委市政府和175万滕州干部群众，向各位会长长期以来对滕州经济社会发展，特别是对墨子鲁班文化研究工作所给予的关心和支持，表示最衷心的感谢！

习近平总书记在9月听取对“十四五”规划编制意见建议座谈会上指出，要把文化建设摆在更加突出的位置，坚定文化自信，推动中华优秀传统文化创造性转化、创新性发展，不断铸就中华文化新辉煌，建设社会主义文化强国。党的十九届五中全会提出，要繁荣发展文化事业和文化产业，提高国家文化软实力。这些重要指示和论述，为新形势下传承发展中华优秀传统文化指明了方向，提供了重要遵循。

中国墨子学会成立近30年来，充分发挥山东大学和滕州的学术、人才、资源优势，在健全组织机构、开展学术研究、促进文化交流、宣传普及教育、文化载体建设等方面做了大量卓有成效的工作，成功举办了十二届研讨会、七届文化节；央视《百家讲坛》、山东卫视《新杏坛》等栏目先后播出墨学讲座60余场；编辑出版了《墨子大全》《墨子里籍考论》《墨子研究论丛》等300余部的研究论著及系列通俗读物，墨学研究各领域都取得了丰硕成果，墨学文化的影响力、表现力、传播力不断增强。这种优势互补、学用相长的校地合作模式，成为全国文化机构传承弘扬中华优秀传统文化的典范。

各位会长对学会的工作进行了认真讨论，提出了许多好的建议，并形成了一致意见，为学会今后的发展明确了方向和路径。同时，对学会章程修改、新一届领导成员名单做了表决，顺利实现了学会领导集体的新老交替，学会的领导力量进一步得到充实。

传承弘扬墨子鲁班文化，全力支持学会的各项工作，是滕州市委、市政府义不容辞的责任。我们将坚持“挖掘、开发、研究、普及、传承”并重，努力探索传承弘扬优秀传统文化的“滕州路径”，进一步提升与扩大墨子鲁班文化的知名度和影响力，推动墨子鲁班思想和文化更快更好走向全国、走向世界。我相信，此次会议的召开，必将掀开墨学研究事业崭新的篇章，中国墨子学会也一定会取得新的更大成绩。谢谢大家。

中国墨子学会会长会议情况汇报

张子玉

尊敬的各位会长、各位领导、各位专家：

按照会议安排，由我向会长会议汇报中国墨子学会工作开展和《中国墨子学会章程》修改有关情况。

一、中国墨子学会工作开展情况

自1992年山东大学和滕州市联合成立中国墨子学会以来，在各级领导和社会各界的亲切关怀和高度重视下，中国墨子学会围绕弘扬传承中华优秀传统文化，在健全组织机构、开展学术研究、促进文化交流、宣传普及教育、文化载体建设等方面组织开展了一系列卓有成效的工作，墨学研究各领域都取得了丰硕成果。

2016年7月，学会对领导班子成员进行了调整。此后，新一届领导班子带领秘书处全体同志锐意进取，成功举办了第十一、十二届国际墨子鲁班学术研讨会，第六、七届墨子文化节和第三、四届鲁班文化节，墨子文化节、鲁班文化节两大节会先后获省政府正式批准；圆满完成了墨子纪念馆、墨砚馆升级改造工作；创新载体，成功举办了"国学系列公开课——墨子公开课"儒墨对话高端论坛，受到了学术界的高度重视和全社会的广泛关注；出版发行《墨子》《墨子训释》《墨学大词典》等一批学术著作。2016年，墨子鲁班文化研究相关内容先后列入《齐鲁优秀传统文化传承创新工程》《山东省新旧动能转换重大工程实施规划》《山东省传承发展中华优秀传统文化工作方案》，正式被纳入全省文化建设和文化产业发展大盘子，实现了墨学研究工作新的突破。2020年以来，启动了"墨子云"大数据库建设，推动墨子文化进教材、进学校，建成墨子鲁班创新发展干部教育基地，并把一批社会机构纳入墨学文化的社会教育场所，在推进墨子鲁班中华优秀传统文化创造性转化、创新性发展方面迈出了坚实步伐。

下一步，中国墨子学会秘书处将在各位会长的支持和带领下，重点做好以下工作。

一是聚焦主责主业，促进墨学文化的挖掘弘扬传承应用。(1)发挥机构作用。计划在“十四五”期间积极争取各级财政、文化、教育、人事等部门的大力支持，创建墨学研究院，进一步扩大墨学文化在海内外的影响力。(2)深化学术研究。广泛组织海内外的墨学研究专家学者，加强墨学文化的交流与研讨，编辑出版《墨子大全》(续编)等学术著作。(3)扩大对外宣传。搭建“墨子云”墨学研究大数据平台，充分利用各级新闻媒体和各类网络媒体，提高墨学文化的对外传播力。

二是建设载体基地，扩大墨学文化的普及教育。(1)加强基础教育：加大对上争取，争取把墨子的思想和主张列入教科书和教育大纲；编辑出版墨学文化通俗性读物，提高墨学文化的社会普及程度。(2)加强场馆建设：运筹中国职业教育博物馆和职业体验馆建设。(3)打造新的平台：力争将墨子鲁班职业教育融入“一带一路”建设，搭建“墨子鲁班工坊”这一职业教育新平台，扩大墨子鲁班文化的对外影响力。

三是倡导节会经济，推动经济文化融合发展。(1)擦亮节会品牌：继续办好国际墨子鲁班学术研讨会和墨子文化节、鲁班文化节等节会活动，扩大文化经济互动交流。(2)创新发展模式：提升完善墨子鲁班创新发展干部教育基地，将政德教育、职业教育、技能培训有机结合，举办各种会展、培训、教育活动，打造文化、教育与经济融合发展新模式。(3)实施一批文创旅游项目。通过政府主导、公司化运作、多元化投入，吸引民间资本参与，加快墨子文化产业发展，进一步打造墨子文化品牌。

二、《中国墨子学会章程》修改有关情况

一是章程修改的背景。中国墨子学会现行章程，是 1999 年会员代表大会表决通过的。20 多年来，现行章程对于规范学会工作，推动墨学研究事业发展等方面发挥了重要作用。党的十八大以来，习近平总书记就传承弘扬中华传统文化发表了一系列重要讲话，为推进中华优秀传统文化创造性转化、

创新性发展指明了方向。党的十九届五中全会提出，要繁荣发展文化事业和文化产业，提高国家文化软实力；要坚定文化自信，推进社会主义文化强国建设。这些重要论述，也为新形势下传承弘扬中华优秀传统文化提供了重要遵循。面对新的任务和要求，我们学会工作必须顺应时代发展，进行必要的改革和更新。

二是章程修改的基本原则。与时俱进，坚持继承历史与发展创新的统一，最大限度地保留原章程中切实可行的条款。同时，坚持发展的理念，对原章程中一些不适应当前和未来发展的内容进行改进，使修改后的章程符合时代发展要求。科学规范，坚持准确严密与利于操作的统一。在结构、内容和文字表述上，都力求做到严谨、完整、准确，以维护章程的严肃性和规范性。实事求是，坚持学习借鉴和联系实际的统一。依据《社会团体登记管理条例》和中央组织部、民政部、教育部等文件要求并结合我会实际，进行了修订补充。

三是章程修改的内容。章程修改后，总条数保持不变，共四十九条。

其一，关于第一章总则部分的修改。将原章程第二条修订为：

> 中国墨子学会是山东大学与滕州市联合发起，由社会科学研究单位、高等院校、职业院校的墨学研究学者、热心关怀并支持墨学事业发展的人士自愿组成并依法登记的全国性、学术性、非营利性社会组织，是墨学文化研究事业的重要社会力量。

本条对原章程部分表述进行了修改，将“全国各大专院校”修改为“高等院校、职业院校”；增加“依法登记”内容，进一步规范了学会作为社会团体的文字表述；增加“全国性”“是墨学文化研究事业的重要社会力量”等内容，进一步突出了中国墨子学会对墨学研究事业发展所起到的重要作用。

将原章程第三条修订为：

> 本会的宗旨是：团结组织墨学研究学者、热心关怀并支持墨学事业发展的人士，繁荣发展墨学文化研究事业。坚持“研究、传承、挖掘、弘扬、运用”的方针，提高墨学文化的研究阐释、传承弘扬、创新运用水平和能力，将弘扬墨学文化与涵养社会主义核心价值观、建设社会主义文化

强国相结合，促进墨学文化实现创造性转化、创新性发展，为弘扬中华优秀传统文化作出贡献。本会遵守宪法、法律、法规和国家政策，践行社会主义核心价值观，弘扬爱国主义精神，遵守社会道德风尚，自觉加强诚信自律建设。

本条增加了新形势下“建设社会主义文化强国”、“实现创造性转化、创新性发展”、“践行社会主义核心价值观”、“遵守社会道德风尚”、“自觉加强诚信自律建设”等相关内容。

新增第四条：

本会坚持以马克思列宁主义、毛泽东思想、邓小平理论、“三个代表”重要思想、科学发展观、习近平新时代中国特色社会主义思想为指导思想和行动指南，坚持中国共产党的全面领导，根据中国共产党章程的规定，设立中国共产党的组织，强化党组织的政治功能，开展党的活动，为党组织的活动提供必要条件。

按照教育部办公厅《关于部业务主管社会组织在章程中增加党建有关内容的通知》要求，将党的领导和党的建设写入学会宗旨。

其二，关于本会业务范围的修改。

将原章程“本会的业务范围”由原来的六条扩充为十一条：

（一）团结组织国内外墨学文化研究学者依据本会宗旨开展学术活动，统筹推进墨学典籍系统整理、思想意蕴阐释辨析、时代价值研究阐发，推进墨学文化的转化、创新和运用；

（二）组织开展国内外墨学文化等中华优秀传统文化学术研讨、交流活动，举办国内、国际学术会议，密切学术团体间的横向联系与协作；

（三）组织开展墨学课题研究，结合时代发展需求，有针对性地计划和组织研究课题、项目；

（四）编辑出版墨学期刊、专著等图书资料及电子音像制品；

（五）多渠道、多形式地开展墨学文化的宣传、普及、教育活动，扩大墨学文化影响力；

（六）搜集、整理有关墨子和墨学文化研究的图书、文献资料，及时了解和收存国内外学术研究动态及研究成果；

（七）开展学术讲座、短期讲习班等教育培训活动，提高会员学术水平；

（八）发挥学术咨询作用，配合协同有关部门研究、解决重大课题，提出合理化建议；

（九）筹集墨子与墨学文化研究基金，争取国内外的捐赠；

（十）发现、推荐和培养优秀墨学文化研究人才；

（十一）承办政府有关部门委托的工作任务。

其三，关于本会组织机构的修改。

将原章程第十六条会员代表大会每届5年修改为每届4年。

将原章程第二十六条中会长、副会长、秘书长的任期由5年修改为4年。

上述两条对会长、副会长、秘书长的任期等进行了修改，与国际墨子鲁班学术研讨会每两年举办一届的时间规划相统一，以便在国际墨子鲁班学术研讨会举办期间召开会长会议和全体人员会议，解决学会有时不能按时换届的问题。

以上修改的内容，请各位会长审议。

汇报完毕！

在第十三届国际墨子鲁班学术研讨会闭幕式上的讲话

陈宏伟

尊敬的各位嘉宾、各位学者、各位朋友：

经过两天紧张热烈的讨论，第十三届国际墨子鲁班学术研讨会就要闭幕了。两天来，来自海内外的专家学者围绕“儒墨会通与国家治理”议题展开对话，取得了丰硕的研究成果，作为会议的东道主，我们对各位专家的辛勤劳动表示衷心的感谢，对会议取得的成果感到由衷的高兴。

国家治理体系深刻地体现着国家治理的思想观念、制度安排的历史延续性。秦汉以来的大一统国家治理模式在中国历史上延续近2000年，对2000年来国家治理的基本思路和制度变更产生了根深蒂固的影响。孔子、墨子同是中国古代文化的巨人，他们的思想和智慧是整个中华民族最宝贵的财富深度挖掘孔子、墨子学说所蕴藏的治国理政思想，对新时代我国国家治理体系现代化建设将大有裨益。

2013年12月30日，习近平总书记在中共中央政治局第十二次集体学习时发表重要讲话，并指出：“在五千多年文明发展进程中，中华民族创造了博大精深的灿烂文化，要使中华民族最基本的文化基因与当代文化相适应、与现代社会相协调，以人们喜闻乐见、具有广泛参与性的方式推广开来，把跨越时空、超越国度、富有永恒魅力、具有当代价值的文化精神弘扬起来，把继承传统优秀文化又弘扬时代精神、立足本国又面向世界的当代中国文化创新成果传播出去。”希望与会的各位专家以此次研讨会为契机，在今后的研究中以更大热忱致力于儒墨两家治国理政思想的创造性转化和创新性发展，深入挖掘和阐发儒墨两家讲仁爱、重民本、守诚信、崇正义、尚和合、求大同的时代价值，使儒墨两家的思想和精神成为涵养社会主义核心价值观的重要源泉。只有这样才能正确处理好继承和创造性发展之间的关系，让儒家文化和墨家文化更深入地走向群众，古为今用，推陈出新。

当前，儒学研究和墨学研究面临历史性的发展机遇。我们相信，在国家文化发展战略的引领下，在广大学者的共同努力下，儒家和墨家研究一定会再创辉煌，在传统文化复兴的大潮中再领风骚，结出累累硕果。

最后，祝各位学者朋友旅途愉快，工作顺利！欢迎各位学者朋友再次来山东大学访学做客。

谢谢大家！

第十三届国际墨子鲁班学术研讨会学术总结

王学典

各位嘉宾、各位学者、各位朋友：

根据会议安排，下面我对本次会议的学术研讨情况进行简要总结，不对的地方，请大家批评指正。

春秋战国时期的齐鲁大地，文化繁盛，百家争鸣，涌现出一批思想文化巨擘，对中国思想文化和社会发展产生了极其深远的影响。以孔子为代表的儒家学派和以墨子为代表的墨家学派，就是其中的杰出代表。千百年来，儒家思想成为中华传统文化的主脉，陶冶和塑造了中华民族的基本文化内核。而墨子和墨家思想也成为中华优秀文化的重要部分，在潜移默化中影响着中华民族的性格和精神。

进入21世纪，放眼当今世界，在经济、科技快速发展的同时，也出现了一系列重大问题，人类正面临百年未有之大变局。如何应对这一大变局，成为近年来国内外学术界探讨的热点。而儒家“仁爱和合”“己所不欲，勿施于人”的思想，墨家“兼相爱，交相利”“非攻”思想，则很好地契合了当今世界互利共赢、多元发展的趋势，彰显了前人的卓越智慧和中华文明的博大精深。

有鉴于此，我们举办这次儒墨会通与国家治理国际学术研讨会，旨在通过研讨儒墨两家关于国家治理社会发展的一系列理论，进一步传承中华优秀文化中关于治国理政的传统智慧，以期对于应对百年未有之大变局、匡正当今世界时弊有所补益。

两天来，与会的线上线下学者，围绕会议主题和分议题，从不同角度进行了深入研讨，使本次会议呈现出很高的学术水准，取得了丰硕成果。

综合两天的研讨来看，主要集中在以下几个方面。

(一)关于儒墨两家的学术批评与优势互补

先秦儒家和墨家既有各自的优点,也有各自的缺点和偏颇。儒墨两家在互相的学术批评中,既指出了对方的局限和短处,也通过批评从另一个侧面反映出了对方的思想特点和长处。这对于增进后人对儒墨两家学术的理解,继承两家优长,在实践中形成优势互补具有重要作用。

对于此问题,有学者指出,《吕氏春秋·不二》篇云:“孔子贵仁,墨翟贵兼。”孔、墨所“贵”不同,也就是儒、墨两家具有不同的价值取向。这种不同主要表现为儒家崇尚“仁爱”,墨家崇尚“兼爱”。儒家的“仁爱”与墨家的“兼爱”都是主张“爱人”,这是两家共有的人本主义思想,但是两家在“爱人”的方式、道德的起源以及人性论和天道观等方面存在差别。虽然在中国历史上主要是儒墨相“非”,但是在当今的新时代我们也应重视儒墨互补的一面。

有学者讲到儒家和墨家是先秦诸子中的两个重要学派,他们从一开始就具有一种互绌互补的关系。这种互绌互补的关系主要表现为他们之间的学术批评与反批评。先秦墨家主要批评了儒家“以天鬼为不明”“厚葬久丧”“弦歌鼓舞”和“以命为有”等“四政”;而先秦儒家则主要有公孟子对墨家“好辩自炫”的批评,孟子、荀子对墨家“兼爱”说的批评,孔鲋对墨家“非孔”的反诘,以及儒者董无心对墨者缠子“右鬼”说的批评等。先秦儒、墨相互之间的学术批评,也充分彰显了各自的思想特点和理论缺失。今天研究先秦儒、墨之间的学术批评,就是要站在客观公正的立场上,找到其学术思想的优缺点,然后加以批判、继承、融合、创新,使中华优秀的传统文化资源为今天中华民族的伟大复兴做出更大的和更积极的贡献。

有的学者在分析了墨家思想的基本观念后认为,墨家的根本观念是“义”而非通常所认为的“兼爱”“功利”或“天志”。墨子自苦为义,以“义道”自我标榜并宣教天下。基于“义”观念重构墨家的哲学体系,我们会发现,“义”与“十论”皆有关联且可逻辑地贯通之,而“兼爱”或其他观念则不能。此外,从“仁”“义”之别而非“仁爱”“兼爱”之别考察儒、墨之异,更能彰显各自独特的伦理精神。墨家“义”论具有多重伦理意涵,如平等与公正、利他主义与慈善精神,不作恶与禁止恶,义务论与功利论的统一等。这也是“兼爱”或其他观念为根本观念所无法完全涵括或展现的。

有的学者从环境伦理观的角度提出,先秦时期,由于时代局限性,墨子

"节用""节葬""所染"等环境观具有明显的功利主义倾向，墨家环境观认为环境主要围绕人与人的关系，与儒家相比，墨家对人与环境的关系相对忽略。在其之后的荀子环境观开始具有明显的生态保护意识，并在墨子环境观基础上开始提及自然规律，形成了在生物生长发育规律上依靠圣王"制天命而用之"保护自然的环境伦理观。

也有学者从社会发展角度指出了儒墨的差异，认为，儒墨学派的出现是劳动实践和社会分流的结果，带有强烈的行业性质。儒家学派强调政治实践，注重调整生产关系特别是统治阶级内部的政治关系来推动社会的发展；墨家学派强调生产实践，注重调整生产能力特别是提高社会生产能力来推动社会的发展。农业文明进程中，小农经济发展的局限性使得社会关系调整成为社会发展的主要动力，儒墨学派自身的差异性造成了二者历史进程中的事实差异。工业文明进程中，经济发展和政治变革的交融，使得生产实践和政治实践趋于同步，为儒墨思想的会通提供了现实的社会基础。

有的学者提到，《墨子》中很多篇章介绍了其学派所倡导的节约、节俭思想。墨家的节俭思想实质上是一种"节礼非乐"的平均主义思想，体现了墨家所代表的平民阶层对社会上层贵族的生活方式以及礼乐等级制度的不满，也反映了墨家学派对儒家思想的批判。墨家希望建立不同于儒家的社会新秩序，实现人与人之间的平均、平等。墨家节俭思想是在"兼爱""贵义"等中心思想的基础之上形成的平均主义思想，既是对统治者的鞭策，又是对百姓心声的反映。

也有学者认为，批判继承中国传统文化的儒家和墨家思想，服务于中华新文化建设，就要在坚持以马克思主义为指导的前提下，把社会主义核心价值观作为衡量和辨析儒墨思想精华和糟粕的唯一科学标准尺度，并在分清儒家和墨家思想精华和糟粕的基础上，实现儒墨两家的优势互补。研究儒墨两家的思想体系可知，儒家的社会公正思想和道德思想比较丰富系统，但没有论及社会的平等问题，很少论及法治问题；墨家公正思想和道德思想不如儒家系统、深刻、全面，但对平等问题有较多论述，而且先于法家独立地提出了法治思想，两家恰好形成学术上的优势互补。站在批判继承中国传统文化的角度，儒家的公正和道德思想与墨家的平等和法治思想，都应是我们建设中华新文化十分宝贵的思想遗产和重要的文化资源。

（二）关于儒墨会通与国家治理问题

儒家和墨家对于国家治理提出了各自的主张，这些思想主张尽管表述的视角和层面不同，导致主张有同有异，但都对中国2000多年的社会演进产生了根本性影响。虽然这些思想主张有其糟粕和历史局限性，但对于今天的治国理政仍具有重要的借鉴意义。

对此问题，有学者认为，儒家的“为政以德”是孔子治国理政的根本方略。它主要有三个方面：第一，修己志仁是“为政以德”的基本前提，阐明了何者可以为政以及为政为何的道德内涵，并为落实这一前提提出了制度设想；第二，教民趋善是“为政以德”的主要手段，从施教者和受教者两个方面回答了教化作为为政的主要手段何以可能的问题，并在如何教化上体现了为君子儒与敬畏圣人相结合、立人达人与勿施于人相结合、见贤思齐与自省自讼相结合、论古说今与诵诗赏乐相结合；第三，和而不同是“为政以德”的理想目标，“为政以德”将礼作为实现和而不同理想的制度保障，用重义轻利的价值观指导人们认同这一理想目标。上述三个方面与墨学的治国方略有同有异。

有学者指出，墨子的根本宗旨是谋“百姓之利”，除“天下之害”。利害在于治乱；治乱在人，故须“非命”。治乱的根本乃在于“仁义”与否：祸乱的根源是人们“不仁”而“不相爱”，故呼吁“兼爱”；祸乱的表现是人们“不义”而“交相贼”，故主持正义，诉诸“交利”。当务之急乃是“非攻”，因为当时最大的祸乱就是诸侯兼并战争。防止攻伐必须具备两个方面的条件：一是足够的国力，故须研究治国强国方略；二是充分的守备，故须研究战略战术、军事装备，进而研究科学技术。上述“仁义”价值须有一个形而上的超越者作为终极根据，故须“明鬼”而尊崇“天”之“天志”。“天”的世俗代理人即墨教宗教团体；墨教并非为某个特定国家谋利，故须独立于任何国家权力系统之外。然而，墨子关于权能格局的思想存在深刻矛盾：他所维护的和平秩序，乃是承认王权衰落之后的“国际”格局，即多极权能格局，这与神圣代理人的独立性互为条件，此乃墨学在皇权专制时代衰绝而在近代复兴的根本原因，但其“尚同”思想却恰恰与上述多极思维相冲突，这是当时中国社会走向皇权专制的历史趋势的反映。

有学者谈到，孔子在《尚书》“敬德保民”思想的基础上提出了“为政以德”，这是儒家政治文明的重要主题。被誉为“群经之首，百家之冠”的《尚书》，为我们描绘了那个久远年代的一种清明博爱的精神，敬天明德，民为邦本，克诚节性，公正中道。这是中国政治的最古风范，影响后世十分深远。

有的学者指出，在墨家生态思想体系中，墨家主张“天志”，推崇天是有意志的，地是对天的辅助和补充，但又极力反对天命论而强调人劳动的重要性以及人的主体性力量，提出“非命”、强力的思想。这看似矛盾的背后蕴藏着墨家以平民视角对于传统天人关系的批判性思考，而正是这种对于“三才”与众不同的思维方式构成了墨家生态思想的基石。对墨家“三才”观进行追本溯源式的梳理有益于深入把握墨家生态实践机制，从而在古代思想资源中探索解决现时代生态困境的新路径。

（三）关于儒墨会通与人类命运共同体建构

21世纪的今天，美国正挟其强势科技、庞大资金和优势文化的力量，不惜践踏《联合国宪章》和世界贸易准则，对中国进行遏制打压并制造贸易摩擦，在世界掀起一阵阵反华恶浪。在此复杂局面下，中国如何兼顾自身的安全与经济利益，以迈向进步繁荣，是一严肃课题。我们人文学术工作者，应该站在时代需要的高度，深入研究与诠释儒墨两家思想的奥蕴，助力国家建构一套恢弘而又完整的发展战略，加快推进人类命运共同体建设，为中华民族的伟大复兴做出贡献。

对于此问题，有学者指出，从文化的共通性和差异性来看，轴心时代的儒家，亦如古希腊哲学，是当今人们思考共同体问题的源头活水。早期儒家的共同体思想是基于亲亲而仁民、仁民而爱物的自然情感，以提供老安少怀、“庶之富之教之”、天下大同，过有德性的美善生活为目的，组成不同层级的家、国、天下共同体。德性自由是早期儒家共同体之思想前提，既是共同体中个人获得道德尊严和自我认同的前提，也是作为关系整体而存在的共同体的前提。德性自由成就个人之善，也在此基础上达成不同层级共同体的共善。在理论建构上，儒家共同体思想既有家国天下的横向展开，又有合内外、一天人、天人性命之双向循环的纵向论证，这种纵横交叉十字打开的儒家共同体思想，奠定了中国共同体思想的根基。不同于西方的文化语境，儒家共同体思想呈现出整体性、关系性、层级性、责任性、情境性等特色。面对人类共同的风险与挑战，对早期儒家共同体思想进行现代诠释不仅是理论上更高层次的回归，也有助于为化解原子个人的无根性问题、关系疏离问题、人类面临的纷争与共同风险等现实问题提供儒家思路和智慧。

有学者在研究了墨家“兼爱”思想后指出，“兼爱”是墨学的核心概念、范畴、命题与原理，由公元前5世纪墨子提出，公元前4世纪至前3世纪墨子后学继续从多维度、新视野与侧面深刻论证，是墨家始终坚持的美好理想、善良愿望与奋斗目标，是中华优秀传统文化中哲学等人文学领域的重要成果，蕴含着彻底的人道主义、人文主义精神，对人类命运共同体的构建有重要的理论、历史与现实意义。用E考据和元研究方法，全面阐发墨家“兼爱”说的逻辑，有助于认知墨家“兼爱”说的科学内涵与积极弘扬的价值，揭示墨家逻辑学由应用上升到理论的机制。

也有学者提出，面对秩序失范、政令不一的政治现状，墨子预设了一个导致社会混乱的原始自然状态，并以之作为秩序重建的逻辑起点，提出“一同天下之义”的“尚同”理论。此理论论证了一个以天子为核心的复杂政治体系的必要性和合理性，致力于建构一套“层层上同，尚同于天”的制度体系，以期实现政治统一和思想统一。然而，“尚同”思想存在理想与现实的二元割裂：一方面，在理想性层面依据“尚贤”体系，以实现“兼相爱，交相利”的良善秩序为目标；另一方面，在现实性政治实践层面缺乏贤者在位的制度保障，可能陷入专制的弊端与困境。

有学者在比较了中西人文思想传统后指出，与西方社会建立在基督教原罪论基础上的罪感文化相比，中华文化更具积极的反思基因。墨家用世俗化的“天志”“明鬼”信仰，把儒家贵族式的内省变成了一种契合当时社会条件、更接地气的平民式的敬畏。墨家的“天鬼”信仰，是一种具有强烈历史担当的人文信仰，其真正基础绝非迷信鬼神、惧怕惩罚的朴素动机，而是儒家所说的“慎独”，指向的是人的修为，即在艰苦的物质条件下自我节制、自我磨练，以苦行僧式的内省与淬炼，践行历史责任，建构城市手工业者视角下的伦理价值，期求在整个社会编织一张互助友爱的关系网络，实现良性竞争与合作共赢，这无疑代表着中华优秀传统文化中最切合当今时代精神的积极元素。

（四）对墨子及其思想的多角度研究

战国时期，墨家是与儒家并称“显学”的学派，但自汉代之后，墨家人物销声匿迹，墨家著作也久湮不彰，因而在墨学史研究领域有墨学于汉代“中绝”直至清中后期始再度复兴的观点。本次会议有多位学者从史传文献、清华简，以及思维方法、语言发展、军事组织乃至职业教育等多个角度，论述了墨家思想对中国社会的广泛影响，从而发现墨学并未于汉代"中绝"，而是在"视墨同儒"的学术环境中依托儒家继续存在并持续发挥其影响。

有学者在研究了相关清华简后指出，面世的清华简(捌)《治邦之道》，整理与研究者均认为合于墨家思想。细绎该篇简文，"治邦之道"这一题旨力斥治国"在命"的观念，既印证了《墨子》一书《非命》篇的"非命强国"论，也符合《七患》等篇所述忧患意识及国家治理的切实问题；其主张"兼利而爱"，胪列节用之法，吻合墨家"兼相爱，交相利"之治道，与"倍人""节葬""反质"诸说同符合契；其倡导冲决血缘贵贱的"使贤、用能"之法度，倚重才能经验为任贤标准，设计官员考核方法程式，亦匹配《尚贤》篇别于儒家"举贤"之贤能理念。《治邦之道》确为深富墨学特征的珍稀文献，亦不啻探寻儒、墨辨异之崭新门径。

有学者在谈及墨家思想的表述方式后指出，墨家表达方式所含蕴的实况描述、问题解决与理论整合，转化为"思想单位"的思维方法，相应发展为"思想单位"的三层次：情境构作、情境处理与情境融合。其次，对墨家提问方式加以分析归纳，相应发展出思想单位中的纲要性问题："有什么""是什么""为什么""会怎样"以及"要怎样"。思想单位是具有内容的思维形式，藉由此一方法的操作，可应用于传统文献的解析诠释方法和教育上思考力、理解力之提升方法，提供科际整合的共通架构，以及建立人文学研究成果在评价上相对客观的评量标准。

有学者谈到，从语言发展的角度看，中华民族与世界上所有民族一样，最初的语言是感性的、隐喻的、诗歌式的语言。到了轴心时期，由墨子和名家等发起的正名运动，使语言向着抽象的、明确的方向发展，而出现了语言学转向。同时，诗歌语言走向逻辑化，成为论述式语言。

还有学者在研究了墨子在军事方面的成就后谈道，墨子是武圣。墨家学派是学术、军事一体化的组织，墨家军声势浩大，却为人们所忽视。墨子领导的墨家军是有和平主张的正义之师，也是有士气、有规模、有武器、有战斗力的威武之师。墨家军的弟子兵属于"敢死队"，在巨子统帅下组成由弟子、信徒和从众构成的军队，配备先进的防御工具强弩(连弩车等)、技机(转射机等)、奇器(藉车、木鸢、云梯等)，践行墨家"非攻"主张。

有学者论及墨子的教育思想时指出，中华优秀传统文化博大精深，墨子思想是重要组成部分之一。墨子是伟大的教育家，早在春秋战国时期就开始进行职业教育实践探索。墨子主张平民教育、分科教育、实践教育，是中国职业教育的鼻祖。职业教育作为类型教育，既要把墨子职业教育思想传承好，又要将其转化为职业教育的具体行动。

（五）关于儒墨思想的创造性转化和创新性发展

实现中华优秀传统文化的创造性转化和创新性发展，是新时代传统文化发展的方向，也是党和政府对我们人文学术工作者的要求。以儒墨思想等为代表的传统文化，只有与时俱进，实现符合时代特点和要求的创造性转化和创新性发展，才能永葆文化生命力。

对于此议题，有学者提出，学术界的墨学研究大多是从一般学术史的角度展开，由此带来的问题就是观察视野与研究深度的局限。但我们如果运用历史社会学的方法从社会经济政治变动以及社会流动、社会组织等多视角、多方面的研究方法，就可以对墨学的产生、发展及其历史影响有更加广泛深刻的认识。尤其是在出土文献秦简里面，我们可以看到许多秦国社会生活的信息都可以与《墨子》的内容相互印证。这样我们不仅可以更好地解释儒、墨两家思想的异同及其历史命运的差异，而且对于它们对当代中国转型时期乃至整个人类社会问题解决的价值有更为准确的认识。

有学者指出，墨学发端于先秦，以"兼爱"为核心观念，先秦时儒墨并显，盛极一时。由于墨家思想不能适应农业文明的需要以及大一统的意识形态，秦汉以后走向式微。近代以降，墨学复兴，最有意味的原因是"西学中源"说和振世救弊的社会实践需要。在现代化和全球化时代，墨学必须响应现代化与全球化的挑战，其"兼相爱，交相利"的伦理精神具有现代性价值，重构以"兼爱"为核心的实用理性伦理，以契合现代世界文化精神，从而实现墨学的现代化与世界化，成为现代世界的伦理规则之一和多元文化的组成部分，进而成为中华文化对世界的贡献。

有学者联系现代的国家和企业管理指出，墨家的"兼爱"思想着眼于处理人和人之间的关系，这种人和人之间的关系表现在政治上则主要呈现为国家或社会集团与个人之间的关系。"兼爱"是墨家思想学说最为核心的主张。政治的实质就是管理，谁来管理、怎样管理，这是政治的核心问题。墨子主张，必须以贤人用智慧的方法管理国家。人和制度是政治的核心和关键问题。在墨家看来，国家治理最根本的任务就是要"尚贤"或者聚贤，也就是要把众多的贤人或者才士都集中在统治者的周围。墨家的“尚贤”“尚同”思想，本质上就是指一个国家、一个企业如何来处理它和个人之间的关系问题。墨家的“尚贤”“尚同”思想在当代具有重要的理论价值和现实意义，值得我们认真加以反思。

在论及墨家社会政治观时有学者指出，墨家的社会政治观具有历史意义和进步意义。强烈要求变革以周礼为主导的贵族等级制度，主张建立为万民兴利除害“尚贤”“尚同”的平民民主制度；高扬农与工肆创造历史的作用，注重“强本”，突出农事的重要意义。崇尚节俭，改变陋习，以净化社会风尚。推行“兼爱”“非攻”，营造和谐环境等主张和举措，均具有现当代性，值得研究和借鉴。

有学者在提到墨子“尚同”思想时指出，“尚同”是墨子提出的著名主张。尚同力是执政者一同天下的能力，是执政者的综合能力，也是执政者的核心竞争力。执政者尚同力建设包括四个方面：政治领导力、思想引领力、群众组织力、社会号召力。墨子的“尚同”思想，在当下全球新冠肺炎疫情扩散蔓延之际，有很强的现实意义。

在谈到建构新时代文化时有学者谈道，“儒墨互补”应是今天中华优秀传统文化传承体系建设的重要方法论之一，在当前中华优秀传统文化传承发展工程中，必须把所谓“精英文化”与“平民文化”有机对接，使墨家思想最优秀的文化基因与当代文化相适应，与现代社会相协调。儒墨互补对当今新文化构建及社会治理有重要的启示：在哲学上，儒墨互补能使“以人为本”理论更具体化；在政治上，儒墨互补能让社会主义政治更加民主化；在经济上，儒墨互补能使公平和效率比更为平衡；在思想上，儒墨互补能使儒家道德理想主义与墨家理性经验主义结合得更为合理；在文化上，儒墨互补能对当今中西文化的交融更具指导价值。所以，儒墨互补问题特别是把其方法论意义运用在今天的学术研究与社会治理中的研究对当前新文化建设具有重要意义。

在主题演讲、分论坛研讨和高端对话等环节中，还有不少学者围绕儒墨会通、儒墨互补、国家治理、人类命运共同体等议题，发表了若干真知灼见，因时间关系，在这里不再一一赘述。

本次学术研讨会，时代性强，特色鲜明，国内外参会学者线上线下认真切磋，深入研讨，使本次会议达到了很高的学术水平，对于促进以儒墨为代表的中华优秀传统文化的创造性转化和创新性发展将起到重要作用。

在第十三届国际墨子鲁班学术研讨会闭幕式上的讲话

朱晏辰

尊敬的各位领导、各位嘉宾，同志们、朋友们：

第十三届国际墨子鲁班学术研讨会在各级领导、各位专家学者的关心指导和大力支持下，在中国墨子学会、山东大学等主办、承办单位的精心组织和共同努力下，圆满完成了各项议程，今天就要胜利闭幕了。在此，我谨代表中共滕州市委、滕州市人民政府，向活动的成功举办，表示热烈的祝贺！向为儒墨文化传承发展贡献心血智慧的各级领导、各位专家、各界朋友表示衷心的感谢，并致以崇高的敬意！

回首为期两天的研讨会，专家云集、高朋满座，大家围绕"儒墨会通与国家治理"主题，集思广益，畅所欲言，碰撞出了光彩夺目的思想火花。其中，既有对儒墨文化历史影响和当代价值的研究思考，也有对儒墨文化思想差异和共同主张的深入分析；既有对促进优秀传统文化推陈出新、创新发展的独到见解，也有对推动儒墨思想古为今用、融入国家治理体系的精辟论述。专家学者用引人入胜的观点、科学严谨的考证、深入浅出的阐释，为我们展现了一幅中华优秀传统文化的源远流长、生生不息的宏伟画卷，也让我们看到了儒墨文化交流交融、互促互进、创新发展的美好前景。

文化濡染了一个民族的生命底色，塑造了一座城市的品格气质。千百年来，儒家思想成就了滕州"礼仪之邦"的美誉，墨子鲁班文化为滕州播下了科技创新、工匠精神的种子。进入新时代，勤劳智慧、善良淳朴的滕州人民，继承发扬先贤们兼爱包容、诚实守信、开放创新、敢为人先的精神特质，朝着"打造全省县域高质量发展样板城市，加快建设美德滕州、文明滕州、富强滕州"

的奋斗目标，不断创新创造，不断改革突破，续写着经济社会持续健康发展的辉煌篇章。

习近平总书记指出，优秀传统文化是中华民族的精神命脉，是最深厚的文化软实力，必须与时俱进、推陈出新，推动中华文明创造性转化、创新性发展。今天，这次研讨会的成功举办，不仅为中华优秀传统文化传承发展写下了浓墨重彩的一笔，也必将为加快滕州高质量发展提供更加有力的精神激励、文化引领和智慧启迪。我们将坚持以习近平总书记重要指示精神为指引，以本次研讨会的成功举办为契机，进一步深化与山东大学的交流合作，发挥双方在人才资源、基础设施等方面的优势作用，不断加强墨子鲁班文化的研究阐发，持续推动儒墨文化的融合会通，用优秀研究成果化人育人、推动发展，让优秀传统文化不断绽放出更加夺目的时代光彩。在此，也恳请各级领导、各位嘉宾、各界朋友一如既往地关心支持滕州。

最后，祝墨子鲁班思想和儒家文化不断发扬光大！祝各位领导、各位嘉宾身体安康、万事如意！

谢谢大家！

研究论文

墨子的“不辩”之辩

陈克守　唐春瑞

墨子是中国古代伟大的雄辩家，以墨子为创始人的墨家学派不仅重辩，更是以长于辩学而著称于世，但是有人却说墨子“其言多而不辩”，这就难免使人产生疑问：墨子的“言多而不辩”是什么意思？究竟有没有道理？

一

要弄清这个问题，首先就要明确一个概念：“辩”。

孙中原先生的《墨子大辞典》里，“辩”的词条有四个含义：其一是辩学，辩的学说；其二是辩论；其三是善辩；其四通“辨”，分辨，辨别。[①] 我们认为，“墨子无辩”的“辩”，应该是第三种含义“善辩”。

《韩非子·外储说左上》里记载：楚王曾向墨家弟子田鸠提出一个问题：“墨子者，显学也。其身体则可，其言多而不辩，何也？”这个问题涉及墨家对辩说即说话写文章的基本观点，所以田鸠不厌其烦，做了详细的解答：“昔秦伯嫁其女于晋公子，令晋为之饰装，从文衣之媵七十人，至晋，晋人爱其妾而贱公女。此可谓善嫁妾，而未可谓善嫁女也。楚人有卖其珠于郑者，为木兰之柜，薰以桂椒，缀以珠玉，饰以玫瑰，辑以羽翠，郑人买其椟而还其珠。此可谓善卖椟矣，未可谓善鬻珠也。今世之谈也，皆道辩说文辞之言，人主览其文而忘其用。墨子之说，传先王之道，论圣人之言，以宣告人。若辩其辞，则恐人怀其文，忘其直，以文害用也。此与楚人鬻珠，秦伯嫁女同类，故其言多而不辩。”用秦伯嫁女与买椟还珠的故事，说明墨子之所以“言多而不辩”，是因为怕喧宾夺主，以文害用。

① 参见孙中原编：《墨子大辞典》，商务印书馆 2016 年版，第 14 页。

从《韩非子》中的这段记载可以看出，时人认为墨子“言多而不辩”，似乎墨家自己对此也不否认。文中“辩说文辞”并提，“辩”与“文”近意，这个“文”也就是儒家所说的“言之无文行而不远”之文。荀子就明确说过：“墨子蔽于用而不知文。”（《荀子·非十二子》）

荀子的话不无道理，然而墨家并非“不知文”，也不是绝对的“不辩”。其实墨子很重视“辩”。作为教师，他把“能谈辩”作为一个主要培养目标。他认为贤良之士的必要条件之一就是“辩乎言谈”，要求“选择天下赞阅贤良圣知辩慧之人，置以为三公，与从事乎一同天下之义”（《墨子·尚同中》），把善辩作为从政者必备的重要素质。

墨子反对以文害用，但并非反对文。《说苑·反质》中有一段关于墨子与禽子的对话，墨子首先提出一个问题：“今当凶年，有欲予子随侯之珠者，不得卖也，珍宝而以为饰。又欲予子一钟粟者。得珠者不得粟，得粟者不得珠，子将何择？”随侯之珠为无价之宝，其价值远非一钟粟所能相比，但在没食物便会饿死的情况下，对二者的价值取向显然已发生变化，所以禽子曰：“吾取粟耳，可以救穷。”于是，墨子语重心长地说：“诚然，则恶在事夫奢也。长无用好末淫，非圣人之所急。故食必常饱，然后求美；衣必常暖，然后求丽；居必常安，然后求乐，为可长，行可久，先质而后文，此圣人之务。”

这一段话很清楚地说明：墨子并非“不知文”，也不反对“文”，只不过在“文”和“质”的关系上主张“先质而后文”，强调的是“质”。况且，这里所说的“文”，主要是指文辞、文采、文饰，即使《墨子》真的“无文”或曰“无辩”，也只能说明其文风质朴无华。

二

刘勰在《文心雕龙》中对《墨子》的评论是“意显而语质”，非常准确地概括了《墨子》语言的基本特征，而这一特征，正可以作为“言多而不辩”的注解。

《淮南子·要略训》说：“墨子学儒者之业，受孔子之术，以为其礼烦扰而不悦，厚葬靡财而贫民，久服伤生而害事，故背周道而用夏政。”这段记载一直被学界认为是可信的史料。

夏、商、周三代之不同，突出的就是“夏尚忠，商尚质，周尚文”。儒家崇周，孔子推崇周公，崇尚周礼，尽管孔子说“质胜文则野，文胜质则史”，明确主张“文质彬彬”(《论语·雍也》),但是实际上他还是偏重于文“郁郁乎文哉,吾从周”(《论语·八佾》)。而墨子崇夏则是尚质,因为墨子是殷商后裔,他以崇夏来对抗儒家的崇周,不自觉地保持了殷商尚质的遗风。

从本质上说,墨子的“不辩”是由其劳动人民的立场决定的。

墨子曾是小手工业者,虽然有人说他是“目夷七世孙”,但是自目夷之后便开始衰落,至墨子时已是几代平民百姓了。毛泽东说:“墨子是一个劳动者,他不做官,但他是比孔子高明的圣人;孔子不耕地,墨子自己动手做桌椅子。”[①]梁启超说:墨子是“劳动人民的圣人”,“墨子始终是个平民,没有做过官的”。[②] 墨子自己也从不否认其下层劳动人民的身份。他的一切言行,几乎都代表着劳动人民的利益。

儒家的代表人物荀子认为墨子学说是“役夫之道”,这是站在统治阶级立场上对墨子的攻击,却正好从反面证明了墨子是劳动人民利益的忠实代表。

以墨子“十论”为代表的墨子学说,基本上都是在替劳动人民说话,这种思想内容就决定了其语言的质朴性,也就是所谓的“不辩”。

据《墨子·贵义》篇记述:墨子献书楚惠王,楚惠王命大臣穆贺接待墨子,墨子在与穆贺谈话中坦然承认自己是“贱人”,把自己的学说称为“贱人之所为”,比喻为农民种的粮食或采集的草药。虽然身为显学领袖,但是墨子念念不忘“农与工肆之人”及“农与工肆之事”,谈话时经常以“农与工肆”的人和事打比方。这种语言是劳动人民的语言,自然是朴实无华的。如果说这就是“不辩”,倒也不无道理。

墨家作为一个有政治理想的学派组织,当然要宣传自己的政治主张,墨子更是“遍从人而说之”,他们的宣传对象也主要是“农与工肆之人”。因此,《墨子》的语言非常接近当时的口语,朴实易懂,不多加修饰,不过分渲染,更不追求浮巧华丽,明显具有通俗化的特征。

通俗化就是质朴性的表现,是墨子语言表达的自觉追求。比如,《墨子》中大量引用《诗》《书》等古代典籍,并将引文中的生僻字词改换为常用字词。《墨子·尚贤中》在引用《尚书·吕刑》中的“群后之逮在下,明明棐常,鳏寡无

① 《毛泽东评点二十四史人物精选》,时事出版社 1997 年影印本,第 382 页。

② 参见梁启超:《墨子学案》,民国十年(1921)排印本,第 67 页。

盖”一段时改为“群后之肆在下，明明不常，鳏寡无盖”，将“逮”“棐”这些生僻字替换为常用字。这种例子在《墨子》中很常见。

通俗化的语言使下层劳动人民感到亲近，很容易为他们所接受，不仅对劳动人民，而且对其他人来说，也是很有说服力的。

兼爱是墨家思想的核心，为了宣传兼爱，墨子及其弟子四处奔走呼号，但“天下之士君子”却仍不赞同墨家的这一主张。有人对墨子说，你们的兼爱主张，“即善矣，虽然，岂可用哉?”墨子立即反驳道：“用而不可，虽我亦将非之，且焉有善而不可用者?”这是逻辑反驳，足以使对方无言以对，但墨子唯恐其口服心不服，就用编剧本的手法，假设了别士和兼士两个人物，让他们进行表演：

> 是故别士之言曰：“吾岂能为吾友之身，若为吾身；为吾友之亲，若为吾亲。”是故退睹其友，饥即不食，寒即不衣，疾病不侍养，死丧不葬埋。别士之言若此，行若此；兼士之言不然，行亦不然。曰：“吾闻为高士于天下者，必为其友之身，若为其身；为其友之亲，若为其亲，然后可以为高士于天下。”是故退睹其友，饥则食之，寒则衣之，疾病侍养之，死丧葬埋之。兼士之言若此，行若此。(《墨子·兼爱下》)

用对比的手法，对别士与兼士的言行做了具体描写，鲜明地刻画了二者的形象。然后，又假设了一位即将出征的将士和一位受命出使别国的使者，他们远离故土，生死未卜，行前要将妻子托于人照顾，是托给别士还是托给兼士结论很明显，即使是反对兼爱的人，也不会选别士而弃兼士。这就使抽象的道理具体化、形象化，生动而富有感染力。墨子使用质朴无华的语言把兼爱的道理说得清楚明白。这种通俗的表达方式富有极强的表现力和说服力。

说墨子“言多而不辩”，虽有片面性，但是却在某种意义上体现了墨子“意显而语质”的基本特征，也体现了墨子“先质而后文”的主张。墨子的这一主张受到很多人的赞赏，也为后人发扬光大。唐代杜牧在《樊川文集》中说：“苟意不先立，止以文彩辞句绕前捧后，是言愈多而理愈乱”，“是以意全胜者，辞愈朴而文愈高；意不胜者，辞愈华而文愈鄙。是意能遣辞，辞不能成意”。[①]

① 参见杜牧撰：《樊川文集》第十三，《四部丛刊》景明翻宋本，第89页。

这里所说的“意”即墨子所说的“质”，这里所说的“文彩”即墨子所说的“文”。这一段话显然是对墨子“先质而后文”的继承与发展。

三

墨家以长于辩学而著称于世，墨子本人就很自信地说：“吾言足用矣！舍言革思者，是犹舍获而捃粟也。以其言非吾言者，是犹以卵投石也。尽天下之卵，其石犹是也，不可毁也。”(《墨子·贵义》)其言尽管不免夸张的色彩，但绝非信口开河。实际情况正如《孟子·滕文公下》里所说：“杨朱、墨翟之言盈天下，天下之言，不归杨，则归墨。”当时几乎没有人能与墨子之言相抗衡。

墨子之言具有强大的逻辑力量，他的反对者攻击他时说：“然而其持之有故，其言之成理，足以欺惑愚众。”(《荀子·非十二子》)尽管是“非”，但除去偏激的感情色彩，我们所看到的难道不是对墨子“言之成理，持之有故”的充分肯定吗？孟子是非墨最甚的，但他对墨家的论辩艺术则是口不服而心服。孟子之所以能成为著名的雄辩家，原因之一就是他充分吸取了墨家辩学的研究成果，包括墨家总结的辩说形式、方法、技巧，甚至墨家的一些常用术语他也一并袭用。这充分证明，墨子决不是“不辩”。

墨子的“辩”，突出表现为其强有力的逻辑性，而这种逻辑性表现在语言上就是语言表达的准确性。

在先秦诸子中，《墨子》语言的准确性是无与伦比的。《墨子·非攻下》记载：墨子反对侵略战争，经常批判那些好攻伐之君的侵略行为，他们却拿出“汤放桀、武王伐纣，此皆立为圣王”作为依据为自己辩解。对此墨子明确指出：“子未察吾言之类，未明其故也。彼非所谓攻，谓诛也。”汤放桀、武王伐纣尽管也是战争，却是另外一种战争。这两种战争，一种是正义的，一种是非正义的，它们分别属于两个完全不同的类别，一个叫“攻”，一个叫“诛”。表面上看是一字之差，实际上却反映了二者之间本质上的不同。那些好攻伐之君把两个完全不同的概念混为一谈，就是不察类，不明故。《墨子》语言的准确性，由此可见一斑。

语言的准确性最重要的一个方面就是准确地使用语词，而要准确使用语词，首先必须明确语词所表达的概念。《墨子·经下》说：“谓而固是也。说在因。”《墨子·经说下》解释曰：“有文实也，而后谓之；无文实也，则无谓也。不若敷与美。谓是，则是固美也；谓也，则是非美。无谓，则假也。”“谓”就是称谓，就是概念、语词。概念表达某一事物及其本质属性，而它本身又要通过语词来表达，一旦使用这种称谓，就要因袭下去，不能任意改变。以“美”为例，“美”作为一个概念，反映了事物的一种状态，遇到这种状态的事物就要用“美”来表示，如果说“不美”，那就成了虚假的概念，表达虚假概念的语词当然就不准确了。

逻辑对概念的基本要求是明确，概念不明确就容易产生狂举的谬误。《墨子·经下》说：“狂举不可以知异，说在有不可。”意思是：狂举的错误在于不能认识两类不同事物之间的真正差别。《墨子·经说下》举例解释说：“牛与马虽异，以牛有齿、马有尾，说牛之非马也，不可，是俱有，不偏有偏无也。”牛和马虽然不同，但如果因为牛有牙齿而马有尾巴则说牛不是马，那也是不对的，因为牛和马都有牙齿和尾巴，而不是一个有一个没有。

这种狂举的错误，体现在语言表达上就是使用语词不准确。《墨子·公孟》篇记载了墨子与儒者的一段对话。墨子在谈话中对程子说：“儒之道足以丧天下者四政焉。”接着就具体指出了儒学的四大弊端，程子听了不以为然，说：“甚矣！先生之毁儒也。”程子认为墨子的话是对儒家的诋毁。墨子反驳说：“儒固无此四政者，而我言之则是毁也。今儒固有此四政者，而我言之，则非毁也，告闻也。”以定义式的语言明确了“毁”与“告闻”这两个概念，并指出其言实际是“告闻”，而非程子所谓之“毁”。程子混淆了两个完全不同的概念，这就是不知异，就是狂举，也就是使用语词不准确。

如果说“辩”就是文，是文辞、文采、文饰之意，我们就也可以说，墨子并非“无文”，也并非“不辩”。墨子的“文”或“辩”首先表现在其语言的生动性。

如《墨子·公孟》篇载：“公孟子戴章甫、搢笏，儒服，而以见墨子，曰：‘君子服然后行乎？其行然后服乎？’”公孟子是儒家弟子，经常与墨子辩论，而几乎每次都是以失败而告终。这次他戴上大礼帽，拿着大臣朝见君主时所持的笏板，穿上儒者特制的服装，煞费苦心地设了个圈套，想诱使墨子上钩。从逻辑上分析，他的话是个复杂问语，隐含了一个虚假的判断：君子或者是服然后行，或者是行然后服。但公孟子的圈套被墨子一眼识破，他只说了“行不在服”，短短四个字，就轻而易举地破解了这个复杂问语。为了让对方心服口服，墨子又苦口婆心，一连讲了四个历史人物——齐桓公、晋文公、楚庄王、越王勾践，具体地描绘了他们所穿的不同服装，但他们都能治理好国家，有力证明了“行不在服”。义正而辞严，具体而生动，公孟子不得不连口称“善”。但接着他又说：“吾闻之曰：‘宿善者不祥。’请舍笏，易章甫，复见夫子，可乎？”墨子马上回答说：“请因以相见也。若必将舍笏，易章甫，而后相见，然则行果在服也。”这里，公孟子装作心服口服的样子，请墨子允许他改换服装后再相见，想乘墨子不备，使其落入陷阱。没想到他的西洋镜经不住墨子轻轻一戳，就立即粉碎了。

这真是一幕绝妙的轻喜剧，公孟子的狡黠、阴险，墨子的机警、老练以及高度的逻辑缜密性，通过这一场斗智表现得淋漓尽致。本来是一个很简单的情节，却写得一波三折，迭宕起伏，妙趣横生。由此可以看出《墨子》高超的逻辑艺术和语言表达的生动性。

墨子是墨家学派创始人，有人曾说他是宗教教主。然而，墨子却极富人情味，而且很有幽默感。如《墨子·耕柱》篇记载的墨子与儒家之弟子的一次辩论。子夏的一个学生问墨子：“君子有斗乎？”墨子明确回答：“君子无斗。”子夏的那个学生说：“狗豨犹有斗，恶有士无斗矣！”墨子听了，大发感慨：“伤矣哉，言则称于汤文，行则譬于狗豨，伤矣哉！”唇枪舌剑，但又不失风雅。高超的辩论艺术通过幽默的语言形式表现出来，读之令人忍俊不禁。

墨子的“文”或“辩”，还表现在其语言的音乐性上。尽管《墨子》的体裁基本是议论文，却很讲究语言的音韵节奏，如《七患》中的“以七患居国，必无社稷；以七患守城，敌至国倾。以七患之所当，国必有殃”，句式整齐，每两句一韵，有如韵诗。《亲士》中的“是故偪臣伤君，谄下伤上。君必有弗弗之臣，上必有谔谔之下，分议者延延，而支苟者谔谔，焉可以长生保国”，不仅音韵协调，而且平仄相谐。迭字的着意使用，更增添了语言的音乐美。

墨子的“文”或“辩”还与修辞有关。亚里士多德曾说，逻辑学家必定会成为修辞学家。其本人被称为“西方逻辑之父”，他不仅著有《工具论》，还著有《修辞学》，而且他的许多逻辑理论是在《修辞学》里讲的。墨子是中国古代最伟大的逻辑学家，他在逻辑学方面的成就为世界所公认，但他在修辞学方面的贡献却很少有人注意到。墨子没有专门的修辞研究理论，但他的逻辑理论却包含着丰富的修辞学内容。有的修辞学者曾提出，《墨子》是我国最早的修辞学著作，提议加强对《墨子》中修辞学的研究，这种观点值得我们重视。至于《墨子》中对修辞的出色运用，则是有目共睹。

《墨子·小取》篇说："譬也者，举它物以明之也。"在我国，这是对比喻这种修辞格的特点所做的最早说明，后人对比喻的解释多以此为基础。墨家对这种修辞格不仅有理论阐述，更有出色的运用。

据《墨子·所染》载：墨子见到染丝的情景便发出感叹："染于苍则苍，染于黄则黄。"用染丝比喻环境的影响，"国亦有染"，"所染当，故王天下，立为天子，功名蔽天地"；"所染不当，故国残身死，为天下僇"。这个比喻确实用得十分贴切、自然，因此广为流传，"近朱者赤，近墨者黑"至今仍是众所周知的道理。

墨子的"文"或"辩"，体现在诸多方面，举不胜举。

可见，即使"辩"与"文"完全等同，即文辞、文采、文饰之意，墨子的"不辩"之说也不能成立。况且，"辩"与"文"只是近义词，辩的含义并不等同于文辞、文采、文饰之意。

"辩"一般是指辩论的艺术，包括辩论的技巧、方法、手段，从这个意义上，说墨子"言多而不辩"，则完全是误判。墨子是古代中国甚至全世界最伟大的雄辩家之一，是辩学理论大师，说他"言多而不辩"，则没有道理。墨家辩学具有深远的理论意义和积极的实践价值，是值得我们继承弘扬的宝贵文化财富。

儒、墨的互绌与互补

——先秦儒、墨之间的学术批评

高华平

儒家和墨家是先秦诸子中的两个重要学派，对中国古代的哲学思想和文化都产生过极其重要的影响。这两个学派从一开始就具有非常密切的关系。《淮南子·要略》曰："墨子学儒者之业，受孔子之术，以为其礼烦扰而不悦，厚葬靡财而贫民，(久)服伤生而害事，故背周道而用夏政。"这里既讲到了儒、墨两家的共同点，即墨子原本是"学儒者之业，受孔子之术"，传承儒家的"仁爱"之"术""业"的，也讲到了儒、墨两家的分歧，即墨家思想并非始终与儒家完全相同，他们并没有全盘接受儒家孔子的思想和学说，而是有自己的选择与批判。

以往学术界虽然也注意到了儒、墨两家学术上的异同之点，特别是墨家学说由儒家分化而来的特点，却尚未对儒、墨两家的学术批评进行过系统梳理。为了更深入地探讨儒、墨学说各自的缺陷以及二者之间复杂的互补关系，本文拟尝试对儒、墨两家相互之间的学术批评做一番探讨，以为当前学术界的儒、墨研究做一点填空补阙的工作，以期能为推进学术界对儒、墨思想及其关系的研究提供一个新的视角。

一、先秦墨家对儒家的学术批评

从先秦诸子产生的时间来看，儒家的产生无疑是早于墨家的，这才有了《淮南子·要略》所谓"墨子学儒者之业，受孔子之术"之说。但如果从中国学术批评史的发展历史来看，则这个顺序似应颠倒过来，即墨家对儒家学术批评的发生是要早于儒家对墨家的学术批评的。从某种意义上甚至可以说，正是因为有了墨子对儒家的学术批评，之后才有墨子从儒家中的分化和独立，才有了墨家的产生。

当然，对上文引《淮南子·要略》所谓“墨子学儒者之业，受孔子之术，以为其礼烦扰而不悦，厚葬靡财而贫民，(久)服伤生而害事，故背周道而用夏政”云云，以往学术界也存在不同看法。主要是认为先秦墨家对儒家的学术批评并不一定始于墨子本人，而应该是墨子后学对儒家及孔子的学术批评，而且墨家对儒家的学术批评主要还是针对儒家学说中的以下几点而发，即所谓“其礼烦扰而不悦，厚葬靡财而贫民，(久)服伤生而害事”。

根据笔者以往的考证，墨子当生于公元前525～前520年，约卒于公元前438年，这与孔子的生卒年相差二三十年，故《史记·孟子荀卿列传》所谓墨子之生活年代“或曰并孔子时，或曰在其后”两说都是可以成立的。孔子生卒年在公元前551～前479年，墨子曾经师从或受业于孔子，那是完全可能的。① 孔子曾批评其师事的老子，孔子弟子也曾直言不讳地批评孔子，因此“墨子学儒者之业，受孔子之术”，而后又“背周道而用夏政”，对孔子的学术思想提出明确的批评，这也是合情合理的事情。② 笔者认为，不仅“墨子学儒者之业，受孔子之术”，“背周道而用夏政”，批评儒家孔子的学术思想合情合理，而且墨子批评儒家孔子思想的主要方面，应该不是《淮南子·要略》所谓“其礼烦扰而不悦，厚葬靡财而贫民，(久)服伤生而害事”等几个方面，而应该是《墨子·公孟篇》所谓“儒之道足丧天下者，四政焉”，即“以天鬼为不明”“厚葬久丧”“弦歌鼓舞”和“以命为有”等。《墨子·公孟》篇曰：

> 子墨子谓程子曰：“儒之道足以丧天下者，四政焉。儒以天为不明，以鬼为不神，天鬼不说，此足以丧天下。又厚葬久丧，重为棺椁，多为衣衾，送死若徙，三年哭泣，杖后行，耳无闻，目无见，此足以丧天下。又弦歌鼓舞，习为声乐，此足以丧天下。又以命为有，贫富寿夭、治乱安危有极矣，不可损益也。为上者行之，必不听治矣；为下者行之，必不从事矣，此足以丧天下。”

① 参见高华平：《墨子生卒年新考》，《江西师范大学学报》(哲学社会科学版)2018年第5期。

② 参见高华平：《墨子对先秦诸子的学术批评》，《文史哲》2020年第5期。

说到墨子或墨家的思想，人们自然会想到“兼爱”“非攻”之说，甚至有人认为“墨子唯一之主义，在乎兼爱”[①]。但笔者认为，如果从墨家思想的核心观念和根源来看，墨子和墨家的最根本的思想学说实则乃是“天志”“佑鬼（明鬼）”，因为墨子“兼爱”“非攻”“贵俭”“节葬”“节用”“非乐”以及“贵”以“利”为内涵的“义”等思想主张，说到底其实都只是“天”“鬼”的意志——只有“天”“鬼”才能绝对无私公平地“爱利”万民。如果说墨子和墨家要对包括儒家在内的其他诸子学派的学说加以批判而廓清之的话，那么首要的必是站在墨家的独特立场上，从墨子和墨家认为的包括先秦儒家在内的其他诸子学派的根本缺失处入手，抓住其根本错误加以批判。而墨子和墨家认为包括先秦儒家在内的其他诸子学派的根本失误点，在于他们“以天为不明，以鬼为不神”，而“强执有命”。当然，其现实性则表现为“攻伐无道”“厚葬久丧”“弦歌鼓舞”等损人利己和奢侈浪费的行为。

墨子和墨家学说的最大特点何在？章太炎曾说，墨子和墨家与先秦诸子，特别是儒道“孔、老绝殊者”，在“墨家者，古宗教家”也，即其“天志”和鬼神之说。[②] 陈柱亦有类似评论，他说：“墨子与儒、道各家所最显著特异者，莫如以天为有人格，有意志。儒家虽亦言天意，然不如墨家之俨然如有人格者之在上，君临于人，而一一司其赏罚也。道家如老子则以天为自然，为无意志，与墨子益异矣。”[③]《墨子·法仪》篇曰：

> 天之行广而无私，其施厚而不德，其明久而不衰，故圣王法之。既以天为法，动作有为必度于天。天之所欲则为之，天所不欲则止。然而天何欲何恶者也？天必欲人之相爱相利，而不欲人之相恶相贼也。奚以知天之欲人之相爱相利，而不欲人之相恶相贼也？以其兼而爱之、兼而利之也。

同样，鬼神也与“天”一样，是“有人格，有意志”而赏善罚恶者。《墨子·明鬼下》则曰：

① 陈柱：《诸子概论》，华东师范大学出版社2015年版，第312页。
② 参见章太炎：《诸子学略说》，广西师范大学出版社2010年版，第10页。
③ 陈柱：《诸子概论》，华东师范大学出版社2015年版，第147页。

是故子墨子曰："尝若鬼神之能赏贤如罚暴也，盖本施之国家，施之万民，实所以治国家、利万民之道也。若以为不然，是以吏治官府之不絜廉，男女之为无别者，鬼神见之；民之为淫暴寇乱盗贼，以兵刃毒药水火退无罪人乎道路，夺人车马衣裘以自利者，有鬼神见之。是以吏治官府不敢不絜廉，见善不敢不赏，见暴不敢不罪。民之为淫暴寇乱盗贼，以兵刃毒药水火退无罪人乎道路，夺车马衣裘以自利者，由此止。是以莫放幽闲拟乎鬼神之明显明有一人畏上诛罚，是以天下治。"

由此则不难看出，墨子和墨家所主张之"兼爱""非攻""贵俭""节葬""节用""非乐"诸说，从根本上来讲，实皆源于其"天志""明鬼"之说。"天""鬼"皆有人格意志，又绝对公平无私，于天下万民皆欲"兼相爱，交相利"，故墨子和墨家不能不遵循"天""鬼"之意志，而有"兼爱""贵俭""节葬""节用"等主张，故对与之相反的各种违背"天""鬼"意志的言行一并"非"之。在墨子时代，孔子所开创的儒家乃是当时的"显学"，孔子号称"弟子三千，贤人七十有二"，早期的墨子也曾"学儒者之业，受孔子之术"，可见儒家学术思想的影响之大。但墨子在"学儒者之业，受孔子之术"的过程中，既感受到了孔子"仁者爱人"之"仁学"的强大魅力，也深切认识到孔子儒学对"天"（"天命""天道"等）、"鬼"（"鬼神"）信仰的不彻底性和不坚定性（如曰"天命靡常""子不语怪、力、乱、神""祭如在，祭神如神在""敬鬼神而远之"，等等），以及由此而产生的"以天鬼为不明""厚葬久丧""弦歌鼓舞"和"以命为有"等种种表现。故墨子毅然决定"背周道而用夏政"，脱离儒家阵营，并对孔子儒学于"天"（"天命""天道"等）"鬼"（"鬼神"）信仰及其种种表现提出了直言不讳的批评。这就是《墨子·公孟》篇所谓"儒之道足丧天下者，四政焉"。

当然，在现有文献中，有关墨子和墨家对先秦儒家的学术批评，主要都是墨子后学对先秦儒家的学术批评，而且主要集中保存于今本《墨子》一书中的《非儒》篇中。

《墨子·非儒》原为上、下两篇，今仅存《非儒下》篇。但就是这篇集中批评儒家思想的文章，学术界对其作者和具体批评对象却存在不同看法。毕沅、孙诒让都认为此篇为"述墨氏之学者设师言以折儒也"，"此周季俗儒信有如此所非者，但并此以非孔子，则大氏诬诋增加之辞”。[①] 现在看来，《非儒》篇即使不是墨子本人所作，其中的观点无疑应该也是与墨子本人的观点一致的，尽管《墨子・非儒下》一篇前后两部分之间似乎还存在某种更为复杂的关系。

就《墨子・非儒下》篇来看，此篇在结构和内容上似存在一个显著的特点，即该篇实存在前半“非儒”而后半“非孔”的不同(其前半在“儒者曰”中间，强加入了“有强执有命以说议曰”一段，文气不顺，似为《非命》篇错入)。前半以“儒者曰”和“又曰”起头，先陈述儒者的观点，然后分别加以批评；后者自“夫一道术学业，仁义也”始，则专门针对“孔丘之行”(依次为“晏子言孔子为人”，“孔子之齐”，“孔丘为鲁司寇”，“孔丘穷于陈蔡之间”，“孔丘与其门弟子闲坐”)与其所提倡的仁义之术的“相反谬也”，分别进行非难。故近代以来学者多认为《墨子》中的《非儒下》篇，自“夫一道术学业，仁义也”以下，专非孔子之行，“与上文就事立论者显然有别，不类一篇文字，疑经后人补缀窜乱，非墨书之旧也”[②]。而《淮南子・汜论训》论儒、墨是非之起时亦曰：“夫弦歌鼓舞以为乐，盘旋揖让以修礼，厚葬久丧以送死，孔子之所立也，而墨子非之。”可见，孔、墨在世之时，孔、墨的根本分歧乃在于其对“天”“鬼”态度的差异，但就孔子在当时社会影响最大的学术观点来看，实在于其“弦歌鼓舞”的乐论、“盘旋揖让”的礼论和“厚葬久丧”的孝道等几个方面，而《非儒下》篇前半部分所针对的，也正是儒家学说的这几个方面。换言之，从《非儒下》篇的内容本身和孔子在世时思想影响最大者来看，《墨子・非儒下》篇的内容和作者既存在着前后两部分的不同，墨家对儒家的学术批评亦应存在着前后两个阶段的不同。墨子本人或墨子在世之时的墨家对儒家的批评，应该直接针对出自孔子本人的“弦歌鼓舞”的乐论、“盘旋揖让”的礼论以及“厚葬久丧”的孝道。此时墨子的学术批评，完全只是对孔子本人学术观点的批评，而不见任何对孔子人身攻击的影子。故传世本《墨子・公孟》篇载有墨子与儒家公孟子的长篇

① 参见孙诒让撰：《墨子间诂》上册，中华书局 2001 年版，第 286 页。

② 吴毓江撰：《墨子校注》上册，中华书局 2001 年版，第 286 页。按：吴氏原文曰“自‘以所闻孔丘之行’以下，与上文就事立论者显然有别，不类一篇文字”云云。但此段前“夫一道术学业，仁义也。皆大治人，小以任官，远用遍施，近以修身，不义不处，非理不行，务兴天下之利，曲直周旋，利则止，此君子之道也”数句，是为下文批评孔子提出是非标准，应与下文“以所闻孔丘之行”为一整体。故吴氏之言应曰“自‘夫一道术学业’以下，与上文就事立论者显然有别，不类一篇文字”云。

对话，其中墨子对儒家观点多有批评，但其批评的内容却与《非儒》篇一样，仅局限于儒者之“贫富寿夭，错然在天”、厚葬久丧和虽怀疑鬼神有无却“必学祭祀”的矛盾，并无对孔子的人身攻击。《墨子·耕柱》篇对儒家的推己及人之爱和无鬼论等也有毫不隐讳的批评[①]，但亦无一处对孔子本人的攻击。不仅没有一处对孔子本人的攻击，墨子还认为对孔子之有“当而不可易者也”，故应“称之”（《墨子·公孟》）。但到了战国中后期墨子弟子及后学，墨家原来那种对儒家的学术批评已发生明显的变化，主要表现为这种批评已明显超出了学术批评的限度，而发展成对儒家的全面挞伐乃至人身攻击。用《庄子·齐物论》中的话说，儒、墨两家之间已是不问是非，而是“是其所非而非其所是”。凡是儒家的观点，墨家就要开展批评；反之，亦然。更有甚者，则和法家一样，对儒家的祖师孔子直呼其名，毫不留情地加以嘲弄与批评。《墨子·非儒下》篇的后半部分直呼“孔丘”，斥其不仁不义，俨然已超过《庄子》一书，而与法家《韩非子》中的口吻极其相似。故前辈学者多以《非儒》篇已“非墨书之旧”，当属“后人被缀窜乱”。

《墨子·非儒下》篇的后半部分，应属战国中后期甚至更晚的墨家后学对儒家的批评。这一点，我们还可以从今本《孔丛子·诘墨》篇对《非儒下》篇的反诘中得到证明。由《孔丛子·诘墨》篇末称“曹明问子鱼”作《诘墨》之由，可知《诘墨》的作者当为孔子之九世孙鲋（字子鱼）。孔鲋生于公元前 264 年（秦昭王四十三年），秦末入陈胜军。秦始皇二十七年（前 220），秦灭六国。秦始皇十四年（前 233）用李斯之“策”以“别墨白而定一尊”。这也就是说，孔鲋的这篇反诘墨家攻击孔子的《诘墨》篇，一定完成于秦统一天下的公元前 220 年之前，因为此时可能还有百家争鸣、儒墨相非的社会环境。而墨家《非儒下》篇的后半部分，应该写于《诘墨》篇成文之前不久，因为只有这样《诘墨》篇中的“诘墨”才是有的放矢和具有现实意义的。

① 按：《墨子·耕柱》篇在记墨子言论中突然插入“叶公子高问为政于仲尼”一节，而此节末曰：“故叶公子高未得其问，仲尼亦未得其所以对。”与《韩非子》之《难一》《难二》《难三》《难四》诸篇叙述模式相同，故疑此为法家著作《韩非子》之类错入。又，《耕柱》篇随后又有公孟曰“君子不作，术（述）而已”一节，则疑似为《公孟》篇错入。

二、先秦儒家对墨家的学术批评

墨家最先对儒家提出学术批评的应该就是墨子本人,但在儒家的学术批评史上,第一位明确对墨子和墨家学派提出批评的,显然并非孔子本人。从现有的文献记载来看,儒家对墨家明确的学术批评应该出现较晚,可能最早是作为"七十子弟子"的公孟子。

公孟子对墨子的学术批评,见于上文提到的《墨子·公孟》篇。初看上去,《墨子·公孟》与《墨子·非儒》相似,差不多都是儒家的公孟等人先提出一个问题或一种观点,然后墨子加以辩驳和批评。但如果进一步考察就会发现,《公孟》篇中公孟子等人的提问或提出的观点,实际也就是儒家对墨子或墨家的一种学术批评——或者说,至少是包含一种对墨子本人及其学派的否定和批评在内的。如《公孟》篇开篇云:"公孟子谓子墨子曰:'君子共(孙诒让注:"共读如恭。")'己以待,问则言,不问则止。譬若钟然,扣则鸣,不扣则不鸣。"显然,这里在行文上虽似引出后面墨子议论的"引子",但实际上这里同时也是公孟对墨子喜欢主动向人宣传自己的思想主张,而不能如儒家那样"共(恭)己以待"提出的学术批评。而《公孟》篇对墨子喜欢主动宣传自己思想主张的批评,之所以在行文上被读者视为引出后面墨子议论的"引子",又只是因为《墨子》诸篇皆出自墨子后学之手,公孟等儒家人士的言论在他们看来,根本就是不能成立的,没有任何辩驳的力量,故只能作为墨家的批判对象或引出墨子主张的"引子"来看待。但实际上,儒家的言论本身就是对以墨子为领袖的墨家观点的批判性言论,或至少是与墨家进行思想交锋的辩论之辞。《公孟》篇又记有公孟子与墨子的一段对话:

> 公孟子谓子墨子曰:"实为善人,孰不知?譬如良玉,处而不出,有余精。譬若美女,处而不出,人争求之。行而自衒,人莫之取也。今子徧从人而说之,何其劳也?"子墨子曰:"今夫世乱,求美女者众,美女虽不出,人多求之。今求善者寡,不强说人,人莫之知也。且有二生于此,善筮,一行为人筮者,一处而不出者。行为人筮者与处而不出者,其精孰多?"公孟子曰:"行为人筮者其精多。"子墨子曰:"仁义钧,行说人者,其功善亦多,何故不行说人也?

关于公孟子，孙诒让注曰："惠栋云：'公孟子即公明子，孔子之徒。'宋翔凤云：'《孟子》公明仪、公明高，曾子弟子。公孟子与墨子问难，皆儒家之言。'""孟与明通，公孟子即公明子，其人非仪即高，正与墨翟同时。"又说："《潜夫论·志氏姓篇》'卫公族有公孟氏'，《左传》定公十二年孔疏谓公孟絷之后，以字为氏。《说苑·修文》篇有公孟子高见颛孙子莫及曾子，此公孟子疑即子高，盖七十子之弟子也。"[①]若据此，则与墨翟辩论之公孟子当属"七十子之弟子"。

在春秋战国这个"处士横议"的时代，除道家的老、庄倾向于守静退隐之外，其他诸子百家都习惯于周游列国、宣传自己的思想主张。孔子即说自己不能如匏瓜，"焉能系而不食？"(《论语·阳货》)，而应当待价而沽(《论语·子罕》)。道家人士毫不客气地批评他为"天下皆是"的"滔滔者"(《论语·微子》)，或如老聃所云的"偈偈然若负建鼓而求亡子者"(《庄子·天道》)。相比之下，墨子及墨家热衷于向人宣传自己的思想主张更似有过之而无不及。《墨子》书中多载墨子"游"弟子于诸侯，并对其弟子说："凡入国，必择务而从事焉。国家昏乱，则语之尚贤、尚同；国家贫，则语之节用、节葬；国家憙音湛湎，则语之非乐、非命；国家淫僻无礼，则语之尊天、事鬼；国家务夺侵凌，则语之兼爱、非攻。"(《墨子·鲁问》)而至墨子后学，如"宋钘、尹文之墨"，则更"以此周行天下，上说下教，天下不取，强聒而不舍者也"(《庄子·天下》)。据《汉书·儒林传》记载，孔子之后，其弟子除原宪等少数"或隐不见"者外，其他基本都继承了孔子的"用世"传统："七十子之徒散游诸侯，大者为卿相师傅，小者友士大夫。"但如公孟子这样的儒者，似并不热衷于游说天下，宣扬自己的主张，故而对墨子及其门徒进行了批评，认为如果一个人的主张确实是治世良方，或一个人"实为善人"，这就如同良玉、美女，早已名闻天下，人必趋之若骛，哪里还需要像墨子师徒那样"行而自衒"，"偏从人而说之"，"强聒不舍"呢？言外之意即是墨子并非"实为善人"，墨家的学说也并非治世良方。这就对墨子其人及其学说进行了否定。

公孟子之后先秦儒家中最著名的非墨的例子，应该是孟子和荀子二人对墨家的批评。孟子批评墨子的，主要是其兼爱之说。《孟子·滕文公下》说：

① 参见孙诒让撰：《墨子间诂》下册，中华书局2001年版，第449页。

"墨氏兼爱,是无父也。无父、无君,是禽兽也。"《尽心下》亦曰:"墨子兼爱,摩顶放踵,利天下为之。"其批判的锋芒,始终针对着墨子的"兼爱"之说。孟子之所以如此激烈地批评墨子的兼爱,一是因为他认为兼爱是一种违反人性推己及人的仁爱本性的"爱",所以他将其斥之为"无父"的"禽兽";二是因为他认为墨翟的兼爱主张,实际还存在着理论和实践上的矛盾——即"二本"问题。《孟子·滕文公下》篇"墨者夷之"将墨家的兼爱实践概括为"爱无等差,施由亲始"。对此,孟子说:"夫夷子信以为人亲其兄之子,为若亲其邻之赤子乎?彼有取尔也。……且天之生物,使之一本,而夷子二本故也。"同时,孟子还在与"墨者夷之"的辩论中对墨家的薄葬观点进行了批评。针对"墨者夷之"的薄葬观点,一方面,孟子认为夷之虽主张薄葬或节葬,但在实际生活中又"葬其亲厚",显示了墨家学者在言行上的不一致;另一方面,孟子还从葬礼的形成和发展演变,说明厚葬乃"必有其道",而薄葬(节葬)既违背了仁人之孝道,也是一种历史的倒退。另外,孟子对"命"还有所谓"正命"与"非正命"的区分,也可以看成是作为儒家的孟子对墨家非命说的一种回应。

荀子对墨家的批评多以墨子、宋钘并举,言墨子则批评其兼爱之说。《荀子·天论》云:"墨子有见于齐,无见于畸;宋子有见少,无见于多。"于宋钘则针对其"见侮不辱,使人不斗"和"情欲寡浅"两点。荀子合墨子、宋钘而对墨家展开学术批评最著名的例子,主要反映在《荀子·非十二子》中,其载曰:

> 不知壹天下建国家之权称,上功用,大俭约而僈差等,曾不足以容辨异,县君臣,然而其持之有故,其言之成理,足以欺惑愚众,是墨翟、宋钘也。

宋钘,《孟子》称宋牼,《庄子·逍遥游》称宋荣子。郭沫若视之为稷下黄老道家[①],《庄子·天下》篇则将其与墨子并列。《汉书·艺文志》著录"《宋子》十八篇"于"小说家"。班固说:"孙卿道宋子,其言黄老意。"荀子这里主要批评了墨家之学"上功用、大俭约而僈差等",即墨家之重利和兼爱;而于宋钘则正是上文所说"见侮不辱,使人不斗"和"情欲寡浅"两点。《荀子·正名》亦云:"'见侮不辱''圣人不爱己''杀盗非杀人'也。此惑于名以乱名者也。验

① 参见郭沫若:《青铜时代》,科学出版社1965年版,第207页。

之所以为有名而观其孰行，则能禁之矣。”

孟、荀之后儒家批评墨家学术的人物和事件，最为著名的则是孔子九世孙孔鲋及其“诘墨”，见于《孔丛子·诘墨》篇。在《墨子》书中本有《非儒》之篇，故此篇的具体写作年代虽不可知，但其内容显然是针对《非儒》而作。笔者在《墨家对先秦诸子的学术批评》一文中指出，《非儒》篇不仅非墨子本人所作而为其后学所增加，而且该篇还存在前半批评儒家学说后半攻讦孔子本人的不同，故该篇应为战国中后期（甚至更晚）墨子后学对儒家的批评之作。[①]从《孔丛子·诘墨》篇来看，孔鲋主要是针对《诘墨》后半部分的“非孔”进行反诘的，是对《墨子·非儒》中“非孔”的反批评，故其写作的时间当在《非儒》成篇之后，或晚至秦始皇从李斯之议而准备“辨墨白而定于一尊”之时。此时，秦墨以其尚同主张与法家进一步合流，故对儒家的攻击不遗余力，而孔鲋则奋起反击。

《墨子·非儒下》的后半部分“非孔”，分别对孔子“知（白）公之乱，而奉之以石乞”的“非仁义之行”，孔子因晏子阻齐景“尼谿之封”而“怒于齐景公及晏子”，孔子遣子贡劝齐伐吴，孔子为鲁司寇“舍公家而奉季孙”，孔子“穷于陈、蔡之间”时“污邪诈伪”，孔子“其徒属弟子皆效孔子”，凡行食“皆心术之至也”等事进行非难。《孔丛子·诘墨》篇则针对《非儒下》篇中所非难孔子的五事一一进行了反诘。其一，以“白公之乱”发生于孔子卒后“十旬”之时，驳斥了所谓孔子“知（白）公之乱，而奉之以石乞”的“妄言”和“谤圣”。其二，以“孔子恶陈（田）常”而对所谓“孔子怒斥景公之不封己，乃树鸱夷子皮于田（陈）常之门”一说进行反诘。继而以“季孙氏爱女乐”而“孔子去之”，对所谓“孔子为鲁司寇，舍公家而奉季孙”之说予以驳斥。其三，以孔子厄于陈、蔡时“沽买无处，藜羹不粒，乏食七日”，说明孔子穷于陈、蔡之时，根本无“烹豚”“沽酒”之可能，故“非孔”之言为无据。其四，以卫乱非因子贡、子路，阳虎、中牟皆非孔子弟子，漆雕开非因已行致残，驳斥了所谓孔子徒属弟子效孔子用“心术”行事之说。其五，以晏子曾称孔子为“邻之圣人”的事实，证明了“孔子之圣”及上文借晏子之口而云孔子“非圣贤之行”为悖理。其六，以晏子和孔子互相推挹的事实，反驳了晏子“以此而疑儒”说之谬。其七，以晏子为孔子久服哭丧

① 参见高华平：《墨家对先秦诸子的学术批评》，《文史哲》2020年第5期。

辩护，证明墨子引晏子以证己说之非。其八，以曹明和子鱼之问答，既表明此文为子鱼所作，也表达了作者坚信孔子为圣人而愿为孔子辩护到底的决心。《孔丛子·诘墨》的内容，虽然有的地方超出了《墨子·非儒下》篇非孔的范围，如其中以孔子和晏子的互相推挹，论证墨子"引晏子之言以非孔"的不可信，但这实际上只是对《墨子·非儒下》中诸多引晏子与齐景公对话以非孔子之德行的延伸，而且直接动摇了《墨子·非儒下》的论证基础，故仍可看作对《墨子·非儒下》所非孔子五事的反诘。只是由于《孔丛子·诘墨》篇重在对《墨子·非儒下》中所非孔子诸事之事实的反诘，并没太多涉及其思想理论问题，故整个文章的理论水平并不算高。①

战国后期，儒家对墨家思想进行学术批评的理论著作为《董子》。此书《汉书·艺文志》"儒家类"有著录，作"《董子》一篇"。班固原注："名无心，难墨子。"王充《论衡·福虚》篇曰："儒家之徒董无心，墨家之役缠子，相见讲道。缠子称墨家佑鬼，是引秦穆公有明德，上帝赐之十[九]年。缠子难以尧、舜不赐年，尧、舜不夭死。"《隋书·经籍志》亦有"《董子》一卷"，原注："战国时董无心撰。"此书明人陈第《世善堂书目》仍有著录，可知"其书入隋始无传本，散亡甚晚"②。而且，根据《玉海》五十三引《中兴馆阁书目》记载："《董子》一卷，与墨者缠子辩上同、兼爱、上贤、明鬼之非，缠子屈焉。"董子所批评的墨家的学术观点，远不止"佑鬼"（即"明鬼"）一项，而是同时涉及"上（尚）同""兼爱""上（尚）贤"等墨家的核心观点，具有很强的理论价值。可能因为董无心也和墨家一样，认识到墨家与"孔、老绝殊者"或"墨子与儒、道各家所最显著特异者"，唯在墨家所谓天鬼一项，故董无心才抓住这一点向墨者发难，以期达到从根本上摧毁墨家思想基础的目的。只可惜《董子》已经亡佚，其详今天已不得而知。

三、先秦儒、墨思想的优缺点及其互补性

由以上先秦儒家对墨家和先秦墨家对儒家的学术批评，我们可以看出，先秦儒、墨两家相互之间的学术批评，实际展露了其各自学术优长与缺陷。

① 参见高华平：《先秦儒家对诸子学派的学术批评》，《哲学研究》2019年第4期。

② 张舜徽：《汉书艺文志通释》，华中师范大学出版社2004年版，第267页。

墨家对“儒之道足丧天下者，四政焉”，即“以天鬼为不明”“厚葬久丧”“弦歌鼓舞”和“以命为有”等的学术批评，既揭示了儒家思想在终极信仰上之不彻底和不坚定，也显示了墨家作为先秦诸子中唯一堪称“古宗教家”的学派特征。

在天鬼问题上，儒家的基本倾向似乎是带有浓厚的实用主义特点，他们在天鬼的信仰上可谓左右摇摆、态度模糊。如有学者统计，在《论语》一书中，总共有十八次讲到“天”，“在这十八次中，除掉别人说的，孔子自己说了十二次半。在这十二次半中，‘天’有三个意义：一是自然之‘天’，一是主宰或命运之天，一是义理之天”。可见其对“天”的态度是摇摆不定、按需定义的。孔子对鬼神更是取怀疑态度，他是怀疑鬼神的存在的。他说：“‘祭如在，祭神如神在。’谓‘如在’‘如神在’，实际上是说并不在。孔子病危，子路请求祈祷，并且引古书作证，孔子就婉言拒绝……假使孔子真认为天地有神灵，祈祷能去灾得福，为什么拒绝祈祷呢……足见孔子只讲现实的事，不讲虚无渺茫的事。孔子说：‘君子于其所不知，盖阙如也。’孔子对死和鬼神的问题，回避答复，也是这种表现”①。正因为孔子对天鬼的这种态度，学术界直到今天仍然对儒家是否具有宗教性的问题争论不休。

不仅如此，以孔子为代表的儒家这种对天鬼的态度，还影响到他们对丧葬和“力”“命”的认识。儒家并不真的认为世界上存在一个与现实世界相对的“天国”或安放死者灵魂的彼岸世界，他们看重的只是现实的礼敬、孝道或生者自身的情感寄托，故他们为“事死如事生”而生发出“厚葬久丧”的道德观念与行为。因为没有彼岸世界的精神寄托，所以不惜浪费可以解决贫穷无助者生计的资源去“弦歌鼓舞”、击鼓撞钟，故与墨子及墨家坚信“上帝鬼神及国家之赏罚，乃人之行为所自招，非命定也”②不同，而认为“死生有命，富贵在天”，即把人生的一切结果都归于“不知所以然而然者也，人事智巧以举错者不得与焉”（《吕氏春秋·知分》）的“命”——一种外在盲目的自然力量。

儒家思想的以上特点，既可以说是其所长，也可以说是其所短。从正面和积极的方面来看，儒家对天鬼的信仰之模糊、摇摆，有利于中国哲学及早走出原始宗教的迷误，形成自己的人文理性主义的传统。儒家“厚葬久丧”“事

① 杨伯峻译注：《论语译注》，中华书局1980年版，第10～11页。

② 冯友兰：《中国哲学史》上卷，重庆出版社2009年版，第87页。

死如事生”，这对中华民族特别重视礼教和孝道文化传统的形成，也起到了十分强大的推动作用。儒家以“死生有命，富贵在天”之心来面对人生的生死、富贵、穷达，这对舒缓中国古代士人在实现理想的过程中遇到挫折和逆境时过于紧张的心理和精神的痛苦都发挥了重要的作用。但从负面和消极的方面看，儒家的“以天鬼为不明”、“厚葬久丧”、“弦歌鼓舞”和“以命为有”等，对中国传统思想文化的形成也产生了明显的负面影响。“以天鬼为不明”，固然不影响君子对天命这一形上观念和终极价值的追求与敬畏，但对小人而言，因为彻底失去了心中应有的对神圣的敬畏，则很容易放弃所有的底线或处事标准和原则，而走向为所欲为和无所畏惧。中国古代社会权谋大行其道，而客观法则与真理的标准不彰，皆或多或少与此有关。儒家的“厚葬久丧”“弦歌鼓舞”，正如墨子所批评的那样，也必定会造成社会财富的浪费，并在某种程度上加剧社会分配的不公，这应该也是不争的事实。儒家“以命为有”，以为“死生有命，富贵在天”，如果将墨家所主张的与命相对的天鬼理解为客观的公理与正义，那么墨家批评儒家的“强执有命”，就不仅揭露了儒家的“以命为有”说存在否定人的主观努力的缺点，而且也指出了其中还存在某种否定公理正义必然实现的倾向。

墨家对儒家的批评和儒家对墨家的学术批评，也充分反映出墨家思想的特点及其优缺点。墨家批评儒家“以天鬼为不明”“厚葬久丧”“弦歌鼓舞”“以命为有”等，实际彰显了墨家学术思想上尊天（天志）、佑（明）鬼、贵俭节葬和非乐、非命的特点，这同儒家批评墨家尊天佑（明）鬼、好言、好辩、非孔等，同样是对墨家思想学说的一种概括或对其特点的突显。墨家尊天佑（明）鬼，虽然明显带有原始宗教崇拜自然力的痕迹，但无疑也显示了一种坚定信仰的力量。墨家好言、好辩和非孔，则显示了其对名辩之学的深厚兴趣，是推动中国古代逻辑学发展的重要动力。非孔既是敢于质疑权威的表现，也为儒家反思自己的学派及其“圣人”提供了一面镜子，为儒家进一步提升或完善自己的思想和行为提供了很好的借鉴。

当然，墨家思想本身也是存在明显的缺失和历史局限的。墨家对天鬼的信仰更多的是一种原始宗教的迷信，至多也只是一种精神和心理上的需要，而并无太多科学和理性的成分。墨家批判儒家“厚葬久丧”“弦歌鼓舞”（“非乐”），也带有很浓烈的小生产者的狭隘性，因为正如《管子·侈靡》篇从社会资源配置和财富流通，以及社会分工的角度来看待所谓“厚葬”的问题一样，“王公大人”的“厚葬久丧”“弦歌鼓舞”等行为，同时也可以起到“使贫民”“起木工”“起女工”而使“民相利”的效果，墨家之说有看问题过于简单化之失。同样，好言、好辩也可能导致诡辩。

可以说，先秦儒家和墨家思想既有各自的优点，也有各自的缺失与偏颇，故今天我们研究儒、墨思想的当务之急，不是站在某一方的狭隘立场上以是为非或以非为是，而应该是超越传统的学派之争的立场来客观公正地研究儒墨之是非，找到其优缺点，然后加以批判、继承、融合、创新。这样才能让包括儒、墨在内的中国优秀传统思想文化资源在现代社会中获得新生，为今天中华民族的伟大复兴做出更大和更积极的贡献。

爱与正义的诠释
——墨家思想的现代视野

郭金鸿

墨子一生集多种角色——工匠、思想家、科学家和社会活动家于一身。其活动影响力所涉及的学科领域之多、思想之深刻、感念人之绵远,几乎无人可及。他是专家式的思想家,是学者型的工匠,是充满爱心的社会活动家,追求一个充满爱与正义的世界,是一个脚踏实地的理想主义者。他的一生就是为和平而奔走,为认为战争“夺民之用,废民之利”,他走的也是和平统一道路:“今若有能以义名立于天下,以德求诸侯者,天下之服可立而待也。”(《墨子·非攻下》)

一、墨家兼爱的三个特点

1.人人平等的思想逻辑起点

人人平等,在于假设所有的人都是一样的,即“人无幼长贵贱,皆天之臣也”(《墨子·法仪》)。虽不如天赋人权一般振聋发聩,但依靠古代人所秉持的天的权威,来向世人宣称人与人的平等,不论熟人还是陌生人一律平等。这种思想对于公共空间日益扩大的当今社会而言,具有重要的启示意义。①

2.以情感为基础的理性之爱

兼爱是无差等的爱,是平等地爱己与爱人,是爱人如己。体现自尊与尊他、自爱与爱他的统一,即“爱人不外己,己在所爱之中。己在所爱,爱加于己”(《墨子·大取》)。

---

① 参见郭金鸿:《墨家思想中的“公共精神”资源》,《东南大学学报》(社会科学版)2013 年第 5 期。

儒家的仁爱具有差等性，对于与自己关系亲近或者有关的人则产生较多的爱，厚此薄彼。孔子所讲“以德报德，以直报怨”，其仁爱是基于血缘（或地缘、业缘等）而实施的，也能够较好地解释人们的日常心理，黑格尔说这一层面上的儒家思想是常识道德。

墨子的兼爱、非攻理论对人的道德要求要高于儒家的仁的要求。兼爱行为并非从主观的这个“我”出发，而是从客观的那个“他（她）”出发，即“视人之国若视其国，视人之家若视其家，视人之身若视其身；是故诸侯相爱则不野战，家主相爱则不相篡，人与人相爱则不相贼……凡天下祸篡怨恨可使毋起者，以相爱生也，是以仁者誉之”（《墨子·兼爱中》）。

3.贵义重利，爱人如己

与儒学相对立，墨子认为物质生活、个人利益是基础，即“利，所得而喜也”。明确肯定利是评价行为的直接标准，在理论中具有主导地位。“仁人之事者，必务求兴天下之利，除天下之害。”（《墨子·兼爱下》）墨子思想体系中几乎所有的理论论证都是奠定于是否有利的基础之上。葛瑞汉曾说：“墨家让所有传统的道德都接受社会功利性的检验，而且公开地捍卫技术创新。”他对理性与利益的肯定，是基于对兼爱和正义的理想追求，并不因此使其学说成为“冷漠”的现实主义，因为他把义抬高到至高无上的地位，只有天志才可以裁定。

既爱人，又爱己（主客观的统一）。“墨子贵兼，孔子贵公。”（《尸子·广泽》）墨子贵兼，“有财以分人，有力以助人”是兼顾各方利益。《墨子》中“公”字很少出现。“公”字本指官方，类似于“公家”。“举公义，辟私怨。”墨子断言：“即必吾先从事乎爱利人之亲，然后人报我以爱利吾亲也。”（《墨子·兼爱下》[①]

墨家所说的“害”可分为三类：

（1）国内君臣父子之间。“人与为人君者之不惠也，臣者之不忠也，父者之不慈也，子者之不孝也，此又天下之害也。”（需要政治家庭伦理规范）

（2）人与人之间。“又与今人之贱人，执其兵刃、毒药、水火以交相亏贼，此又天下之害也。”（《墨子·兼爱下》）（需要社会伦理规范）

（3）诸侯国之间。“若大国之攻小国也，大家之乱小家也，强之劫弱，众之

① 参见魏义霞：《“兼以易别”——儒家仁爱与墨家兼爱比较》，《江淮论坛》2012年第12期。

暴寡，诈之谋愚，贵之傲贱，此天下之害也。"（需要诸侯国际关系伦理规范）

天下之害产生的原因在于"不相爱"，归因于情感。解决问题的思路是倡导人们兼相爱，而兼相爱的基础在于互利。用利益原则解决情感问题，进而解决社会混乱问题。激发直接动机并达成最终目的，实现眼前利益与长远利益的统一。注重利益共享，即"上中天之利，而中中鬼之利，而下中人之利"（《墨子·非攻下》）。

二、正义的三重展现

从墨子贵义阐释墨子正义思想的基本内涵。

1.自由之基础

独立精神与人格——墨子不受封。

墨家组织的独立性——墨家社会身份更易发现不公正的来源。

"君子以身戴行"的德化。

2.天志：法之保证

墨家认为"天之志也，义之经也"，加上"民若法也""君臣萌（职责），通约也"，以天志为约束（天宪），天为人们提供了终极的模式（法仪）。只有天凭借其超越的公正性才能为人们制定规范。"天无所不包而又不含私心，天慷慨大方而又绝无怨言为。"（《墨子·法仪》）"天之行广而无私，其施厚而不德，其明久而不衰，故圣王法之。既以天为法，动作有为，必度于天……以其兼而有之，兼而食之也……恶人贼人者，天必祸之。"以墨家之法抗辩秦王。

3.尚同：秩序之约束

墨家思想形成之时正值礼崩乐坏、社会动荡、战乱频繁、民不聊生，旧观念被颠覆、被质疑，诸子蜂起、百家争鸣，墨子及其弟子力图为解救社会奉献一味良药。墨子的治乱之方是实行尚同。"古者民始生，未有刑政之时。盖其语人异义，是以一人则一义，二人则二义，十人则十义。……是以人是其义，以非人之义，故交相非也。是以内者父子兄弟作怨恶，离散不能相和合。天下之百姓，皆以水火毒药相亏害。……天下之乱，若禽兽然。夫明乎天下之所以乱者，生于无政长。事故选天下之贤可者。立以为天子。天子立，以其力为未足，又选择天下之贤可者，置之以为三公。"（《墨子·尚同上》）墨家认为需要君王就是为了维持秩序、救灾救难，所以需要尚同法治，让人们自己立法，自然能兼顾各人利益。“是以天下乱焉，明乎民之无正长。”“是故天下之欲同一天下之义也，是故选择贤者。”（《墨子·尚同下》）只“国君唯能壹同国之义”（《墨子·尚同上》）。意即只有国家的统治者才能统一国家的道义标准并使之整齐划一。

三、“兼爱”之途与正义之制

1.兼爱与正义的关系

“爱和正义可以分别，但不能分开。”只有把正义建立在爱的基础上，正义才有可能。正是因为爱的不足甚至缺失，正义及其制度才成为必需。美国著名神学家莱因霍尔德·尼布尔（Reinhold Niebuhr）认为爱与正义的关系有三个层面：爱是正义的规范的源头；爱是目标，正义是手段；爱是正义的完成。[①]那么，对于主张兼爱与正义的墨子来说，兼爱建立在正义强力基础之上，同时又是成就秩序的根本情感。一个人可以在世界没有正义的时候还坚持正义吗？一个人在没有正义的世界里还可以用爱来维持正义吗？爱的力量和动机从何而来？墨子给予了肯定回答，并认为社会秩序混乱，正义不能实现，正是因为人们根本无意去爱、无能力去爱。只要君王强力予以保证，连“好细腰”、冒死战争等难事都可以做到，相较而言，兼爱就容易得多。

儒家的仁爱与墨家的兼爱，都是达成天下大同的途径与方法，但是由于爱之前提和施爱之法不同，理论意趣相异。“兼爱的平等内涵预示了其心理机制必然是超越尊卑、贵贱、人我之别的平面铺开。……这种平等关系表现为时间和心理上的同时而无先后、本末之分，同时表现为空间和效果上的互动而无强权特权。兼爱的平等原则不仅体现在动机上，而且体现在效果上。”[②]但是，“墨家兼爱学说的论证方式是‘实践理性’方法，儒家仁爱学说的论证则是知性的、心理的方式或‘道德形上学’的方法，现代社会公德的合理性论证不可能循着儒家道德形上学的论证或纯心理的、情感的、内在超越式的方法来论证，而是对普遍的社会道德经验事实的理性分析或推理来求得

① 参见刘时工：《爱与正义——尼布尔基督教伦理思想研究》，中国社会科学出版社2004年版，第167～173页。

② 魏义霞：《“兼以易别”——儒家仁爱与墨家兼爱比较》，《江淮论坛》2012年第12期。

的。墨家文化显然更契合于这种方式”[1]。兼爱与正义的原则本质上是相容的，兼爱要求正义成就正义，正义的要求最终就是兼爱的要求，但是当涉及自我利益时兼爱并不要求牺牲自我利益，而正义也承认并保护自我权利。

2.从肯定方面论述如何实现正义，主张兼爱

个人之间爱无差等，消除歧视和霸凌。《墨子·兼爱》篇载：“天下之人皆相爱，强不执弱，众不劫寡，富不侮贫，贵不敖贱，诈不欺愚。凡天下祸篡怨恨，可使毋起者，以相爱生也。是以仁者誉之。”“强不执弱，富不侮贫。”兼爱是个人伦理的规范，正义是社会伦理的规范。

3.从否定方面论述如何抑制罪恶，主张非攻而不是非战

墨家主张和平，但是并不反对暴力。重视强制力量对实现社会正义的作用。暴力往往以损害当事者的基本利益，比如剥夺人身自由甚至生命为代价。被压迫者的容忍和服从客观上助长了压迫者的“权力的骄傲”，为非正义的存在甚至加剧提供了可能。被压迫者参与了压迫者对他们的压迫，不正义的社会结果是两者共同造成的，都负有一定责任。非攻在于强调守御，并不是不进行战斗，即“杀盗非杀人”。墨子坚持超越的道德理想，而且身体力行，积极参与社会正义事业，把精神力量外化为一种社会凝聚力量。

4.实践为本：培养兼爱之士，完善个人品质，信赖民众、上天，敬畏鬼神

墨家一方面重视统治者的修为，主张选贤任能。《墨子·贵义》篇载：“为义而不能，必无排其道。譬若匠人之斫而不能，无排其绳。”“世之君子欲其义之成，而助之修其身则愠，是犹欲其墙之成，而人助之筑则愠也。岂不悖哉！”另一方面依靠制度来保证，即“士虽有学，而行为本焉”“击亦鸣，不击亦鸣”的实践精神责任。

① 彭永捷：《“现代新墨家”的文化解读》，《现代哲学》2004年第2期。

《墨经》中的“名”“实”及其关系

韩国建

《墨经》中的“名”与“实”向来是中国逻辑史学界讨论的主题[①]，其讨论也有相当程度的深入。本文在学界已有讨论的基础上，通过“名”、“实”、“命”、“同”、“异”、“体”等讨论《墨经》对于词项与事物及其关系的认识，并联系西方逻辑史上的一些论述，探讨《墨经》中的逻辑思想成果。

《墨经》中的“名”指语词、名称、概念、词项等，“实”一般指客观外界事物，又称实体，而通常指有形体的物体。孙中原说，“实”为“实物，实体，实在”[②]。崔清田说：“‘实’，指具体事物。”[③]沈有鼎说：“名实关系的问题，可以说是中国古代逻辑思想的中心问题。”[④]名、实及其关系问题是一个重要的问题，反映了词项与事物以及词项的外延、内涵等关系，表现了《墨经》的词项学说。

一、事物“实”与词项“名”，词项“名”的外延

“名”“实”及其关系涉及“命”，“类”“同”“异”“类”的大小等。

1.“名”“实”与“命”表现词项对于事物的称谓以及两者的对应关系和词项的外延

《经上》79：(本文所称引《经》有时包含《经说》，下同)

> ［经上］79 名，达、类、私。［经说上］79(名)物，达也。有实，必待之名也命之。马，类也。若实也者，必以是名也命之。臧，私也。是名也，

① 本文所说《墨经》是狭义上的，即《经上》《经说上》《经下》《经说下》四篇。讨论主要限于此四篇，偶尔涉及《小取》。《墨经》条文编号据高亨《墨经校诠》。

② 参见孙中原：《中国逻辑研究》，商务印书馆 2006 年版，第 274 页。

③ 崔清田：《墨家逻辑与亚里士多德逻辑比较研究》，人民出版社 2004 年版，第 133 页。

④ 《沈有鼎文集》，人民出版社 1992 年版，第 316 页。

止于是实也。

名有“达”“类”“私”三种。“达”名：“有”事物（实）一定须待词项“物”（名）来称谓（“命”），即所有的事物（实）都必称为“物”。“类”名，如“马”一类的事物（“若实也者”）一定由表一类的“马”这一个词项来称谓（“必以是名也命之”），即类名“马”称谓马一类事物（实）。孙中原解释说：“就‘马’而言，凡具有如此这般性质的实体（‘若实也者’）都一定用这个名来称谓。”[①]应当说，“人”也是一个类名。“私”名，“臧”这一个词项（“是名”）只限定于称谓这一个事物（“止于是实”）。一个个体（个别）事物是一个实，“臧”作为一个人也是实。

据上可见：

（1）名的“达”“类”“私”表现了词项的范畴、类、个别三个种类。

（2）称谓关系：“命”。词项名是对事物实的称谓（指称），这种称谓称为“命”。

（3）对应关系。“命”即称谓（指称）表现出名对实有一种对应关系。所有事物之实对应表现所有的词项“物”，一类事物实对应表现一类的词项“马”，这一个事物实对应表一个的词项“臧”。其对应关系如表1所示。

表1

实（事物）	命（称谓）表现的对应	名（词项）
有实	命	达名：物（必待之名也命之）
若实也者	命	类名：马（必以是名也命之）
止于是实也	命	私名：臧（是名也）

（4）词项的外延。这反映了词项“名”的外延，和词项外延大小，即所有的事物——范畴（“物”），一类事物——类（“马”），一个事物——个别（“臧”），是不同的。

如果将这种外延关系以欧拉图表示，见图1。

① 孙中原：《中国逻辑研究》，商务印书馆2006年版，第216页。

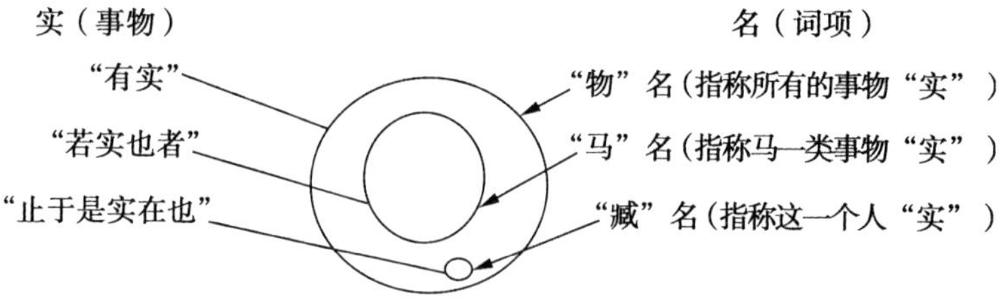

图中右边有箭头的线条表示“名”，左边没有箭头的线条表示“实”。大圆，指达名。中圆，指类名。小圆，指私名。臧属于人的类，与马的类是不同的类，不被马的类包含。[①]

图 1

“臧”是一个人的名字。“臧”是“私”名，“私”名是专名。[②]《墨经》的专名还有“春”“尧”等。如“春”，《经说下》150：“臧也今死，而春也得之，之死也，可”，臧现今得病死了，春也得了同样的病将要死去，推定这将要死去，是可以的。[③]《经说下》153：“尧之义也，是声也于今，所义之实处于古。”“尧”是古代的圣贤，尧是一个人。[④] 专名表示一个个别事物即“一实”。

而与此同时，如“二人”指两个人，即两个个别事物“实”，如《经说上》39“（同）二人而俱见是楹也”，两人都望见这一根柱子，“二人”是两个人。由此可以说，“一人”指一个人，即一个“实”。

但是也应当看到，当我们表示一个个别事物“实”的“一人”，所使用的也是词项，也就是说，表示一个个别的人的“一人”也是个别词项。

---

① 此图参考《中国逻辑史教程》而略做修改。因“私”名“臧”不在“马”的“类”名之中而放在“马”的“类”之外。见温公颐主编：《中国逻辑史教程》，上海人民出版社 1988 年版，第 97 页。

② 周云之认为“臧”是一个“姓学之名”，相当于普遍概念，被《墨经》误认为单独概念。见周云之主编：《中国逻辑史》，山西教育出版社 2004 年版，第 113 页。本文认为《墨经》的“止于是实”指仅限于这一个人，应是专名。《墨经》中“臧”“春”都是奴仆，各专指一个对象，都作为专名。另有专名“尧”。

③ 此解释参见《沈有鼎文集》，人民出版社 1992 年版，第 316 页。《经说下》150 提出的“擢”是一种推理，“臧也今死，而春也得之，之死也，可”，表示根据甲发生了某事而出现的结果来推定乙也发生了某事而将要出现的结果。

④ 孙中原认为“尧之义”是指“尧是仁义的”。“是声也于今，所义之实处于古”指说出“尧是仁义的”这个语句是在当下，这句话指的是处于古代的实际。见孙中原撰：《墨子解读》，中国人民大学出版社 2013 年版，第 131 页。本文认为“尧之义”应指“尧的仁义”，“义”是语词即“名”；“所义之实”的“实”指尧的“义”这个“名”所称谓的“实”，即发生于古代尧的“仁义”的实际，亦即这一史实。《墨经》认为，当说“尧之义”时，说尧的“仁义”的这个“名”是在当下，这个“名”所称谓的“实”指发生在古代的实际。此条文表示“尧之义”中“义”的名与实的关系，但是“尧”自身是一个专名，“尧”这个人即一个“实”，这也显示了名与实的关系。

《墨经》中的称谓还有“谓”,《经说上》79:“所以谓,名也。所谓,实也。”①拿来称谓对象的东西(工具,符号等)是“名”,称谓的对象是“实”。如人、牛、马和物体、物件等是“实”,指有形体的事物,是“所谓”;而人、牛、马等是“名”,是用来称谓人、牛、马等事物、对象的工具,“名”指词项,是“所以谓”。

应当说“名”与“实”两者不可混淆。“实”是外界事物;“名”是称谓事物的词项,两者不同。沈有鼎说:“可见‘名’由我口说,‘实’则原先在外界,二者绝不可混淆。”②即“所以谓”的“名”,如“马”名,是称谓事物的名称、语词、词项;“所谓”的“实”,如“马”实,是外界事物,两者不同,亦即“所以谓”与“所谓”。

《墨经》中的三种“名”“物”即通名,是范畴,是最普遍的词项;“马”是类词项,也是普遍词项;“臧”是专名,指一个人,是个别词项。它们反映了词项外延大小。

2.“牛与马不类”,“马”类与“牛”类,不同类的事物、不同的类词项

《墨经》提出“马”的类词项“名”称谓“马”一类事物“实”。《墨经》认为对事物区分“类”是重要的。事物有“同”类和“异”类,如“牛”类与“马”类是“异”类,即“不类”。《经说下》166:“牛与马惟异”“牛与马不类。”沈有鼎说:“不是一类中的事物则是‘不类’,是‘异类’,本质不同。”③类名是表示普遍性的词项,作为事物,马类、牛类是“异”类,而作为称谓事物的类词项,牛的类词项与马的类词项是“异”。

显然,牛的类词项的外延包含所有个别的牛,马的类词项亦是。而作为“类”,一头牛属于牛类,一头牛与另一头牛是“同类”;一匹马亦是。而牛类不是马类,是“不类”。

如果说图1中“物”之下的类名为“马”,而马类名与牛类名是“异”类,那么“物”的“达”名的外延就包含“马”“牛”的“类”名。用欧拉图表示,“物”之下的类名有马、牛,是“异”类(见图2)。

① “谓”在《墨经》中有些表示称谓,有些表示判断(命题),沈有鼎说:“谓(命)有判断之义,如‘或谓之牛’。”此“谓”表示判断(命题)。见《沈有鼎文集》,人民出版社1992年版,第318页。

② 《沈有鼎文集》,人民出版社1992年版,第316页。

③ 《沈有鼎文集》,人民出版社1992年版,第336页。

马与牛是"异"类

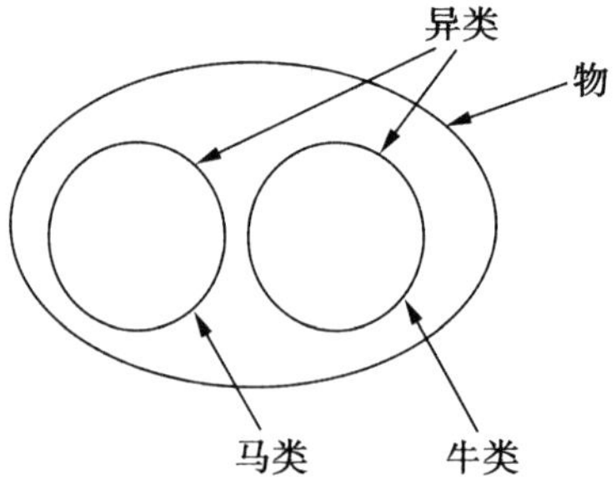

图 2

3."同"与"异",事物的相同与不相同以及事物与词项的关系

《经上》87、88"同"与"异"论述了个别事物,个别事物的部分,个别事物之间,个别事物与一类事物,一类事物与另一类事物等种种关系,也是词项之间的关系。"同"有"重同","体同""合同""类同";"异"有"二"异、"不体"异、"不合"异、"不类"异。

[经上]87 同:重,体,合,类。[经说上]87(同)二名一实,重同也。不外于兼,体同也。俱处于室,合同也。有以同,类同也。

[经上]88 异:二,不体,不合,不类。[经说上]88(异)二必异,二也。不连属,不体也。不所同,不合也。不有同,不类也。

(1)"重同"与"二必异":论述个别事物,与两个个别事物。"重同"指两个词项"二名"指称一个个体事物"一实"。"二必异"指两个相同个别事物"实"的不同,为"异"。

"重"即重叠,"重同"为"二名一实",表示"二名"(两个词项)与"一实"(一个个体事物)的关系。"狗""犬"是两个不同的类名,但其含义是重叠的,所指对象相同即所称谓的外延数目相同,都指一类事物"实"。然而,《墨经》提出"杀狗"就是"杀犬",即当使用"杀"时,其名指"一实",即此时"狗"名和"犬"名("二名")称谓一个"实",既用狗又用犬称谓,即一个事物既是狗实又是犬实。沈有鼎说:"狗和犬是二名一实,指着狗必然指着犬。"[1]显然,狗和犬指一个

① 《沈有鼎文集》,人民出版社 1992 年版,第 317 页。

事物即“一实”。

如果从“二名一实”的“二名”的方面看，是两个类名，如：

> ［经下］140 知狗而自谓不知犬，过也。说在重。［经说下］140（智）智狗重智犬则不过。不重则过。

某人说知道狗但又自己说不知道犬是错误的，原因在于“狗”名与“犬”名是重叠的。说知道“狗”名与“犬”名重叠就是不错误，说不重叠就是错误。

如果从“二名一实”的“一实”方面看，一个实既是狗实又是犬实，即杀狗就是杀犬，因为所杀的对象是一个事物“实”。如：

> ［经下］154 狗，犬也。而杀狗非杀犬也，不可。说在重。［经说下］154（狗）狗，犬也。谓之杀犬，可。若蛹、魄。

一个实既是狗实又是犬实，而杀狗就是杀犬，那么说杀狗不是杀犬是不可以的。这是因为“重同”。说“杀狗”就是“杀犬”是可以的[①]，就像蛹和魄都表示茧虫一样。[②]

如将“二名一实”与“杀狗非杀犬”的“类”名与“一实”的关系列出，如图3所示。

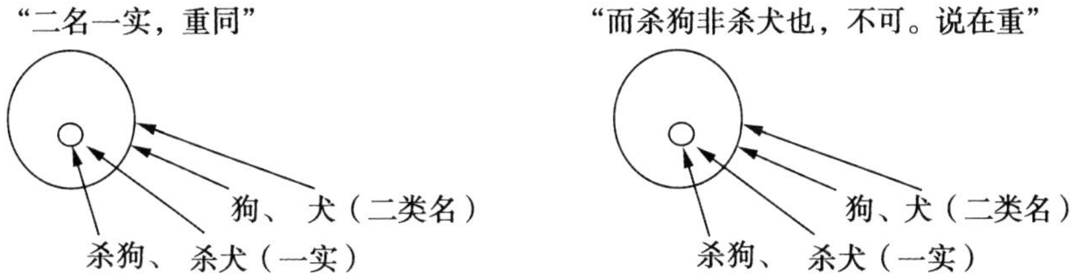

图3

这种“重同”与亚里士多德的论述类似：“当众多语词指称一个事物时，就

---

① 《墨经》将“狗”与“犬”作为“二名一实”。有观点据《尔雅·释畜》“犬未成毫狗”而以“狗”特指小狗。本文认为墨家所持的观点“狗”名和“犬”名外延是等同的。《墨子》文献中“狗”与“犬”相同，是对犬类的通称，没有视“狗”特指小狗。如《鲁问》中“取其牛马、狗豕、布帛、货财”，《耕柱》中“狗豨有犹有斗，恶有士而无斗矣”，《兼爱中》中“不为暴势夺穑人黍稷狗彘”，与“狗”并称的“豕”“豨”“彘”都不指小猪，可以认为墨家不将“狗”视作小狗。

② 此解释参见高亨：《墨经校诠》，中华书局1962年版，第178页。

是数目方面的相同，例如披风与斗篷。”[①]如果用《墨经》的说法，披风与斗篷是“二名一实”，其“数目方面的相同”即两个类词项“二名”所指称的事物的外延相同，而因为“二名一实”，作为“一实”，某人穿上一件披风就是穿上一件斗篷。这与现今的西红柿与番茄、土豆与马铃薯的关系相同。

“二”之异，指两个事物“实”有不同。“二必异，二也”，如两个个别事物“实”，即便两个个体完全相同也是有区别的，因为其各自占居不同的空间位置。[②] 如有两匹马为“二必异”。又如《经说上》39“（同）二人而俱见是楹也”，两个人都望见这一根柱子，“二人”即甲乙两个人，两个人是“同”；《经上》39作“同，异而俱于之一也”，两个人又是“异”，其各自占居不同的空间位置，即“二”之异（“二必异，二也”）（见图4）。

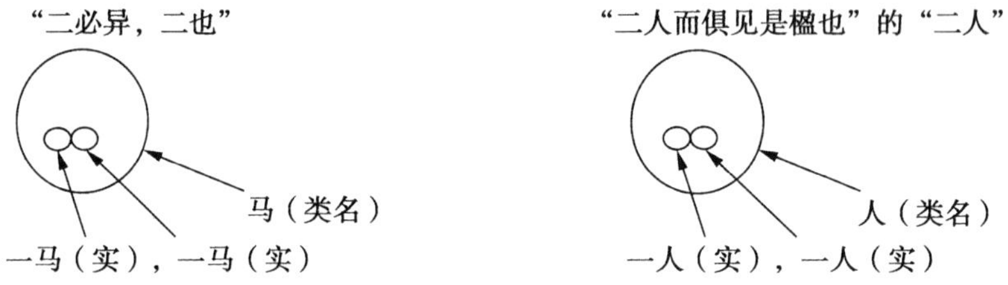

图 4

同样，如“重同”，一个“实”既是狗又是犬，而如有两个“实”就为“二实”，那么如有两个狗即“二实”则也为“二”异（“二必异，二也”）。

《荀子·正名》曰：“（物）状同而为异所者，虽可合，谓之二实。”两个形状相同的事物虽完全相同但占居不同空间的位置，是“二实”，荀子所说应与《墨经》同。

（2）“体同”与“不体”：论述个别事物与其部分。“体同”是以一个个体事物“一实”作为一“体”。“体”中有其部分，其部分的相同是“体同”。“不体”是指两个“体”，两个“体”的各自的部分因“体”不同而为“不体”。这是涉及个别

① 《亚里士多德全集》第一卷，中国人民大学出版社1990年版，第360页。

② 此解释参见孙中原的说法，“二必异”指“只要是两个个体，就必然有差异”，并引用德国哲学家莱布尼茨的名言——“世界上没有两片完全相同的树叶”，两片都是树叶，虽相同但必然有差异，指的是形状纹理等的差异。见孙中原撰：《墨子解读》，中国人民大学出版社2013年版，第68页。本文认为《墨经》的“二必异”略有不同，是指两个相同的个体所占据不同的位置空间的差异。

事物与其部分的关系。

“体同”,“体”是将一个个体事物作为一个整体,如一匹马是一个“体”。一个整体(“体”)可分为部分,部分称为“兼”,如《经说下》113“俱一:若牛、马,四足”,如一匹马是一个整体(“体”),其四条腿(“四足”)是部分(“兼”)。而“马”与“马”的头、足是整体与部分的关系。在一个整体中,部分之间如“马”的头与足、足与足之间相同的是“体同”。① 而如甲马的一条腿与另一条腿在一“体”中是相连接的称为“连属”。而甲马的一条腿与另一条腿在一“体”之中就是“兼”,其与乙马的一条腿不在一“体”中就不是“兼”,甲马的一条腿与另一条腿在一“体”之中是“兼”就是“不外于兼”。

对于事物与事物的部分的关系,亚里士多德论述说:“实体的部分存在于作为主体的整体中,这个事实不必令人担心,这样的部分不是实体。”②事物(实体)是一个整体,称为主体。事物的部分在事物的整体中,但事物的部分不是整体。亚里士多德举例说:“相对于第一实体的部分来说也是如此。某只手并不是相对于其他的东西而被说成是一只手,某个头也不是因为其他的东西而被说成是一个头,我们把它们叫做某个人的手和头。”③即某个人是实体,是一个整体,某个人的手、头是实体的部分。

作为一个个体事物即一个整体(“体”)不可再向下划分,即对于一个人、一匹马不再划分,因为再向下分就不是这一个事物而是事物的部分。亚里士多德说:“因为它所表明的东西是不可分割的,在数目上是单一的。”④

“不体”之异,甲、乙两匹马不是一“体”,甲马的腿与乙马的腿虽相同都是腿,但不是属于一“体”,两者又是“异”。甲马“体”的腿并不与乙马“体”的腿相连接,即“不连属”,这是“不体”异。

(3)“合同”与“不合”:论述个别事物与个别事物。“合同”是两个“实”即两个“体”同时处于在一个居所空间中的相同。“不合”是两个“实”处于不相同的居所空间。这是表示个别事物之间的关系。

① 对于“体同”的解释学界有多种说法,此解释参见温公颐主编《中国逻辑史教程》(上海人民出版社1988年版,第88页),即“例如:手、足都是身体的一部分,手、足之同为体同”。本文认为,手、足之间和足与足之间都表示身体一部分的“体同”,而足与足之间的相同更说明是“体同”。

② 《亚里士多德全集》第一卷,中国人民大学出版社1990年版,第9页。

③ 《亚里士多德全集》第一卷,中国人民大学出版社1990年版,第24页。

④ 《亚里士多德全集》第一卷,中国人民大学出版社1990年版,第10页。

“合同”是“俱处于室”,即两个相同的个体事物同处于一个地方,如居所(“室”)中,如有两匹马同在一个马棚中,这种同是“合同”。

“不合”之异,即如甲乙两匹马,其个体各在不同的地方(“不所同”),如不在一个马棚中,这种异是“不合”异。

(4)“类同”与“不类”:论述一类事物与另一类事物。“类同”表示一类事物中的每一个“实”是同类。“不类”表示一类事物与另一类事物是不同的类。同时,一类事物的每一个“实”与另一类事物的每一个“实”都是不同的。这是两类事物之间的关系。

“类同”,指同属于一“类”的所有个别事物“实”是相同的(“有以同”),如“马”名是类名(“马,类也”),其一类之中所有个体的马(“实”)都属于“马”的类。

“不类”之异是指牛类与马类是不同的类(“不有同”),上面已讨论,“牛与马惟异”,“牛与马不类”,两个不同“类”的所有个别事物分别属于两“类”,任何一匹马的个体与一头牛的个体都是不同的。

对于事物要区分“类”,因为事物的性质即本质是不同的。沈有鼎指出:“‘类’字的一个意义是相类……相类的事物有相同的本质。我们把相类的事物概括为一‘类’,这是‘类’字的又一个意义。于是一类中的事物都是‘同类’,本质相同。不是一类中的事物则是‘不类’,是‘异类’,本质不同。”[①]本文认为这恰当地解释了“类同”“不类”。

“类同”与“不类”的区别见图5。

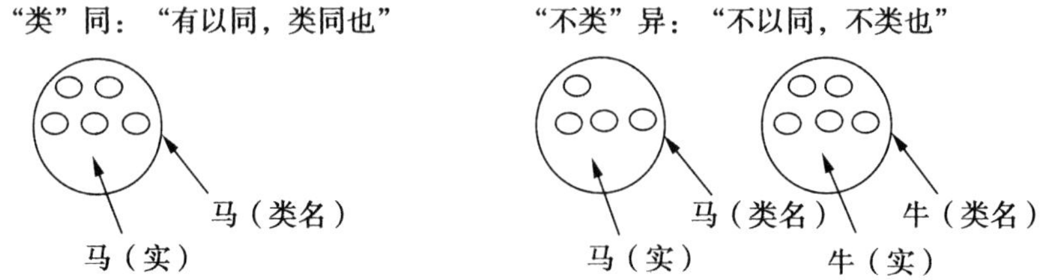

表类名马、牛所指“实”包含一类中所有个体事物,小圆指个体事物,图中标出五个仅为示意

图5

① 《沈有鼎文集》,人民出版社1992年版,第336页。

关兴丽提出一种"名"的"蜂窝状"之说:"而墨家的'名'则并列着若干或许多小圆,它呈现一种蜂窝状。"①笔者认为,"蜂窝状"之说用以描述一类中包含各个个体事物是合适的。一个小圆表示一个个体事物"实",由个别词项表示。一类事物"实"中有各个个体事物"实"。类词项包含了各个个体词项。如"马"是类词项,表示各个个体事物的是个别词项。个别词项是类词项的分子,类与分子之间是从属关系。

4."类"有大小,有大和小不同的词项,表示类词项的外延,并反映了属种关系

《墨经》指出"类"有大小,提出了"四足兽"与"牛""马""麋"的关系。"四足兽"即"兽",是大类;"牛""马""麋"是小类。这也反映了其属种关系。

> [经下]102 推类之难,说在(类)之大小、物尽。[经说下]102(推)谓四足兽与?牛、马与?物尽与?大小也。此然,是必然,则俱为麋。②

(1)"兽"也是类。"四足兽"即"兽",是包含"牛""马""麋"等的类词项。

(2)"类"有大小。也就是说,"兽"为大类,"牛""马""麋"就是小类。而牛与马的小类都属于兽的大类。而"物"就是更大的类,范畴就是最大的类。

(3)"大小"指外延。所谓"大小",显然是指词项所表示的外延的大与小。"兽"是大类,包含"牛""马""麋"等,外延大;如"牛"是小类,仅指牛的类,外延小。

(4)表明属种关系。《墨经》实际上已经获得了对属种关系的认识,这里虽然没有给出"属""种"的名称,但"名"的大小意义即为属、种,即其实际上涉及了属种关系问题。孙中原说:"类名是一般的普遍概念(类概念、属或种概念)。"③崔清田说:"'四足兽'较'牛'、'马'为大,后者可包含于前者之中,前者则包含了后者。这种分析实质上已经涉及了词项间的属种关系。"④即"牛""马"是种,"兽"是属,同时"物"是更大的属。

---

① 关兴丽:《〈墨子〉语义学和语用学思想研究》,社会科学文献出版社 2004 年版,第 113 页。

② 此条文参考了孙中原等多名学者的标点和解释。见孙中原撰:《墨子解读》,中国人民大学出版社 2013 年版,第 90 页。其"推类之难",即关于推理的一些问题应另文讨论,本文仅讨论类词项的大小问题。

③ 孙中原:《中国逻辑研究》,商务印书馆 2006 年版,第 216 页。

④ 崔清田:《墨家逻辑与亚里士多德逻辑比较研究》,人民出版社 2004 年版,第 113 页;温公颐、崔清田主编:《中国逻辑史教程(修订本)》,南开大学出版社 2001 年版,第 120 页。

《墨经》又有“霍”(鹤)的类名、“鸟”的类名。《经下》107:“异类不比。”《经说下》107:“麋与霍孰高?”“霍”(鹤)是类,麋鹿与鹤鸟是“异类”,麋鹿与鹤鸟不应比较哪一个更高。而“霍”(鹤)是类名。《经说上》89:“鸟折用桐,坚柔也(鸟筑窝所折用的梧桐树枝,既坚又柔)。”[①]“鸟”是类名。我们看到,“霍”(鹤)是小类,是种;“鸟”是大类,是属,也表现为属种关系。而“鸟”类与“兽”类是不同的类。

荀子也有“鸟”“兽”的说法,提出了“大别名”之说。《荀子·正名》:“‘鸟’、‘兽’也者,大别名也。推而别之,别则有别,至于无别然后止。”(又将“物”称为大共名)“鸟”“兽”的大别名是类名,都是普遍词项。《荀子·正名》中也有“牛马”“马”的名,如“有牛马非马也”,而“马”名属于“兽”的大别名(“马”名不属于“鸟”的大别名)。

由此我们可以看到,在《墨经》中,有表个别,如“一马”;有表类,小类名如“马”,大类名如“兽”。我们也可以看到,在亚里士多德的词项理论中,有“个别”“种”和“属”。表个别有“某个具体的人”“个别的人”。表“人”是种,表“动物”是属。种和属都是可以说明个体的。

> 如果要说明某个具体的人是什么,或者用属说明,或者用种说明,而且,用“人”比用“动物”说明更加恰当。[②]
>
> 实体,在最严格、最原始、最根本的意义上说,是既不述说一个主体,也不存在一个主体之中,如“个别的人”、“个别的马”。[③]

亚里士多德所说“某个具体的人”(“个别的人”),即为实体,表示一个个别事物(个体事物)。又如以“树”和“植物”为例,则“树”是种,“植物”是属,而“某棵树”是一个个别事物。

> 要说明某棵树是什么,用树说明就要比用植物说明更明白。[④]

然而,种也是类。亚里士多德提出,一类即“这类”,也称“形式”,也是“一

① 此解释参见孙中原的说法。孙中原撰:《墨子解读》,中国人民大学出版社 2013 年版,第 70 页。
② 《亚里士多德全集》第一卷,中国人民大学出版社 1990 年版,第 8 页。
③ 《亚里士多德全集》第一卷,中国人民大学出版社 1990 年版,第 6 页。
④ 《亚里士多德全集》第一卷,中国人民大学出版社 1990 年版,第 7 页。

般”，而表示一个个体的为“这个”，如卡里亚、苏格拉底。“这个”所指的也是“一个个别的人”。

> 形式所表示的是这类，而不是这个。但是人们却从这个制作出、产生出这类来，然而一旦产生了，这个类也就存在。这个卡里亚，或者这个苏格拉底作为整体，正如这个铜球一样，而人和动物则相当于一般的铜球。[①]

按照亚里士多德的说法，作为词项，有表“个别”，即“这个”，也就是一个个别事物，如卡里亚、苏格拉底、一个个别的人、某棵树、这个铜球等。表“这类”即一类事物，也称一般，即人、树、动物、铜球等等。而属也是类，是更大的类。即有种和属，表种：人、树，也是小类；表属：动物、植物，是大类。

《墨经》中的个别，如“一马”。小类名即种，如“马”。大类名即属，如“兽”（见图 6）。[②] 对亚里士多德来说，“一个个别的人”表个别，是个别词项。“人”是种词项。“动物”是属词项（动物的外延比《墨经》所说的“兽”更大）。如做比较基本是相同的，如图 7 所示。

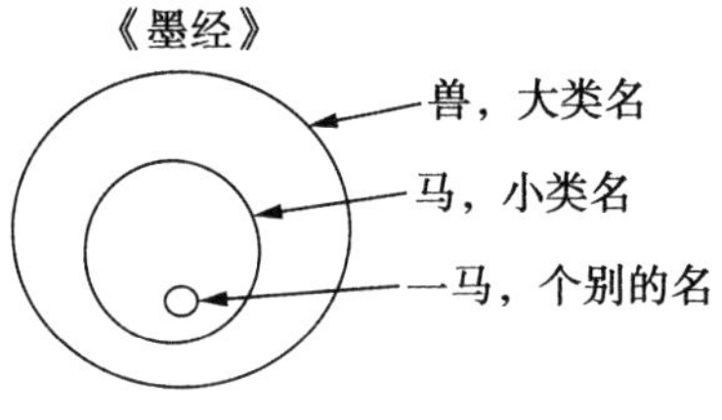

图 6

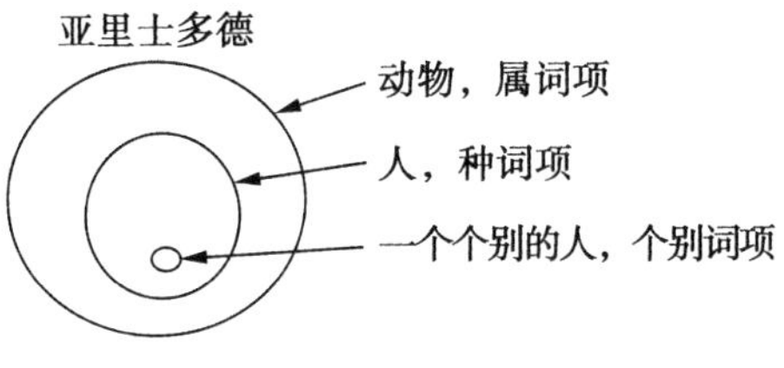

图 7

我们在表大类的“兽”以外，据图 6 再加上最大的类“物”，即范畴（见图 8）。

---

① 《亚里士多德全集》第七卷，中国人民大学出版社 1993 年版，第 167 页。

② 此图参考了温公颐主编：《中国逻辑史教程》，上海人民出版社 1988 年版，第 97 页。

“物”，达名（更大的类）；“兽”，大类名；“马”，小类名；“一马”（个别）

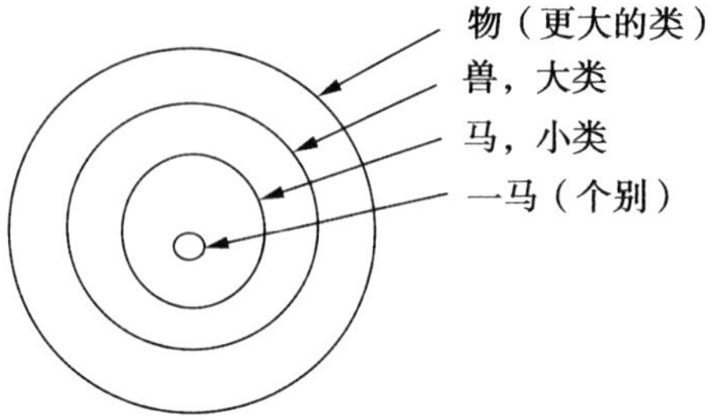

图 8

我们也看到，亚里士多德表示一个个体事物的“一个个别的人”“个别的马”，《墨经》称为“一人”“一马”。亚里士多德所说的专名“卡里亚”“苏格拉底”，《墨经》称为私名“臧”“尧”等，也是相同的。

我们据图 8，并结合图 2 牛类与马类是“异”类，用欧拉图表示（见图 9）。

马与牛是“异”类

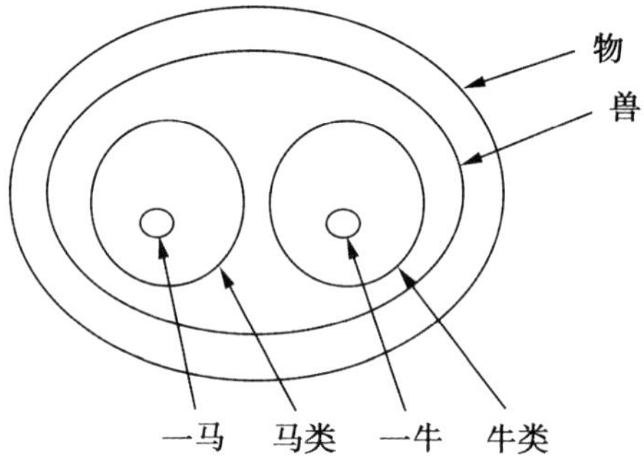

图 9

5.“类”名与“俱一：若牛、马”，一类事物与个别事物的关系，词项表示一类与个别

《墨经》中的“类”名是表示一类事物“实”的，但是有时又用来表示一个个别事物“一实”。如类名牛、马有时表示一头牛、一匹马（“一实”）。《经说下》113：“俱一：若牛、马，四足”“数牛、数马则牛、马，二。”这里“牛”“马”都指一个个别事物（“俱一”），因为只能是一头牛、一匹马才分别有四条腿（“四足”）。对着一头牛、一匹马进行清点是两个事物（“数牛、数马则牛、马，二”），这表明

牛、马都指一个事物。又如,《小取》:“一马,马也。二马,马也。马四足者,一马而四足也,非两马而四足也。”“马”是类名(一匹马是马,两匹马是马),但在说“马四足”时“马”指一匹马,一匹马有四条腿,不是两匹马有四条腿。即“类”词项“马”有时表一匹马的“实”。

如用欧拉图表示一匹马“一马”是个别词项,指一个“实”;“马”的类词项表示所有的马,但有时也表示一匹马,如“若牛、马,四足”中的“马”指一个“实”(见图 10)。

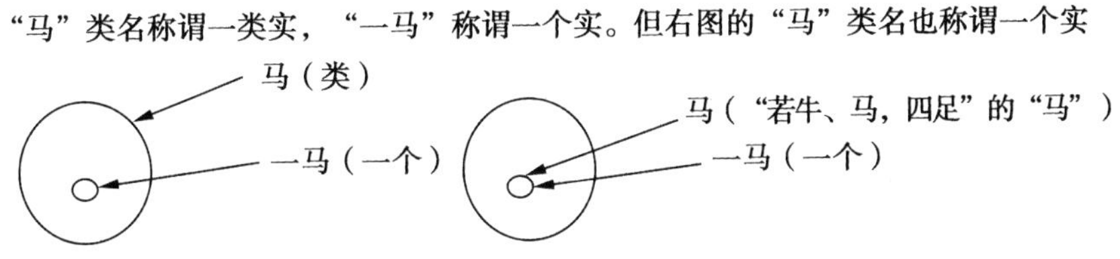

图 10

将这些关系用以下图式表示(见图 11)。

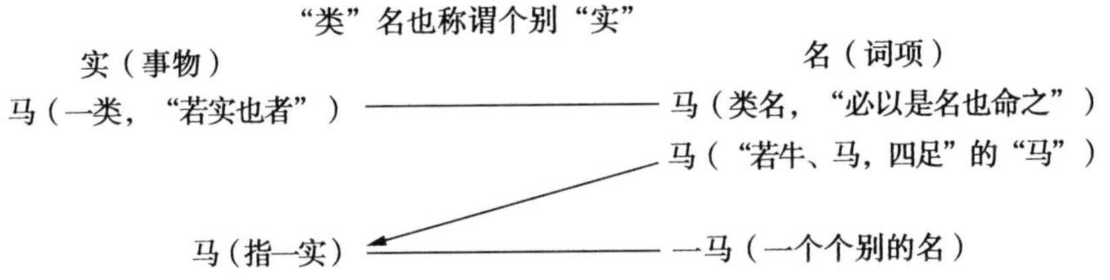

线条指名与实的称谓关系,而有箭头的表示“马”的类词项表示的是一匹马,即“一实”。

图 11

作为“名”,用“马”即同样的字或同样的形态来表示一类马的事物“实”和一匹马的事物“实”,这是当时出现的一种较为普遍的现象。有学者指出了这一现象,如:

同一个名称(“马”)在不同的语言环境中所指事物的数量有不同。笼统地使用“马”这一名称,既可指一匹马,也可指两匹马。例如,“这匹马是马”和“这两匹马是马”。但是,“马有四足”是说一匹马有四足,而不是说两匹马共有四足。……作为名称的名在不同的语言环境中可以有同名异实的情形。作为概念的名则不同，它所举之实是不能随语言环境有所改变的。[①]

在讨论公孙龙的有关论述时，王左立说：

> 论主虽然是在讨论名，但名是实的名称，所以他在讨论名的过程中也要讨论实。然而他在讨论名和讨论实时所使用的符号却具有同样的形态，从形式上无法看出它们的区别，读者只能根据文义仔细辨析，才能弄清哪个字是指马，哪个字是指马之名。[②]

这些论说是对《小取》和公孙龙的有关论述，本文赞同这些论说，它们清楚地反映了“名”的这一现象，而《经说上》“若牛、马，四足”中，牛、马名表示一个“实”也是这一现象。又如，《经说下》153“指是霍也，是以实示人也”，指这一只鹤（“是霍”，“霍”，鹤，一种鸟类），这是以一个事物“实”给人看（“是以实示人也”），词项“霍”（鹤）即指一个个体事物（“实”）鹤。

同样，对于一个事物即一个“实”也用“物”来称谓。《经下》180：“物，甚、不甚。说在若是。”“若是”（如这一个）的“是”（这一个）指“物，甚、不甚”的“物”（一个物件）。《经说下》180：“（物）甚长，甚短。莫长于是，莫短于是”，（这一个物件）时而甚长，时长甚短；没有一个物件比这一个物件长，没有一个物件比这一个物件短（“莫长于是，莫短于是”），“是”（这一个）所指的“物”即一个事物、一个物件，即一个“实”。我们知道，《墨经》用“物”是“达”名，是称谓所有事物“实”的。

据上，作为名称即字的“名”是词项、概念，“实”是在外界的事物、对象。词项是用来称谓事物的，“物”“马”“霍”（鹤）都是普遍词项，但这些普遍词项

① 温公颐主编：《中国逻辑史教程》，上海人民出版社1988年版，第94页。此观点认为，“马”作为名称，表示一匹马“实”；作为概念（词项），表示马的一类“实”，在“不同的语言环境中所指事物有不同”，是“同名异实的情形”。如《小取》中“马四足”的“马”作为“名称”指一匹马；而“马”作为概念（词项）表示马的一类，两者需要区别。本文赞同这种观点，笔者认为《墨经》“俱一：若牛、马，四足”中的“马”也是这一现象。然而本文主张“马”的名称和概念不加区分，都是普遍词项。只是普遍词项“马”在具体语境中有时会作为个别词项来使用（此时表示一匹马的事物“实”）。

② 转引自崔清田主编：《名学与辩学》，山西教育出版社1997年版，第152页。在讨论公孙龙思想时，此观点认为在公孙龙的论述中有的字指名（表示词项），有的字指实（表示事物）。本文赞同这种观点，主张“马”的字即普遍词项，在具体语境中普遍词项即字作为个别词项来使用，指一个事物“实”。

即同样的字、同样的形态在具体语境中也用来表示一个事物“实”。如“马，类也。若实也者，必以是名以命之”中的“马”名表一类事物“马”实，它是作为概念的“名”，“不能随语言环境而有所改变”。而“俱一：若牛、马，四足”中的“马”名却指一个事物“实”，即作为个别词项来使用，两者不同。此即《中国逻辑史教程》所说在不同语言环境中可以有“同名异实”。

也就是说，“俱一：若牛、马，四足”，这里“马”指的是一匹马的“实”，它与“马，类也”中的“马”不同，但使用的是同一个字即符号，是同样的形态，即这一“马”指一个事物“实”，这些不同需要“仔细辨别”，即王左立所说“讨论名和讨论实时所使用的符号却具有同样的形态”，“从形式上无法看出他们的区别，读者只能根据文义仔细辨析，才能弄清哪个字是指马，哪个字是指马之名”。

而我们仍应看到，“马”名所指一个“实”，是一个“在外界”的事物，是“所谓”；而这一“马”的“名”又是个别词项，是“所以谓”，这里同样是名与实“二者绝不可混淆”。

名与实不可混淆，如以图式表示，见图12。

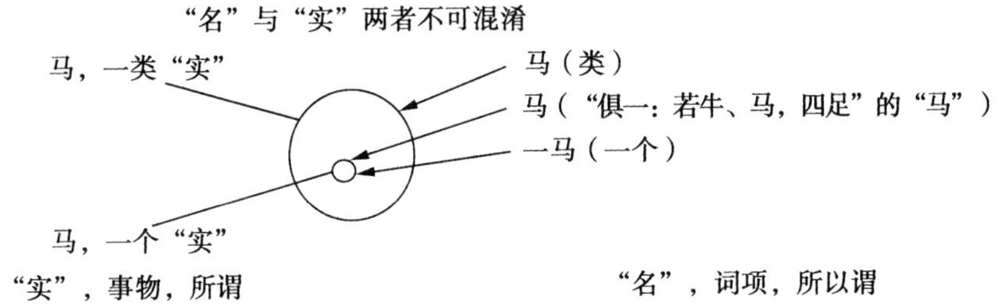

图中有箭头的线条表示词项“名”，是“所以谓”。线条表示事物“实”，是“所谓”。“俱一：若牛、马，四足”的“马”名表示一匹马即指“一实”。“一马”也是个别词项。同时，“马，类也。若实也者，必以是名以命之”的“马”名是“所以谓”，是类词项；所称谓的一类事物“马”实，是“所谓”。“马”作为类词项表示一类“实”，其中各个小圆表示各个个体事物“实”，可参见图5。

图12

我们看到，这一现象表示普遍词项的物、马等在具体语境中作为个别词项使用，而“杀狗”就是“杀犬”的“狗”“犬”亦是如此。[①]

二、事物“实”与词项“名”，词项“名”的内涵

《墨经》的论述又涉及词项的内涵问题以及内涵与外延的关系。

《墨经》在论述“同名”时又有“白马”的说法。《经说下》103“同名：二与斗，爱，食与招，白与视，丽与暴，夫与屦”，论述了多种“同名”的状况，其中有“白马多白，视马不多视，白与视也”。这是说“白马”“视马”都与“马”有“同名”问题，两者都涉及“马”名。“白”为白色，“视”为看、看到。《墨经》指出，“白马”名比“马”名多出白颜色（“多白”），“视马”名比“马”名没有多出看到（“不多视”）。

“马”是类名。但是“视马”即所看到的“马”指一匹马（或指一些马，以下只讨论指一匹马，指看到的事物，而一些马亦是如此），这与“杀狗”“杀犬”相同，都指一个“实”，因为所看到的是一个事物“实”。《墨经》认为，“视马”名所指对象与“马”名并没有多出看到（“不多视”），即没有扩大，仍指一匹马。与之不同，“白马”是类名即类词项，“白马”名比“马”名多出“白”的含义。“白”表属性，即为内涵。我们知道内涵指的是词项的属性，表示其意义。

将“白马”与“马”做比较也表现出词项的内涵增加和外延缩小问题。如同“兽”与“马”是大小类关系，“马”与“白马”也是大小类关系。我们看到《墨经》所说“白马多白”，“白马”名与“马”名相比为“多”，其多出的“白”是指内涵，但“白马”名与“马”名相比为“小”，即小类，这指外延。也就是说，作为“名”词项，“白马”对于“马”来说内涵增加了，但外延缩小了，即词项从属性上看是增加了，从所指对象看是减少了（见图 13）。但是“视马”与“马”不同，“视马不多视”则是指外延，“视马”指看到的“马”是一匹马，这与“杀狗”相同，都是指外延，称谓一个事物“实”（见图 3），如图 14 所示。

① 本文认为“物”“马”与“杀狗”“杀犬”的“狗”“犬”相同，都是普遍词项作为个别词项使用的现象。又如《小取》中的普遍词项“马”在说“乘马”（骑上一匹马）时也指一个个体事物。西方逻辑史在中世纪时也有普遍词项作为个别词项使用的情况，笔者在《〈小取〉“是而然”中的命题、词项与西方逻辑史的一些论述》一文中讨论过这一现象。见何杨、李贤中主编：《中国逻辑史研究方法论》，中国社会科学出版社 2019 年版，第 333 页。

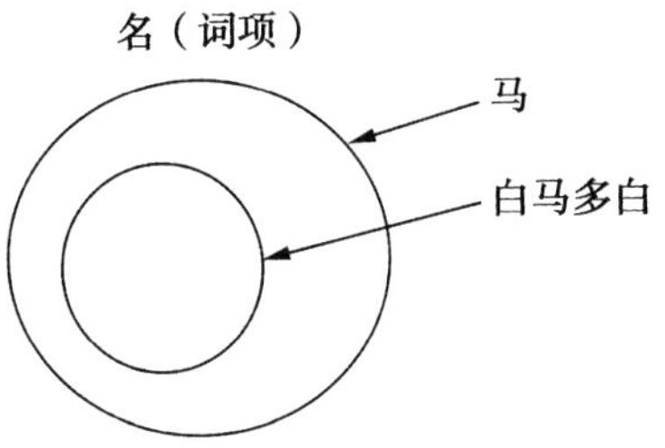

图 13

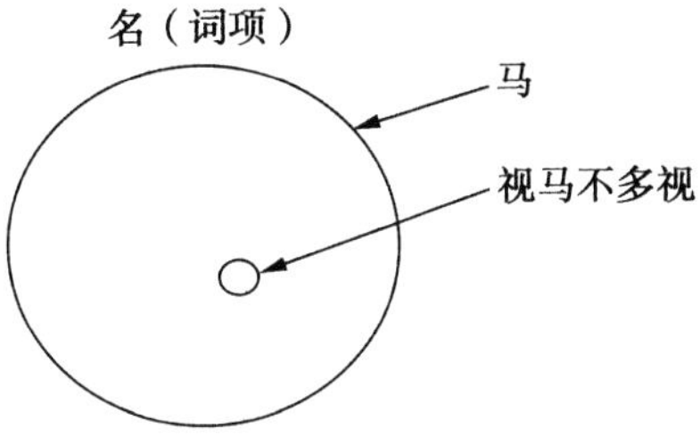

图 14

《墨经》中又有“人”、“黑者”(黑的人)、“不黑者”(不黑的人)、“黑人”(黑人即黑者,指肤色黑的人)的说法。《经说上》98:“以人之有黑者有不黑者也,止黑人。”其中,“人”是“类”名,“黑者”“不黑者”显然也是类名,是“人”之下的小类。按照“白马”对于“马”为多“白”的说法,“黑人”对于“人”则多“黑”。这是内涵的增加,同时也是外延的缩小。并且,“黑者”与“不黑者”两个词项构成了矛盾关系(见图 15)。

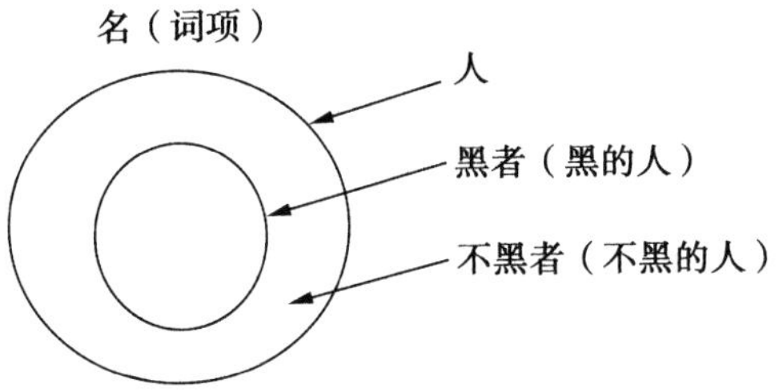

图 15

据上,从这种外延和内涵的关系,我们也看到了属种关系,“马”为属,“白马”为种。又,“人”为属,“黑者(黑人)”为种。且“黑者”与“不黑者”为词项的矛盾关系。并且“马”为属为上位概念,“白马”为种为下位概念。

《墨经》中“白马”的“名”涉及词项的内涵。我们看到《墨经》并没有给出外延和内涵的名称,但《墨经》从属性方面来解说,这里已经是用内涵的方法来说明,这也是表现了对词项内涵的认识。

我们知道,词项亦即概念、观念。概念的内涵指意义、含义,它反映了对象是什么;概念的外延反映了所指的对象。我们通常说,内涵指包含在一个观念(亦即词项、概念)中的属性,外延指包含在这一观念中的事物。在西方逻辑史中，内涵也是逻辑学研究的重要问题。最早明确提出观念的外延和内涵的术语的是《波尔—罗亚尔逻辑》(1662)。“在普遍观念中，有两个东西需要加以区别，即内涵和外延。包含在一个观念中，并且不消灭观念就不能被除去的一组属性，我称之为观念的内涵。”“一个观念所适合的那些对象，我称之为一个观念的外延。”①上面的讨论说明《墨经》除了外延之外对内涵的含义也有所触及。

我们再从外延看，在“兽”的大类下“马”是小类，对于“马”的小类则“白马”是更小的类，这样形成了“兽”“马”“白马”的大小类关系。孙中原论述说：“类名可以根据其外延大小，构成一定序列，如‘兽’、‘马’、‘白马’等。”②由此我们可以看到，它们是根据外延的大小而“构成一定序列”。

同时，从词项外延方面说，《小取》中的：“白马，马也”、“骊马，马也”，将“马”分为“白马”“骊马”，显然“马”是大类，“白马”“骊马”是小类。此亦可参见图 13。《小取》是将“马”划分为“白马”“骊马”来论述的。“白马”“骊马”与“马”也显示了作为词项的内涵与外延的关系和属种关系。而公孙龙有“白马非马”之说，《公孙龙子·白马论》：“马者，无去取于色，故黄、黑马皆所以应。白马者，有去取于色，黄、黑马皆所以色去，故唯白马独可以应。”公孙龙提出“马”不同于黄马、黑马，“马”名为“无去取于色”，“白马”“黄马”“黑马”名为“有去取于色”。公孙龙是将“马”划分为“白马”“黄马”“黑马”来论述的。同样，“白马”“黄马”“黑马”与“马”的关系也显示了公孙龙对词项的内涵与外延关系和属种关系的认识。③

三、从“同”“异”“异类”看词项的外延

以上所涉及的“同”“异”关系，反映了《墨经》的分类思想，也反映了其对于不同性质的事物的认识，我们可以进一步讨论。

从“同”的方面看，“重同”的“二名一实”如“狗”“犬”是相同的两个类词

① 参见张家龙主编：《逻辑学思想史》，湖南教育出版社 2004 年版，第 413 页。

② 孙中原：《中国逻辑研究》，商务印书馆 2006 年版，第 216 页。

③ 《小取》中将“马”划分为“白马”“骊马”，有关讨论见笔者《〈小取〉“是而然”中的命题与词项问题》，刊于《墨子研究论丛》(十二)，齐鲁书社 2017 年版，第 248 页。公孙龙的“白马非马”说反映了其词项(概念)的外延与内涵思想，应另文讨论。

项。“马”是类词项，一匹马与另一匹马在马类方面相同。“马”与“牛”同属于“兽”，类有大小，兽是大类，马、牛是小类，并在兽类方面相同。这样有三种相同。亚里士多德说：

> 首先必须区分“相同”一词的多种含义。一般地说，“相同”大致有三种不同的含义。因为我们常从数目方面、种方面或属方面去述说“相同”的含义。当众多语词指称一个事物时，就是数目方面的相同，例如披风与斗篷。虽然有许多事物，但它们在种上并无区别，这就叫种方面的相同，譬如一个人与另一个人，一匹马与另一匹马，像这样一些属于同一个种的东西就被称为种方面的相同。同样，那些同属的东西就叫做属方面的相同，例如马和人。①

这三种相同，“重同”指“二名一实”，如“狗”“犬”，上面已讨论，这与亚里士多德所说“当众多语词指称一个事物时，就是数目方面的相同，例如披风与斗篷”是相同的。而《墨经》说“马”是类词项，一匹马与另一匹马是马类的“类同”，即为种的方面相同，这也同于亚里士多德所说：“譬如一个人与另一个人，一匹马与另一匹马，像这样一些属于同一个种的东西就被称为种方面的相同。”而《墨经》说“马”与“牛”同属于“兽”，实际上是属的方面相同，也同于亚里士多德所说“那些同属的东西就叫做属方面的相同，例如马和人”。

这些相同都有一种以个别、种、属的词项关系作为基础的。《墨经》表示的“一马”（一匹马）与另“一马”（一匹马）是马类的相同。“马”是小类，亦即为种。“一马”与“一牛”（一头牛）是兽类的相同。“兽”是大类，亦即为属。如果与亚里士多德表示一匹马与另一匹马是种的相同，一匹马与一个人是属的相同做比较，两者相似（见图16）。

① 《亚里士多德全集》第一卷，中国人民大学出版社1990年版，第360页。许锦云论及《墨经》的同异关系时，已引用亚里士多德这段论述。见氏著《墨家与亚氏范畴论比较研究》，《中州学刊》2003年第5期。

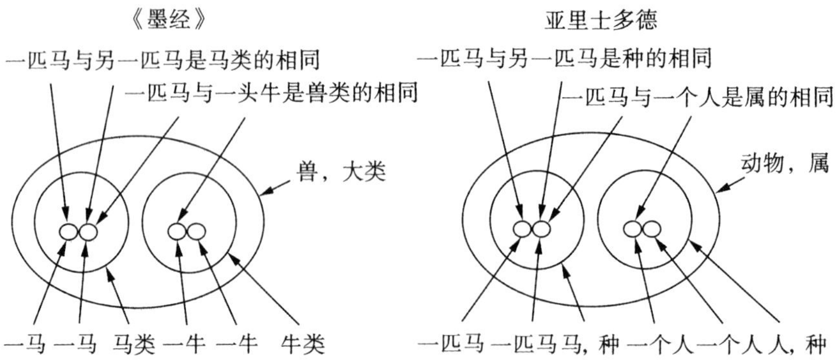

图 16

《墨经》的论述既有“同”又有“异”。如“马”与“牛”是异类（“牛与马惟异”，“牛与马不类”），是不同的小类即不同的种，但在兽类中是同类，即在属上是相同的。如果从既有相同又有相异的角度来看，亚里士多德在词项理论中也提到种与属的同异关系：

> 在种上相异是在某一方面和与某物相异，这一方面对双方应该是相同的，例如在种上相异的动物，两者都是动物。所以，在种上相异的东西必然在属上相同。我所说的属，乃是那种使两种东西具有同一称谓的词项，并且不再偶性上具有差别，不论是作为质料还是别的什么。这里不仅有共同的东西，如两者都是动物，并且这同一个动物对每个动物又各不相同，例如，马和人，由于这一共同的东西在种上也互相差异。就它们自身而言，有的是这种动物，有的是那种动物，如有的是马，有的是人。①

亚里士多德指出，在“种”上相异的东西，如“马”和“人”，必然在“属”如“动物”上是相同的（“在种上相异的东西必然在属上相同”），两者都是动物。而在“属”上相同的东西如“动物”，在“种”上是相异的，如“马”和“人”（“如两者都是动物，并且这同一个动物对每个动物又各不相同，例如，马和人”）。《墨经》所说与之类同。

① 《亚里士多德全集》第七卷，中国人民大学出版社 1993 年版，第 236 页。

如果再从“异”“异类”的方面看，上面已提到《墨经》指出麋与霍（鹤）是“异类”。《经下》107：“异类不比”，《经说下》107：“麋与霍孰高？”《墨经》这里实际指麋鹿是兽类，鹤是鸟类，两者都是动物。这就是说，兽类和鸟类是“异类”。

从《墨经》对“异”的表述看，有各种不同的“异”。有同类中个别与个别事物的“异”，如一匹马与另一匹马的“异”是“二必异”。有两类事物的“异”，“牛与马惟异”，即同是兽类中牛类与马类的“异”。而麋与霍（鹤）的“异类”，另“一麋”（一头麋鹿）、“是霍”（这只鹤）都是个别事物。实际是指动物类中兽与鸟两类事物的“异类”。这样即有三种“异”（见图17）。

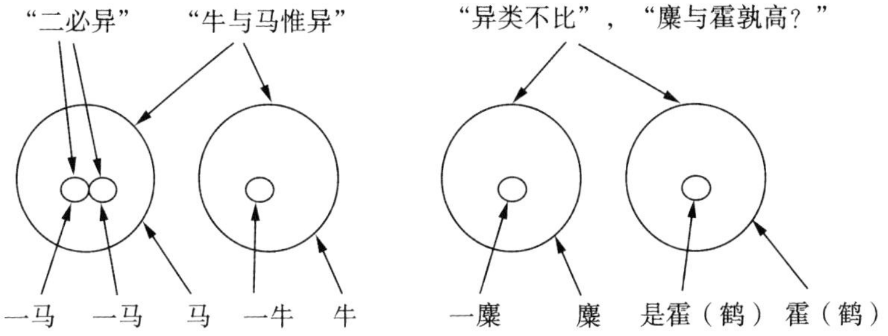

图 17

我们将同与异的关系综合起来看《墨经》所认识的词项外延。如以欧拉图表示，结合图9，“物”以下是“兽”类，“兽”类之下有“马”类，也应当有“牛”类、“狗”与“犬”类。又结合图2，“马”类与“牛”类是异类。又如，图5一匹马与一匹马是同类但又是“异”（“二必异”），自然一只牛与另一只牛是同类。又如图四，“杀狗”“杀犬”是指一个“实”。再如，图13“马”与“白马”是大类与小类。“牛”“马”“犬”等是小类名，是种，“兽”是大类名，是属。“牛”与“马”在“兽”中是同类。又如“兽”类外有“鸟”类，两者是“异类”。再以“霍”（鹤）为例，有一个个别词项的“是霍”（这只鹤）；有小类名“霍”（鹤），即“种”；有大类名“鸟”，即属。而“物”是范畴，是最大的类（见图18）。

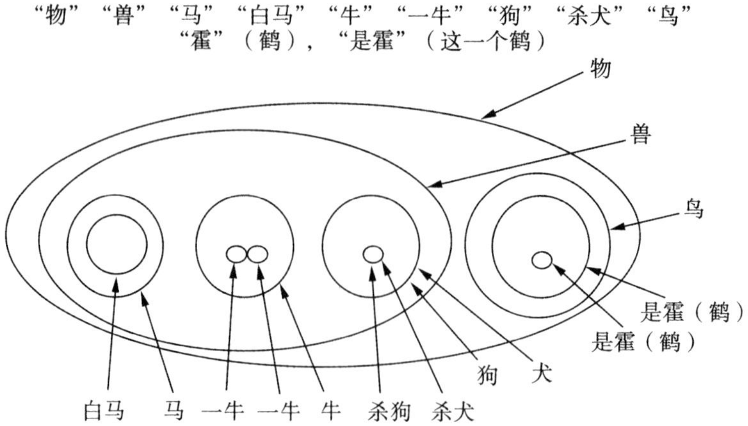

图 18

进而我们也可以看到，“同”和“异”的关系，也是先秦时代诸子各家共同的论说话题。据《庄子・天下》惠施的“历物十事”说，其中有“大同而与小同异，此之谓小同异；万物必同、必异，此之谓大同异”，虽然《天下》篇没有直接举例解说惠施的说法，但是我们可以认为是指“同”与“异”的关系。

如果我们从《墨经》的观点来看，作为“物”是通名（“达”名），即所有的事物“实”都称为“物”：“物，达也。有实，必待之名也命之”；从荀子的观点看，“物也者，大共名也”，因为“万物虽众，有时而欲遍举之，故谓之物”。这些观点都认为，万物在称为“物”上都是相同的。而作为个别的“物”，一匹马与另一匹马两个“物”在马类中完全相同，这是大同。而一匹马与一头牛两个“物”虽然不同但在兽类中相同，这是小同。这种大同和小同的不同，是“小同异”（“大同而与小同异，此之谓小同异”）。而一匹马与一头牛都是“物”，又必定相同，这是必同，是“万物必同”。而一匹马与另一匹马从“物”的方面来说作为两个个体又是不同的，即“二必异”，这是必异，是“万物必异”。这种必同和必异的不同，是“大同异”（“万物必同、必异，此之谓大同异”）。

庄子也有“同异”的说法，《庄子・德充符》曰：“自其异者视之，肝胆楚越也；自其同者视之，万物皆一也。”从“异”的方面看，肝和胆虽然同样是动物的器官，但是各有不同；楚国和越国虽然同样是诸侯国，但是两国各有不同，所以相同的事物（“肝胆楚越”）从各不相同来说是“异”。从“同”的方面看，万物虽然是各不相同的事物，但是千差万别的万物从一个“物”来说都是相同的，万物在“物”上都是“一”(“万物皆一”)，即在“物”这一点上是“同”。荀子也论述了“同异”问题。《荀子·正名》中有“同则同之，异则异之”等说法。

值得指出的是，“同”与“异”都以一个个别事物“物”即一“体”作为起点。《墨经》的“物”是称谓所有事物的词项，其起点就是作为一个个体事物即一个“实”，如一匹马、一头牛，即一个“体”。荀子的“大共名”即“物也者，大共名也。推而共之，共则有共，至于无共然后止”，这种“推而共之”即不断向上概括直到不能再概括就是“物”(“至于无共然后止”)，其概括实际上有一个起点，那就是一“物”，即一“实”，如一匹马、一头牛，亦即一个“体”。因为在“体”之下不可再划分。而“大别名”的“鸟”“兽”，对其划分，即“推而别之，别则有别，至于无别然后止”，如对“兽”的“推而别之”即不断向下划分，划分到最小不能再划分(“至于无别然后止”)，就是划分到一“兽”，即一个“实”，如一匹马、一头牛，到这里为止作为一个事物的“体”不能再划分。这些都表示对于一个事物“体”的再划分就是事物的部分。上面已讨论，亚里士多德也有类似说法(“因为它所表明的东西是不可分割的，在数目上是单一的”)。

“同”“异”问题所表达的物、牛、马等词项，都涉及词项的外延问题。

四、“异类”——有关分类的一些观点

《墨经》指出另一些“异类”的说法，还涉及《墨经》的一些分类思想。

《墨经》除了将马类与牛类作为“异类”，还提出另一些“异类”。《经说下》107云：“异类不比”，如认为“麋”与“霍”(鹤)是“异类”，而不同的类不应进行比较。又写道：“蝉与瑟孰悲?”“木与夜孰长? 智与粟孰多? 爵、亲、行、贾，四者孰贵?”[①]“蝉与瑟”(发出悲声的蝉虫与发出悲声琴瑟)指蝉虫与琴瑟是异类，“智与粟”指知识与粟米是异类，“木与夜”指木头与夜晚是异类，“爵、亲、行、贾”指爵位、亲属、德行、商品价格是异类。

在《墨经》的分类思想中，“蝉与瑟”指生物类与非生物类是异类；“木与夜”指木头即空间与夜晚即时间是异类；“智与粟”指知识与实物是异类；“爵、亲、行、贾”指在社会生活中贵族制度、亲属制度、伦理德行、商品价格是异类。

由此，据《墨经》的分类思想，麋鹿和鹤(“麋与霍”)实际涉及的是动物类

① 此解释参见高亨的说法，“蚼”即“蝉”。见高亨：《墨经校诠》，中华书局1962年版，第116页。

中的兽类与鸟类，蝉虫与琴瑟（“蝉与瑟”）是动物类与非动物类，知识与粟米（“智与粟”）是非物体与物体，木头与夜晚（“木与夜”）是空间与时间，贵族爵位、家族亲属、道德品行、商品价格是社会的各种制度和伦理规范的类别等。

值得注意的是，《墨经》将“智与粟”作为“异类”，即有形体的实物（“粟”）与无形体的精神产物（“智”）相对立，我们看到《墨经》已经将无形体的精神产物与有形体的实物作为相对立的一个类别即不同的“异类”来论述，这反映了《墨经》的分类观点。

但是，对这种“异类”的差异《墨经》没有做更多的论述。而我们也看到，《墨经》以“麋”与“霍”表达“异类”，《墨经》要表达的是“兽”与“鸟”是“异类”，但《墨经》并没有明确给出“兽”与“鸟”是“异类”的说法，也没有给出作为“异类”的非物体与物体等的名称，即在术语上没有表达。《墨经》没有进一步深化和深入，这是它的重要不足。

五、“名”“实”的其他一些论述

关于“名”“实”及其关系，《墨经》还有一些如何确定“异”、有关“异类”的比较以及“过名”等论述。

《墨经》认为确定“异类”的“异”至关重要。我们知道事物是“实”，事物“实”有“同类”和“异类”，但人们不一定认识到“异类”怎样才是“异”。应当“知异”，如“牛”与“马”怎样才是“异”，如果不“知异”，做出悖乱的列举就是“狂举”：

> ［经下］166 狂举不可以知异。说在有不可。［经说下］167（狂）牛与马惟异，以“牛有齿，马有尾”说牛之非马也，不可。是俱有，不偏有、偏无有。曰：“‘牛与马不类’，用‘牛有角、马无角’，是类不同也。”“若举‘牛有角、马无角’，以是为类之不同也，是狂举也”，犹“牛有齿，马有尾”。

悖乱的列举不可用来认识“异”，原因在于这种“狂举”是不可以的。牛和马虽然是“异类”，但是拿“牛有齿，马有尾”来说明“牛不是马”是不可以的。这是用两类动物都具有的方法（“是俱有”），不是用有的有、有的没有的方法（“偏有，偏无有”）。因此，可以这样说：“‘牛和马不是同类’，用‘牛有角，马没有角’，这是说明了两“类”的不同。”但有人反对这种方法，反而说：“如果列举‘牛有角，马没有角’，认为这种方法是表示类的不同，这是‘狂举’”。这是错误的（“若举‘牛有角、马无角’，以是为类之不同也，是狂举也”），就和说“牛有齿，马有尾”是错误的一样（“犹‘牛有齿，马有尾’”）。[①]

《墨经》认为，不知道怎样确定牛类和马类差异就是不“知异”。确定牛和马的“不类”，确定其“异”，应要找出两者差别（“异”）的本质特征，不要用两者都具有的方法，如“牛有齿，马有尾”，应当用有的有、有的没有的方法，如“牛有角，马无角”，这才是正确的方法，才是认识“异类”的“异”，才是“知异”。人们只有明确了事物“实”的不同类的差异，恰当地予以分类，“名”才能确定称谓事物“实”。

《墨经》提出了“量”的说法。《墨经》认为比较应在“同类”事物而不应在“异类”事物之间进行，比较需要对事物进行度量，其度量的标准就是“量”。

《墨经》认为“异类”事物不可以进行比较（“异类不比”），如问“麋与霍孰高？”是不应当的。“异类”反映了事物性质不同，麋鹿和鹤是异类，其度量的标准不同。问这一头麋鹿比一只鹤哪一个高是无意义的。

> [经下]107 异类不比。说在量。[经说下]107（异）木与夜孰长？智与粟孰多？爵、亲、行、贾，四者孰贵？麋与霍孰高？蝉与瑟孰瑟？[②]

事物的“异类”是不可以做比较的，原因是度量的标准不同（“说在量”）。譬如，木头与夜晚哪一个更长？知识与粟米哪一个更多？贵族、亲属、德行、物价四种状况哪一个更贵？麋鹿和鹤哪一个更高？蝉虫与琴瑟发出的声音哪一个更悲？

笔者认为，对于异类的事物似乎可以比较，如“麋与霍”都是动物，其体形都表现为“高”，似乎可以比较哪一个更“高”。[③] 但《墨经》指出，事物的“异类”，其度量（“量”）的标准是不同的。本文认为，《墨经》这里是指事物由于是

① 本文认为“若举‘牛有角、马无角’，以是为类之不同也，是狂举也”是《墨经》反对者的说法，即认为用“牛有角、马无角”来解说牛与马的“异”是“狂举”。而《墨经》认为这种说法与主张“牛有齿，马有尾”同样是错误的说法。

② 此条经文原衍“麋与霍孰霍”五字，据孙诒让校删。见孙诒让撰：《墨子间诂》，中华书局 1986 年版，第 327 页。

③ 对于“麋与霍孰高”中“高”的解释，见姜宝昌：《墨经训释》，齐鲁书社 2009 年版，第 147 页。

“异类”而本质不同，不可做比较。就如甲要坐一个高一点的凳子，乙搬来一个高一点的桌子，虽然桌子比凳子高，但是事物的性质不同其度量的标准不同，桌子与凳子不应当进行比较。即比较应在同类事物即度量标准相同之间进行，如这一头麋鹿比那一头麋鹿高才是有意义的。

《墨经》还指出，作为“异类”，“木与夜”不可比较“长”，木头是指物件空间长度的长；夜晚是指时间流动长久的长，其度量的标准不同。又如，“智与粟”不可比较“多”，知识是无形精神产物的多，粟米是有形实物的多。而“爵、亲、行、贾”中的“贵”，一指贵族制度爵位显贵的贵，一指以血缘为纽带的亲属制度下尊贵的贵，一指伦理规范中德行高贵的贵，一指商品价格昂贵的贵。“蝉与瑟”的“悲”，蝉虫和琴瑟都发出悲的声音，蝉虫发出的声音像悲鸣，琴瑟发出的声音是演奏者用琴瑟演奏出悲痛的情感。《墨经》认为，事物不同类（“异类”），其本质不同。正如前文沈有鼎所说：“于是一类中的事物都是‘同类’，本质相同。不是一类中的事物则是‘不类’，是‘异类’，本质不同。”事物的本质不同，其度量的标准（“量”）也不同，“异类”的事物进行比较是无意义的。

《墨经》还提出一种“过名”的说法。《墨经》提出，有一个地方原来位于诸侯国的南方所以起名为“南方”。“南方”是“名”，其所指称的地方是“实”。因为位于南方，所以这个名称具有南方的意义，这一意义就是“南方”名称的内涵，而这个地方就是“南方”名称的外延。这是一个名与实相应的名称。后来事物发生了变化，诸侯国疆域扩大了，这个地方已不再是南方，其南方的意义即内涵消失了，成为曾经有过的史实，再称这一地方为“南方”就“名”与“实”不相应即错误了，所以称为“过名”（“过”，错误）。但是《墨经》认为，“南方”是专名，仅只是标识着这个地方（“实”，即外延），所以作为一个地方的标识还可以使用这个名称。

> ［经下］133 或，过名也。说在实。［经说下］133（或）知是之非此也，有知是之不在此也，然而谓此南北，过而以已为然。始也谓此南方，故今也谓此南方。

“或”，地域，某个地方。[①] 给这个地方起的名字叫“南方”，由于这个地方

① 此解释参见孙诒让的说法，“或，域正字”。见孙诒让撰：《墨子间诂》，中华书局 1986 年版，第 299 页。

已经不是该诸侯国的南方，所以“南方”的名称是“过名”。（虽然这个地方已经不是南方但仍使用这个名称，）其原因在于这个名称仅仅是标识这个地方（“说在实”）。人们知道这个“南方”名称所含南方的意义已经不是这个地方（“知是之非此也”），又知道“南方”名称所要表示的南方意义的地方已经不在这里（“有知是之不在此也”），即使这样，仍称这个地方为“南方”（“然而谓此南方”）①，尽管是错误的，但是仍然使用曾经符合史实的名称“南方”是可以的（“过而以已为然”）。早先把这个地方叫作“南方”，（由于现在仍然可以使用，）所以如今仍把这个地方叫作“南方”（“始也谓此南方，故今也谓此南方”）。

本文认为，《墨经》的观点是：“南方”的名称“名”称谓这个地方“实”，“南方”的名称是私名，即专名。使用这个名称仅仅是指称这个地方，其“南方”的内涵可以取用也可以不取用。早先依据这一名与实相应而称为“南方”，是取用这一内涵；现在名与实已经不相应了而为“过名”，但是作为专名的作用仅只是指称这个地方，“南方”的名称仍然可以继续使用，这是不取用这一内涵。即专名指外延，使用专名是表示外延即表示这个地方，也可以不使用其内涵。

西方逻辑学家密尔（又译穆勒，1806～1873）也有类似的论述。张家龙说：“密尔认为，专有名称仅仅指称事物，也就是说，专有名称只有外延，没有内涵。例如，某小镇被命名为‘达特河口’因为它位于达特河口，但是后来达特河改道，原来的达特河口不再是现在的达特河口了，而这个小镇的名字并未改变，仍叫‘达特河口’，可见达特河口并不是‘达特河口’的内涵。”②《墨经》与这一说法类似。

六、结语

以上讨论了《墨经》条文中“名”“实”等所表现的词项与事物以及称谓关系的认识。

《墨经》中“名”的论述就是《墨经》的词项学说。

《墨经》区分了普遍词项和个别词项，涉及范畴、类、个别，有通名、类名、

① 此解释参见高亨的说法，“北”作“方”。见高亨：《墨经校诠》，中华书局 1962 年版，第 151 页。

② 张家龙主编：《逻辑学思想史》，湖南教育出版社 2004 年版，第 413 页。

专名。《墨经》提出了词项的同和异，涉及了个别、种、属，同时还涉及了词项的外延和内涵。《墨经》提出了各种异类问题。还提出了专名的使用可以只需指外延，不用其内涵。

本文还认为，《墨经》对于词项、词项与事物之间关系还有许多内容可以进一步讨论。

先秦诸子设计思想的文质异趣

黄大昭

一、儒家——文质彬彬

儒家设计思想的核心是“文质彬彬”。《论语·雍也》云:“质胜文则野,文胜质则史。文质彬彬,然后君子。”[①]“质”是质朴、朴实的意思,是内在,是本质。“文”指文采,外在的礼仪,符合利益的装饰。“彬彬”就是文质兼备,相得益彰,形容不同种类的物质搭配在一起,相互融合,体现出文雅的态势。“野”就是缺少文采修饰,不具有符合“礼”的形式;“史”就是文饰多于质而成为外在的虚饰。二者都为孔子所反对。孔子对事物内在的“质”和外在的“文”进行了论证,认为二者表现外在审美和内在功用的并存,缺一不可。孔子谓:“质先于文,从质始,后赋文,最后达到不偏不倚的适宜的中正之境。”[②]从中可以看到,儒家对“文质”采取中庸的态度,“文”“质”两者相辅相成。但从实际行动来看,孔子更重“文”。《论语·八佾》云:“周监于二代,郁郁乎文哉!吾从周。”[③]孔子从周,遵从周礼,尤其是在春秋末年,礼崩乐坏,天下失序,在孔子看来,恢复和弘扬周礼显得尤为重要。这里的“文”体现了周朝繁盛的气象,是与“礼”相适应的华美的“文”。

儒家的礼乐思想也都与设计有关。“礼自外作,故文”[④],“文”是“礼”自内而外的体现,外在的文饰是礼的一部分。“兴于诗,立于礼,成于乐”(《论

---

① 何晏注,邢昺疏:《论语注疏》,十三经注疏,北京大学出版社 1999 年版,第 78 页。

② 李立新:《道的凝铸与人的礼赞——先秦与古希腊装饰思想的比较》,苏州大学硕士学位论文,2002 年,第 11 页。

③ 何晏注,邢昺疏:《论语注疏》,十三经注疏,北京大学出版社 1999 年版,第 36 页。

④ 郑玄注,孔颖达疏:《礼记正义》(上),十三经注疏,北京大学出版社 1999 年版,第 1086 页。

语·泰伯》),“乐”体现“礼”的高度的艺术精神。孔子对外在“饰”的评价标准就是是否体“道”。这里体现出孔子的造物装饰是为了维护封建社会的宗教法制。孔子的“道”需要由外化的“文”来体现,而礼乐就是“文”的表现形式。可见,孔子虽然提倡“文质彬彬”,但实际上更加看重形式感的“文”,外化的文使得万物有美有序。文为外作,孔子的美学思想为中国主流审美奠定了基础。

二、墨家——文质相利

“兼相爱,交相利”是墨子的核心思想,其他命题都是由此推展而来。《墨子·兼爱下》阐释墨子为追求“天下之大利”:

> 仁人之事者,必务求兴天下之利,除天下之害。今吾本原兼之所生,天下之大利者也。吾本原别之所生,天下之大害者也是故子墨子曰别非而兼是者,出乎若方也。[①]

墨子把国家百姓之利作为制高点,以至于他的设计造物思想均从利民的角度出发,追求“以求兴天下之利,除天下之害而无补也”的利民设计,倡导功能第一。“利人乎,即为,不利人乎,即止”,是他的造物原则。这里的“利”是广义的利,除了物质的高效,还有百姓的利益,是没有等级差异的“天下之利”,包含了一切可“用”的思想。故无论“文”还是“质”,只要符合可用的目的,达到“利”的目标,都可以被采用,表现了其实用主义的立场。造物可以给人们带来无等级差别的利益,使饥者得食,寒者得衣,劳者得息。

墨子认为设计的消费群体是天下百姓而非王公大臣,故他的器物并非统治阶层的奢侈品,而是普通民众的日用品,是“兴天下之利”的物。这样的预想和广大人民的利益非常一致,很容易得到人民的支持。所以墨子的设计理想有广泛的群众基础。由于其小手工业者的出身,墨子的“利”客观上更偏重于普通劳动人民,是一种有利于人民发展的设计,而不适合贵族的礼乐教化。墨子提倡的设计大众化在先秦无疑是非常先进的。今天,大众设计和精英设计也是我们经常争论的话题。墨子“文质相利”的崇高理想由于种种局限,不

① 姜宝昌:《墨子训释·墨论》,齐鲁书社2017年版,第250页。

可能被统治阶层采纳，更不可能成为社会的统治思想，但它在劳动者群体中产生了广泛的影响，带动了生产力的进步。

三、道家——文为质显

《道德经》中虽然没有明确的"文质"之辨，但"文质"思想已包含其中。道家的设计思想着重对自然的观照，涉及对宇宙、天象的解释，包括对人类生死、空间的认识，也有对器物功能的思考。老子讲求"大方无隅，大器晚成，大音希声，大象无形"[①]。认为在器物设计中，倘若拘泥于某一种原则或规范，那么器物设计就会滞止于一定的界限，只有捐弃定则，随机应变，才能够成就自然无为之器、卓然特立之物。"大器晚成"也作"大器免成"解。"晚者，免之借，免成，犹无成。"[②]大巧的设计犹似天成，无须"文为外作"的装饰，也不可有刻意求巧的机心。"大巧若拙"常被后世引申为普遍的美学原则，在朴素看来，笨拙的形式中包含着巧夺天工的大巧，艺术不事雕琢，浑然天成才是美的真谛。

道家的造物思想是一种返璞归真、大巧若拙的思想。相对于重"文"的孔子，老子更加重视"质"，认为"文"是巧饰。老子提出以"见素抱朴，少私寡欲"[③]而达到"小国寡民"的理想状态。从这里可以看出老子反文饰的观点。老子认为无为才是有为，没有装饰才是装饰，无表面文饰的自然状态才是老子所追求的"装饰"。这种不装饰的装饰正是大器所具有的极庄严、极崇高的品质，它超越了文饰的单纯感知而达到一种更高的境界，倡导由"质"而"文"的自然的外化过程。"上德若谷，大白若辱，广德若不足，建德若偷，质真若渝。"[④]老子强调"质"的自然流露，即使清澈的本质看起来浑浊，也无需"文"的包装，"文"是"质"自然而然的外化，不需要刻意地美化。这也是对道家"道法自然"思想的引申。

① 王弼注，楼宇烈校释：《老子道德经注释》，中华书局2008年版，第113页。
② 箫兵、叶舒宪：《老子的文化解读》，湖北人民出版社1994年版，第509页。
③ 王弼注，楼宇烈校释：《老子道德经注释》，中华书局2008年版，第45页。
④ 王弼注，楼宇烈校释：《老子道德经注释》，中华书局2008年版，第113页。

四、法家——文以害质

战国后期的法家在文质观上走向了另一个极端。韩非子完全反对装饰，主张"好质而恶饰"，认为装饰会影响实用。《韩非子·外储说右上》记载："夫瓦器，至贱也，不漏，可以盛酒。虽有千金之玉卮，至贵而无当，漏不可盛水，则人孰注浆哉?"[①]价值千金的玉卮，若不能装东西，就不能说是美的。瓦器虽然外表难看，但可以盛酒就是美的，以实用为美。《韩非子·外储说左下》载："车席泰美。夫冠虽贱，头必戴之；屦虽贵，足必履之。今车席如此，大美，吾将何屩以履之？夫美下而耗上。妨义之本也。"[②]为了"车席泰美"而"耗上"是韩非子所反对的，若以消耗大量生产劳动为代价，而成就华美的事物，在韩非子看来，那也是不美的。苏格拉底认为："美必定是有用的，衡量美的标准就是效用，有用就美，有害就丑。"[③]其说与韩非子的观点有异曲同工之妙。韩非子认为美丽的东西是因为其本身就有美的价值，而过多的修饰只能妨碍本质的美感。《韩非子·解老》谓："和氏之璧，不饰以五彩；隋侯之珠，不饰以银黄。其质至美，物不足以饰之。"[④]他认为本质很美的事物不需要再加以装饰，过多的装饰反而会"文以害质"。

《韩非子·外储说左上》记载的秦伯嫁女和楚人鬻珠的故事——"晋人爱其妾而贱公女。……郑人买其椟而还其珠"[⑤]，都说的是过多的装饰妨碍了事物本质的体现。文胜于质时，使人"览其文而忘有用"[⑥]，忽视物之本质，本末倒置。韩非子认为文饰会有害于功用，"须饰而论质者，其质衰也"[⑦]，若质美，则无需多余的修饰。其出发点是好的，但过于极端，否定"文"的价值，否定审美需求，在一定程度上扼杀了设计的创造性，给艺术设计带来一定的负面影响。

---

① 王先慎撰：《韩非子集解》，中华书局 1998 年版，第 321 页。
② 王先慎撰：《韩非子集解》，中华书局 1998 年版，第 299～300 页。
③ 朱光潜：《西方美学史》，人民文学出版社 2002 年版，第 36 页。
④ 王先慎撰：《韩非子集解》，中华书局 1998 年版，第 133 页。
⑤ 王先慎撰：《韩非子集解》，中华书局 1998 年版，第 266 页。
⑥ 王先慎撰：《韩非子集解》，中华书局 1998 年版，第 266 页。
⑦ 王先慎撰：《韩非子集解》，中华书局 1998 年版，第 133 页。

总结先秦诸子代表的设计的"文质"取向，如图1所示。

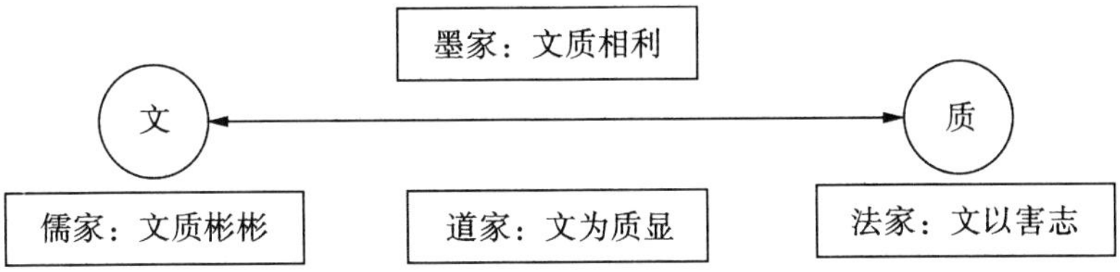

图1

五、诸家串论

1.墨儒对文质的不同侧重

墨学与儒学并推为先秦"显学"。《韩非子·显学》开篇就说："世之显学，儒、墨也。儒之所至，孔丘也。墨之所至，墨翟也。"[①]与代表上层社会文化的儒家不同，墨家代表一种实用的大众文化。

墨子出于儒而反儒，在设计思想上，墨子更重视事物的"质"，而对于传达礼乐教化的"文"却是深恶痛绝的。面对当时战乱纷繁又雕饰满眼的世界，墨子提出了"为乐非也"的观点。他的"非儒"思想，具体体现在"非乐"之中。墨子认为："使女子废其纺织而修文采，故民寒，男子离其耕稼而修刻镂，故民饥。"[②]他认为，为了满足统治者物质需求和审美需要的文饰用财多而利少，是导致百姓贫苦的主要原因。墨子作为实用主义者，虽然不否认装饰审美的存在，但对儒家的"以饰体道"仍表示不满，在对待文质的态度上，他永远把质放在首位。《说苑·反质》篇记载墨子对禽滑釐说："故食必常饱，然后求美；衣必常暖，然后求丽；居必长安，然后求乐。为可长，行可久，先质而后文，此圣人之务。"[③]这些都被视为中国古代设计思想的经典言论。墨子针对孔子的"文质彬彬"提出"先质后文"，体现了他站在自身的阶级立场，首先要追寻符合天下百姓之利的实用设计，在此基础上再追寻设计的形式美。

孔子从周而墨子反周，因为他"以为其礼烦扰而不悦，厚葬靡财而贫民，

① 王先慎撰：《韩非子集解》，中华书局1998年版，第456页。

② 姜宝昌：《墨子训释·墨论》，齐鲁书社2017年版，第646页。

③ 刘向撰，向宗鲁校正：《说苑校正》，中华书局1987年版，第516页。

久服伤身而害事，故背周道而用夏事”[①]。《墨子·非儒》中说：“孔某盛容修饰以蛊世，弦歌鼓舞以聚徒，繁登降之礼以示仪，务趋翔之节以观众。博学不可使议世，劳思不可以补民，累寿不能尽其学，当年不能行其礼，积财不能赡其乐。繁饰邪术以营世君，盛为声乐以淫遇民。其道不可以欺世，其学不可以导众。”[②]以此讥讽孔子的矫揉造作、不切实际，认为孔子的礼乐于民生无补。这样的造物并不能带来实际的功用。在墨子看来，这就是无用的设计。他把这样的理念提升到治国的高度，认为“弦歌鼓舞，习为声乐，此足以丧天下”(《墨子·公孟》)。在生产力不发达的情况下，百姓不致力于生产而去粉饰“太平盛世”，没有实际的造物，只有浮夸的“礼乐天下”，这对统治者来说是十分危险的。《墨子·非儒下》载：

> 儒者曰：君子必服古言然后仁。应之曰：所谓古之言服者，皆尝新矣，而古人服之、言之，则非君子也。然则必服非君子之服，言非君子之言，而后仁乎？又曰：君子循而不作。应之曰：古者羿作弓，仔作甲，奚仲作车，巧垂作舟。然则今之鲍、函、车、匠皆君子也，而羿、仔、奚仲、巧垂皆小人邪？且其所循，人必或作之，然则其所循皆小人道也。[③]

墨子反对“服古言”的儒者。他不因循守旧，言古人陈言，而是从造物者的立场出发，主张设计创新，发挥主观能动性，才为君子之道。这是他作为一名设计造物的实践者对所谓“君子”的挑战。

在两者所构建的“理想国”中，儒家把礼乐的作用无限放大，倾向于一种人文主义的思潮，他们希望由礼乐建立的个人道德意识和社会伦理观念来拯救天下，这必然导致设计造物脱离实际。而墨家则把思考建立在现世的合理性上，取消了形式主义的繁文缛节，在设计上以实用性为第一，这样的思想极大地推动了物质资料的生产。

2.墨道求“质”而不同因

道家和墨家从不同的出发点而达到重“质”的共同认识。道家认为“文”不合于自然，而墨家认为“文”不利于民，这是两者的不同出发点。相对于儒

① 刘文典撰：《淮南鸿烈集解》，中华书局1989年版，第709页。

② 姜宝昌：《墨子训释·墨论》，齐鲁书社2017年版，第757页。

③ 姜宝昌：《墨子训释·墨论》，齐鲁书社2017年版，第632～633页。

墨，老庄的道学过于虚无，过分强调有无互生、虚盈相易，而忽略了人利用自然条件改善生活的主观能动性，部分否认了人为事物的价值。这种思想的流传蔓延，在相当长的时间里给中国古代造物设计造成了消极影响。《庄子·天地》记载：

> 子贡南游于楚，反于晋，过汉阴。见一丈人方将为圃畦。凿隧而入井，抱瓮而出灌。搰搰然，用力甚多而见功寡。子贡曰："有械于此，一日浸百畦。用力甚寡而见功多。夫子不欲乎？"为圃者仰而视之，曰："奈何？"曰："凿木为机，后重前轻，挈水若抽，数如泆汤，其名为槔。"为圃者忿然作色而笑曰："吾闻之吾师，为机械者，必有机事；有机事者，必有机心。机心存于胸中，则纯白不备。纯白不备，则神生不定者，道之所不载也。吾非不知，羞而不为也。"①

由此可见，庄子反对机械的心情比老子更甚，这与墨子的观念截然相反。庄子过分强调天地自然的运行而忽略了人利用工具去适应自然的能力，认为工具上过多的设计会造成人的不纯白和"神生不定"，从而使"道之所不载"，破坏自然的和谐，从思想上反对造物设计，反对人类对自然的改造，与墨子"便于民"的思想截然相反，也与社会的发展方向背道而驰。因为老子毕竟不是设计师，他的设计美学在墨子看来是不切实际的。

道家认为人的生命形态本质上是一种沿着自然规律运行"周而复始"的线性运动，而价值的表现自然不能违背天道伦常，因此强调清静无为、返璞归真。虽然存在尊重客观存在、遵循自然规律的科学思想，但也否定了人的主观能动性。而墨子截然相反，他从人的角度去思考自然、思考机械，强调设计造物的必要性和利于民的目的性，把物用价值的最大化作为器物的审美评判标准。这是先秦任何一位思想家都难以企及的。

3.墨法重质貌同而曲解

韩非子认为，好的文饰其本质不一定也是好的，甚至有时是矛盾的，《韩非子·解老》谓："父子之礼也，由是观之，礼繁者实心衰也。"父子间若客套过多，反而显示有隔阂。在《韩非子·外储说左上》中，他称赞墨子学说质显而

① 刘文典：《庄子补正》，云南人民出版社1980年版，第398～399页。

无需文辞修饰：

> 楚王谓田鸠曰："墨子者，显学也。其身体则可，其言多而不辩，何也？……墨子之说，传先王之道，论圣人之言，以宣告人。若辩其辞，则恐人怀其文，忘其直，以文害用也。此与楚人鬻珠、秦伯嫁女同类，故其言多不辩。[①]

在文质观上，韩非子表面上站在和墨子一致的立场上。为得到"文以害质"的结论，他例举墨子，作为自己观点的"支持者"，盛赞他"言多不辩"，直抒胸臆而不用太多的辞藻，殊不知已强加自己的观点于墨子。表面上他和墨、道家一样，重质而轻文，但是韩非子所倡导的"质"是自然事物所固有的原本的形态，反对的"文"是附加在物质表面的装饰。他不能从实践者的角度去探讨器物的构造功用，也就不能对器物的美丑进行公正的评判。故他的"以文害质"观，否定人的审美需求，走向了另一个极端，这是其局限性。

六、结语

文质观虽由孔子提出，但较早的老子和稍后的墨子、韩非子设计思想中均有所论及。通过对文质关系的不同看法可窥见四家不同的设计理念、审美取向甚至治国理想。墨子是小手工业者出身，他从自身阶级的角度以自己的实际经验切实论述了造物设计的思想，这在先秦诸子中是难能可贵的。他还从手工业者的角度出发，进行造物实践，强调"利民"是设计的最终目的。他出于儒而反儒，比任何思想家都客观地对设计造物进行分析并提出自己的观点。相对于儒家，墨子更看重给人们带来实际利益的"质"。同样是重"质"，道家强调"道法自然"，过于虚无，对实践的"技"认识不足，求"质"合于自然，而非利于人民。法家将重"质"的思想过度延伸，走向一种极端，在恶"文"的同时也否认了美的客观存在。这些都不利于设计实践的发展。墨子的设计思想不仅有"为天下利"的人文理想，而且有很高的科学思想和丰富的造物实践作为支撑，无奈秦汉后竟不得发展，其落寞令人扼腕叹息。

其实，文与质的争论其本质是功能与形式的争论，这一话题不仅是先秦

① 王先慎撰：《韩非子集解》，中华书局 1998 年版，第 266 页。

思想家争论的焦点，千年以后，西方设计活动站在历史舞台中央时，功能与形式的话题也让西方设计师争论了一个世纪。先秦的思想家早已发现了文与质的矛盾，这在设计史上是十分先进的。但是文与质的对立性越来越被放大，很少有人关注文与质的互相补益，未免有些可惜。在有设计之实而无设计之名的当时，这样的争论闪耀着思想的光辉，也影响着后世中国的设计思路。

傅山《〈墨子·大取篇〉释》评述

姜宝昌

傅山(1607—1684),号青主,别号啬庐,阳曲(今山西太原)人。明末清初著名学者,谙经史,研诸子,嗜诗词,好佛理,善书法,主张“经子平等”之说,一时惊动学界。有《霜红龛集》(清宣统三年,山西巡抚丁宝铨邀当时著名学者缪荃孙、罗振玉等辑刻,计四十卷)传世。丁宝铨认为,青主先生“巍然为河北大师者重数十年”,“昌言子学,过精二藏。乾嘉以后,遂成风气”(《霜红龛集序》)。侯外庐称其“首开近代子学的蹊径”(《中国近代思想学说史》)。就《霜红龛集》三十四、三十五两卷所记,傅氏研读过的子书有《亢仓子》《鬼谷子》《尹文子》《邓析子》《公孙龙子》(含《白马论》《指物论》《通变论》《坚白论》)《鹖冠子》《老子》《庄子》《管子》《荀子》《墨子》等。虽说其治子书以《老》《庄》为主,而《墨》只在兼涉之列,但在治墨方面亦有可称之谓大手笔的作品,足溉时人与后学。其荦荦大者有三:其一,校勘道藏本《墨子》全书;其二,校改《经上》《经下》《经说上》诸篇(此事不久以前才为人所知,因为一直深藏民间的傅氏手书三篇真迹以及所附文字校改注释,为学人访得);其三,撰《〈墨子·大取篇〉释》。本文拟专就“大取释”之得与失,予以简要评述,笔者的初衷,乃在于长期以来学界不少人以为傅氏此作价值不高,如句读多误、注释未晰之类,不予以理睬,或不够重视。早先注疏家的著述暂且不论,即使近50年来的《墨经》注释作品,对傅氏《〈墨子·大取篇〉释》也十分冷漠,如1977年版《〈墨子·大取篇〉释》仅载傅氏“大人,有德有位者,治人者也。小人,百姓也,治于人者也”一条注释。2016年版《墨经汇释》仅载“为爱利天下者,断指与断腕一也,谓指不可惜,腕亦不可惜也”一条注释。其他《墨经》注释类作品,竟完全不标引傅氏之释(亦有引述而不标明者,如《墨经汇释》释“同名之同”云:“玉与鼠虽极不同,然可同名之曰璞。”此释出自傅氏,而著者失标)。不久前,笔者有《墨经诂林》之作，收傅释于其内，算作聊补前阙。应该承认，现今《大取》篇中不少章节的诠释，多有与傅氏之释相同或相近者。在正式评述之前，需要说明以下两点。首先，傅氏"大取释"用的不是道藏本，而是另有所本。傅氏之释，出现在《霜红龛集》卷三十五"读子四"（此下注有"百泉帖"三字，应是傅氏自己抄刻的帖子。据集中《傅青主先生年谱》所记，"康熙二年，癸卯，五十七岁。四月，至辉县，访孙钟元于百泉……途中携旧录子书一册，暇即为之解释[百泉帖，石刻自识]"）中。傅氏云："奥义奇文，后世以其不可解而置之。因其文而录之，道藏中亦有此。"既明言"道藏亦有此"，知供自识的"百泉帖"所刻非道藏本，而另有所本。至于何所本，现尚无由得知。其次，"大取释"篇末记有"一本"之释（从"以乐为利其子"六句至"其类在江上"句）十二例，乃傅氏别采他人之说，以供读者参酌。这等于告诉我们，明末以至更前，已有学者对《墨子·大取》做过注释。傅氏本人有"大取释"之作，又有《经上》《经下》《经说上》校释之作，而且他又转引其前学人关于《大取》的注释材料，这便更有理由使我们对学界（甚至出自不少名家）所谓"秦汉而后墨学中绝"的论调质疑。

为使人们更加真实地认识傅氏"大取释"的价值，在此，笔者就自己之所知，对傅释一一加以评述，并以此就教于同行专家（原文录自傅氏"百泉帖"，遇有为要，另出道藏之记或孙诒让等之校）。

1.天之爱人也，薄于圣人之爱人也；其利人也，厚于圣人之利人也。大人之爱小人也，薄于小人之爱大人也；其利小人也，厚于小人之利大人也。

此处，"薄"字有读如字和读为溥二读。如果回照《墨子·法仪》"天之行广而无私，其施厚而不德，其明久而不衰，故圣人法之"，读为溥，义为普遍、广博，似乎更切墨家兼爱之旨。傅氏读如字，释作"（天）鼓万物不与圣人同忧"，显系支吾之辞，仅可备一说而已。但其释"大人，有德有位之人，治人者也；小人，百姓也，治于人者也"，至确。而下文"百姓依护大人以为生，故爱大人也"之"大人"，正是此种"有德有位之人"，而无德无位之人不在其内。故补充说明道："然此就大人能为人依护者言耳，其常也。若草芥寇雠，则后世之大人也，小人焉能爱之。"并且借用孟子"君之视臣如土芥（泥土、草芥），则臣视君如寇雠"（《孟子·离娄下》）之语，作为排除之辞。显见，傅释可取。

2.以臧为其亲也，而爱之，非爱其亲也；以臧为其利（此字误，当为亲）也，而利之，非（孙诒让云“非字疑衍”，是）利其亲也。以乐为利其子，而为其子欲之，爱其子也；以乐为利其子，而为子子求之，非利其子也。

则意谓此处，前六句“臧”当读如字和读为葬二读。如读为葬，如以厚葬为子女施爱于父母的表现而实行厚葬，确应视为子女关爱父母之举；如以厚葬为子女施利于父母的表现而实行厚葬，心想使父母得利，其实这样做不能给父母带来任何利益。此释似乎更切墨旨，因为有“节葬”的背景。傅氏读如字，以臧为仆称，又保留前“非”字，谓“臧即对获之臧，臧本非亲也，以之为亲而爱之利之，特爱利臧也，不可谓爱利其亲也。若墨子之学，爱无差等，则爱利臧与爱利亲无异，又似谓非爱利其亲（此下“我”字，当删），而我为爱利之也”，提出肯定性的和猜测性的两种解释，可供参考。后六句“乐”亦有“yuè”和“lè”二读。如读“yuè”，则意谓如以满足子女修习乐舞愿望为爱怜子女的表现，于是自己便爱好音乐，这在主观上确应视为爱怜子女之举；如以修习乐舞对子女成长和谋生有利，于是为子女拼力追求音乐，在客观上却并非有利于子女之举。此释似乎更切墨旨，因为有“非乐”的背景。傅氏读“lè”，谓“且如爱子者于诸所谓可乐可利之业，如广田广宅，为其子欲有是乐而利之，固爱子之常也。若不令子勤劬自力为之，而为之张角以求之，是所谓牛马人也，则子终为温饱惰窳之人，其利之适所以害之矣”，又引“一本”以乐为利其子“六句”，此是墨教勤劬本义，借以申明己意。此释亦可供参考。

3.于所体之中而权轻重之谓权。权，非为是也，非（依孙诒让校，“非”乃“亦”之误，是）非为非也。权，正也。断指以存𦢊（当为掔，即腕），利之中取大，害之中取小也。害之中取小，非取害也，取利也。其所取者，人之所执也。遇盗人，而断指以免身，利也；其遇盗人，害也。

此处，傅氏读如原文。首先释“𦢊（掔），疑腕之讹”（实则“𦢊”即“捥”“腕”），然后谓“因爱利之有似是而非者，求其所谓是非者有权焉。权不过当其轻重而已。轻轻而重重则是，轻重而重轻则非，权而求其非者为是也，求其非非者为非也。为去声如此。若平声，则权非谓欲其是也。而于非非，毕竟断之为非也。非非再狎，犹此不是必不是也。权所以正是非，非所以正轻重也，轻重且不彼（当为必）权于外，即就其身体权之，轻重有较然者，如指腕是也。指腕俱不可断，而断指是害之小者，存腕则利之大者。取而存者腕，腕为人之所用以为执者。文义当先云遇盗害也，而断指免身利也。此却先言利后言害”。其中，傅释“非非”为“毕竟断之为非也，犹此不是必不是也”，恐不妥。盖源于“一本”“爱有似是而非者，毕竟非爱者，故断之以非非为非也。权求其正爱而已，非非犹言如何非如何非”，而“一本”之释，亦恐未允。又傅释“所体之体”为“身体”，而非“体察”“分辨”，其误显然！于是出“权所以正是非，非所以正轻重也。轻重且不必权于外，即就其身权之，轻重有较然者，如指腕是也”之释，以起下文“断指以存腕……人之所执也”之释。究其原因，实乃由“一本”所谓“‘于所体之中而权轻重之谓权’四句‘所体’似因上‘子’（指上段“以乐为利其子”）字而生，犹言一体。‘子’者，我之所体也，而于其中审其爱之轻重是谓权’”误导。很明显，“子者，我之所体也”。无稽之谈也。至于傅氏谓“当先云遇盗害也，而断指免身利也”，此由《大取》全篇行文例皆先言利后言害也。总之，傅氏对于“所体之中而权轻重之谓权……权，正也”之释，可谓失之；而对“断指以存腕……其遇盗人害也”之释，可谓得之。

4.断指与断腕，利于天下相若，无择也。死生利若一，无择也。

此处，傅氏释前三句云：“为爱利天下者，断指与断腕一也，谓指不可惜，腕亦不可惜也。”又于篇末引“一本”“死生利若一”三句之释云：“生以利天下，与死以利天下若一，则生亦不可惜也。”其释至确。

5.杀一人以存天下，非杀一（孙诒让云“一字涉上而衍”，是）人以利天下也；杀己以存天下，是杀己以利天下。

此处，“一人”对“己”而言，意谓用杀死别人来保存天下，并非杀人而利天下之方；而用牺牲自己来保存天下，则为杀己而利天下之道。傅氏读如原文，谓“杀人存天下，毕竟是杀人，不如杀己以利天下”，含墨家舍己利人理念于其中，至确。看来，傅氏释“一人”为“人”，指别人。

6.于事为之中而权轻重之谓求，求为之，非也。害之中取小，求为义，非为义也。

此处，“事为”指实施、践行，与前“所体”对言，意谓在所从事的实务中权衡诸般情况的轻重、利害，这就叫作求。怀着有所求的褊狭心理去做某件事，是不可取的。在众害之中选择较小者是对的，但如果仅仅是为了求取“义”的美名，显然未得“义”的真谛。傅氏谓：“求其最不伤于义者而为之。求义之所为者，尚非而未尽是也。即如害之中取小不取大，义也，然尚有所惜，尚非义也，故必须不顾害之大者。使尽爱天下之义，苟利天下，断腕可也，死可也。”乃取另一路径诠释，亦可备一说。

7.为暴人语天之为，是也（当作“为暴人语天之，为是也”，下同），而性为暴人歌天之为，非也（当作“惟为暴人诃天之，为非也”。孙诒让云，“性，疑当作惟”，是，下同。曹耀云，“谞（歌）与诃同”，是）。

此处，两句“天之”（志）断句，是破解的关键所在，因为联系墨子“天志”主张，十分给力。“性”“歌”二字亦苦难索解，改“性”为“惟”，读“歌”为“诃”，可谓凿破鸿蒙。于是，此段意谓对暴虐恣睢之人讲述上天兼爱交利的心志，当然是正确的，而只有对他们诋毁（诃，诃责）天志才是错误的。傅氏谓“暴犹自暴、暴殄之暴。暴又如残忍之人，自为而不为人，如不肯拔一毛者，皆可通。自暴惰窳无所事事之人，与之言天生天杀之道，则是；若任性暴殄而为歌咏天下（此‘下’字当衍）之所为，人亦当如是不勤不苦，则非也”。而这种解说，显然源于篇末引述“一本”“为暴人语天之为”十一句相关部分：“天之所为春生夏长秋收冬藏而已。若不教之以人为之事，但性著所为，暴殄无惜，一味歌天之所为，则非也。何也？天爱人不能使人坐而得衣食也。”显见，上两句之释尚有可取，而下两句之释显然失之，难道“天之所为”就是“不勤不苦”吗？其失就在傅氏可能未曾意识到墨子主张“兼爱”，自谓出自“天志”。

8.诸陈执既有所为，而我为之陈执，执无所为，因吾所为也。若陈执既（此字误，当作“未”）有所为，而我为之陈执，陈执固吾所为也。

此段难解，关键在于“陈执”之训释。笔者以为，“陈”指陈述、宣传、阐扬，“执”指执持、主张。“陈执”即陈述所执学说、所执主张，为动词。如其前有领属词，为名词。如此，此段意谓我们墨家的有些主张，通过广泛宣传和阐扬，已经广为人知，并已取得明显的社会效益。对此，我们还将继续勉力从事，加大宣传和阐扬力度，以期其社会效益全面提高。果能如此，当然是我们不懈努力而收到的实效。如果说有的主张，出于种种原因，迄今尚未取得明显的社会效益，对此我们尤当竭诚努力，使之尽快得到社会认可并付之实行，以期获取应有的社会效益。果能如此，同样是我们不懈努力而收到的实效。傅氏对此段并未作释，仅在篇末引述了“一本”“为暴人语天之为”十一句中相关部分：“即如诸器物皆不徒为，是因我得以除(疑当为‘陈’)之执之而为之。自暴惰窳之人自以为我何不任天，而必欲以人事自苦者，不是也。(‘执之而为’上似脱一文，疑当为‘陈’字)陈执，又似谓身体之有臂指，是天设之，使有所执作之物而外之。可以执者皆因此能执者而为之。”而其中“陈执”之释，又使人有如堕五里雾中之嫌。故而，我们只能认为，傅氏所引“一本”之释，未能为我们提供有参考价值的解说。我们不得不说，此段诠释的难度，于此亦可见一斑！

9.暴人为我为天之，一人非为是也。而性不可正而正之。

此处，前“为”音 wèi，介词；后“为”音 wéi，动词。“性”为“惟”之讹字(第7段已详)。意谓暴虐恣睢之人把我作为“天志”，这是以天人之所非当作真理。而惟其如此，我们必须将此种看似不可矫正的错误认识矫正过来。傅氏读如原文，谓：“暴人为残暴自暴(此字疑当作‘为’)之人，为我而假之天道，自然生杀，何容我为彼而为之？是不畏人非，以人之所非为是。凡残暴自为之鄙夫，人必群非之，而为我之暴人不顾。此种性原不可正，而欲正之，则无奈何……”其说犹可取也。

10.利之中取大，非不得已也；害之中取小，不得已也。所未有而取焉，是利之中取大也；于所既有而弃焉，是害之中取小也。

此处，傅氏之释与学界普遍认可之释无异，谓“与之择其不得已之取而已”，谓“暴人并害之小者亦不肯取之以利人。利取大，害取小，即存断腕指之说。若作兴利，皆未有而取者，是利之中取大，既苦(此字当作‘若’)作而有之而又弃之，当于害中取小”。需要说明的是，上段末“则无奈何”之释与此段“与之择其不得已之取而已”之释，实乃傅氏误以为此二段意义有所联系而出。在傅氏看来，《大取》全篇内容为一有机整体，段与段必有意义上的呼应(其实不然，现今《大取》讹脱之处颇多，只是我们现在还不可能全面正补而已)，致有这些带有过渡性质的释语出现。下文多见此种情况，不再一一说明。

11.义可厚，厚之；义可薄，薄之。谓俭列，德行。君上、老长、亲戚(当作

"谓伦[俭,道藏本作伦]列。德行、君上、老长、亲戚"),此皆所厚也。为长幼,不为幼。薄亲厚厚亲薄薄亲至薄不至义。厚亲不称行而顾行(当作"为长厚[幼,道藏本作厚],不为幼薄。亲厚,厚;亲薄,薄。亲至,薄不至。义厚亲,不称行而类[孙诒让云,顾当为类]行")。

此处,傅氏之读与学界普遍认可之说差异颇大。依后者,此段意谓依据义理这一准绳,可以给予厚爱者,必定给予厚爱;可以给予薄爱者,必定给予薄爱。虽然施爱厚薄容有不同,也不失为平等之爱。有德行者,侯王与贵居上位者、年齿老长者、父母与同宗近亲,在儒家看来,都是应该给予厚爱的。不过,我们墨者认为,厚爱年长位尊者却不能薄爱年幼位卑者。对亲情深者,必定给予厚爱;对亲情浅者,必定给以薄爱。不过,我们墨者认为,对至亲者给予至厚之爱,对至疏者却不能给予至薄之爱。儒家所谓"厚亲",不是以人们利益天下的或大或小而施以或厚或薄的爱(称行),而是以个人为出发点,视人们与自己亲缘关系的或近或远而施以或厚或薄的爱(类行)。依傅氏,则谓"可厚,厚生者;可薄,薄死者。不妄费为俭,有次第为列,是为有德于人者之行也。即以生人论之,如君上、长者、亲戚,皆所当厚,不得不得之。而厚施于下者,如长之于幼,为长养其幼,不自为幼,以待长养于人也。世之于亲,厚者过厚,薄者过薄。我则不然,于薄亲也厚之,于厚亲也薄之,即所谓薄亲用其至于人之薄者耳,不至于取其为义之私也。厚亲,人皆称其厚而行于厚,不肯顾其行于薄者而均之。我则不称其厚以行,而顾薄者以行也,仍是薄厚、厚薄之义。其义即含厚葬海盗,正见薄亲之厚,而儒之所为,乃厚亲之薄"。显见,傅氏读"谓俭列德行",《大取》篇中"伦列"一词凡三出,而"俭列"未见于先秦典籍中,又将"德行"与其下"君上、老长、亲戚"割裂开来,对照《孟子·公孙丑下》"天下有达尊三,爱一、齿一、德一",显系错误。此外,下文"厚亲不称行而类行,其类在江上井",可证"厚亲不称行而顾行"之"顾"为讹字。加上诸多断句之误,便使傅氏之释晦涩难通。总之,傅氏之释,实不可取。

12.为天下厚禹,为禹也。为天下厚爱禹,乃为禹之爱人也。厚禹之(孙诒让云:"之"下当有"为"字)加于天下,而厚禹不加于天下。若恶盗之为加于天下,而恶盗不加于天下。

此处,傅氏读如原文,其释"为天下厚禹……乃为禹之爱人也",作"且如禹之无胈、无毛，是爱天下之人也。如此为天下，遂不敢薄禹之所为，为禹当如此。至于谓天下而厚禹者，乃为禹之爱天下之人也。此是要效禹爱人之意”，得之。其释“厚禹之加于天下……而恶盗不加于天下”，作“故下文即云徒知厚禹之加爱于天下，而所以为厚禹者，不肯自己去为之，以加于天下，却是恶伤人之盗加害于天下，而又恶伤人之盗不加于天下者，谓不肯尽心尽力以为爱人之事，徒有其意而无其实”，则失之。其失就在于末两句是举例说，正如人们厌恶盗贼的劣行使天下民众遍罹其害，但这种厌恶之情，仅是针对盗贼之人，而不是针对天下所有的人。既然傅氏于喻体“若恶盗之为加于天下，而恶盗不加于天下”未得其解，那么对本体“厚禹之(为)加于天下，而厚禹不加于天下”自然不得其解。

13.爱人不外己，己在所爱之中。己在所爱，爱加于己。伦列之爱己，爱人也。

此处，傅氏谓“是爱人而不肯外己。外，犹舍也，除己在外也。不肯外己，己先在所爱之中。己既在所爱，爱己之意必较人而倍之先之。等伦列之曰：将爱己以爱人也，非圣人之爱人也，圣人则不自爱，以爱人”。其释差近而隔一间，所隔者在于，墨者谓，我爱人人，人人亦爱我，我自在所爱之中，初不存“先之倍之”之想，乃自然回授之得。此即所谓“圣人之爱人”也。傅氏之理解盖有所偏倚也。

14.圣人恶疾病，不恶危难。正体不动，欲人之利也，非恶人之爱(此字当作“害”)也。

此处，傅氏改“害”为“爱”，谓“(圣人)但恶自有疾病，不能去爱人，不恶外之有危难也，即有危难，圣人不辞其苦，正其体以济之其中，略不动摇，只欲人之有利无害也。初不恶人之爱我也，何也？我利人，人必爱我，不必回护之，如彼为天者之不欲有使人爱我之名也”。应当说诠释颇为精到，但必须说明，“初不恶人之爱我也”以下，皆释“非恶人之爱也”，而原文“非恶人之害也”应释作“(圣人)不畏惧别人加害于自己”。

15.圣人不为其室，臧之故(当读作“圣人不为其室，葬之故”)，在于臧，圣人不得为子之事。

此处，“圣人不为其室。臧(葬)之故，在于臧(藏)”，意谓圣人不为自己修筑宏丽的墓室。为葬之道，不过埋藏尸体而已。“圣人不得为子之事”，意为“圣人不做只为子女谋利益之事”。二者并无意义上的关联。傅氏之读则谓：“然圣人实不为使人之爱我而始爱之，如上栋下宇之室，所以使人无风雨之患也而时臧(藏)之。善之，初不为其室而藏之故。察于室之如何而臧，岂望室之感而臧彼而臧我也？盖室以居生人，惟恐其不尽善，如大壮耳。至于居死人者，有异于此。故圣人竟有不得为人子之事之时，何也？不厚葬也。”相比之下，傅氏之释必使室有生居、死居二解，方可将前两句和后一句在意义上串联起来。虽然不无繁芜支离之嫌，但亦有可取之处。

16.圣人之法，死亡亲，为天下也。厚亲，分也。以死亡之体，渴利兴(当作“以死亡之，体渴兴利”)。有厚薄而无伦列之兴利为已(当作“己”)。

此处，学界普遍认可的读法是“……以死亡(读为忘)之，体渴(即竭)兴利……”，可释作“依据圣人的礼法，父母既死，薄葬而后忘之即可，因为生人还要忙于为天下黎庶谋取大利之事。当然，厚待父母，是人子应尽的职分。但亲人既死，短丧而讫，原应汲汲于体现自己竭尽全力为天下黎庶谋事兴利的责任。那种只知道葬仪之厚薄而不去成就本该与别人同等的利群事业的人说到底还是为自己着想。”傅氏读作“……以死亡之体，渴利兴……”，谓“所以圣人之法，有死亡亲者不侈靡于葬，所以为天下惜财也。故厚亲，是分之所当为也。至于死亡之体，而就之以为兴利之资，而如渴以为之，定天子、诸侯、大夫棺椁衣衾之类，有分别而无谓分别，其葬似有厚薄，而以死人兴利之心无厚薄也”。其中，“所以圣人之法……是分之所当为也”可谓得之。而“至于死亡之体，而就之以为兴利之资”以下，因断句和倒字关系，扞格不顺，难免有违墨旨，实不可取。

17.语经，语经也。非白马焉，执驹焉，说求之，舞说非也。渔大之，舞犬非也。三物必具，然后足以生。

此段亦难解，迄今未有比较令人信服的说法。笔者从毕沅“执驹焉说求之舞”即“执驹焉说求之无母孤犊”之论，从曹耀湘“两犬字原讹为大”之说。笔者以为，“语经，语经也”后当作“非白马焉，执驹焉，说求之，舞说非也。杀犬之无(無)犬，非也”，而“三物必具，然后足以生”当从孙诒让校，接下文“以故生，以理长，以类行者也”句。于是，此段可释作：“常见的话头是这样，名家的口头禅，如否定白马是马，坚执孤驹无母，他们竟喋喋不休地谈论此道，以求得到支持者。很明显，他们舞弄其说是错误的。另外，说（狗非犬，杀狗不是杀犬）无犬只是杀犬造成的，同样是错误的。”（当然，如此读释，笔者不敢过于自信，不过提供参考而已）傅氏将“语经，语经也”五字误属上段，其释“伦列之以为语经语经曰，讥儒者之语不足为经也”恐不足信。而释“非白马焉……然后足以生”三十字作“即如无用之言白马非马，而又于此执驹，驹岂非马也。执驹，犹所谓定驹也。以说求利，而随（此字下当脱‘舞’字）其说，以为非求利也。渔网，大其利也，而随舞其说，非求其大也（看来‘说求之……舞大非也’几句的诠释，应源自‘一本’之‘说求之舞’二句之释：以说求利，而随舞文以说，非求利也；以渔罔大其利，又舞文，以为不大求也）。鸡犬豚三物，所以养生也，必具之而后可以为生”。应该说，“非白马焉”六句之释可供参考。如能将“执驹”与“坚执孤驹无母”之说挂钩，可能会更好。而“三物必具”二句之释则大谬。看来傅氏还未意识到墨家“故、理、类”“三物”逻辑论式的存在，而代之以“鸡犬豚”之养生“三物”，此乃傅氏的重大失误。

18.臧之爱己，非为害（当作“爱”）己之人也。厚不爱（当作“外”）己，爱无厚薄。举己，非贤也。

此处，意谓世俗之人主张厚葬（臧读为葬），不过是想通过厚葬父母而为自己赚取美名的方法来爱自己，而不是把自己当作天下人的一员，在爱天下人的同时也爱自己。墨家主张兼爱天下人，当然不能把自己排除在外，对人对己的爱是没有厚薄之分的。世俗之人主张厚薄，纯属为自己打算，这绝非贤者所应该做的。傅氏读作原文，即读“爱”为“害”，谓“其于三物也，必爱之，为其有利于己也。至于臧（指男奴）之用力于己，是爱己之人，非害己之人也。爱之当更厚于三物矣。故厚之当外己，不舍己而不论于当厚薄，先举己而自爱之，不可谓贤也”，除“爱之更厚于三物（鸡犬豚之释）”失之而外，其余当亦可取。

19.义，利；不义，害。志攻为辨。

此处，傅氏谓“义者，宜也。宜利，不宜害。兴利之事须有实功，不得徒以志为有利于人也”。显见，此释得之。

20.有有于秦马，有有于马也，智来者之马也。

此段异解颇多，主要因为对“有”字存在不同的训释，笔者认为，“有有”之前“有”，用同“或”，肯定性无定代词也；后“有”，动词谓语。“有有于秦马，有有于马也”，即“或有于秦马，或有于马也”。“于秦马”“于马”，介宾词组作补语。“有于秦马”意同“有秦马”，“有于马”意同“有马”，唯“于秦马”“于马”为“有”之补语，而“秦马”“马”为“有”之宾语，是其语法之小异。其实，补语、宾语可统谓之补足语也。《史记·项羽本纪》云：“项羽遂入，至于戏西。沛公军霸上。”“至于戏西”，即“至戏西”；“军霸上”，意即“军（驻扎）于霸上”。“于戏西”“霸上”均补足语。补语抑宾语，古人行文本不作深论也。于是，“或有于秦马，或有于马也”，亦即“或有秦马，或有马也”。凡马，必有其产地，如秦马，殆产于秦地之马也。所谓“有马”，则不论其产地、毛色等，有晋马，有赵马，或有黄马、黑马、白马，皆谓之“有马”也。由此，此段意谓有人拥有秦地所产之马，就是其人拥有马（现在他致秦马于前），我只知道（智读为知）来的是马（而不去费神了解它的产地）。傅氏谓：“且如马，以秦马而良者，而人有之，是实有其有于马之才也，何也？马非自从秦来也，是其人之智力（智，读如字）来之马也，攻也，非徒有有马之志也。”傅氏将此段作为上文“志功为辨”之例证，且读智如字，故有此释，可备一说。

21.爱众众（王引之云：下“众”字衍）世与爱寡寡（下“寡”字，道藏本所无）世相若。爱尚世与爱后世，一若今之世人也（王引之云：“今之世人”，当作“今世之人”。按：当作“今世也，人之”，而“人之”属下段）。

此处，笔者采王引之将下文“凡学爱人”四字移此，删后“众”字之校，又加己意，改“今世之人也”为“今世也。人之”，读作“凡学爱人，爱众世与爱寡世相若。兼爱之有（读为文）相若。爱尚世与爱后世，一若今世也”（人之［鬼］……），意谓凡学爱人之道应该做到：爱地域广大人口众多的世代的人，与爱地域狭小人口稀少的世代的人相同。人们具有兼爱之心，是不分空间和时间的，所以爱古代的人与爱后代的人，并同于爱当世的人。傅氏读如原文，谓“推其爱人之实，爱众与爱寡相若。若单能爱寡而不能爱众，不可谓爱也。世谓众之在此世，我俱爱之不见多，与寡之在此世，我俱爱之不见少，用心力一也。谓爱寡是尽我一世之力，而爱众亦尽我一世之力。仁以为己任，死而后已也。然但爱及生人耳。若爱及死者，如爱尚世已往之人，如爱现今之人，则后世我不及见之人，亦当爱如我同时之人矣，而用爱者为其人也”，大旨正确。至于将“爱众”“爱寡”与“爱众世”“爱寡世”分别作释，虽属缘误强解，亦不无可参考之处。

22.鬼（“鬼”字前当有“人之”二字），非人也；兄之鬼，兄也？天下之利，驩。

此处，笔者读作“人之鬼，非人也；兄之鬼，兄也”，意谓一般人的鬼混，并不是人；而家兄的鬼魂有时可以代表家兄（家兄虽死而魂魄在，祭祀家兄魂魄可以视为祭祀家兄）。爱利天下之人，生死不遗，宇中黎庶，无不欢忭。傅氏读如原文，谓“至于鬼，则非人矣。鬼既不可以谓人，而死兄亦鬼矣，乃尚兄兄而人之，何也？天下之爱利者皆欢然”。傅氏读后“也”字为“邪”，明确表示兄之鬼亦非人之态度，亦应认为可取。

23.圣人有爱而无别。俔曰（此字当作“日”）之言也，乃客之言也，天下无人子，墨子之言也，犹在（不待己……）。

此处，应读作“圣人有爱而无别，俔日之言也，乃客之言也。天下无人，子墨子之言也犹在”，意谓儒家有爱而无利的说法，其偏颇正如从门缝向外看太阳（朱骏声《说文通训定声》：俔，间见也，从人从见，会意，见亦声）视野受限一样。说到底，是论敌驳难墨家兼爱交利的言论。墨者坚信，即使有那么一天，天下竟无一人宣传兼爱交利主张了，墨子之言依旧存于人世，不可动摇。傅氏读“日”（道藏本作“日”）为“曰”，将“天下无人，子墨子之言也”读作“天下无人子，墨子之言也”，又将“犹在”断在下段（读“犹在不得已而欲之，非欲之也。非杀臧也，专杀盗，非杀盗也”），谓“（天下之爱利者）以圣有爱人而无利天下之心，‘俔〔俔（譬喻也，于此无当）如磬义，开口语辞，合〕曰’以下，似墨子设为儒者非墨之言，俔其言曰，是言也，非经语可以为主者，乃一偏之辞之客言也，其言非正也。使天下爱无差等而薄葬其亲，无人子之情者，是墨子之言也。不知我墨家者正尤（犹）察其……”。应该说“圣人有爱而无利……乃客之言也”所释大致可取。此下因断句和段属有误而未得其解。

24.犹在（二字应属上段）不得已而欲之，非欲之也。非杀臧也，焉（此字当作“专”)杀盗,非杀盗也。

此处,臧即藏。臧、藏,古今字。藏,积藏。杀,音 shai,减少。此段意谓出于情非得已而这样做,并非本来就想这样做。如果不从减少官府和富豪搜刮和积藏社会财富入手,而一味着眼于减少盗人数目,绝不是遏止盗行的有效方法。傅氏连上段“犹在”二字读之,又改“专”为“焉”,谓“(不知我墨家者正尢[犹]察其)不得已者而欲之,即上所言害之小者,谓薄葬是不得已,而弭盗是取利之大者。杀,减也,衰杀之杀。葬,臧。厚葬,所以诲盗。若不衰杀其臧,焉能衰杀其盗?非衰息盗之法也明矣”。应该说,除“犹在”外之释语正确。

25.(凡学爱人,)小圜之圜与大圜之圜同方,至尺之不至也(当作“小圜之圜与大圜之圜同,不至尺之不至也”。孙诒让云:“方当为不。”),与不至钟之至不异(当作“与不至钟之不至异”。孙诒让云:“‘之至’当作‘之不至’。”按:“之不至”非脱“不”字,而与“至”字互倒耳)。其不至同者,远近之谓也。

此处,学界普遍认可的读法是“小圜之圜与大圜之圜同(其前‘凡学爱人’句前移至第 21 段),不至尺之不至也,与不至钟之不至异,其不至同者,远近之谓也”,意谓小圆(圜同圆)与大圆虽半径大小不同,但就其几何图形为圆这一点而言,它们是相同的(就是说,它们的类别相同)。“不到一尺”的“不到”,与“不到一钟”的“不到”,二者没有任何可比性(就是说,它们的类别不同)。要想使两个“不到”可相比较,除非针对使用相同的度量单位,像都用计度路程远近的长度单位的事物才可以。傅氏读如原文,谓“圜字不解,似谓笸而之圜以盛谷者。(看来傅氏对圜的诠释,应源自‘一本’之‘大圜’:圜字不解,然天为大圜,谓人为小圜耶?包也,容也。人之爱人与天之爱人同)小圜与大圜盛谷虽有多寡之异,然以养人之用则同,故学爱人各尽其所爱之量,以爱人同方法也。如由寸而至于尺,由升斗而至于钟,其度量无小大,而求至于分剂则一也。此‘至’字与前‘至薄不至义’(傅氏断句误,当作‘[亲]至,薄不至,义[厚亲]’)之‘至’同,谓至于也,到也,致之必到其地也。‘不至钟之至’(后)‘至’上似脱一‘不’字,与上‘尺之不至’,同谓尺不至尺,钟不至钟,或远或近也”。其中,“凡学爱人,小圜之圜与大圜之圜同方”之释,显然错误,而“至尺之不至也,与不至钟之不至不异,其不至同者,远近之谓也”之释,大致可取。

26.是璜也，是玉也。意楹，非意木也〔意是楹之木也〕，意指之人也，非意人也。意获也，乃意禽也。志功不可以相从也。

此处，“非意木也”后，道藏本有“意是楹之木也”六字，当补。意谓这是一块璜，这就是一块玉。揣度楹柱，并不是揣度树木的全体，而是揣度制作这根楹柱的那一部分木头。揣度指定(指，指定)的那一个人，并不是揣度一般人。但是，揣度猎获物，就是揣度禽兽之类。这说明动机和效果并不总是一致的。傅氏谓“是其为璜者，是其以玉为之也。若石则不可为之璜矣。意楹，非意木，意是其可以为楹之木，非但木之。而若但木之，则角宗皆木也，不可以为楹也。意可指使(指，指使)之人，非但人也，意用其人有所获也。意人乃实意禽也。意仅可曰志，不可以为功。必得楹得禽而后可云功也。志与功不可相从，而得以志为功也。故志是志，功是功，当辨也”。其中，第八、九两句“意获也”“乃意禽也”，与六、七两句“意指之人也”“非意人也”构成逻辑上的一非一是(乃)关系。傅释不妥。其余多句之释大体得之。应当说明，傅氏之释应源自“一本”之“意楹非意木”六句之释：“人心想一楹柱，非想木也。然楹是木之作成者也，是想楹之木也。谓其可以为屋之用也。楹虽是木成，而未成楹时，毕竟是木，非楹也。即如想指使之人，非徒想人，意欲有所获，乃所以想得其禽也。若不至于得禽，而徒想其人，无益也。犹爱人者必实实有爱人之功始可，若但有其志，于人何益？所以志是志，功是功，须辨之，不可谓志即功也。”

27.利人也，为其人也。富人，非为其(此下当有“人”字，而傅氏云：此下似当有“鬼”字)也，人(此字当衍)有为也以富人，富人也。治人有(读为“又”)为鬼焉。

此处，谓施利于人，确乎是为的那些人。而使奇才贤士任职居官，并且变得富有起来，却并不单单是为他们本人着计，而是为便于他们当其位而使其能，从而造福黎民百姓。说到底，让奇才贤士居官而得富，是要他们做好治理民众和祭祀鬼神之事。傅氏读作“……非为其鬼也，人有为也以富人……”，谓“圣人之利人也，实为其人之生也，而人欲富之，非欲为鬼而富之也。生人之有为也，本以富生人。富生人而治人者，乃有为鬼者，何也？申厚葬之为鬼非为人也(‘非为其’，‘其’字当作‘鬼’字)”。其中，“而人欲富之，非欲为其鬼而富之也”用以诠释“富人，非为其鬼(傅氏又谓‘非为其’‘其’字当作‘鬼’

字，即‘非为鬼’也，偶误）也”，与前读“富人，非为其人也”之释绝异。其余部分之释，则与前释大致相同，可取。

28.为赏誉利一人，非为赏誉利人也，亦不至无贵于人。至（当作“智”）亲之一利，未为孝也，亦不至于智，不为己之利于亲也。

此处，“至亲之一利”之“至”，道藏本作“智”。全段谓“利用赏赐誉美手段，使某一建功立业、坚守善行的人得利，确乎不是通过赏赐誉美施利于天下所有的人，但也决不能以为它对众人没有什么重要意义。只知道施利于自己的父母，（而不及于他人的父母，）还不能算是真正意义上的孝子。即使如此，也不能说这样的人明明知道却又不去做那些作为人子应该做的施利于父母的事”。傅氏读作“……至亲之一利……”，谓“儒家治厚葬，以利其得一孝名耳，是为称赏名誉以利一人，非为以赏利实有利于众人也。充其要誉之心，即不为此厚葬以求于人，亦不至别无可贵于人之事。即欲因此博一孝名以利心，则名而已矣，尚得为真孝乎？不孝且勿论，而以厚葬诲盗，且以不智，是不见己之有利于亲处也”。很明显，傅释足资参考。

29.智是之（此字当衍）世之有盗也，尽爱是世。智是室之有盗也，不尽是室也。智其一人之盗也，不尽是二人。虽其一人之盗，苟不智其所在，尽恶其弱也。

此处，“智是之世之有盗也”句前“之”字，孙诒让云“当衍”，兹从而删之。“智”读为“知”。“恶”，厌恶。“弱”，桡曲，错误。《说文》云：“弱，桡也。”段注云：“桡者，曲木也。引申为凡曲之称。直者多强，曲者多弱。”全段意谓情知这个世界上有盗贼，还是要兼爱这个世界上的每一个人。知道这间居室中有盗贼，但不是这间居室中的人都是盗贼。例如，这间居室共有两人，其中一人为盗贼，当然不能认为二人都是盗贼。就是说，居室中唯有一人为盗贼，如果不知道他现在何处，就盲目地厌恶居室中所有的人，显然是不对的。傅氏对此段未作诠释，只留“一本”之“智是之世之有盗也”九句之释于文末：“所谓智者，知世之有盗也。若爱之，使仓廪实而知荣辱，故尽爱一世之人，使食其力而弭其盗也。智者又知是室之有盗也，不尽空其室以厚死者也。若竭其室以葬，室中之人知之，必尽力以劫之。如盗本一人，而今知其葬（此字当为‘室’）中无所有而尽，则其力之欲尽之，不尽不已，是二人盗之矣。何也？谓虽是一人为盗，苟不知其葬之所在原尽无所有，但恨（恶，恨）其力之弱，而不能尽取之耳”。“一本”以厚葬海盗立意，虽不若前释之顺畅简洁，亦不失为别一种诠释路径。傅氏引进其文，看来他认为此释有一定的参考价值。

30.诸圣人所先为人欲（孙诒让云：“欲”疑“效”之误。是）名实，名实不必（道藏本作“名实不必名”，孙诒让云：疑当作“实不必名”，上“名”字误衍。是）苟是实（当作“石”）也，白败是石也，尽其（当作“与”）白同。是石也唯大，不与大同，是有便谓焉也。

此处，笔者从孙校，读作“诸圣人所先，为人效名实。实不必名。苟是石也白，败是石也，尽与白同。是石也唯（读为虽）大，不与大同。是有便谓焉也”。“诸”，犹凡。“效”，考较。此段意谓凡圣人的首务就是为世人考较名实，名必副实，但有实不必有名。如果这块石头是白色的，那么打碎它，使之成为小块，每个小块也都是白的（以上言石之性谓）。与此不同，这块石头虽然大，但是它的大与另外的大石之大可能并不相同，这为说这块石头大，仅仅是对比它小的石头就便称说的（以上言石之量谓）。总之，石之性谓是不变的，而其量谓又是有变的。傅氏读如原文，谓：“圣人所为人与名实之间，欲名之有实也。若但曰名实，徒有其名，而不必诚是其实，则白败是实也。白败不知何物，当时或有此名。可见当时诸子多持坚白石之论，故此及之，以辨名实。若但以白为石，如物之坏而败者，如白醭白黴之皆可谓之石矣。即以大言之，如大马非大牛也。若去实而不分辨之，但曰大，如何是大也？是有大形者即谓之大焉也，不论其为大某大某也。焉，在此处作了语，是尽其辞也”。显见，因断句有误，竟出现“白败是石也”这样的语句，傅氏解说道：“白败不知何物，当时或有此名。可见当时诸子多持坚白石之论，故此及之，以辨名实。若但以白为石，如物之坏而败者，如白醭白黴之皆可谓之石矣。”实在令人匪夷所思。但是，“即以大言之……是尽其辞也”之释，可以供作参考。其所释之虚词“焉”，已露古代汉语词法研究之端倪，应当引起人们的重视。

31.以形貌命者必智是之某也，焉智某也。不可以形貌命者，惟（同“唯”，读为“虽”）不智是之某也，智某可也。诸以居运命者，苟人于其中者，皆是也。去之，因非也。诸以居运命者，若乡、里、齐、荆者，皆是。诸以形貌命者，若山、邱、室、庙，皆是也。

此处，傅读与学界普遍认可之读无异。其释谓"故物之以形貌命者，必知是物为某物，则其辞，而名之曰'焉智某也'。若其不可以形貌命者，知之不真，不能的确知是物为某物也，但智某之可也。不得尽其辞，曰'焉智某也'。此'焉'如汉碑'焉焉矣矣'，终辞也，决辞也。'焉智某'，'焉'，开口即用之，似当作'安'字、'恶'字之例，而语气承上'便谓焉也'，来不得作'安''恶'也。'居运'，犹出移在此在彼也。凡以居运名者，皆实实有人于其中者，如居齐曰齐人。而去之荆，则不得为齐人矣之类也。即如山之非邱、室之非庙，实在斯名在，不得曰邱即山、庙即室也"。全段之释，至确。所当注意者，又对作为虚词之"焉"的用法加以解释。可见傅氏对虚词用法研究之深。

32.智与意异。

此四字独立为段，实为上段所论之结要也，谓有形之物形态体貌和物体性质之一部（如石之坚性、白性）由人之感官所感知，居于某处或移离某处，亦复如是。而物体性质之另一部（如土之酸性、碱性）、物体相互关系（如五行金木水火土之相生、相克关系）以及人类社会精神产物，则不可由人之感官所感知，而只可以仰赖心意之悟识。"智"（知）者，外而感官感知物体之名也；"意"者，内而心意悟识情事之名也。其认识事物之路径有异，故曰："智（知）与意异"。傅氏谓"的（的，究也）二'知'之'智'、仿佛'度'之意，不同也。"可谓大体可取。

33.重同，具同，连同，同类之同，同名之同，邱（丘）同，鲋同，是之同，然之同，同根之同。有非之异，有不然之异。有其异也，为其同也，为其同也异。

此处，墨家再论"同""异"（此前之论见《经上 86》《经说上 86》和《经上 87》《经说上 87》）。《广韵》云："丘，大也"。"鲋"，通附。采孙诒让等之说，笔者以为，此段意谓同有十种情况。一为重同，即二名一实之同。二为具同（合同），即多物处于同所之同。三为连同（体同），即诸分体同连属于一整体之同。四为同类之同（类同），即诸事物有其共性之同。五为同名之同，即同名而异实之同。六为丘同，即大同而小异之同。七为鲋（附）同，即小同而大异之同。八为是之同，即原本正确的事理，以不同的表述方式来表达，都同样正确之同。九为然之同，即事物未必正确，而迫于情势不得不认可之同。十为同根之同，即人之所出或学术渊源相同之同。异有两种情况：一为非之异，即原本不正确之事理出于异门之异；二为不然之异，即对某事理，论者皆以为不然，而不然之理由又有所异之异。我们说事物有其不同点，其实是通过与该事物在某一方面或某些方面具有共同点的其他事物相比较而得到的。正因为事物之间有这样的共同点，才可以显示出事物的不同点。傅氏谓："同而不同之间，不胜言之。而重则有金之铁之重，重同而金铁异。其（当作'具'）有饮具食具之类。具或是贝字之讹，锦有异者亦通。连如连衡之连，外连而内各有心也。连又铅锡之名。然上有重矣，此不必复作锡解也。又四里为连，十里为乡，亦可解去。同类之同，如熊罴凤凰，类同而名不同。名同，如鼠璞（当作'玉鼠璞'）名同而异实。邱同而有昆敦，鲋同而有鲫？同是同，然是然，有异同，根同而枝叶异。非与是异，不然与然异，非非（后'非'当衍）即是不然矣，而非与不然又微异。因有异也，而欲同之，其为同之也，又不能浑同，而各有其私同者又异。《楞严》'因彼所异，因异立同'之语，可互明此旨。"其中，重（言 zhòng）同、具同、体同、邱（丘）同、鲋同之解，恐皆非是，而是之同、然之同、非之异、不然之异，亦释而未当。至于同异关系之释语，则可供作参酌。当然，此段涉及哲学思辨问题，所谓"十同"中之丘同、鲋同等至今学者们未有定解，遑论明末清初之傅氏！

34.一曰乃是而然；二曰乃是而不染；三曰迁；四曰强。

此处，"迁"指变更、改换，用作偷换概念或转移论题。"强"指强凑、牵强。笔者认为，此段意谓在推论过程中，是、不是和然、不然可以有以下四种情况：一是前提为是，结论为然；二是前提为是，结论为不然；三是偷换概念或转移论题；四是牵强附会地加以拼凑。傅氏谓"其同异之中，略分四种辨之。其一曰'乃是而然'，乃犹若也，又犹那个也，犹云是其是而然之。二曰是不然而不然之，然与不然，不欲苟异者也。三曰迁，则就人之意多，犹因其然然之，因其不然不然之。又既然之而时复不然之，既不然（此下当有'之'字）而又时复然之，无定见也。四曰强，则执己之意多，犹本然之而强不然之；本不然（此下当有'之'字）而强然之"。显见，一、四两项，傅释近是，二、三两项则非是。

35.子深其深，浅其浅，益其益，尊其尊。

此处，"尊"读为撙（或剸），节省也。此段意谓墨子论学，应该务深的就务深，应该求浅的就求浅，应该增益的就增益，应该精减的就精减。（唯期因人而异，适宜而可）傅氏谓“四者之中，各有深浅尊益。尊者，撙也。益者，溢也。深其深而不为之浅，浅其浅而不为之深，益其益而不为之撙，撙其撙而不为之益”。可见，其谓“四者之中”系接续前文“一曰乃是而然……四曰强”以论，且未能虑及“子”字。因为，他误以为《大取》全篇段段相连为义，不过其余释语皆是。

36.察次山比（当作“次察由”。吴毓江“察次”为“次察”，曹耀湘改“山”为“由”，皆是），因至优指（当作“比因，至优指”）。复次察声端名，因请（读为情）复（读为覆）正（孙诒让云“正”当为“匹”）。

此处，历来极难通读。孙诒让云：“此文脱误不可校。”笔者兹依吴毓江、曹耀湘、孙诒让等之说，读作“次察由，比因，至优指。复次察声、端名，因情覆”，以为上段之“子”总领“深其深……因情覆”几句，意谓其次，墨子在辨事析理时，按照事物变化发展的来龙去脉，考较其成败利钝的原因，以期达到深求事物及其联系的精义和指归的目的。再次，墨子在审核名实关系时，从闻声知名切入，遇到名不副实的情况，必定依照事物的本来面貌加以更改。当然，笔者之读释，只能算是参考案例。傅氏读如原文，谓“详察之，第次之，山止而不移，比栉而不紊，因而至裕乎其指，历多而见定。于是又详察其声，端定其名，使声名之间不相假借，因其请谒而复正其名，使不得请而有所利焉”。不消说，傅氏之读释，同样只能算是参考案例。至于孰优孰劣，现在无从谈起，只有等待来日。

37.夫（此字前当有“正”。孙诒让云：“正”当为“匹”，是）辞恶者，人右以其请得焉。诸所遭执而欲恶生者，人不必以其请得焉。

此处，孙诒让云：“‘正’当为‘匹’。‘右’，疑‘有’之误。‘有’与‘或’同义，‘请’亦读为情，下同。”笔者从孙说，读作“匹夫辞恶者，人有以其情得焉。诸所遭执而欲恶生者，人不必以其情得焉”，意谓（在我们为审核名实关系而调查取证时，）那些看似平凡的匹夫之辈，或可提供可靠的信息和实证。而那些由于自己的特殊遭遇形成偏执心理，爱憎完全从私利出发的人，多半不会提供可资采取的材料和意见。当然，笔者之读释，只能算是参考案例。傅氏读如原文，谓“如有所恶而不欲，而欲辞以脱者，有人为右而用力，遂以为请，得辞其恶。此人之私为用力者也。若诸所遭于天而有欲有恶生于其中者，非人之所能为也，则不必以其请得焉。所谓正也，不受其请也”。显然，傅氏训“辞”(非言辞)为辞却，“右”“请”均为字读，可以算作一种参考案例。二读释孰优孰劣，目下难于定夺。

38.圣人之拊(道藏本作“附”)，渎也(当作“圣人之拊渎也”)，仁而无利爱，利爱生于虑。昔者之虑也，非今日之虑也。昔者之爱人也，非今日之爱人也。

此处，“渎”字书所无。伍非百作“渏”，云：“渏旧本作渎，乃渎之省字。渎即渏之古文，渏，通育。《管子・宙合》篇：‘天渏阳，无计量；地化生，无涯崖。’房玄龄注：‘渏，古音字。’”伍说是。今从之。“附(拊)渎”者，拊(抚)育也。笔者以为，此段意谓圣人抚育天下黎庶，出于至仁之心，而没有丝毫私利私爱之心，因为私利私爱产生于对别人有所希图。谋天下之大利的古代圣人的期愿，完全不同于贪图私利的现时非兼者的欲求。志在普爱厚爱天下黎庶的古代圣人之公爱，也完全不同于假爱别人以逞私欲的现时非兼者之私爱。傅氏读如原文，谓“故圣人之于人，拊渎而无私利一人、私爱一人之心。‘拊’，抚也。‘渎’，平也。(‘渎’字，字书不见。拊与抚同，此非拊击之拊，盖拊循之拊，犹拊循也。从贾从水，水，平也。称物平施，如物之贵贱之价也，不容私心轻重之。下文‘仁而无利爱’，是也。)凡利爱一人之私，皆生于计虑而有得心，即以计虑言之，古人非无虑也，非今之虑也。古人之爱人也，非今日之爱人也。何也？古公而今私也”。可见，除“渎”字之训不同外，傅氏之释语与笔者基本一致。

39.爱获之爱人也，生于虑获之利。非虑臧之利也(道藏本作“虑获之利，非虑臧之利也”)。而爱臧之爱人也，乃爱获之爱人也。去其爱而天下利，弗能去也。

此处，笔者以为，全段意谓非兼者施爱于获，产生于计虑获为自己带来的利益。计虑从获身上所得的利益，当然不同于计虑从臧身上所得的利益。但是，他对臧的爱和对获的爱，同样是首先计虑利己然后施爱于人的私爱。要让他放弃私爱而行利天下的兼爱，看来是不可能的。傅氏读如原文，谓：“如以臧获二种论之，臧主耕，获主织。获，人也；臧，人也。爱获爱臧，同一爱人之心也。爱获之爱，生于虑获之织之利，与爱臧之耕之利，有不同。谓爱获时且只利其织耳。而至于爱臧之耕之时，仍是爱获之织之爱人者也。但其私心爱臧之耕时，即不顾爱获，爱获之织时，又不顾爱臧。其爱之之私有在有不在，而耕之利于爱获时去之矣，织之利于爱臧时去之矣。去其私爱，而爱无不在，利亦无不在。故曰：天下之利弗能去也。”两相比较，“弗能去”似有异解。其实，傅氏之释指“天下利”“弗能去”，而笔者之释指“去其爱”（私爱）“弗能去”，殊途而同归。

40.昔之知墙（俞樾云：“墙”字不可通，乃“啬”字之误。是，下同），非今日之知墙也，贵为天子，其利人不厚于正（顾千里云：正，当作匹。是）夫。

此处，“啬”训为爱啬、节省。《吕氏春秋·先己》篇云：“啬其大室。”高诱注：“啬，爱也。”是其证。笔者以为，此段意谓古代圣王知道节俭是为天下谋利，现时非兼者悭吝是为自养，二者全然不同。那些只知道私爱私利而不知道兼爱交利的人，即使贵居天子之位，其利人之举也会大受局限，甚至不如地位低贱而贵兼的普通百姓。傅氏读如原文，谓“如墙也者，人所依以为庇者也。圣人知为人之墙，而非为一人之墙也。又非于人有时墙有时不墙也。今日之智则爱此人时墙此，爱彼人时墙彼，非若圣人公普之墙，故所以利人者偏矣。贵为天子，而利人者莫贵于正，正犹反偏为正之正。取诸民者有定，不横征以病之，正如墙之可以为蔽御，又可以堵界而不过，故正之厚于人也，为拊渍，为知堵，取之有度，爱之不偏”。应该说，此释亦通。

41.二子事亲，或遇熟，或遇凶，其亲也相若。非彼其行益也，非加也，外执（孙诒让云：“执，疑埶[势]之讹。”是）无能厚吾利者。藉臧也死而天下害，吾特（道藏本作“持”）养臧也万倍，吾爱臧也不加厚。

此处，笔者从孙校，读为“外势”，此段意谓有两个儿子同样侍奉父母，其中一个儿子恰巧遇上丰年，另一个儿子恰巧遇上歉年，（虽然两人赡养双亲的资用或有丰俭的差异，）他们爱利双亲之心却无二致。单就遇上丰年的儿子来说，他的赡养资用自然优于遇上歉年的儿子，这不意味着他的孝行有所进益，也并不意味着他的利亲之度有所增加。也就是说，外在条件没有什么是可以浓化或淡化人们的利亲之心的。假如臧的死去会给天下黎庶造成损害，那么我将以万倍于常人的资用来供养他，（使他的生命得以延续。不过，我这样做的目的是让天下黎庶免罹其害，）而我施予臧的爱并未因此而增加。傅氏未释，只留“一本”“‘二子事亲’十二句”之释于后，谓“如二子事亲，年适有熟有凶之不同，其亲之爱之也，不因其熟而加亲，不因其凶而减亲，亲之爱子之心一也。非以为彼之行为有益于我也，非故加于我也。外以遇诸天者而执以行之，无能心于其间，以为私厚于我之利者，如今之厚葬者，是藉天下之藏以为死人之藏，随为所盗，而天下仍害吾而不得有其藏。'特'字当作'待'。吾待养于臧之力者万倍，我之爱臧也，初不加厚，徒有爱臧之名耳"。于"其亲也相若"释为亲亲对子之爱，而笔者则释为子对亲之爱，究其语义，并无二致，可以说二释同样正确。

42.长人之异，短人之同（俞樾云："当作长人之与短人也同。"是），其貌同者也，故同。指之人也与首之人也异，人之体非一貌者也，故异。将（孙诒让云："将，牂之借字。"是）剑与挺剑异，剑以形貌命者也，其形不一，故异。杨木之木与桃木之木也同。诸非以举量数命者，败之尽是也。

此处，笔者以为，全段意谓身材较高和身材较低的人，（如果从他们作为人这一角度而言，）无疑是一样的。这是因为他们作为人的状貌特征并无二致，所以说他们是相同的。手指于人与脑袋于人，（如果从它们各自作为人体的一个组成部分这一角度而言，）无疑是不同的。这是因为他们虽然都是人体的组成部分，却是互不相同的组成部分，也就是说它们的状貌特征有异，所以它们是不同的。扶剑和拔剑的姿态是不同的，因为弄剑的姿态因手的动作不同而各不相同，（虽然剑同为一物，但是）扶剑和拔剑的姿态，就因手的扶、拔动作的不同而有所不同。（杨树和桃树，从物神这一角度而言，有所不同，可是，）从杨木和桃木都作为木材这一角度而言，无疑是相同的。凡是不以标举单位或数目来命名的事物，如果将它们破析为若干部分，整体事物的性质如何，每一部分的性质也尽然如何。傅氏读如原文，谓"长人与短人，异于长短也，而长人之耳目口鼻，短人所同也。谓同有人貌，故谓之同也。（'指之人也与首之人也异'，）若作人之指与人之首也异，毫无味矣。'指之人'与'首之人'，谓指上底人与首上的底人，意邃奥远无穷。古文之非今文尔尔，如《象王经》之'鼻之象'、'耳之象'，然彼却又作'象底鼻'、'象底耳'，直而不蓄。人之指不可谓首，首不可谓指，是指与首不可同也。谓'人之体非一貌'，指体非首貌，首体非指貌，故异。如将而奉剑、挺而拔剑异者，谓将有将貌，挺有挺貌，不一形也，故异。若不论其形貌，而但以一名混之，如杨木为木，桃木亦为木”。其实，傅氏训“将”亦为“扶”，仅未明言而已。显见，除首句“长人之异短人之同”因有无校改而诠解有所不同外，应该说，傅释正确。七十八字的一段长文，约四百年前的傅氏能做出如此几乎无误的注解，不能不令人钦佩！

43.故一人指，非一人也；是一人之指，乃是一人也。方之一面，非方也；方木之面，方木比（道藏本作“方木也”）。

此处，末句“方木比”，不词之甚，当从道藏本改为“也”。笔者以为，此段意谓（因为异中有其同，同中又有其异），所以我们仅凭一个人的手指，不能确定究竟是哪一个人。（如果加以限定，）我们却可以说，这个人的手指，一定是这个人。有的多面体只有一个面为正方形，我们自然不能据以论定为方体。而正方体之木，（因其六个面皆为正方形，）我们却可以凭其一面为正方形论定其为正方体之木。傅氏改末“也”字为“比”，谓“指当无用时，竖一人之指，但可谓之指，非一人也。若以一人之指指东，是之为东；指西，是之为西，乃是一人矣，谓指有用处为人也。方者，如东西南北之方，若方其东而不方其三方，未为方也。如木之有面，而匠石方之，则必比（其宿根之故而生）”。很明显，末句之释，又是傅氏误以为此段（“故一人之指，非一人也……方木之面，方木比”）与下段（“以故生……则必困矣”）意相关联，而妄加注释，其误不待言矣。至于其余几句之释，大致可取。

44.〔三物必具，然后足以生。夫辞（前九字由前移此，详见第17段，后二字补于其后，俱从孙诒让校）〕以故生，以理长，以类行也者（当作“者也”，亦从孙诒让校）。立辞而不明于其所上（当作“生”），忘也。今人非道无所行，惟有强股肱，而不明于其道，其困也，可立而待也。后辨（当作“夫辞”）以类行者也，立辞而不明于其类，则必困矣。

此处，“忘”读为妄；“惟”同唯，读为虽。笔者以为，全段意谓“故”“理”“类”三方面必须同时具备，才能确立论题并对它进行有效的论证。凡论题都有它产生或成立的原因或条件，这必须运用恒常的真理以及合乎逻辑的方法展开推理过程，论证时依照“以类取，以类予”的基本原则，由此及彼、由表及里地进行立论或驳论，才能最终证成论题。很显然，提出自己的论题，却不明了产生它的缘由，只能是虚妄无根的臆想。正如人们不事先打听好道路就盲目出行，虽说他体魄强健，腿脚灵便，也会不可避免地遇上麻烦。此外，在推理过程中，如果不能明辨事理的类别，就不能很好地运用类比原则进行合乎理性的论证，从而使自己陷于十分被动的困境。傅氏读如原文，谓“（则必比）其以宿根之故而生，以文理而长之，以其类而行之，如桃根生桃，杨根生杨，所以正辞出令也。若立辞而不明其所上，上，犹贵上也。忘，犹芒也，心茫然无知也。如人行路之有故道，若不循故道而行，所谓‘如匪行迈谋，是用不集（当为“得”）于道’，虽股肱之强，亦至于困而已矣。然墨学正在股肱之勤强也。而此又似不徒以股肱之强为事，则所援禹之‘股无胈、胫无毛’者，皆有道于其中，谓其行之勤不徒以其不类之辨而强令于人也。先行而后辨，以其类行之也”。可见，除“三物必具，然后足以生，夫辞”傅氏所无，而“不明其所上”“后辨以类行者也”两句又有其自己的诠释外，此段其余部分之释，甚为可取。

45.故浸淫之词（道藏本作“辞”），其类在鼓栗。

自此以下，“……其类在……”句式的语句出现十三则。苏时学云：“此下言‘其类’者十有三，语意殊不可晓。疑皆有说以证明之，如《韩非·储说》所云者，而今已不可考矣。”张之锐云：“此承上文‘以类行’之义，将墨家兼爱学说中所有一切较大公例，各为之比附而说明之，使人触类旁通，易于了解。共十三条，列举标题，如《经上》、《经下》之经。所谓‘其类在某某’者，如《经下》之‘说在某某’。以《经说上》、《经说下》及《韩非子·外储说》、《内储说》例之，似应别有一篇，附于《大取》篇之后。”按：苏、张之说可信。《墨子·经下》“说在某某”以及《经说下》说明之例，不烦复举。但举《韩非子·储说》之例如次。《韩非子·内储说上·七术》云：“主之所用也七术，所察也六微。七术：一曰众端参观，二曰必罚明威，三曰信赏尽能，四曰一听责下，五曰疑诏诡使，六曰挟知而问，七曰倒言反事。此七事者，主之所用也。观听不参则诚不闻，听有门户则臣壅塞。其说在侏儒之梦见灶，哀公之称莫众而迷。故齐人见河伯，与惠子之言亡其半也。其患在竖牛之饿叔孙，而江乙之说荆俗也。嗣公欲治不知，故使有敌。是以明主推积铁之类，而察一市之患。——参观一。……必罚二。……倒言七。右（前）经。说一：卫灵公之时，弥子瑕有宠，专于卫国，侏儒有见公者曰：‘臣之梦贱矣。’公曰：‘何梦？’对曰：’梦见灶，为见公也。’公怒曰：‘吾闻见人主者梦见日，奚为见寡人而梦见灶？’对曰：’夫日兼烛天下，一物不能当也。人君兼烛一国，一人不能壅也。故将见人主者梦见日。

夫灶一人炀焉，则后人无从见矣。今或者一人有炀君者乎？则臣虽梦见灶，不亦宜乎？……'”以上为“经”中“七术”之一之“众端参观”(意谓“观听不参则诚不闻，听有门户则臣壅塞”)，并其说在“侏儒之梦见灶”“哀公之称莫众而迷”等九则故事，而“说一”“卫灵公之时……则臣虽梦见灶，不亦宜乎”，即第一则故事之详说，等等。今《大取》末之文，仅存“其类在某某”，犹《韩非子·内储说上·七术》之“其说在某某”，而下文之详说则湮没不闻。后人读之，颇多扑朔迷离之感。强为之解，亦难免射覆之嫌。然其大旨不离兼爱。今综核诸家之说，试释如下。“故”者，用以收结前四十四段文字，以剔撮全篇之精义，列为十三则也。笔者以为，“浸”指渐污，“淫”指淫巧、不实，“鼓”，指鼓噪、鼓动，“栗”，通慄，栗、慄古今字，“慄”指颤栗、惊悚。此段意谓非兼者每以淫巧不实之辞浸渍、蛊惑世人，陷世人于不仁不义之中，其影响之大，足以淆人视听，正如大事鼓噪，其势不能不使人有恐悚之感，此亦正为墨家倡言兼爱之缘由也，傅氏亦谓“以下则言辞之不知类者(此句总冒十三则‘其类在’)。浸，渍。淫，溢。栗，谓颤栗。已颤栗矣，而又鼓之，是益其栗。鼓，所以鼓勇也，非鼓栗也。鼓栗则已甚矣”。傅释正确。

46.圣人也，为天下也，其类在于追迷，或寿或卒。

此段，傅氏将下段“或寿或卒”四字移入，扰乱“……其类在……”之定式，失之。笔者以为，此段“于”字当衍，当读作“圣人也，为天下也，其类在追迷”，意谓古圣王和墨子等圣人，他们终其一生都在为救拔天下苍生而奔走呼号，这有类于救助失路之人，使之迷途知返。傅氏谓“圣人为天下，必于见其功，如追迷子者必获而归之。或寿或卒，无半途而返之理”。显见，删去末两句才是正解。

47.或寿或卒，其利天下也名(道藏本作“若”)，其类在誉石(毕沅云：疑“誉名”，是)。

笔者以为，此段意谓圣人或寿或夭，或生或死，而爱利天下之旨没有两样。这是因为赢得为民谋福的美誉，是以激励后人继往开来。傅氏读作“其利天下也指名，其美在誉石”，谓“圣人之利天下也，不为名，为名之无益于己也。若利天下而指以为名，与赞美石头何异”。显见，傅氏之释可取。

48.一日而百万生，爱不加厚，其类在恶害。

笔者以为，“生”，指生灵、生命。此段意谓，贵兼者日复一日与百万生灵共生天地间，每一生灵都在所爱之中，不会因故增加对某一生灵的爱（，当然也不会因故减少对某一生灵的爱）。这是因为贵兼者一心想使天下民众得利而不想使他们受害。傅氏谓“一日而有百万生人，若不爱为万而推之，而单为一二人，是不加厚。‘其类在恶害’，谓恶害之加于一人者，即当恶害之及于万人者矣，当皆除之也”。显然，傅释可备一说。

49.爱二（吴毓江云：或“二”为“三”之讹。是，下同）世有厚薄，而爱二世相若，其类在蛇文。

笔者以为，此段意谓那些非兼者说，（即使你们可以做到兼爱今世之人，却不能兼爱上世之人和后世之人，）你们对今世之人和上世、后世之人的爱有厚薄之分。其实墨子后学一以宗师兼爱之道为念，不论在任何情势下，对今世之人和上世、后世之人的爱都是相同的，没有什么厚薄之分，这有类于蛇身斑纹条条相同。傅氏谓“爱子孙当有厚薄也，而爱孙与爱子同一爱心。其类顺而有理。‘蛇’，顺也，逶迤也，文礼之节也。《仪礼·乡射》：‘幅（当作楅）长如笴，龙首，其中，蛇交，韦当。’蛇亦委蛇之义，非龙外又有蛇也”。显然，傅释可备一说。

50.爱之相若，择而杀其一人，其类在阬下之鼠。

笔者以为，“阬”同坑，指地穴、洼地。此段意谓墨者对天下苍生的爱是相同的。有时，（为确保社会大多数人安居乐业，）也会惩戒甚至杀掉极少数危及国计民生的首恶分子，这有类于（为确保人们远离瘟病和保住口粮而）灭除地穴中的老鼠。傅氏谓“谓如有二人而我俱爱之，力有不能并者，聊择而杀其一人，留一而爱之，而爱乃专而笃，如在阬下之鼠无所得仓廪而窃之相啮之以图苟存者耳。又鼠者，忧也。忧思过计，如鼠之在阬下，无复高明、高大之义也”。显见，傅释亦可作为参考。

51.小仁与大仁，行厚相若，其类在申。

笔者以为，“仁”通“人”，“申”同伸，指伸展、舒展。此段意谓不论是黎民百姓，还是从大夫到天子的当权者，（只要他们各工其事，各任其职，那么，）他们厚利天下的德行就没有什么高下之分，这是由于他们乐利众生之志得以伸展。傅氏谓“仁无小大皆行之以厚。‘申’，坚也，身也，信也，必以身坚行其仁以成物，如万物至申而成也。又水土生于申，水土无论大小，皆人所依以为生者，故曰‘类在申’”。显见，傅释可取。

52.凡兴利除害也，其类在漏雍。

笔者以为，“雍”同壅，指拥塞。此段意谓凡是为天下黎庶兴利者，必须同时防范、除掉其害，这有类于补苴汲瓶的漏隙方可安收汲水之利。傅氏谓“兴利除害，如有所漏者而雍之，谓塞其源也”。显见，傅释至确。

53.厚亲不称行而类行，其类在江上（道藏本“上”下有“井”字）。

笔者以为，前文有“义厚亲，不称行而类行”（详见第11段），“称行”之爱，为兼爱，为无差等之爱。“类行”之爱，为别爱，为差等之爱。此段意谓如果不按人们利天下之大小而施以或厚或薄之爱，而一味以我为中心，按亲族关系由近而远，加以类推，分别施以由厚至薄之爱，（这种爱的局限性是很明显的，）这有类于在江边凿井。（因为对江水而言，井水实在少得可怜。）傅氏末段读作“其类在江上”，而下段首句“非不为己之可学也”又衍“非”字，疑“非”乃“井”之讹字，应移置此段之末。傅氏于文末出“一本”“其类在江上井”句之释：“江水之所及，自上而下无所捡择而均有沾润也。道藏《墨子》‘江上’之下有一‘井’字。”傅氏读如原文，谓“厚亲之道，不称量轻重而行之，但以其同类者，如江水之于舟，无大小轻重，同为浮之”。显见，傅释亦可取。

54.非（此字当为“井”字之讹，应移置上段）不为己之可学也，其类在猎走。

笔者以为，此段意谓不为自己的兼爱是可学的，这要看人们是否下决心去做，正如为了保护农人庄稼免遭野兽践啮之害，猎手们必须走马逐射方有所斩获。傅氏读如原文，谓“为己不为人，杨子之学也。非不可学以私己，正如猎走兽者之私心。心欲苟获以自养身。故不学之也”。傅氏之释有些牵强，但有可取之处。

55.爱人非为誉也，其类在逆旅。

笔者以为,“逆”指迎、迎接。此段意谓兼爱世人,纯然出于内心,并非邀誉于人,这有类于开设客栈之为方便旅客。傅氏谓“爱人非要誉取名也,如逆旅之待过客,令可安耳”。其说正确。

56.爱人之亲,若爱其亲,其类在官(“官”下有“苟”字)。

笔者以为,“官”指“公”,与“私”对言。《字汇》云“官,公也”,是其证。“苟”,读为敬。师虎簋“苟夙夜勿灋(废)朕命”,师酉簋作“敬夙夕勿灋朕命”,是其证。此段意谓爱别人的父母,如同爱自己的父母。(贵兼者一生一世都应该这样。)这有类于官人为公家之事,敬慎而不懈怠。傅氏读如原文,谓“爱无差等,而爱人之亲与爱自亲无异,如有职官之人不得背公为私也”。傅释可谓正确。

57.兼爱相若,一爱相若,一爱相若,其类在死也。

笔者以为,下“一爱相若”四字当衍。“也”即虵,同蛇。古文“也”“它”同字,均象蛇形。毕沅云“(也,)一本作虵”,即其证。此段意谓如果世人都能没有差等地去爱别人,那么自己也必能得到别人没有差等的爱,这就如同战国楚令尹孙叔敖儿时杀埋两头蛇,既保护了别人,同时也保护了自己一样。傅氏读如原文,谓“兼爱,爱分;一爱,爱专。我之于人,无彼此皆爱,与无二爱之专一爱同意也。人皆有生,而我皆以一爱爱之,除无生者我不爱之,其类如人莫不有死,而我莫不有爱。谓于人定爱之也,矢死以一一爱人,死而后已也”。显见,不删“一爱相若”,读“也”如字,傅释亦确。

综上所述,在《大取》全篇 57 段(此乃笔者的划分,历来注疏家各有自己的划分,例如孙诒让划分 17 段,张仁明、卢凤鹏、王兆春划分 102 段)中,笔者以为,至确、正确、大体正确者有 14 段(4、5、10、19、22、24、31、39、42、45、52、55、56、57),约占四分之一。可备一说、可作参考、可谓得之、大体得之、可取、有可取之处者 22 段,约占三分之一。两者合计,共 36 段,约占五分之三,即以现今学界普遍认可的诠释为比对参照,傅氏所释,就段数而言,可采信与可参酌者,约占六成。约四百年前的注家,能得到如此高水平的研判成果,实属不易。我们没有理由不珍视这份难得的遗产。

应该看到,傅氏这一“读子”(百泉帖)成果给予后学的重要启迪,可以归纳为以下四点。其一,傅氏准确地把握了《大取》全篇用以阐扬墨家“兼爱”理念的精义与宏旨。尤其对作为“兼爱”主要表现的“节葬”，他十分看重，随时随地突出“厚葬诲盗”的思想，有时在人们看来不必解为“节葬”的某些节段，他也十分自信地作如是解。例如，第41段“藉臧也死而天下害，吾特（当作持）养臧也万倍，吾爱臧也不加厚”，傅氏云：“此句最不可解，藏与臧字易混，愚谓皆是藏字，藏即葬也。厚吾利者藉藏也，谓厚为吾之利者，藉天下之物而藏之以为利耶？终为天下劫盗之，死而天下仍以此害吾。”即其明证。其二，傅氏十分重视语句中某些关键词语（包括实词和虚词）的训释，可以说，此乃清乾嘉时考据兴盛的滥觞。这里仅举一虚词之例。第31段“以形貌命者，必智是之某也，焉智某也”之“焉”，傅氏云：“此‘焉’如汉碑焉焉矣矣，终辞也，决辞也。‘焉智某’，‘焉’开口即用之，似当作‘安’字、‘恶’字之例，而语气承上‘便谓焉也’，来不得‘安’、‘恶’义也。”实际上，这种描述性的解说，无非要说“焉”是副词，用于句首，犹“乃”也。可以认为此即古代汉语词法学的萌芽。其三，傅氏对古代哲学中的思辨问题已有若干尝试性的探索。例如，第33段“有其异也，为其同也，为其同也异”，傅氏云：“因有异也，而欲同之，其为同之也，又不能浑同，而各有其私同者又异。《楞严》‘因彼所异，因异立同’之语，可至明此旨。”这说明他对同异及其相互关系，已有比较深入的关注。其四，傅氏认为《大取》全篇文字是一个有机的整体，段与段之间，其意都存在某种必然的联系。如此，导致若干误解。例如，第43段之末“方木之面，方木比（当作也）”和第44段首句“以故生，以理长，以类行者也”，傅氏云：“如木之有面，而匠石方之，则必比其以宿根之故而生，以文理而长之，以其类而行之。”其中，“必比其以宿根之故而生”应出杜撰，不可信从。

当然，作为早年试释之作的《墨子·大取》篇释，也不可避免地存在若干缺失和不足。其中，未能发掘墨家“三物论”形式逻辑的存在，是最令人遗憾的事。因为傅氏未能将后文出现的“故”“理”“类”和前文出现的“三物必具”密接起来，将“三物”误释为“所以养生”的鸡、犬、豚。当然，当时西方形式逻辑学尚未输入，中国学人虑不及此，应予以必要的理解。

信阳长台关楚墓竹书为《墨子》佚篇质疑

——兼论申徒狄不可能是墨子

姜宝昌　王　鹏　高　伟

一

1957年3月,河南省信阳市长台关1号楚墓出土竹简计148枚。按其内容,可分为两组。第1组共119枚。因出土时为掘井农人所踏,竹简残损极其严重,几无完简存留,大多每简仅余一字、二字、三字、四字、五字、六字、七字、八字、九字、十字,只有编号1-01简和1-02简多至十五字。大体而言,可以依据可释字词试读其文(见附件:刘雨1组竹简(1-01至1-120)释文)。对此二简,我们采用商承祚先生60岁(1959年)时的摹本(见图1)。

如图,商承祚先生释作:

[1-01]周公……曰:乌夫!戔(残)人𩠯(格)上则型(刑)𢧜(戮)至,刚……

[1-02]……周公曰:乌夫!戔(残)人刚恃天迲於型(刑)壴又(有)让𦣝。

此外,刘雨先生释作:

[1-01]周公……曰:乌夫!戔人𩠯(格)上则型(刑)(戮)至,刚……

[1-02]……周公曰:乌夫!戔人刚恃天迲於型(刑)者,又(有)走堂𦣝(贤)。

(“戔”用本字,不讬假借,故可认为即“残”字,见下文。)

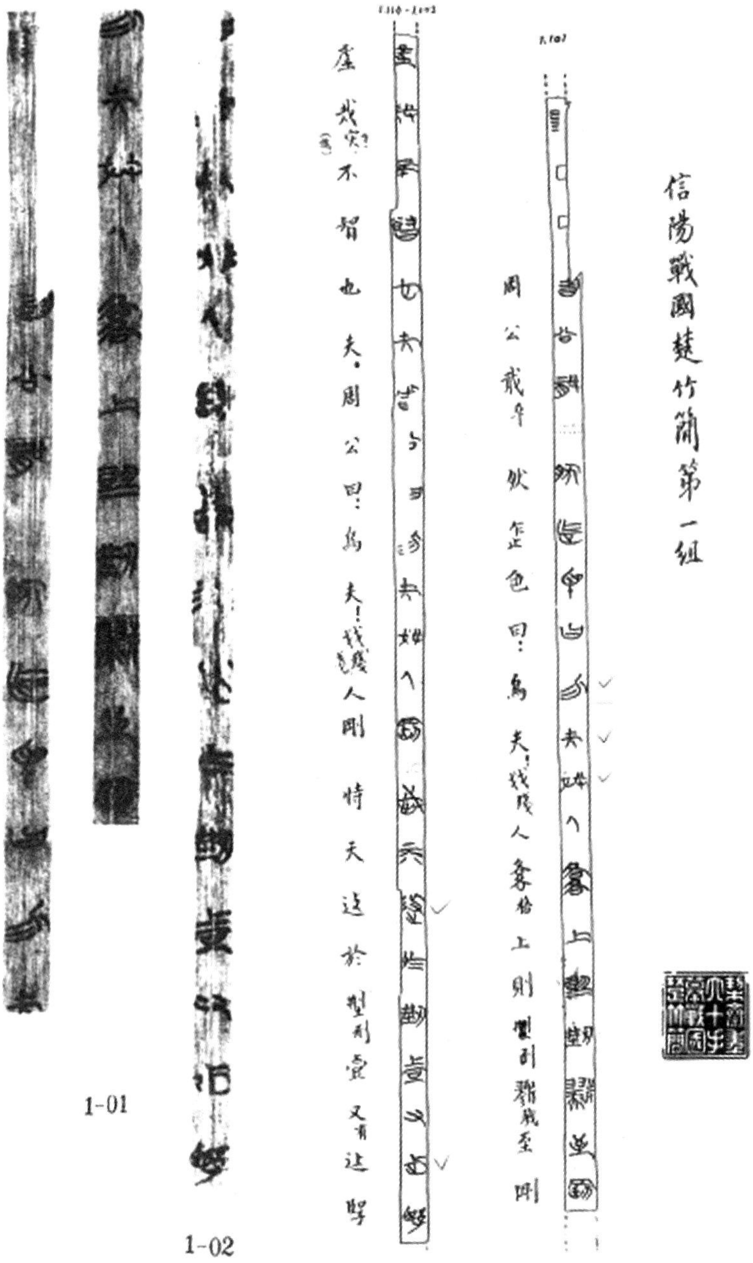

图 1　信阳战国楚竹简第一组商承祚教授摹本手迹

姜宝昌、王鹏、高伟释作：

[1-01]周公……曰：乌夫（乎）！戔（残）人𢓜（格）上则𠛮（刑）戮（戮）至，刚……

[1-02]……周公曰：乌夫（乎）！戔（残）人刚恃，天返（及）於（于）𠛮（刑）者，又让（上）臤（贤）。

不难看出，对此二简的解读，三家基本相同。其中，有几个带有关键性质的字，有必要在这里略加辨析。

其一，“”（乌），三家同释作“乌”，实则为“於”之省。高明《古文字类编》说：“乌、於同字。”这里，“”（乌夫）双出，如加1-021简，可谓三出。1-01和1-02两简，都可将“乌夫”看作叹词，“乌夫”，犹“乌乎”（呜呼）。王引之《经传释词》云：“夫，犹乎也，叹辞也。”这给我们解释“夫”犹“乎”，且乌、夫二字连读，组成叹词“乌夫”（“乌乎”）提供了有力的支持。

其二，“”（戔），或读如本字，或读为“残”，或读为“贱”。其实，读如本字和读为“残”，可以视二为一。《说文》与：“戔，贼也。徐锴曰：兵多则残也。”（又云：“残，贼也。”）段玉裁注：“戔，此与残音义皆同，故残用以会意。今则残行而戔废矣。”《周易·贲卦》云：“束帛戔戔。”释文：“戔，《子夏传》作残。”均为明证。这样，便可统为两种释读，一读为“残”，二读为“贱”。事实上，这两种释读在战国竹简中都可以找到不少用例。例如，上博楚竹书《容成氏》简四一：“於是虐（乎）䘮（亡）宗鹿（戮）族戔群焉備（服）。”影本“戔”读为“残”，而上博楚竹书《性情论》简二三：“戔而民贵之，又（有）悳（德）者也。”“戔”读为“贱”。

其三，“”，或释为“这”，或释为“返”（“及”之繁体）。我们释作后者。因为“及”字，楚简作“”（上博《容成氏》简四三）、“”（上博《容成氏》简一三），等等，不一而足。而“”则为“”之繁文，正如“让”为“上”之繁文一样。

其四，“”或释为“让”（“上”之繁文），或释为“岂”。我们释作前者，如从刘雨先生释作“岂”，《说文》收载此字，云：“岂，歫也。”这样，“岂臤（贤）”之义就成为“歫（拒）贤”，表意完全相背了。

我们看到中山大学古文字研究室《谈信阳长台关出土的竹书》，史树青先生《信阳长台关出土竹书考》、李学勤先生《长台关竹简中的〈墨子〉佚篇》对上述二简(1-01 和 1-02)的释读,与刘雨先生《信阳楚简释文与考释》可以说大体一致。开始之时,大家普遍认为,竹书所载中有“先王”“周公”“三代”“君子”等词汇,应属儒家之言。中山大学诸先生认为:“竹书所反映的思想是战国中期所流行的儒家思想。值得注意的是,春秋末期以后,孔孟之徒在楚国势力不小,影响也很大。竹书的基本思想哈斯奴隶主思想,但……却没有称引孔孟,而且……借周公之口来阐述其政治主张。”史树青先生说:“它可能是春秋战国之际有关儒家政治思想的一篇著述,其中心思想为阐发周公的法治思想。”李学勤先生说:“我指出这组残简系一篇竹书……应属儒家。”(早见于《信阳楚墓中发现最早的竹书》一文)刘雨先生并未明确表态,只说:“我们参考了上述诸家的研究成果,间以已见,撰成此著(指《信阳楚简释文与考释》)。”

事过三十多年,李学勤先生主要依据中山大学诸先生论文(按:《谈信阳长台关出土的竹书》)提到:“《太平御览》卷八〇二中有一段儒墨对话形式的《墨子》佚文:‘周公见申徒狄曰,贱人强气则罚至’,内容和语气与竹书如出一辙”,认为“这一发现为解开竹书性之谜提供了钥匙。”他说:“这段《墨子》佚文见于《太平御览》卷八〇二《珍宝部一》,原文是:‘《墨子》曰:“周公见申徒狄曰,贱人强气则罚至。申徒狄曰:周之灵珪出于土,楚之明月出蚌蜃,五象出于污泽。和氏之璧,夜光之珠,三棘六里(异),此诸侯所谓良宝也。”’孙诒让《墨子间诂》附录《墨子佚文》收录此条,并举出《御览》所载另一条:‘申徒狄谓周公曰:“贱人何可薄也?周之灵珪出于土石,随之明月出于蜯蜄,少豪士豪出于大泽,天下诸侯皆以为宝。狄今请退也。”’……毕沅讨论这段佚文,以为是《墨子·耕柱》的佚文。《耕柱》有段类似文字,作‘子墨子曰:“和氏之璧,隋侯之珠,三棘六异,此诸侯之所谓良宝也”’,但与同篇上下文对比,文意已完,又未言及申徒狄。孙诒让认为同佚文无关,是正确的。这段佚文只能是《墨子》的佚篇。我们在长台关竹简中既然找到了这段佚文的一部分,这组简非常可能就是《墨子》的佚篇了。”此外,李先生还举出简文“贱人”一词数见于《墨子》书,而罕见于其他古籍,认为“尚贤”一词明显是《墨子》书特有的术语,同样作为这组简是《墨子》佚篇的证据。

但是,李学勤先生的这一结论,尚未被学界认可。如李零先生认为:“简文虽与今本《墨子》的佚篇或佚文有关,但原来却不一定属于《墨子》,而很可能只是周公、申徒狄问对中的一种。”所以,他主张该简文的命名当以“申徒狄”更为合适(见《简帛古书与学术渊源》)。

应该说,李学勤先生十分谨慎地得出“这组简非常可能就是《墨子》的佚篇”这一结论,内中含有不甚自信的隐衷。可是,他以此文的发表引起学者们的关注,又不能不说是一件好事。

我们考虑再三,想就这个问题谈谈自己的看法。首先,我们认为从用词上找证据,充其量只能是必要条件,而不可能是充要条件。具体言之,“贱人”(即使释“戔”为“贱”)和“上(尚)贤”等词并不是《墨子》的专利。试看《谷梁传》襄公二十九年“贱人非所贵也”,《礼记·王制》“上贤以学德”等,就有可能动摇李先生的说法。更为重要的是,李先生取材于中山大学诸先生,而论证方法只是不完备的类比法,这就使人们感到李先生的结论只具有或然性,而不具有必然性。众所周知,人们观察到两个(或两类)事物在许多属性上都相同,便推出它们在其他属性上也相同,是为类比法。也就是说,用 A 与 B 分别代表两个(或两类)事物,用 a_1、a_2……a_n,b 分别代表几个不同的属性,A 与 B 有属性 a_1、a_2……a_n,而 A 又有属性 b,所以 B 也有属性 b。不消说,类比法的可靠程度决定于两个(或两类)事物的相同属性(如 a_1、a_2……a_n)与推出属性(如 b)之间的相关程度。事实上,从类比法的形成看,它既不像从单个到普遍的所谓归纳法,也不像从普遍到单个的所谓演绎法,在前提与结论之间具有必然性,因此类比法的可靠程度是不高的。例如,我们不能根据地球(A)和火星(B)都是太阳的行星(a_1),都有大气层(a_2),都是温度适中(a_3),都有水分(a_4),而地球(A)上有高等动物存在,便推出火星(B)上也有高等动物存在。事实上,现今许多专家都认为火星上不可能存在高等动物。据此,我们来分析《太平御览》卷八〇二所载“《墨子》曰:‘周公见申徒狄曰,贱人强气则罚至’”和竹书 1-01 简所记“周公曰:‘乌乎! 戔人格上则刑罚至’”(以及“周公曰:‘乌乎! 戔人刚恃天及于刑’”),如果说《太平御览》所载事物为 A,竹书所记事物为 B,两“周公(曰)”为 a_1,“贱人强气则罚”和“戔人格上则刑罚至”为 a_3,“申徒狄”为 a_2,A 有而 B 无。即使权作 a_1、a_2、a_3 三属性 A、B 皆有,也未必推出 A 所有的另一属性 b 即《墨子》佚文(《墨子》曰)在 B 中也有。更不必说,A 前提中的三属性中,B 只有其二,这只能说是不完备的类比,则 B 含有 b 的希望就更渺不可言了。必须说明,这是接受释“戔”为“贱”的结果。如采用释“戔”为“残”(例如,《左传·宣公二年》“残民以逞”、《孟子·梁惠王上》“残贼之人谓之一夫”等),便是连 a_3 也不复存在,何谈什么类比?如果依据“上位之人对(下位之)人说,下位之人不顺从则必受罚”的思路,那么《尚书·盘庚中》“呜呼!今予告汝(指你们,即民众)……乃有不吉(指善行)不迪(指顺从),颠越(指为非作歹)不恭(指抗上)……我乃劓(指断、杀)殄灭之”,岂不也成了《墨子》佚文吗?

此外,中山大学诸先生所谓“《太平御览》卷八〇二中有一段儒墨对话形式的《墨子》佚文”,恐有先入为主之嫌。个中“儒墨”从何谈起?显见,作者是将以训诫者姿态出现的“周公”定为儒家思想的代表人物。这里,“周公”其人,究竟为周初的姬旦,抑或春秋战国之际东西周君中的一位,一时难以确定。中山大学诸先生指为周公旦,而李学勤先生指为西周君。如为前者,西周之初,儒家尚未立派,自无须论。春秋战国之际,尤其是战国中后期,儒墨才并称“显学”。周初之周公是孔子的追慕者,他本人不可能成为儒家思想的代表人物。春秋战国之际及此后的东西周君,从文典记载来看,也没有谁被明确定为儒家思想代表人物。所以,所谓“儒墨对话形式”的“儒墨”,只能视为无所依据的预设,恐怕不足以令人信从。当然,不足据而据之,可以说“大家不免”。李学勤先生作为学术大家,在认识和理解上,有时不免会出点偏误,也是完全可以理解的。

综上所述,我们认为,由于竹书大半残碎,仅凭两枚字数较多的简,尚不足以确定竹书的内容。论其为儒家思想,不无参考价值。而鞭挞“奴隶主的头子”周公,当与其时“批林批孔”的社会氛围中作者不得不跟“潮”而选择自己的站位大有关联,理所当然地应予必要的理解。不过,过于信从(非真正意义上的)类比法,得出竹书“非常可能是《墨子》佚篇”的结论,实在有再加商榷的必要。

二

现在,我们进入另一辨伪论证,即所谓“申徒狄应该就是墨子”。

前已述及,“[古文字]夫”,多数学者释为“乌夫”。我们认为,“乌夫”即“乌乎”(“呜呼”),或释“[古文字]”为“易”,“易”“夫”连读,如滕壬生《楚系简帛文字编(增订本)》之释读。李家浩先生亦释“[古文字]”为“易”,但“易”字断句,“夫”属下句,并且读“易”为“狄”。我们想,这大概是为了迎合《太平御览》卷八〇二“《墨子》曰:

'周公见申徒狄曰，贱人强气则罚至'"的说法，因为既然是"周公曰：易（狄），夫……"，句意便与《太平御览》卷八〇二"《墨子》曰：周公见申徒狄曰……"大致相当。释"[illegible]"为"易"，我们认为可以接受，读"易"为"狄"，同样可以接受，备一说而已。但令人意想不到的是，由此横生出"[illegible]"应是象形字"翟"，因此申徒狄应该就是墨翟新说。例如，有的专家这样说，在（20 世纪）70 年代，中山大学古文字研究室竹简整理小组有了突破性的发现……李学勤先生对简文性质进行了进一步研究，最后得出结论说，简文是《墨子》原本 71 篇中丢失的一篇。……在此，赞同中山大学和李学勤先生的说法。而且在竹简中，周公藐视贱人，认为地位低的人只会犯上作乱，所以要大刑伺候。之后同申徒狄探讨上贤（尚贤），但申徒狄说，是否贤人不能以现有地位决定。如果能够以"尚贤"为手段，很多人尽管地位不高，但他们也可以成为贤人。……可以说，申徒狄无疑就是墨门中人。竹简还有一个认字的难点，周公在称呼这位申徒狄的时候，用的是一个"玄鸟"的象形字……这个形似玄鸟的字到底应释成什么呢？我们目前知道的"玄鸟"象形字有嬴、夏、缪、易、雀、翟。这……"玄鸟"没有偏旁及附加物，应该不是嬴、缪；而夏是族称，易为对'玄鸟'的形容，应该也不能释成这两个字；剩下的就是雀、翟。我们看甲骨文，雀、翟二字非常相象，但翟与雀不同的是，翟有两个很大的翅膀，一看就是大型的鸟，因为"玄鸟"不是像麻雀那样的小鸟，释成雀是不合适的。那么最后的选择就是翟。也就是说，周公叫申徒狄的名字是翟。而我们知道，后人称呼伟大的墨子的名字正是墨翟。其所以在楚简上没有刻上翟，而是用"玄鸟"代替，应是因为"翟"这个字笔画太多了，小小的竹片上容不下那么多刻刀的笔画，所以当时很多用人们可以理解的图形或者同音字来代替难字，应该也是当时的一个习惯。同样的道理，申徒狄的"狄"应该也是代表的翟。……所以申徒狄的原意应该就是申徒翟，墨翟的"翟"。……申徒就是"神徒"，"神徒"就是未来会践行不朽的人。

我们来评析一下。

首先，我们认为，说申徒狄是"墨门中人"，可以考虑，但未必正确。如果说申徒狄是拥戴墨子思想主张的人，也许更合适。

其次，说"[illegible]"与"玄鸟"，因为"翟"笔画太多，不得已而改换为"玄鸟"，并且从目前所知道的"玄鸟"的六个象形字嬴、夏、缪、易、翟中排除前五个，最终只落一个“翟”，不知是引用抑或自创。现今文字学界多数认为“嬴”（从贝㐺声）、“缪”（从纟翏声）为形声字，“夏”（，从又从頁从臼）、“雀”（从小从隹）、“翟”（从羽从隹）为会意字，唯“易”为象形字。“”是象形字，就不会是“翟”。在先秦时，“翟”字应该不是什么生僻字。周晚期金文或作“”（史喜鼎），战国时期简文多见，或作“”（望山 M2），或作“”（包山 2.193），或作“”（包山 2.105），或作“”（包山 2.108），或作“”（包山 2.109），或作“”（包山 2.106），或作“”（包山 2.110），或作“”（包山 2.107），或作“”（包山 2.111），或作“”（包山 2.112），或作“”（包山 2.113），或作“”（包山 2.114）……同为楚地战国竹简，望山有见，包山多见，而长台关简中竟因“笔画太多”而以象形字代替之，这委实令人感到匪夷所思。显见，释“”为“翟”于字理不合。至于说读“狄”为“翟”，音理上不存在问题，但“狄”既作为人名，又当别论。古代姓名用字须保持其专指性和专属性。名字既已取定为某字，即为定指而不容权变。故而，姓名用字用异体字（同字异行）则可，而用假借字则不可。难道可以把“狄仁杰”写作“翟仁杰”吗？

综上所述，我们认为“翟”字在战国竹简中习见，望山见，包山多见，不应独长台关因“笔画太多”而代之以“玄鸟”象形字。说申徒狄是“墨门中人”，有待讨论；而谓其服膺墨家理念，可以认同。至于谓“申徒狄应该就是墨子”，则恐失妥。

长台关楚墓1组竹简释文

（一）1组竹簡（竹書，編号1-01至1-0120，图版一一三至一二〇）

1-01 □□□周公戠然乍（作）色曰：烏夫！戔人㤅（格）上則型（刑）戮至。剛

1-02 曰：烏夫！戔人剛恃，天送於刑者（者），有㞢（堂）賢（賢）

1-03 □教箸（箸）晶戢（歲）一，教言三歲一，教𢍏（舉）□

1-04 附如檿，相保如介。毋佗（它），備□

1-05 君子之道，亦若五浴之溥。三

1-06 久則𢁁，皆三代之子=（子孫）。夫□

1-07 爲之。䎽（聞）之於先王之法也。

1-08 秉舁（舉）即戈（哉），䋊不難。女果

1-09 天下爲之，女可寓（答）曰：□

1-010 立日。贛賜布也，𧦝□

1-011 不𠈄居（乎）一，𢿡（僕）弟君子□

1-012 天君天下虘閬周公

1-013 不𡍐□□□□子可行

1-014 虐哉，不智（智）也。夫周

1-015 □□於久刺乎一。答曰：

1-016 有害一。行有道，凡（度）有

1-017 □戳。以成其明者，

1-018 其谷（欲）能有弃也，能

1-019 □與□是之也。□

1-020 □□毋□一，答□

1-021 □□□□。烏夫！□□

1-022 □爲□爲者，□□

1-023 州昃昃柔柔有贊日

1-024 穧芑𦸗𦽂（嫩）一。播者

1-025 天下有哉。久□

1-026 □□㱃（欣），天欲賁（貢）

1-027 □□天𩒳（夏）首棄

1-028 箸是胃（謂）□□□

1-029 □不知其戢（敢）一。三

1-030 □閒之也，武狗

1-031 監於此，以□

1-032 乃敍（教）一，含（今）卿夫=（大夫）

1-033 □金玉久乃

1-034 之，以吏其（治）隸

1-035 □天子天卿

1-036 也一。子是聞於

1-037 二志一子寺

1-038 毋敎之七歲一。

1-039 也，貳高优也。

1-040 帝天事之

1-041 □宫（宫）良氏

1-042 導誓變（恭）高，

1-043 □禽是謂

1-044 行□天道□

1-045 毋醋善

1-046 一高欸

1-047 天可謂

1-048 若淫し

1-049 高以為

1-050 □義□

1-051 君子□

1-052 結之心□

1-053 置（种）以監

1-054 四回咸

1-055 三□□

1-056 生□

1-057 □□□

1-058 之也。□

1-059 貴之一，□

1-060 □三□□□

1-061 □心毋

1-062 可□乎

1-063 此也□

1-064 雯可

1-065 今為

1-066 繁為

1-067 退□

1-068 歟·夫

1-069 也歟·

1-070 述（遂）之

1-071 □一·夫

1-072 君天

1-073 □□

1-074 哉·周公曰

1-075 天下

1-076 □□

1-077 遠

1-078 □

1-079 □

1-080 天

1-081 □

1-082 同

1-083 □

1-084 □者

1-085 □

1-086 □□□

1-087 □君子古昔

1-088 □□□□□

1-089 □□□□

1-090 天

1-091 □

1-092 □

1-093 □□□□□□

1-094 □

1-095 □□□□

研究论文

1-096 □
1-097 □□□
1-098 □鳥□
1-099 天
1-0100 □□□
1-0101 □
1-0102 □□
1-0103 □
1-0104 □□□□□
1-0105 □□□
1-0106 □孝，□
1-0107 □天
1-0108 天
1-0109 □
1-0110 □
1-0111 二
1-0112 □□
1-0113 □□□
1-0114 □□
1-0115 □□
1-0116 犄□
1-0117 □
1-0118 □戔
1-0119 □

参考文献

河南省文物研究所:《信阳楚墓》,文物出版社1986年版。

中山大学古文字研究室:《谈信阳长台关出土的竹书》,《文物》1976年第6期。

李学勤:《简帛佚籍与学术史》,江西教育出版社2004年版。

商承祚编著:《战国楚竹简汇编》,齐鲁书社1995年版。

王辉编著:《古文字通假字典》,中华书局2008年版。

滕壬生:《楚系简帛文字编(增订本)》,湖北教育出版社2008年版。

墨子生卒考论

李广星

一、众说纷纭的墨子生卒

墨子生于何年？卒于何年？这是历史疑案。我们且看历代名人如何论述墨子的生卒。

西汉武帝时著名史家司马迁在《史记·孟子荀卿列传》中模糊地说墨子"或并孔子时，或在孔子后"，没说具体的年代，为后世留下了难题。

西汉末年，刘向《别录》云："墨子在七十子后"，也没说清具体年代。

东汉史家班固在《汉书·艺文志》中说："墨子在孔子后。"

南朝刘宋时期史家范晔在《后汉书·张衡传注》中说的稍为确切一点："公输般、墨子并当子思时，出仲尼后。"

清代毕沅在《墨子注》中认为墨子是"六国时人"。

清代汪中在《墨子序》中认为："墨子实与楚惠王同时，其仕宋当景公之世，其年当孔子差后，或犹及见孔子矣。"

清代墨学大师孙诒让不赞同毕沅、汪中的论断，他在《墨子间诂·墨子年表》中认为："近代治《墨子》书者，毕沅以为六国时人，至周末犹存，既失之太后；汪中沿宋鲍彪之说，谓仕宋得当景公世，又失之太前；殆皆不考之过。窃以今五十三篇之书推校之：墨子前及与公输般、鲁阳文子相问答，而后及见齐太公和，与齐康公兴乐，楚吴起之死；上距孔子之卒，几及百年，则墨子之后孔子，盖信。审复前后，约略计之，墨子当与子思并时，而生年尚在其后。当生于周定王之初年，而卒于安王之季，盖八九十岁，亦寿考矣。其仕宋盖当昭公之世。邹阳书云'宋信子罕之计而囚墨翟'，其事他书不经见。秦汉诸子多言子罕逐君，高诱则云子罕杀昭公，又韩子说皇喜杀宋君，子罕与喜当即一人。

窃疑昭公实被放杀，而史失载。墨子之囚，殆即昭公之末年事与？先秦遗闻，百不存一，儒家惟孔子生卒年月明著于《春秋》经传，然尚不无差异。七十子之年，孔壁古文弟子籍所传者亦不能备。外此，则孟、荀诸贤，皆不能质言其年寿，岂徒墨子然哉？今取定王元年（前468）迄安王二十六年（前376），凡九十有三年，表其年数，而以五十三篇书关涉诸国及古书说墨子佚事附著之。"孙诒让是清末研究墨子的大家，他考证墨子生于周定王元年（前468），卒于周安王二十六年（前376），享年93岁。

近代治墨学的大师梁启超在《墨子学案·墨子年代考》中对孙诒让的观点稍有修正："毕沅据《非攻中篇》言中山之亡，则谓墨子至周赧王二十年（前295）犹存。果尔，则墨子与孟子同时，安有是理。孙诒让据道藏本校正毕本误文，此说不辩自破矣。孙氏作《墨子年表》，大段不谬，但是据《亲士篇》言吴起之死，则墨子至周安王二十一年犹存，此亦不确。胡适谓墨子决不及见吴起之死，谅矣。然胡氏谓墨子生年约当孔子卒前二十年，其卒年约当吴起死前四十年，则又失之太前。以吾所考证则如下：墨子生于周定王初年（元年至十年之间，即公元前468至459年），约当孔子卒后十余年。墨子卒于周安王中叶（十二年至二十年之间，即公元前390～前382年），约当孟子生前十余年（孟子生于公元前372年）。"梁启超考证墨子享年80岁左右。

钱穆在《先秦诸子系年·墨子生卒考》中指出："墨子生年，当在周敬王之末年（公元前476年），或犹及孔子之未死也。墨子当死于周安王十年（公元前392年），年寿盖踰八十。"墨子享年84岁。

吴毓江在《墨子校注·附录》中考证："墨子生于周敬王卅二年（公元前488年）至以后十年间，卒于周威烈王廿四年（公元前402年），享年86岁。"

冯友兰在《中国哲学史新编》中定墨子生卒年为公元前475～前390年，享年85岁。

方授楚在《墨学源流》中把墨子的生卒年定为公元前490年（周敬王三十年）至前403年（周安王二十一年），享年87岁。

侯外庐在《中国思想通史》中把墨子的生卒年定为公元前490（周敬王三十年）至前403年（周安王二十一年），享年87岁。

除上述考论之外，还有许多专家学者各抒已见，考论墨子的生卒时间，不再一一介绍。

二、墨子生卒新考

任继愈在《墨子与墨家》中说："关于墨子的年代，根据《墨子》书中的记载和先秦各家的传说，墨子和公输般同时，年纪比公输般略小。公输般生于公元前 489 年(孔子死前 10 年)。墨子也和孔子的学生'子夏之徒'同时。墨子'止楚攻宋'的故事，好多古籍中都有记载，可见这一件大事是相当可信的。止楚攻宋一事发生的年代应在公元前 445～前 440 年之间，相当于墨子 35～40 岁的时候。墨子在这一次正义的行动中，从北方赶到楚国，十日十夜不休息，可以证明他的年纪当不太老；而这时他已是当代的大师，有弟子禽滑釐等 300 人。后来，他又献书楚惠王，楚惠王在楚国就听说墨子'是北方之贤者'，并尊他为'先生'，可见墨子的年纪也不会太小。这时，孔子的弟子子夏、曾子约 60 多岁；墨子的年龄约与子思的年龄相当，应在 40 岁右右。在《非攻下》篇，墨子曾说'今之好战之国，齐晋楚越'，又说'唐叔与吕尚邦齐晋……四分天下而有之'。又在《节葬下》篇说：'诸侯力征，南有楚越之王，而北有齐晋之君。'从墨子书中记载的当时各诸侯国之间的关系来看，田家还没有取代姜家的齐国；晋国还没有分为韩赵魏三个国家；北方秦国的势力还没有强大，南方的越国还没有衰亡。根据以上所说，我们可以这样说：墨子约生于公元前 480 年，约死于公元前 420 年，活了约 60 岁。他出生的年代，约当孔子 70 岁的时候。"

任继愈先生考证墨子生卒年代的方法、史料很科学，也有说服力，其出生之年考证确切，墨子出生于公元前 480 年(周敬王四十年、鲁哀公十五年)。笔者相信任继愈先生"墨子生于公元前 480 年"的考证，但不同意"墨子死于公元前 420 年"的结论，主要根据如下。

孙诒让在《墨子间诂・墨子年表》中认为："墨子前及与公输般、鲁阳文子相问答，而后及见齐太公和"，证明墨子那时健在。《墨子・鲁问》篇记载："子墨子见齐大王，曰："今有刀于此，试之人头，倅然断之，可谓利乎？"大王曰："利。"子墨子曰："多试之人头，倅然断之，可谓利乎？"大王曰："利。"子墨子曰："刀则利矣，孰将受其不祥？"大王曰："刀受其利，试者受其不祥。"子墨子曰："并国覆军，贼百姓，孰将受其不祥？"大王俯仰而思之，曰："我受其不祥。"此事发生在公元前 395 年(周安王七年)，文中的齐大王就是齐太公田和，田和并没有称王，田氏代齐之后称齐王，此文是墨家弟子所记，用“大王”称号称“太公”。这一史实非常关键，足以证明墨子那时还活着，他不顾86岁的高龄，奔走齐国，成功劝阻了齐太公田和进攻鲁国。根据这件事及有关资料，结合孙诒让、梁启超等专家学者的考论，笔者认为墨子逝世于公元前390年(周安王十二年)。

综上所述，墨子生卒时间约为公元前480～前390年，享年91岁。

三、墨子诞生纪念日

关于墨子的生卒年，因受史料所限，目前我们只能根据现有的史料推论研究，暂定为生于公元前480年(周敬王四十年)，卒于公元前390年(周安王十二年)。将来如有新的史料出现，有更确凿的论证，我们再进行修正。

对墨子生卒年的考论如此之难，如果再往下考论他的生日和祭日，目前无能为力，没有可以借助的资料，故无法考证他的出生日期和逝世日期。那么，在什么时间纪念这位伟大的平民“圣人”？我们应该学习借鉴中国共产党把七月一日定为中国共产党诞生纪念日的经验。

1920年初，李大钊和陈独秀等人开始酝酿建党的问题。在法国留学的蔡和森则明确提出应该建立“中国共产党”。在共产国际代表的帮助下，上海、北京、武汉、广州、长沙、济南等地的先进知识分子建立了党的早期组织。在法国和日本留学的青年学生，也成立了党的早期组织。1921年7月23日，中国共产党第一次全国代表大会在上海举行，参加会议的各地代表有李达、李汉俊、张国焘、刘仁静、毛泽东、何叔衡、王尽美、邓恩铭、陈潭秋、董必武、周佛海、陈公博，包惠僧受陈独秀派遣参加了会议，他们代表着全国50多名党员，共产国际代表马林和尼科尔斯基列席了会议。在会议进行过程中，突然有法租界巡捕闯进了会场，会议被迫中断。于是，最后一天的会议便转到了浙江嘉兴南湖的一艘游艇上举行。经过讨论，大会通过了中国共产党的第一个纲领和决议，并选举产生党的领导机构——中央局。党的一大宣告了中国共产党正式成立。

中国共产党第一次全国代表大会于1921年7月23日召开，而党的诞生纪念日是7月1日。为什么两者的时间不一致呢？为什么7月1日成了党的诞生纪念日呢？把7月1日作为党的诞生纪念日，是毛泽东于1938年5

月提出来的。毛泽东在《论持久战》一文中提出："今年七月一日，是中国共产党建立十七周年纪念日。"这是中央领导同志第一次明确提出"七一"是党的诞生纪念日。当时在延安的参加过一大的党的创始人只有毛泽东、董必武两人。他们回忆一大是 7 月召开的，但记不清楚确切的开会日期。因为缺乏档案材料，一时无法查证，所以就把 7 月 1 日确定为党的诞生纪念日。"七一"作为党的诞生纪念日，最早见于中央文件是 1941 年 6 月。当时，中共中央发出《关于中国共产党诞生二十周年、抗日四周年纪念指示》。《关于中国共产党诞生二十周年、抗日四周年纪念指示》说："今年七一是中共产生的二十周年，七七是中国抗日战争的四周年，各抗日根据地应分别召集会议，采取各种办法，举行纪念，并在各种刊物出特刊或特辑。"这是以中共中央名义发出的把"七一"作为党的诞生纪念日进行纪念的第一个文件。党的一大开幕日期到 20 世纪 70 年代末才由党史工作者考证清楚，根据新发现的史料和考证成果，确定一大的召开日期是 1921 年 7 月 23 日。虽然党的诞生纪念日并不是党的一大召开的具体日期，"七一"这个光辉的节日已经深深地铭刻在全党和全国各族人民的心中。它成为人们每年进行纪念的一个重要节日，也成为中国节日文化的一部分。

根据中国共产党把七月一日定为中国共产党诞生纪念日的经验，在史料奇缺无法考证具体生日和祭日的情况下，为了纪念墨子，我们可以选择一个比较合适的日子，作为"墨子诞生纪念日"和"墨子逝世纪念日"。

选择墨子的诞生纪念日，可以参考以下条件：一是利用假期，便于社会各界人士参与纪念活动。二是考虑墨子兼爱大同社会的思想与中国共产党的纲领有相同之处。因此，建议把"七月十八日定为墨子诞生纪念日"。

选择墨子的逝世纪念日，可以参考以下条件：一是利用假期，便于社会各界人士参与纪念活动。二是中国传统的重阳节。因此，建议把"九月九日定为墨子逝世纪念日"。

笔者提出"墨子诞生纪念日"和"墨子逝世纪念日"的建议，是为了纪念墨子，弘扬墨学，为现实社会服务。这是抛砖引玉，仅供大家参考。

墨家方法论的发展与应用

李贤中

任何一个学派除了其思想内容值得关注外，其思维方法、表述方式也都是重要的研究对象。因为不同的思维方法可以产生不同特色的思想内容，如“能近取譬”的推类方法，透过读者的联想与模拟，展现其思想内容的丰富性。此外，不同的表达形式也会导引读者的思考方向，如“正言若反”的表述方式，会使读者从反面与正反双方思考其文字内容之外的义理。墨家在先秦哲学中具有较强的方法意识，对于达成目的所使用的方法有相当的自觉。此外，他们还建立了有关方法的理论，学界已有相当关注，如效与法、三表法、推类法、故式推论与反驳法等。[①] 墨家藉由这些方法来展示、提倡及辩护他们思想内容的义理。

本文从《墨子》一书的表述方式，说明墨家含蕴着一种尚未被考察到的方法，如实况描述、问题解决与理论统合，可转化为情境构作、情境处理与情境融合，并由此展示一种思想内容的意义单元，称之为“思想单位”。[②] 此“思想单位”一方面取法于墨家思想，另一方面也可以在许多方面做进一步的发展与应用。

一、墨家思想的思维情境

一般而言，思想内容受内外两方面的因素影响，外在因素包括人以外之事物对人知觉的影响，内在因素包括人的主观意图、思维模式以及评价标准等。思维情境包含主、客观两方面因素，因此在相同的环境中人们会有不完

① 参见李贤中：《墨学——理论与方法》，(台北)扬智文化公司2003年版，第50～62页。

② 参见李贤中：《先秦逻辑史研究方法探析》，《哲学与文化》第44卷第6期，2017年，第77～78页。

全相同的思维情境。墨家的思维情境不同于儒家，以“天下”而非家族为其范围，其思想内容特别关注如何改善平民百姓的现实生活。

（一）战国实况描述

所谓“情境构作”是指来自客观环境中的事物，如个人经历或阅读书籍等，透过认知者个人的感知惯性进行构作。例如，战国时代的人留下的文字记录就包含他们对当时环境事物的观察、对各种现象的体会，以及对各种事态的感受与回应。《墨子》一书就其“情境构作”的现象描述方面，涉及政治、经济、伦理、教育、自然科学及军事各领域。在政治方面，如《尚同》《尚贤》等篇，描述了古时民无正长的乱象，人民在圣王、暴王统治下的生活状况。在经济方面，如《节用》《节葬》等篇，描述了王公大人奢侈浪费、厚葬久丧之情况，以及在食、衣、住、行、丧葬上力行节约之做法。在伦理方面，有《天志》《兼爱》等篇，描述天下起于不相爱的乱象，以及人无所逃于天之赏罚。在教育方面，如《所染》《贵义》等篇，描述了历史中许多人物受环境之影响，以及在各种情境中的义行。在自然科学方面，如《经上》《经下》《经说上》《经说下》等篇，描述了物体的运动、光影的变化现象等。在军事方面，如《备城门》《备高临》等篇，生动地描述攻城防御的各种状况及转射机、连弩车等军事器械的运用情形。

墨家的战国实况描述，也就是“思想单位”中的“情境构作”，是从社会中大多数下层民众的观点与切身感受来立论，如《非乐上》云：“民有三患，饥者不得食，寒者不得衣，劳者不得息。”故其思想以满足广大平民的生活需要为念，欲兴天下之利，除天下之害。其所形构的现象整体涉及国家所处的各种状态，特别是观察到在人际互动上失去了原本应然的关系，不论在血亲的父子、兄弟，家族的长幼、上下，还是社会的正长、贱人，国家的君臣关系，乃至民与民的关系，都失去了应有的节度与秩序，诸侯间相互争战，人人自私自利。又如《明鬼下》所描述：“逮至昔三代圣王既没，天下失义，诸侯力正（征）。是以存夫为人君臣上下者之不惠忠也，父子、兄弟之不慈孝弟长贞良也。正长之不强于听治，贱人之不强于从事也。民之为淫暴、寇乱、盗贼，以兵刃、毒药、水火，退无罪人乎道路率径，夺人车马、衣裘，以自利者并作。由此始，是以天下乱。”墨子所描述的各种现象的共通性，简言之，就是一个“乱”字。

《墨子》一书的“情境构作”涉及两个问题：其一，当时天下“有”哪些现象？

其二,那些现象的共通性"是"什么?这是对现象的思想定位,是思想后续发展的根据。

(二)当时问题的解决

《墨子》中的许多篇章包含其所掌握事物之间的因果关系,及对于所见问题提出的解决之道。例如,作为原因或理由的"故",在《墨子》一书中共出现400多次①,在许多篇章里有同样的发问形式,如"是其故何也?"(《尚贤上》《兼爱中》《天志下》)、"此其何故也?"(《尚贤中》)、"此何故也?"(《非攻上》)等。墨子主张"识其利,辩其故"(《兼爱中》),所谓"辩故"就是分析现象的因果联系。各篇章之间也有一定的因果关系,现以问答的方式表述如下:

1.天下之所以乱的根本原因为何?因天下之人亏人而自利。

2.要怎样治天下之乱?使天下人兼相爱、交相利。

3.要怎么做?爱人之身(室、家、国)若其身(室、家、国)。

4.为何必须兼相爱?爱人利人乃顺天之意。

5.倘顺天意会怎样?顺天意者,兼相爱,交相利,必得赏。5.1倘不顺天意会怎样?反天意者,别相恶、交相贼,必得罚。

分析上述问题,可以分为三类:其一,"所以然"的问题。如为何会产生天下乱的现象?为何必须兼相爱。其二,"要怎样"的问题。如要怎样治天下之乱?要怎么做。其三,"会怎样"的问题。如顺天意或不顺天意会怎样?以上这三类问题,就是"思想单位"中情境处理的三个主要面向。

(三)理论整合

理论整合是指《墨子》各篇思想在理论上有贯串一致的体系,也就是"思想单位"中的"情境融合",包含情境构作与情境处理的相关性,情境中的事物必须构成有意义的联结,概念、语词、文意脉络相互连贯,不可答非所问。我们可以考察墨家的"故"之运用,在终极根据上,《墨子·天志上》曰:"天欲义而恶不义。"《法仪》曰:"天欲人相爱相利,而不欲人相恶相贼也。"《尚同上》曰:"天下之百姓皆上同于天子,而不上同于天,则菑犹未去也。"《尚贤上》曰:"尚欲祖述尧舜禹汤之道,将不可以不尚贤。"《节用中》曰:"古者圣王,制为节

① 参见孙中原:《中国逻辑学》,(台北)水牛出版社1993年版,第45页。

用之法……古者圣王制为节葬之法。"百姓不只上同于天子，更要上同于天，而天要人从事正义之事，彼此相爱相利；圣王也遵从天的意志，制定各种价值原则与生活规范，所以根据天志，在政事上要尚同、尚贤。也因为天志，所以在生活上要节用、节葬，王公贵族要非乐、非命。当进行情境融合时，上述的因果关系贯串为一，所谓"以说出故"就是要把上述整体的"故"藉由模拟、推论等方式呈现出来而构成一思想体系。

由此，我们以"墨子十论"来说明其情境构作与情境处理之融合，显示墨子思想的一致性、融贯性。正如他所描述的现象、思想的定位、现象之间的因果关系、人在其中应该要有的作为，以及未来事态的发展等，都有理论上的相关性与合理性，最终形成有意义的论述。

二、取法于墨家的思想单位

笔者多年前透过对名家、墨家的研究，提出以"思想单位"作为诠释或解析传统文献的工具[①]，并逐步建构以强化其可操作性，曾从多方面说明思想单位的性质、作用、层次及其内涵要件、递演关系等[②]。其中，思想单位的内涵要件包括有什么、是什么、为什么、会怎样、要怎样等一系列纲要性问题，此显然与墨家的论述方法、表达方式有密切的关系。

所谓"思想单位"可以作为一种研究思想的方法，它具有解释现象、把握意义、进行推理、发展思想等作用。它是意义的单元，具有一定的结构，承载内容，具有联系性、相对性与合理性。联系性指它与其他部分联系在一起而成为一整体单元；相对性指它在建构"意义世界"的过程中[③]，相对于建构者所构作的情境而成为一单位；合理性指思维情境中人、事、物的关系及变化是合理的。只有可以合理解释所见事物或所构作之事物的思维情境，才能算作"思想单位"。[④]

① 参见李贤中:《从"辩者廿一事"论思想的单位结构及应用》,《辅仁学志·人文艺术之部》2001年第28期。

② 参见李贤中:《先秦逻辑史研究方法探析》,《哲学与文化》第44卷第6期,2017年,第78～81页。

③ 参见李贤中:《墨家说服性推理与哲学咨商》,《哲学与文化》第44卷第1期,2017年,第39页。

④ 对某些人可以理解的事物,另一些人未必能够理解,因此构成各人的思想单位也未必相同。就同一个人的知识成长过程来看,在不同知识水平各阶段的思想单位也会有所变化。参见李贤中:《先秦逻辑史研究方法探析》,《哲学与文化》第44卷第6期,2017年,第78页。

思想由名(概念)、辞(命题)、说(推论)组合而成。思想是无声的语言,语言是有声的思想,所以我们也可以用语词、语句的组成来表达思想。但思想的内容太丰富,它来自对外在变化世界的认识、内在的感受与主观的意向,以及自身的反省等。它可以是感受性的情感抒发、跳跃性的片段呈现,也可以是有条理的组成。"思想单位"是从众多丰富的思想内容中,撷取合理的意义单元。例如,一群人观看同样的灾难片,有些人庆幸自己活在安全的环境,有些人恐惧不安,有些人思考如何避免继续破坏环境……每个人因不同的思维情境,各自赋予该灾难片不同的意义。又如,某十字路口有人遭车辆辗毙,一交通警察调阅十字路口录像,虽然看到许多车子路过,但他必须找到肇事的车辆才能对这整段录像赋予意义。又好像读者在阅读许多文字、段落的文本,常在读到一定数量的文字才明白作者在讨论什么问题,进而掌握这段文字的意义;这些意义单元无法只用一个语词或语句充分表达。这说明不但要描述所看到的,也要指出其"所以然",如此才能构成一个合理的意义单元。

《墨子·小取》云:"其然也,有所以然也;其然也同,其所以然不必同。"相同的现象未必会有相同的原因,墨家已经注意到情境构作的现象描述"然",与情境处理的"所以然"之间的复杂关系。不同原因的"故"对于结果影响的效力也有不同,《墨经》对此有所分析。《经上》云:"故,所得后成也。""故"是得到它而能形成某一结果或结论的东西。《经说上》云:"故,小故有之不必然,无之必不然。体也,若有端。大故有之必然,无之必不然,若见之成见也。"[①]小故指的是必要条件,有了这样的原因不必然产生某一结果,但没有这样的原因,则必不能产生某一结果。大故则是指充分必要条件,有它必定产生某一结果,没有它必不产生某一结果。

思想单位的结构如前所述,可分为三大部分:(1)情境构作层;(2)情境处理层;(3)情境融合。首先,情境构作层来自客观环境中的事物、电影、书籍等对象,透过认知者个人的感知惯性进行构作。例如,人们欣赏《清明上河图》,五米多长的图画是客观的,每个人看完后在他脑海中的图象却带有个人主观性把握的重点,有人关注士农工商的服装与生活型态,有人偏重对道路桥梁、

① 原文:"大故有之必无然,若见之成见也。"据孙诒让撰:《墨子间诂》,(台北)华正书局1987年版,第301页校改。

舟车的观察，有人聚焦于虹桥与城墙的建筑结构，当他们为这幅画赋予意义时也会有许多不同的看法，与他们所构作的情境有密切的关系。其次，情境处理层是要说明这些情境构作图象的所以然。例如，从图中的一队人马判断是迎亲娶妻的队伍，还是清明扫墓归来的队伍，要透过情境构作所掌握到的线索说明理由。情境构作基本上是根据经验现象或文字图像，在脑海中提供人、事、物、场景等；而情境处理则是对所构作的内容指出其“所以然”、意义及做出响应。

思想单位中情境构作层的主要问题为有什么？是什么？情境处理层的主要问题有为什么？会怎样？要怎样？而情境融合则是上述问答内容的合理性、一致性与相融性。环境与事物是客观的，但经由人的认知解读，则掺入了主观性。虽然如此，人的理性运作必须依“理”而行，而有共通的合理性。人的思想之所以“有意义”，就在于他的思维情境具有合理性，而且可以响应上述纲要性问题。以下简单说明。

1.有什么？

这是指认知主体或作者所观察到的现象以及对于该现象的描述，包含了人、事、物以及其间的关系、变化。如《墨子》多篇对于天下乱象的描述。这“有什么”亦即墨家所谓的“然”。

2.是什么？

这是指认知主体或作者所把握到的现象背后的本质或对于该现象的思想定位、价值定位。如人是理性的，亏人自利是不道德的。此外，《墨子》的《大取》《小取》篇中还有许多从推论的向度谈“是”与“然”的关系。

3.为什么？

这是指对产生该现象之原因的把握或推论，亦即墨家所谓的“所以然”。此一部分依不同情况而有一因一果、一因多果、多因一果、多因多果，近因、中间因、远因、最后原因，如《墨子》书中的各种“故”，以及原因影响结果的效力等问题，如《墨经》中的大故（充要条件）及小故（必要条件）等。

4.会怎样？

这是指此一现象情境本身或与观察主体的各种关系（因果、利害、伦理、权利义务关系等）的未来发展，或对事态发展的预期与评估，以确定如何响应。如《天志中》有“义者，善政也。何以知义之为善政也？曰：天下有义则治，无义则乱，是以知义之为善政也”。其中，“有义则治，无义则乱”就是对事态发展的预期与评估。

5.要怎样？

这是指该现象就观察、思考者而言，所意识到的问题要如何解决，如所带来的好处要如何增加，对造成的困境、威胁提出解决的办法。此问题也与应该怎么做密切相关。例如，墨家提出的要怎样改善平民百姓的生活。墨家提出了止息侵略战争(《非攻》)、去无用之费、提倡节俭(《节用》《节葬》)、避免俯乐而亏夺民衣食之财(《非乐》)，以及各人在自己的职分上强劲从事，努力不懈(《非命》)等思想。

以下我们以《大取》篇一段，来说明其中的一个思想单位。《大取》云：“于所体之中，而权轻重之谓权。权非为是也，亦非为非也。权，正也。断指以存腕，利之中取大，害之中取小也。害之中取小也，非取害也，取利也。其所取者，人之所当执也。遇盗人，而断指以免身，利也；其遇盗人，害也。”[①]“权”的特性有：认识到情境中至少有两种事态，一种实现，则另一种必不实现，透过推理思考并对未来事态发展的可能性予以评估，且能够依“利之中取大，害之中取小”的原则做出取舍。我们也可根据思想单位中的几个问题，分析如下：

> “有什么？”有“权”的事理；有遇盗人的事例。
>
> “是什么？”是权宜(正)；是处在两难的特殊状况，非一般所能评断之是非。
>
> “为什么？”因为在特殊情况下，“利”不可全得，“害”无法避免。
>
> “会怎样？”如遇强盗断指可保全手腕，断腕则手指也不保，就其事态发展来看，虽受伤但可保命。
>
> “要怎样？”要“利之中取大，害之中取小”。整体来看，取小害仍然是有利之抉择。

由上述的简单例证，也可呈现思想单位的思路发展与推理特性。

---

① 校文参考陈孟麟：《墨辩逻辑学新探》，(台北)五南图书出版公司1996年版，第415～417页。

三、思想单位的发展与应用

思想何以有单位可言呢？“单位”这一语词的借用，有两个用意，其一，如物理学中，时间的单位有时、分、秒等，重量的单位有公斤、公两、公克等，长度的单位有公尺、公寸、公分等，此外，还有面积、容量、速度等概念也都有其计量的单位。如果我们假设思想也存在某种类似的单位，方便我们分析、研究、处理，在我们尚未设计出精确的单位前，姑且暂称为“思想单位”，就像在自然科学中，我们也会使用“一时间单位”之概念，来描述非约定俗成的某些计量概念一般。其二，从人事行政观点，某一机构或部门，如总务单位或法务单位，当人们说该单位“出缺”时，必须在该单位已经成立，且有员额编制的前提下才有意义，许多的人事编制、经费预算或业务归属，也必须在该单位已成立的前提下才能进行；因此“单位”一词也含有：它是可以承载许多人事物的载体。

是故，一方面，“思想单位”类似于对整体思想进行局部的区分，这些部分是有意义的基本单元。另一方面，就思想单位本身来看，它也是承载文字意义或现象意义的载体，是具有内容的结构形式。

在思想单位的发展方面，虽然思想单位的基本结构不变，但会随着操作主体、对象以及其他搭配工具的不同而有新的展现面貌。例如，提问方式的复杂化：

(1)有什么，在应用于不同对象上，可以有许多不同的提问方式：有什么意向？有什么能力？有什么事象？有什么事理？有什么感触？有什么感通？有什么发现？……

(2)是什么，可能是什么？分类上是什么？意义上是什么？价值上是什么？应当是什么？……

(3)为什么，为何有、如何有？为何是、如何是？为何是某种事理？为何会有感动？为何会有后续情况？为何要做某种处理？……

(4)会怎样，现象发展会怎样？可能会怎样？此现象在心理上的变化会怎样？经处理之后会怎样？对主体有怎样的影响？……

(5)要怎样，能怎样？应怎样？要有什么态度？要如何确立短、中、长期目标？要如何做？步骤如何？……

此外，思想单位中与思想单位间思路发展分析的明确化。例如，原典作者进行的思路是复杂而多变的，其中认知性较强的学派与实践性较强的学派，他们的思路发展就相当不同。就思想单位的呈现而言，基本上情境构作会先于情境处理，而这两个层次在合理性标准的要求下，都必须受到情境融合的制约。此外，思想单位的思路模式、类型比较等也都是值得继续研究发展的课题。

在研究墨学的过程中，笔者发现墨子的表达方式蕴含着一些内容面向与理路层次，可作为思想单位的分析结构，透过这些具有相同结构的思想单元，可以应用于许多方面，简述如下。

首先，可作为诠释或解析传统文献的工具与分析比较的研究方法，应用在经典文本的解读及学术研究上。借由思想单位对《墨子》文本的分析经验与参照，可运用思想单位来解析、理解其他传统经典的意义，并可进行深度比较。例如，在进行《论语·学而》第一章批注的比较时，《何晏集解》可分析出一个思想单位，《朱子集注》有四个思想单位，《皇侃义疏》有七个思想单位。[①] 不仅可以在量上进行比较，也可就其思想单位的情境构作层、情境处理层进行对比，甚至就其思想单位内的实质内容进行思路发展的比较。

其次，参考《墨子·小取》中"侔"式推论的是而然、是而不然、不是而然、一是一非、一周一不周等，尝试从语言表述的内容形式寻找出一些后设的推论规则。"思想单位"也是一种后设的思维架构，是人类思维发展过程与递进的层次，或可作为跨领域研究的交流平台，应用于人文、社会或自然科学，如文学、史学、哲学、艺术理论之间的相互理解，或这些人文学科与教育、管理、社会、法律等学科在理论间的沟通，并促进不同领域学科思维方式的调整，而且能透过各自思想单位的结合，促进跨领域学科的整合性发展。如管理学上X理论假设人逃避责任、厌恶工作、不愿思考，Y理论假设人乐意接受任务、喜欢挑战、富有潜力，Z理论假设人是具有个性的群体性存在、需亲密人际关系才能凝聚与合作。若从思想单位来分析，这些不同理论的假设都可化约为："人有什么？"与"人是什么？"这种情境构作上的差异，以及"为什么"建

① 参见李贤中：《文本诠释意义饱沃度与诠释典范》，第十二届东亚人文论坛论文，台湾大学文学院，2020年11月19～22日。

立某种管理制度、效果“会怎样”、又“要怎样”达成管理目标等情境处理上的不同。正如古代哲学家孟子主张人性善、荀子主张人性恶、扬雄主张人性为善恶混，各自有不同的情境构作与情境处理使他们的哲学理论呈现不同的面貌。因此，思想单位可以提供跨领域研究的分析工具与新的科际整合方法。

再次，在教育上，思想单位可被充分应用。《墨子》中的《耕柱》《鲁问》《公孟》等篇中有许多墨子与其弟子之间的对话，蕴含许多哲理，然而墨子的弟子们是否理解？抑或不同的弟子对于老师的教诲是否有相同的理解？《耕柱》载，叶公子高问政于仲尼曰：“善为政者若之何？”仲尼对曰：“善为政者，远者近之，而旧者新之。”子墨子闻之曰：“叶公子高未得其问也，仲尼亦未得其所以对也。叶公子高岂不知善为政者之远者近也，而旧者新是哉？问所以为之若之何也。不以人之所不智告人，以所智告之，故叶公子高未得其问也，仲尼亦未得其所以对也。”从以上的对话可以看出叶公子高与孔子之间的对话并不对应，若延伸到今日的教育现况，也有类似的情形。例如，同一位老师教的课，不同的学生却有不同的理解，透过思想单位方法的分析，可以了解不同学生学习差异的原因。在教育方面，思想单位透过情境构作、情境处理及情境融合能力的强化，有助于阅读理解、推理解析、语文表达与沟通能力的加强，以及观察力、理解力、思辨力、同理心之提升，也可作为学习能力、学习成果之评量工具，更可成为开拓知识的有效方法。

最后，有关人文领域的研究成果，常难以建立客观的评量标准，“思想单位”方法，可以提供几项相对客观的评量标准，例如从情境构作检证文本诠释的意义饱沃度，从情境处理厘清该研究成果的参照系与合理性标准[①]，并透过其“所以然”之完备性、论证之严谨性，评估其思想单位质量的优劣和理论建构的完整度。由于墨家的学说兼容人文、社会、自然科学与军事等各领域的思想，而且具有高度的方法意识，从其中发展出的评量方法，未来也可朝向建立各类型知识的共通评量标准。

① 参见李贤中：《传统思想的现代重构与转化——以墨、荀为例》，《哲学与文化》第42卷第3期，2015年，第117～140页；李贤中：《论合理性标准在诠释过程中的作用与限制》，洪汉鼎、傅永军主编：《中国诠释学》第13辑，山东人民出版社2016年版，第1～17页。

四、结论

墨家思想蕴含思想单位的结构与发展思路，虽然未被明确提出，但是我们可从其各篇章的运思与表达发掘此隐含的方法。并且，此“思想单位”一方面取法于墨家思想，另一方面也可以作为进一步发展现代墨学的方法。

墨家思想在战国时代是显学，《韩非子·显学》篇载：“世之显学，儒、墨也。儒之所至，孔丘也。墨之所至，墨翟也。”《孟子·滕文公下》也提到当时“杨朱、墨翟之言盈天下。天下之言，不归杨，则归墨”。可见当时的墨家是一个很有影响力的学派。我们可以反省一个问题：为何墨学不能持续成为显学？我们现下所要发展的是古代墨学还是现代墨学？

从思想单位的主要问题来看，这是有关“要怎样”的问题，此问题联系着其他系列问题，如在进入21世纪后，这个墨家视野下的“天下”有什么？是什么？（其然）我们应做怎样符合现代的情境构作与情境处理？

墨家的核心思想、超越时空的思想精神是“兴天下之利，除天下之害”[①]，要以兼爱的精神关怀全人类的存在与和谐共处，在此不变的价值原则与终极目标下应变而变。透过思想单位各层次思想内容的深广、精致化，掌握今日天下各种因素的互动因果关系，例如极端气候的出现与人类现代生活中各种对大自然的污染有密切的关系，而现代生活的方式又与各国之间的经济发展、竞争有关，经济又与政治制度有关，其他包括教育、法律、传播、军事……乃至食、衣、住、行、娱乐各种消费性文化的交互影响，都是我们发展现代墨学必须要问的“为什么”（所以然），如果人类视而不见，放任这些情况继续下去，那么“会怎样”？

我们还应要问：如果墨子活在今日，他会怎样做？他是否也会用“乱”来形容或定位今日之世界？他那种救世精神仍然万分急迫吗？他会展开实践行动吗？他要展开怎样的具体行动？

本文以具方法意识的墨家，从其论述方法、表达方式中撷取并研发出“思

① 《墨子》中《尚同中》《兼爱中》《兼爱下》《天志中》《明鬼下》《非攻下》《节葬下》《非乐上》《非命下》等篇皆论及此。

想单位”的方法，希望也能用这种方法构作各层面的墨家式思想单位，进而结合这些单位，建构现代墨学的完整理论体系。此理论体系一方面涉及各领域知识，也是科际整合的系统知识；另一方面也一定要与实践结合，以发挥其理论之作用，逐步改善今日天下，完成墨家终极理想。

墨子开创了语言学转向

——从人类语言发展的角度来论述

林晓辉

《墨子》的《经上》《经下》《经说上》《经说下》《大取》《小取》等篇论述了语言符号观、语法观、语义观、修辞观、训诂方法等方面的语言理论。

在世界文明古国的发端时期，伴随着民族文化精神的初创，对语言的关注是一个普遍现象，而且总是与哲学问题杂糅在一起。语言产生之前，世界是混沌未开的，人对世界的经验也只是模糊的。当人给世界命名时，也就赋予了世界以意义，使世界由混沌转为明晰。因此，原初命名宛如一道闪电，刹那间照亮了世界。世界成为人的对象世界，人也才在真正意义上占有了世界。通过语言，人更有效地认识并掌握了世界，更有效地进行交际和思维活动，世界不再以一个个孤立的片断出现于人类眼前，而是一个由语言逻辑加以整理而成的有秩序的整体结构。人、语言、世界由此亲密不可分地相关联着。

首先，以往关于墨子的语言学研究多注意到名实关系[①]，而未注意到是墨子使语言从感性、隐喻语言向抽象语言发展。其次，大家都承认《墨经》包含相当丰富的(传统)形式逻辑思想及逻辑与科学的关系，但未注意到语言的发展及语言的发展与逻辑的关系。

一、原始词汇向着概念化发展

根据现代语言学理论，人天生就具有学习语言的本能。但在原始语言阶

① 参见刘湘平:《从墨家“名”论看其语言哲学思想》,《武汉大学学报》(人文科学版)2008 年第 6 期。

段，语言是极其简单的。儿童的初期语言便可以作为明证。儿童开始时只用呜呜、啊啊等来表达自己的意愿，然后才逐渐地使用概念词语，主要是物体词和强动作词，如饭、吃。动词也不表示概括抽象的行为、状态，而是描绘具体的动作与姿态。词源学告诉我们，人们刚开始形成语言能力的时候，只用一些孤立的单音节或双音节词来表述感性直观的事物。人们通过赋予各种独特的个体以名称的方式来认识事物，将思想限定在名称所指称的那个个别上。因此，人们收获的是带有十分浓重的感性色彩的词汇，人类最初的语言便是感性语言。列维报道在澳大利亚吉卜斯兰德区泰伊尔湖地区有一种土著人，他们没有表示树、鱼、鸟等物的通名，但是他们却对每一种树、每一种鱼、每一种鸟分得很清楚，甚至每一棵树、每一座山都有专称，而无须知道那个名称究竟有什么含义。①

汉语史研究也表明，在春秋之前人们主要是认识自然事物，如黄金、榆树、牛等之类，这些自然事物的名称带有明显的感性成分，而且是一些孤立的、不是通过定义来获得的，而是约定俗成的概念。如古汉语中的马，就有许多不同的词来表示各种毛色和种属。《诗经·鲁颂·駉》中提到马的名称就有16种之多，《说文》中表示牛的名称也因年龄、毛色、形态的不同而相异。《国语》《尚书》等主要以白描、感性的语言，很少采用修饰手法来表述认识，应是原始语言的表现。

随着人们认识能力的提高，人们意识到可以借助一物来认识另一物，而学会了利用一些概念作为另一些概念的隐喻，达到理解一个全新的、抽象的概念的目的，由此产生了隐喻语言。如亚马逊的原始部落，他们说话就全都带有隐喻的、异常生动的形象，不像我们今天说话，常常带有抽象概念、逻辑推理等。卡西尔认为，原始语言和神话在本质上都是隐喻的。在那里，隐喻不只是一个干巴巴的“替代”，一种单纯的修辞格；语言也不仅仅是暗示一个感性世界，而是直接与感性世界同一。② 所以，现代语言学家认为，语言是从隐喻发展出来的，离开隐喻，就没有语言。

战国时，有人对梁王说，惠施说话总爱打比方，如果不打比方他就说不出

① 参见[法]列维-布留尔：《原始思维》，丁由译，商务印书馆1987年版，第163页。

② 参见[德]恩斯特·卡西尔：《语言与神话》，于晓等译，生活·读书·新知三联书店1988年版，第102～126页。

有意思的话来。不信你试他一下。于是,梁王在惠施来的时候就让他不要用任何比喻来说话。惠施就顺手打个比方:如果有人不知道什么叫“弹”——就是打弹的弹弓,那么你告诉他,弹就是那种叫作“弹”的东西,那个人会不会明白?梁王说,不明白。惠施又说道,如果你告诉他,弹就是那种开关像弓,以竹子为弦将石子弹出去的东西,那他会不会明白?梁王说,他当然会明白。于是,惠施就说道:“夫说者,因以其所知,谕其所不知,而使人知之。”这里,惠施注意到语言的隐喻作用,也就意味着远古汉语存在着隐喻语言。

词源学告诉我们,当语言发展到一定程度之后才会出现抽象词语。所以,许多抽象概念都有其源远流长的感性来源。如柏拉图曾注意到每一个希腊抽象名词都有其感性来源。换句话说,古希腊词汇都起源于感性词语。如西方哲学中的许多基本概念——是者(toon)、型相(eidos)、实体(ousia)、本原(arche)、原因(aitia)、心灵(nous)、灵魂(psyche)、理性(logos)、真理(aletheia)等都与自然有关,如 logos(逻各斯)源于 leigen(说)。据海德格尔考证,其更古老的词根是 leg(采集)。还有 nous 源自 noe(看),idea 和 eidos 也源自 eido(看)。

我国也一样,《老子》一书中还采用一些孤立的单音节或双音节感性词语来表述思想。如关于对立就采用牝牡、雌雄、大小、高下、前后、生死、难易、进退、始终、正反、长短、智愚、美丑、强弱、刚柔、善恶、损益、阴阳、祸福、利害、曲直、盈洼、虚实、兴废、与夺、厚薄、贵贱等感性词语,其最高的抽象程度也只是以阴阳表述对立,而未能达到抽象程度较高的概念性思维。由此造成了《老子》一书语言繁杂,概念模糊不清。

春秋战国时期,由于百家争鸣,人们需要论辩,由此人们不可避免地涉及语言。人们也逐步认识到当思考一个事物时,名字是一定要考虑的问题。老子首先注意到这一问题。《老子》第三十二章曰:“始制有名,名亦既有,夫亦将知止,知止可以不殆。”墨子为了结束感性和隐喻性的语言,使人们对世界的认识能够在统一的概念之下,成为一种发现和确定命题意义的活动,并达到清楚明白的目的,便发起了一场正名运动,汉语言也从原始语言进入语言分化时期。墨子明确提出了“察名实之理”,即是为寻求事物确切的名称,其意义就相当于苏格拉底寻求一般性定义。《墨子》中的《经上》《经下》等篇,采用了“某,某某也”的训诂格式,其训诂方法主要有直训、同训、义界。直训,如

《经上》"行，为也"，"化，征易也"。同训分为两种情况：其一，一个词以几个词分项相释，以明其义项，如《经上》"知，材也"，"知，接也"，"知，明也"。其二，用几个同义词同训一个词，如《经上》"已，成、亡"，"见，体、尽"，"为，存、亡、易、荡、治"。义界就是为被训释的词语下界说，这在《墨子》中常用于对科学概念下定义，如《经上》"圆，一中同长也"，"方，柱隅四也"。据此可见，训诂即是概念性定义方式。《墨经》中的《经上》列举了上百条各门学科的范畴，《经说上》对这些范畴进行逐条说明、解释，体现了哲学的功用在于弄清概念，使《经上》和《经说上》成为墨家的哲学词典。

因为人类的语言是建立在概念和共相之上，每一个语词都是共相。按约翰·杜威(John Dewey)的说法，关于命名即产生概念，就是致知，就是最核心的知识过程。[①] 正是墨子和名家通过创造和使用语言形成命题和为事物命名，而出现了概念性思维方式，使传统哲学开始了最核心的致知过程。

二、从诗歌语言走向逻辑语言

隐喻进一步发展就成为诗的语言。18世纪，意大利哲学家维科指出，语言的诞生是诗性的，对万物的命名就是一种诗性的活动。如我们所说的风"吹"、雨"打"，就是一种诗性的命名方式。但是，说原始语言是诗性语言，并非说原始人就如诗人骚客那样，竟日踱着方步，捻着胡须，搜索枯肠地吟哦诗句，而是指原始语言具有丰富的感性内涵。因为诗歌为追求自身的感性具体，具有浓郁的主观色彩、丰富的感性内涵和神奇的魔力，诗歌语言成为最有表现力、感染力的语言。诗歌以诱发式暗示，以婉言、隐言引逗读者来言，却不直接言说，也从不设定疆界，即是隐喻式语言。因此，以诗的形而上学、诗的智慧的形式将感觉和想象力所达到的认知水平表现出来，使得许多含糊不清的词语拥有了神秘的力量。

然而，诗歌语言是建立在语言悖论基础上的，它颠倒了语言的习惯用法，通过对日常语言的违犯与扭曲，从而创设一个诗意盎然的崭新世界。此外，诗歌还破坏了语法，以奇特、异常的排列组合、游戏变化使能指与所指、语言

① John Dewey and Arthur F. Bentley, *Knowing and the Know (1949)*, Boston, 1960s, p.147. C.f., Anselm Strauss, *Mirrors and Masks*, Glencoe, 1959, chap. Ⅰ.

符号与对象、语词与语词摆脱了逻辑秩序的限制，使人、语言、世界处于貌似游戏的流动关系中。因此，诗歌与作为思维工具的逻辑语言是相互对立的。而且，语言概念的确定性、语言的有限性、语言对世界的分割在诗歌中都不复存在。

由于语言承担了思维和交际的工具作用，所以，一般地说，它按照节俭和有效的原则发展演变。随着人类实践活动范围不断拓展，思维能力增强，人要认识世界、掌握世界就必须发现各事物、现象之间的诸种关系，语言势必趋于抽象化和逻辑化，否则就不能适应发展了的思维、交往等实践的需要。语言于是愈加成为严密的逻辑体系和有效的工具。

轴心时期，东西方哲人都注意到以隐喻性语言来论说哲学时存在的问题，因而哲学与修辞学分道扬镳。在古希腊，柏拉图在《理想国》中认为诗人是说谎者，诗人的工作和画家一样，都是对实在的模仿。如果人们拿着诗人写得最好的作品去询问其意思，就会发现诗人对他们如此有力地展现出来的东西实际上一无所知。所以，柏拉图批判了古希腊的诗歌，他认为诗歌是谎言和假象的渊薮，诗歌以激情僭越智慧，而开启了情欲感性之洪流。柏拉图也批判了诗人，他认为诗人与一般的匠人并没有实质性的不同，同样对事物的理念并无知识，相反却使我们离之更远。因此，他对诗歌进行了彻底批判。他提倡城邦应禁止一切模仿性诗歌，心灵的爱智部分应当远离诗人。在《法律篇》中，柏拉图还认为哲学家有权监控诗人并驱逐他们，因为只有哲学家才是真正的诗人。柏拉图还把修辞学视为哲学的敌人。他声称，修辞既不利于追求公正，也不利于探索真理，因为修辞是产生错觉和假象的艺术，研究这门艺术的修辞学是在以精巧的方式守护谎言的世界和虚伪的世界。在《斐多篇》(27lc)、《高尔吉亚篇》(49a～458c)中，柏拉图极尽对修辞进行攻击之能事，把修辞列为关于表象的意见，不属于知识的范畴。

至亚里士多德，他在《修辞学》开篇中说，修辞学是辩证法的对立面，两者有着不同的适用范围：辩证法是个人思辨的工具，修辞学是社会生活的必要工具，在法律、政治和日常生活中有着广泛运用。正是这些哲人的批判动摇了希腊人教育的根基，使得希腊以诗为基础的整个文化教育体制丧失了合法性，开始出现一种以逻辑思辨反对语言修辞的传统，从语言维度对抽象理性思维和概念思维的哲学权力的坚定辩护，使哲学从诗的言说转向了对话形式，进入用枯燥抽象的语言来表述哲学的时期。

语言学和逻辑学虽然是不同的两门科学，但两者有着不可分割的关系：逻辑学是研究思维的规律，语言学是研究语言内部结构的规律。虽然语言是民族性的，语言作为思维与交际的工具，它必须不断加强自己的逻辑性。如果语言离开逻辑思维就成为不可思议的东西。也许正因为如此，当墨家学派注意到语言学时，也就注意到逻辑学，并把两者结合起来进行研究，为我国的逻辑学和语言学奠定了研究的基础。

三、余论

索绪尔(F. de Saussure)曾将语言区分为着重于词汇和着重于语法的两极。在这两个极端中，整个语言系统移动变化着，好像两股相对的潮流，分别推动着语言的运动。这就是说，语法逻辑与语词虽然共存于语言系统中，但是两者又实在互不相容。语法、逻辑压制着语词，剥夺语词的独立价值，抽空语词的内涵；而语词要保存自身的独立价值，保存丰富的感性内涵，就须不断反抗语法、逻辑的压制束缚。在语言中，逻辑越强，语词的感性内涵就越被抽空，以致成为概念空壳。对于思维运动来说，语词感性内涵被抽去，特别是主观色彩的消褪恰恰是好事。因为当语言摆脱了感性重负而成为悬浮于现实之上的逻辑体系后，它更显得简洁有效，更易于为思维所任意驱遣。可以说，思维从自身需要出发，不断将语言推向逻辑化、规范化、系统化的一极，科学语言便是逻辑语言的极致。

由于思维和语言在自然状况下的不可分割，无论是古希腊的智者，还是中国古代的辩者，他们从一开始就把逻辑研究与语言研究紧密地交织在一起。如《墨经》中既有逻辑思想亦有语言分析，亚里士多德的逻辑思想中也有大量的语言分析。近代，伴随着哲学中的"语言学转向"，当代西方哲学界出现了一大批以语言分析为研究对象的分析哲学家或语言哲学家，他们认为哲学问题就是语言问题，要通过逻辑对语言进行哲学分析。

美国当代知名逻辑学家莱可夫(G. Lakoff)认为，自然语言逻辑即语言逻辑是"为自然语言而建立的逻辑，其最高理想是表现所有的可以表现于自然语言的概念，说明所有可以用自然语言做出的推理，并且结合这些对所有的自然语言作适当的语言学描写"。他还进一步认为自然语言逻辑是一种关于自然语句的逻辑结构的理论，是关于通过自然语言的推论表现正确推论的思想的规律，“在自然逻辑的假定下，逻辑分析应该在语言上是正确的，语言分析也应该在逻辑上是正确的。这样，自然逻辑上恰当的标准便是较为严格的，因为语言上的和逻辑上的恰当相交于一点，因而自然逻辑的内在意义就更加重大得多”①。

① 王雨田主编：《现代逻辑科学导引》下册，中国人民大学出版社1988年版，第431～465页。

清华简《治邦之道》与墨家经济思想

刘成群

《清华大学藏战国竹简》第八辑出版后引发了学界的广泛关注。本辑披露八篇文献，皆为传世文献所未载。其中一篇题名为《治邦之道》的文献，整理者认为与墨家学派关系密切，如其指出："本篇简文的面世，对研究墨家学说及其在战国时期的传播颇有价值。"[①]在第八辑出版之前，整理者就曾写文章论述清华简《治邦之道》的思想与墨家相近，"应是一篇与墨学有关的佚文"[②]。此后，魏栋也指出："清华简《治邦之道》是与传世文献《墨子》思想关系密切的一篇先秦佚籍。"[③]马腾也对《治邦之道》进行了详细讨论，认为"《治邦之道》确为深富墨学特征的珍稀文献，亦不啻探寻儒墨辨异的崭新门径"[④]。不过，也有学者提出了不同的看法，如陈民镇指出《治邦之道》的某些观点与墨家不合，将其定位为墨家佚书并不合适，"总体来说更接近儒家的旨趣"[⑤]，"《治政》与《治邦》的思想总体来说更接近儒家"[⑥]。李守奎虽然认为对楚人政论文"不宜轻易贴上儒家、墨家等的标签"，但还是表述为"《治政之道》（包括《治邦之道》）这种儒家色彩十分浓重的楚人文献"[⑦]，显然是更倾向于将《治邦之道》定位为儒家文献。

---

① 李学勤主编：《清华大学藏战国竹简》第八辑，中西书局 2018 年版，第 135 页。

② 刘国忠：《清华简〈治邦之道〉初探》，《文物》2018 年第 9 期。

③ 魏栋：《清华简〈治邦之道〉补释》，《清华大学学报》（哲学社会科学版）2018 年第 6 期。

④ 马腾：《论清华简〈治邦之道〉的墨家思想》，《厦门大学学报》（哲学社会科学版）2019 年第 5 期。

⑤ 陈民镇：《清华简〈治邦之道〉墨家佚书说献疑》，《陕西师范大学学报》（哲学社会科学版）2019 年第 5 期。

⑥ 陈民镇：《清华简〈治政之道〉〈治邦之道〉思想性质初探》，《清华大学学报》（哲学社会科学版）2020 年第 1 期。

⑦ 李守奎：《清华简〈治政之道〉的治政理念与文本的几个问题》，《文物》2019 年第 9 期。

目前学界研究《治邦之道》，多是从思想史的角度入手，将文本中的尚贤、节葬等观念与《墨子》《荀子》相比较。而对于《治邦之道》中存在的经济思想，还未有人专门讨论。《治邦之道》有不少文字展现了作者对经济的关注，尤其是对政治观念的论说，其论据非常注重从经济方面进行考量。鉴于学界对《治邦之道》的学派归属论说不一，又对其经济方面的内容有所忽略，因此笔者试图从经济思想层面再补充一些研讨，以就正于方家同好。

一、《治邦之道》中的人口思想

人是经济活动的主体，人口与经济之间是相互作用、相互制约的关系，此乃常识，不必详论。在《治邦之道》中，"民"一直作为衡量"治邦之道"的砝码，"民允""民众""民有用""民厚""民不缓""民孝""民劝""民有利"等皆是也。其中的"民众"很明显是指人口数量的增长。先秦时代，地广人稀是各国的普遍情况，而"民胜其地"只是一种特例。人口数量增长会带来政治、经济、军事、文化上的普遍利好，乃是时人之共识。在这一点上，《治邦之道》也不例外。

《治邦之道》认为："男女不失其时，则民众。"[①]这一表述与墨子关于人口的看法极为相似，《墨子》就有倍人之法，其文曰：

> 然人有可倍也。昔者圣王为法曰："丈夫年二十，毋敢不处家。女子年十五，毋敢不事人。"此圣王之法也。圣王既没，于民次也。其欲蚤处家者，有所二十年处家；其欲晚处家者，有所四十年处家。以其蚤与其晚相践，后圣王之法十年，若纯三年而字，子生可以二三年矣。此不惟使民蚤处家而可以倍与？（《墨子·节用上》）

《墨子》一书对执政者不用古圣王倍人之法表示遗憾，不但如此，此书还着力批判了"籍敛""攻伐"等原因导致的"寡人之道"，其文曰：

> 今天下为政者，其所以寡人之道多。其使民劳，其籍敛厚，民财不足，冻饿死者不可胜数也。且大人惟毋兴师以攻伐邻国，久者终年，速者数月，男女久不相见，此所以寡人之道也。与居处不安、饮食不时、作疾

---

① 李学勤主编：《清华大学藏战国竹简（捌）》，中西书局2018年版，第138页。

病死者，有与侵就僾橐、攻城野战死者，不可胜数。（《墨子·节用上》）

除了“籍敛”“攻伐”外，墨子认为“厚葬久丧”也是导致人口缩减的重要原因，如其云：

> 欲以众人民，意者可邪？其说又不可矣。……若法若言，行若道，苟其饥约又若此矣，是故百姓冬不仞寒，夏不仞暑，作疾病死者不可胜计也。此其为败男女之交多矣。以此求众，譬犹使人负剑而求其寿也。众之说无可得焉。是故求以众人民，而既以不可矣。（《墨子·节葬下》）

《墨子》这三段议论较为详尽，其中心思想就是使男女及时成家，同时减少各种使男女不能相处的因素，如此才能使人口增长。这与《治邦之道》“男女不失其时，则民众”实为同调。如上所引，《墨子》将人口缩减的原因归结为执政者的重税政策、战争行为以及儒者“厚葬久丧”的主张。这在《治邦之道》中也有所体现，如“薄关市，则货归，民有用”①这一倡导就含有反对“籍敛厚”的意味；而“不厚葬，祭以礼，则民厚”②也与《墨子·节葬下》认为厚葬扰民的精神一致。《治邦之道》将“男女不失其时，则民众；薄关市，则货归，民有用；不厚葬，祭以礼，则民厚”并列在一起，恰好形成了一个关于《墨子》人口学说的缩略版。

先秦时期各学派都有关注人口的言论，儒家、法家以及黄老都不例外。然而儒家的人口学说多是从伦理的角度讲接续，如“父母生之，续莫大焉”（《孝经·圣治章》），又如“不孝有三，无后为大”（《孟子·离娄上》）；从道德的角度讲来民，如“近者悦，远者来”（《论语·子路》），“故远人不服，则修文德以来之。既来之，则安之”（《论语·季氏》），“道得众则得国，失众则失国”（《大学》），“王无罪岁，斯天下之民至焉”（《孟子·梁惠王上》），皆展现出十分明显的理想主义色彩。《治邦之道》在仁政、尚贤等方面的思路的确和儒家的主张有相似的地方，但论及人口时那种注重民生实际的倾向则与儒家有很大的差异。

与儒家的理想主义色彩不同，法家显然是站在统治者立场上提出人口理

---

① 李学勤主编：《清华大学藏战国竹简（捌）》，中西书局 2018 年版，第 138 页。

② 李学勤主编：《清华大学藏战国竹简（捌）》，中西书局 2018 年版，第 138 页。

论的，充满一种理性而冷酷的思维特点。如商鞅就有关于“民胜其地”和“地胜其民”的处理办法，并得出“制土分民之律”（《商君书·徕民》），同时也制定了控制人口的什伍连坐之法。商鞅之后，韩非进一步研究了人口与财富的对比，提出处理“人民众而货财寡”（《韩非子·五蠹》）的办法，其中一条即“扩大农业人口，压缩‘商工游食之民’”①。可见，法家的人口理论是建立在耕战政策的基础上，力图将人口固定在土地上进行人身控制，以提供税源与兵源。这与《治邦之道》所主张的仁政思路乃是相悖的。

与墨家一样，黄老学者也十分关注人口的增长，如《管子》主张“凡国、都皆有掌媒”，负责“取鳏寡而合和之，予田宅而家室之”（《管子·入国》）。《黄帝四经》也说：“然则五谷溜孰（熟），民［乃］蕃（滋）。君臣上下，交得其志。”②的确，庞杂的黄老之学也讲顺天应民，不过其明显是站在统治阶级的立场上提出人口说的，以稳固政权、称霸天下为目的。如“五谷溜孰（熟），民［乃］蕃（滋）”与“君臣上下，交得其志”相联结，如《管子》云“地大国富，人众兵强，此霸王之本也”（《管子·重令》），皆为明证。而《治邦之道》通篇讲仁者、圣人而不讲霸业，期待“待明王圣君之立”，尤其对“民允”“民众”“民有用”“民厚”“民不缓”“民孝”“民劝”“民有利”极为关注，显然有为中下层生产者代言的意味。这一点与墨家的立场是较为吻合的，而与黄老学者存在较大差异。

二、《治邦之道》中的分工思想

职业分工其实由来已久，据说殷人就“纯其蓺黍稷，奔走事厥考厥长。肇牵车牛远服贾，用孝养厥父母”（《尚书·酒诰》）。《周礼》也记载以三农、园圃、虞衡、薮牧、百工、商贾、嫔妇、臣妾、闲民等“九职任万民”（《周礼·天官冢宰》），虽有理想化之嫌，但也可以映射当时的社会现实。《治邦之道》中也存在明显的分工思想，如“君守器，卿大夫守政，士守教，工守巧，贾守贾鬻聚货，农守稼穑，此之曰修”③。又如，“夫若是，民非其所能，则弗敢言，彼士及工、商、农夫之惰于其事，以偷求生”④。这一分工思想也是当时社会经济生活的

① 复旦大学经济系人口理论研究室编：《人口问题与理论》，复旦大学出版社1983年版，第113页。
② 陈鼓应：《黄帝四经今注今译——马王堆汉墓出土帛书》，商务印书馆2007年版，第223页。
③ 李学勤主编：《清华大学藏战国竹简（捌）》，中西书局2018年版，第137页。
④ 李学勤主编：《清华大学藏战国竹简（捌）》，中西书局2018年版，第137页。

真实写照。

《治邦之道》有士、工、商、农夫的划分，而“君守器，卿大夫守政，士守教，工守巧，贾守贾鬻聚货，农守稼穑，此之曰修”一句则在士、工、商、农夫前加上了君和卿大夫，并为这六类职业一一界定了社会功能。当然，士、工、商、农夫纯粹属于职业划分，而加上君和卿大夫则明显具有了等级意味。君和卿大夫与士、工、商、农夫相比，明显属于统治阶层，属于“贵”的行列，而工、商、农夫相对而言则属于“贱”的行列无疑。但是《治邦之道》的作者却表现出有意打破这一壁垒的倾向，如其云：

> 是以不辨贵贱，唯道之所在。贵贱之位，岂或在它？贵之则贵，贱之则贱，何宠于贵，何羞于贱？虽贫以贱，而信有道，可以驭众、治政、临事、长官，则或耻自营寵□，以甄上下政德之晦明，不及高位厚食，以居不还。[1]

> 故求善人，必从身始，诘其行，变其政，则民改。彼善与不善，岂有恒种哉，唯上之流是从。……贵贱之位诸同爵者，毋有疏数、远迩、小大，一之则无二心，伪不作。[2]

可见《治邦之道》想表述的是，人虽有职业分工的不同，但作为“信有道”的善人贤才可以跨越贵贱这一道铁的门槛，其分工思想和墨家的主张十分相似。很多学者都注意到《墨子》一书主张“察类”和“分事”。“察类”指分辨事物的类属，属于形而上的范畴辨析；“分事”则是“察类”指导下的职业分工。如《墨子·非乐上》解释说：

> 王公大人蚤朝晏退，听狱治政，此其分事也。士君子竭股肱之力，亶其思虑之智，内治官府，外收敛关市、山林、泽梁之利，以实仓廪府库，此其分事也。农夫蚤出暮入，耕稼树艺，多聚叔粟，此其分事也。妇人夙兴夜寐，纺绩织纴，多治麻丝葛绪，捆布縿，此其分事也。

王公大人与农夫妇人虽有贵贱之分，但贵贱与否却不是墨子进行评判的标准，他一向把德与贤作为衡量一个人的终极依据，如其云：

---

① 李学勤主编：《清华大学藏战国竹简（捌）》，中西书局 2018 年版，第 136 页。

② 李学勤主编：《清华大学藏战国竹简（捌）》，中西书局 2018 年版，第 136～137 页。

故古者圣王之为政，列德而尚贤，虽在农与工肆之人，有能则举之。高予之爵，重予之禄，任之以事，断予之令……故官无常贵，而民无终贱。有能则举之，无能则下之。举公义，辟私怨，此若言之谓也。（《墨子·尚贤上》）

故古者圣王甚尊尚贤而任使能，不党父兄，不偏富贵，不嬖颜色。贤者举而上之，富而贵之，以为官长。不肖者抑而废之，贫而贱之，以为徒役。是以民皆劝其赏，畏其罚，相率而为贤者。以贤者众而不肖者寡，此谓进贤。（《墨子·尚贤中》）

与《墨子》一书相仿，《管子》与《荀子》也存在一定的分工思想。《管子》系黄老之学的代表作，也将百姓划分为士、农、工、商四类，并施行"分业定居"的政策，如其曰："士农工商，四民者，国之石民也，不可使杂处。杂处则其言哤，其事乱。是故圣王之处士必于闲燕，处农必就田壄，处工必就官府，处商必就市井。"（《管子·小匡》）所谓的"分业定居"，其初衷在于对社会实行有效的控制而严防流动性造成的混乱，所以《管子》一书提出"士之子常为士""农之子常为农""工之子常为工""商之子常为商"（《管子·小匡》）。这种身份的固定化、世袭化与《墨子》和《治邦之道》中那种贤材超越贵贱等级划分是有所区别的。

《荀子》为战国末期儒家学派的代表作，其中也有不少关于分工的论述，如其曰："农分田而耕，贾分货而贩，百工分事而劝，士大夫分职而听，建国诸侯之君分土而守，三公总方而议，则天子共己而已矣。"（《荀子·王霸》）又云："故仁人在上，则农以力尽田，贾以察尽财，百工以巧尽械器，士大夫以上至于公侯，莫不以仁厚知能尽官职，夫是之谓至平。"（《荀子·荣辱》）从荀子的论述里也可以看到君、臣及农、贾、工、士的划分，但荀子认为贵贱不可跨越，因为这就是"礼法之大分也"（《荀子·王霸》）。为此，他一再强调，"先王恶其乱也，制礼义以分之，使有贫富贵贱之等"（《荀子·王制》），"先王案为之制礼义以分之，使有贵贱之等，长幼之差，知愚、能不能之分"（《荀子·荣辱》）。《荀子》以礼法为依据进行社会分工，比起《管子》刚性的"分业定居"政策来，显示出柔性的一面，但从建立社会职业等级伦理秩序的角度来看，两者并无本质上的不同。

三、《治邦之道》中的工商业思想

春秋战国时代，华夏涌荡着一股强劲的古典经济的潮流。在这股潮流中，工商业得到了飞速发展，并于西汉时代达到了峰值。其中的来龙去脉，司马迁在《史记·货殖列传》中有过较为细致的描述。《治邦之道》属于战国时代的作品，也显示出关于古典经济的很多信息，其中尤其值得注意的是关于发展工商业的主张，如"君守器，卿大夫守政，士守教，工守巧，贾守贾鬻聚货，农守稼穑，此之曰修"，又如"薄关市，则货归，民有用"，再如"谨路室，摄圮梁，修谷澨，顺舟航，则远人至，商旅通，民有利"。[①]

从上述引文可见，《治邦之道》对于"四民"的排名为士、工、商、农夫，这样的排列次序并不是偶然，而是有意为之，因为文中还有一句"彼士及工、商、农夫之惰于其事，以偷求生"，排列次序也是士、工、商、农夫。将工与商置于农夫之前，兼以又大谈"薄关市，则货归""远人至，商旅通"，从这一系列表述中可以明显看出《治邦之道》作者对工商业的重视程度。

《治邦之道》对工商业的重视恰与《墨子》一致。墨子可能出身木工，擅长器械制造，据说墨子和公输班展开过一场攻防博弈，其中就展现了墨子对器械的精通程度。《墨子》中的《备城门》等 11 篇，就专门讲守城技术与器械。墨子曾引用古者圣王的话说："'凡天下群百工，轮、车、鞼、匏、陶、冶、梓、匠，使各从事其所能。'曰：'凡足以奉给民用，则止'。"（《墨子·节用中》）"奉给民用"即手工业的社会价值之所在，对于各种工具的使用，《墨子》一直持赞颂态度，如赞颂"剑之利也""甲之利也""车之利也""舟之利也"等。

手工业与商业有天然的连带关系，因此墨子对商业也极为看重，作为知识分子，墨子却常常借以士人与商人比较来抬高商人的身价。如其云："商人用一布布，不敢继苟而雠焉，必择良者。……则士之用身不若商人之用一布之慎也。"（《墨子·贵义》）又云："商人之四方，市贾倍徙，虽有关梁之难，盗贼之危，必为之。……则士之计利，不若商人之察也。"（《墨子·贵义》）

墨子不但为商人代言，而且还发展出一套关于商业的理论，如"为屦以买不为屦"（《墨子·经说下》）就涉及了商品的价值与交换价值；"贾宜，贵贱也"

① 参见李学勤主编：《清华大学藏战国竹简（捌）》，中西书局 2018 年版，第 138 页。

(《墨子·经说上》)则蕴含价格波动理论意识。不仅如此,墨子还反对横征暴敛,虽然他主张“收敛关市、山林、泽梁之利,以实仓廪府库”(《墨子·非乐上》),却一直坚决“民费而不病”(《墨子·辞过》)的原则,反对“厚作敛于百姓”(《墨子·辞过》)。退一万步说,即使“厚作敛”,那也要用于改善交通等基础设施,所谓“厚措敛乎万民,以为舟车”(《墨子·非乐上》),其实是“反中民之利也”。《墨子》一书中多次论述“舟车之利”,如其曰:“其为舟车也,完固轻利,可以任重致远,其为用财少,而为利多,是以民乐而利之。”(《墨子·辞过》)根据前面的论述,《治邦之道》里的“薄关市,则货归,民有用”与“谨路室,摄圯梁,修谷澨,顺舟航,则远人至,商旅通,民有利”与《墨子》的经济思想并不冲突,在一定程度上还有暗合之处。

《治邦之道》虽多次把农夫排在士、工、商后,但这并不意味着该篇作者就存在轻农思想,其实《治邦之道》多处都涉及农业,如主张“不起事于农之三时,则多获”,担心的是“水旱不时”、“五种贵”和“粟米六扰败竭”,期待的是“民宜地举货,实征无秽”[①],即便用以比喻时也会拿农业做例子。

> 彼圣士之不由,譬之犹岁之不时,水旱、雨露之不度,则草木以及百谷慢生,以瘯不成。彼春夏秋冬之相受既巡,水旱、雨露既度,则草木以及百谷茂长繁实,无□以熟。[②]

可见,《治邦之道》也是十分重农的,这符合传统中国作为农业文明共同体的国情,也可以说《治邦之道》重商亦重农,并不抑此扬彼。《墨子》也明显有重农的思想,文本中亦有关于农业的大量论述,有学者谓之为“劳农主义”[③],甚至有学者总结说:“墨子之重食,尤重于货。”[④]也就是说,《墨子》与《治邦之道》一样,也是重商兼重农,均不抑此扬彼。

战国时代,频繁的战争使得任何一国都需要源源不断的士兵供给与军费供给,因此建立户籍制度和与之配套的授田制度就变得势所必然,很多国家都是借此实现直接的人身控制与普遍的赋役诉求。这可以说就是重农抑商

① 参见李学勤主编:《清华大学藏战国竹简(捌)》,中西书局2018年版,第137页。

② 李学勤主编:《清华大学藏战国竹简(捌)》,中西书局2018年版,第136页。

③ 吴虞:《墨子的劳农主义》,《吴虞文集》卷下,亚东图书馆1929年版,第66页。

④ 唐庆增:《中国经济思想史》,商务印书馆2010年版,第223页。

思想产生的历史语境。其时，农家与法家极力倡导重农抑商，如许行主张“市贾不贰，国中无伪”(《孟子·滕文公上》)，商鞅则认为“能事本而禁末者，富”(《商君书·壹言》)，而韩非更是把“侔农夫之利”的“商工之民”称为“五蠹”之一。在重农抑商这个问题上，一些儒家学者也不例外，比如荀子认为“工商众，则国贫”，“故田野县鄙者，财之本也；垣窌仓廪者，财之末也”(《荀子·富国》)。基于这一本末论，荀子提出“省工商，众农夫”(《荀子·君道》)的主张。

古代的抑商政策不仅有“本末论”，还有“轻重论”与“义利论”。[①] 如《管子》一书特别倡导“轻重论”，所谓“轻重论”就是强调政权对经济的绝对主导，对于与政权争利的富商大贾，那是要予以重击的。如果人君不能统筹全局，使“蓄贾游市，乘民之不给，百倍其本”(《管子·国蓄》)，甚至导致“贫者失其财，是重贫也。农夫失其五谷，是重竭也”(《管子·轻重甲》)。因此，政权要通过“以重射轻，以贱泄平”的手段达到统摄与调控的效果，从而产生重农抑商的格局。有学者曾指出：“轻重学说是抑商的，但是为了能让国家获取经济利益，它又不得不在抑商中袭用商人的货殖之术。……抑商却又重商，形成轻重学说的一大特色。”[②]这里的“重商”实际上是要形成政权管控商业的模式，《治邦之道》之中“薄关市”的主张明显与其思路不一致。

总而言之，《治邦之道》重视工商业，也不忽略农业，在这一点上与农家、法家乃至部分儒家重农抑商的主张不同，当然与《管子》等黄老学者主张的国家管控商业的“轻重论”也有很大区别。从《治邦之道》的经济主张来看，无论是主张降低关税还是主张不违农时，都明显有为劳动者代言的特点，这与《墨子》的立场是十分相似的。

四、《治邦之道》中的“用”“利”思想

人类经济活动乃是为了创造、转化、实现经济价值，以便最大限度地满足人类的物质与精神生活的需求。经济活动的效益，乃是指通过对外交换商品或劳动，以达到节约社会劳动的目的。对此中西之哲人已经多有论说，此不赘述。《治邦之道》在阐述经济活动效益时，乃是采用“用”和“利”作为评价依

① 参见余恩海：《中国商业社会学》，中国商业出版社1995年版，第21～22页。

② 耿振东：《管子学史》，商务印书馆2018年版，第47页。

据，如以“用”为依据进行评价时云：“度其力以使之，饥渴、寒暑、劳逸，和于其身。故毋慎甚勤，服毋慎甚美，食毋慎甚味。故资裕以易足，用是以有余。”① 又云：

> 薄关市，则货归，民有用。不厚葬，祭以礼，则民厚。不起事于农之三时，则多获。各当一官，则事省，民不缓。爱民则民孝，知贤则民劝，长乳则[畜]蕃，民有用。②

此外，与《治邦之道》渊源颇深的《治政之道》也批判统治者“多造不用之器”③。无论是谈“资”之用、“货”之用、“畜”之用，还是说“不用之器”，大抵涉及了经济学所说的使用价值。关于这一点，《墨子》一书阐述得比较充分，如《节用上》谈衣裘、宫室、甲盾、五兵、舟车之用，又云：“圣王为政，其发令兴事、使民用财也，无不加用而为者。”《节用中》谈饮食、衣服、剑、甲、车、舟、宫室之用，又云：“凡足以奉给民用，则止。”其实都是在讲产品的使用价值。

《治邦之道》所谈的“货”，乃是商品无疑；所谈的“畜”，大概也是要出售为商品的。所谓的“货之用”和“畜之用”，恰与作者对商业的崇尚相吻合。另外，“故毋慎甚勤，服毋慎甚美，食毋慎甚味。故资裕以易足，用是以有余”是说，担忧民众的身体过于勤劳，担忧自己的衣服过于华美，担忧食物过于美味，正是这样的节用观念，才使得物资丰裕，使用价值也因而充分有余。这样的观念很容易让人联想起《墨子·节用》篇中的论点。

除了“用”之外，《治邦之道》还多次用“利”来评判经济活动效益，如云：“谨路室，摄圯梁，修谷澨，顺舟航，则远人至，商旅通，民有利。”又云：“故资裕以易足，用是以有余，是以敷均于百姓之兼利而爱者。”④按照《治邦之道》的说法，改善了交通设施，远方的商旅来到，则民有利。也就是说，商贸往来会带来“利”，而物资丰裕带来了更多的使用价值，则老百姓普遍会得到“利”和爱。说到这个“利”，很容易让人联想起墨子最为重要的观点之一——“交相利”。什么是“利”呢？《墨子·经上》解释“利，所得而喜也”，则“交相利”的意

① 李学勤主编：《清华大学藏战国竹简（捌）》，中西书局 2018 年版，第 137 页。
② 李学勤主编：《清华大学藏战国竹简（捌）》，中西书局 2018 年版，第 138 页。
③ 黄德宽主编：《清华大学藏战国竹简（捌）》，中西书局 2019 年版，第 129 页。
④ 参见李学勤主编：《清华大学藏战国竹简（捌）》，中西书局 2018 年版，第 137 页。

思就是在相互的交往尤其是经济交往中有物质的所得，有精神的满足。从这个角度来理解“远人至，商旅通，民有利”，“资裕以易足，用是以有余，是以敷均于百姓之兼利而爱者”是较为合适的。所谓“所得”，当然指的是客观价值；而“喜”则是讲主观偏好。虽然《墨子》所谓的“利”只看到了“喜”，并未涉及这种“喜”的边际递减规律，但就综合了客观、主观两种价值论而言，这里的“利”还是与经济学中的边际效用有着较为接近的一面。

《墨子》一书中论述“利”的内容非常多，如“其为舟车也，完固轻利，可以任重致远，其为用财少，而为利多，是以民乐而利之”（《墨子·辞过》）；“凡费财劳力而不加利者，不为也”（《墨子·辞过》）；“诸加费不加民利者，圣王弗为”（《墨子·节用中》）。这些论述都与经济活动效益有关，也就是通过工具的使用和政策的执行达到社会总收益的提高，从而提高民众的满足感，即所谓的“民乐”。可以说，《墨子》所说的“利”既是一种经济手段，同时也是一种经济目的。这与管子、韩非子等仅仅把“利”作为“驱民治国的一种手段”[①]不同。

墨子主张“兼相爱，交相利”（《墨子·兼爱中》），也就是说，这种“利”正是达到兼爱的重要途径。在《墨子》中，“利”与“爱”总是形影不离，如“爱利万民”（《墨子·尚贤下》）；“兼而爱之，从而利之”（《墨子·尚贤中》）；“众利之所生何自生？从爱人利人生”（《墨子·兼爱下》）；“爱人者，人从而爱之；利人者，人从而利之”（《墨子·兼爱中》）；“天必欲人之相爱相利”（《墨子·法仪》）；“此之我所爱，兼而爱之；我所利，兼而利之”（《墨子·天志上》）……与之类似，《治邦之道》中对“利”的阐述也与“爱”相配合，甚至还进一步表达了“是以敷均于百姓之兼利而爱者”这样“兼利而爱”的思想。

墨子主张“背周道而行夏政”（《淮南子·要略》），因此心怀天下，以“道”自任。墨子很多论说都以天下为怀，如云：“圣王之道，天下之大利也。”（《墨子·节用上》）又云：“兴天下之利，除天下之害。”（《墨子·兼爱下》）也就是说，墨子所谈的“利”不是为一人而设定，也不是为某一个政权而设定，而是为天下百姓而着想。在这个层面上，《治邦之道》与《墨子》也是一致的，正所谓：

① 邓加荣：《墨子经济思想今析》，《首都经济贸易大学学报》2009年第3期。

故资裕以易足，用是以有余，是以敷均于百姓之兼利而爱者。故四封之中无勤劳殣……病之人，万民斯乐其道，以彰其德。怀恻圣君，上有过不加之于下，下有过不敢以诬上。失之所在，皆知而更之，故莫敢怠，以抗其修。[①]

五、结语

就《治邦之道》整篇思想而言，的确存在儒墨混杂的特点，甚至还显示了一定的黄老思想的痕迹，一些学者因而提醒说“不宜轻率定性”。从严谨性的角度来说，这种提醒是非常有道理的。尽管先秦时代各学派界限未必像后世认为的那样分明，尽管到了战国中后期各学派有走向融会的某种态势，但不能否认的是，《治邦之道》确乎存在着较为明显的墨家思想因素。尤其从人口、分工、对工商业的重视以及“用”“利”思想等经济思想角度来说，《治邦之道》中的相关观念的确更为接近墨家学派的主张，而与其他学派则存在着较为明显的差异。

① 李学勤主编：《清华大学藏战国竹简(捌)》，中西书局2018年版，第137页。

论清华简《治邦之道》的墨家思想*

马　腾

墨学乃先秦显学，近世墨学复兴以降，《墨子》研究洋洋大观。然而，在晚近基于出土文献的子学研究蔚为风潮之时，墨学研究仍难与儒、道二家相提并论。毕竟，以往涉及墨家的出土文献相对较少，结合简牍研究墨学的空间颇为局促。[①] 2018 年 11 月，清华大学藏战国竹简(捌)的正式发布或将改变这一状况[②]，其整理报告云："应该是一篇与墨学有关的佚文……对研究墨家学说及其在战国时期的传播颇有价值。"[③]据笔者统计，《治邦之道》简文注释援引《墨子》书凡 25 次，足见与《墨子》文本与墨家思想之密切关联。[④] 关于《治邦之道》与《墨子》一书及其思想命题的基本关系，参与清华简整理的刘国忠教授此前已撰文述及，今笔者尝试结合素来墨学研究心得，诠释《治邦之道》所见墨家治道特征与价值。

---

* 该文为国家社科基金项目"出土文献与先秦诸子法律思想研究"(17CFX056)的阶段性成果，发表于《厦门大学学报》(哲学社会科学版)2019 年第 5 期。

① 目前研究方向或议题主要有三：一是信阳长台关竹简与《墨子》佚文；二是上博简《鬼神之明》篇与《墨子·明鬼》；三是睡虎地秦简、银雀山汉简与《墨子》城守各篇。

② 之前公布清华简与墨学的关系已有若干研究。沈建华指出，《汤处于汤丘》与《墨子·贵义》从文本形式到思想内容的相通，透露出尚贤、贵俭的墨家思想(沈建华：《清华简〈汤处于汤丘〉与〈墨子·贵义〉文本》，《中国史研究》2016 年第 1 期)。刘成群认为："清华简《汤处于汤丘》《殷高宗问于三寿》，作为黄老作品，在其形成过程中，就非常有可能汲取了墨家'说书'之作中的某些说法。"(刘成群：《清华简与墨学管窥》，《清华大学学报》[哲学社会科学版]2017 年第 3 期)

③ 刘国忠：《清华简〈治邦之道〉初探》，《文物》2018 年第 9 期。

④ 参见李学勤主编：《清华大学藏战国竹简(捌)》，中西书局 2018 年版，第 139～147 页。若立新说而不察其义，谓"更接近儒家文献"，似不妥。陈民镇：《清华简(捌)读札》，清华大学出土文献研究与保护中心，https://www.tsinghua.edu.cn/publish/cetrp/6831/2018/20181117172306966584873/20181117172306966584873_.html。

一、斥治国“在命”，印证墨家“非命”“七患”诸说

《治邦之道》篇名得自其主旨句，概言“此治邦之道，智者智（知）之，愚者曰：‘在命’。”[①]愚者以为邦国兴衰纯有命数，“譬之若日月之叙”，周而复始，率将治乱根源皆归为“命”，而该篇论说旨在力斥这一观念。在此，“治邦之道”主旨便与其时流行之“命”论针锋相对。墨子曰：“政者，口言之，身必行之。”（《墨子·公孟》）《治邦之道》胪列诸多治国安邦之策，正是寄望国君士人能以理智周全思虑，进而付诸制度实践。全篇阐述治国理政之人事法度，末曰“无命大于此”[②]，仍完全否弃“命”的观念，易于让人想到墨家所持“非命”论，甚至连先设拟命论言说再予以强烈驳斥的论述风格也极为近似，[③]如《墨子·非命下》云：

> 其言不曰：“吾罢不肖，吾听治不强。”必曰：“吾命固将失之。”……其言不曰：“吾罢不肖，吾从事不强。”又曰：“吾命固将穷。”

由此可见“非命”对于墨学颇为重要[④]，其所主“非命”小到个体人生，大到国家治理，皆批判“命富则富，命贫则贫；命众则众，命寡则寡；命治则治，命乱则乱；命寿则寿，命夭则夭”（《墨子·非命上》）的宿命论。以为贫富、寿夭、治乱皆有定数，乃普罗大众故步自封的源头，亦是不肖之士理屈词穷的推托，更为暴王庸君播糠眯目的法宝，正墨家所谓“命者，暴王所作，穷人所术”。当时，天下另一重要学派是颇言“命”的儒家。《论语·宪问》曰：“道之将行也与，命也；道之将废也与，命也。”《论语·尧曰》曰：“不知命，无以为君子。”《论语·季氏》曰：“君子有三畏：畏天命，畏大人，畏圣人之言。”《论语·颜渊》曰：“死生有命，富贵在天。”《庄子·至乐》言：“孔子曰：‘命有所成而形有所适也，夫不可损益。’”《墨子》书中的儒者公孟子曰：“贫富寿夭，齰然在天，不可损

---

① 李学勤主编：《清华大学藏战国竹简（捌）》，中西书局 2018 年版，第 138 页。

② 李学勤主编：《清华大学藏战国竹简（捌）》，中西书局 2018 年版，第 138 页。

③ 杨义从文学角度察见墨子重兼而多设问，乃兼有讲述者与听述者的特有修辞法。参见杨义：《墨子还原》，中华书局 2011 年版，第 89～90 页。

④ 蔡尚思将兼爱与非命并列，认为墨子的中心思想是以兼爱与非命为中心的大平等主义。参见蔡尚思：《墨家十大宗旨的主次问题》，张知寒、李广星主编：《墨子研究论丛》（四），山东大学出版社 1998 年版，第 14～15 页。

益。”(《墨子·公孟》)诚然,儒家言“命”固非宿命论[1],然而,墨家看来,正是“执有命者”推波助澜,以“命”遮蔽讳莫如深的真实原因。只要关于“命”之言说甚嚣尘上,人们就不免被动消极,难有所为。《墨子·非命下》云:“今天下之士君子,中实将欲求兴天下之利,除天下之害,当若有命者之言,不可不强非也。”墨家“非命”矛头直指儒家,《墨子·非儒下》谓:“有强执有命以说议曰:‘寿夭贫富,安危治乱,固有天命,不可损益。穷达赏罚,幸否有极,人之知力,不能为焉。’群吏信之,则怠于分职。庶人信之,则怠于从事。吏不治则乱,农事缓则贫,贫且乱政之本,而儒者以为道教,是贼天下之人者也。”《墨子·公孟》更直接批判儒家命论:“儒之道足以丧天下者,四政焉。……又以命为有,贫富寿夭、治乱安危有极矣,不可损益也。为上者行之,必不听治矣;为下者行之,必不从事矣。此足以丧天下。”墨子信奉天志兼爱、天道酬勤,希图正本清源,提倡“非命”而自强,堪称一番深富人文观念与平等精神的醒世恒言。

既反治乱由命,则富于治理意识,“兴,不可以幸”,“必虑前后,则患不至”。《治邦之道》提醒治国不凭侥幸,而应保持警备态度与忧患意识。所同于儒家者,墨家亦期盼出现“明王圣君”安邦定国,但这主要不是“正身正人”“修己以安百姓”(《论语·宪问》)的问题,关键是统治者如何洞察治乱兴衰之所由,从而予以有效应对及治理。《墨子·兼爱上》曰:“不知乱之所自起,则弗能治。圣人以治天下为事者也,不可不察乱之所自起。”简文曰:“此物也每一之发也,足以败于邦。”意即如果治国缺乏忧患意识,就会导致社稷不保,族群瓦解:

> 彼上有所可感,有所可喜,可感弗感,可喜弗喜,故坠失社稷,子孙不属。可感乃感,可喜乃喜,故常正无忒。

治国层面的喜乐忧愁,真可谓政治见识与判断的反映。不过,《治邦之道》对“可喜”方面略过不提,而专论“可感”方面。虽一体两面,但偏于“可感”而非“可喜”论说,恰是忧患意识的体现:

---

① 傅斯年述东周天命说,分为命定论、命正论、俟命论、命运论、非命论五种,且认为:“墨子所非之命,指前定而不可变者言,《周诰》中指命以不常为义,故墨子说在大体上及实质上无所多异于周公也。”参见傅斯年:《性命古训辩证》,广西师范大学出版社2006年版,第102～105页。

彼上之所慼，邦有疠疫，水旱不时，兵甲骤起，盗贼不弥，仁圣不出，谗人在侧弗知，邦狱众多，妇子儥(賸)[①]叚，市多台，五种贵，上乃忧慼，靖殛以知之于百姓，乃恤其政，以遇其故。[②]

由此可见，"所慼"包括瘟疫疾病、自然灾害、军事战争、社会犯罪、贤才匮乏、谗人当道、狱讼众多、民众穷困、粮食稀缺等方面，墨学详审周虑之品格展露无遗。然忧患本身不足以言治，关键在于预防与应对。在一般状况下，治国就应"慬其刑政"而"不耆至力"[③]，体恤民情；若遇到天灾人祸，"所慼"情形发生，"以知之于百姓，乃恤其政，以遇其故"，将灾害变故的安抚惩处措施公之于众，进而慎重善后，妥当应对。这颇符合《墨子·七患》所述，通过"彻骖騑，涂不芸，马不食粟，婢妾不衣帛"等节俭救灾措施向天下"告不足之至也"。

刘国忠认为："《墨子》一书中有《尚同》三篇，强调要'选择天下贤良、圣知、辩慧之人，立以为天子，使从事乎一同天下之义'(《尚同中》)……是对《墨子·尚同》诸篇思想的具体发挥。"[④]《墨子·尚同中》曰：

故当若天降寒热不节，雪霜雨露不时，五谷不孰，六畜不遂，疾菑戾疫，飘风苦雨，荐臻而至者，此天之降罚也，将以罚下人之不尚同乎天者也。

文义多有近似，不过《尚同》偏于从法权源起、国家建制、职官设立的主旨论述，《治邦之道》的"慼"于此更多表达治国的现实问题与忧患意识。因而，简文不仅是对《尚同》篇的具体发挥，还符合《墨子》各篇关于治国整全而务实的方略及其忧患意识。简文在段意上近于《七患》[⑤]篇所云：

子墨子曰：国有七患。七患者何？城郭沟池不可守，而治宫室，一患也；边国至境，四邻莫救，二患也；先尽民力无用之功，赏赐无能之人，民

① 整理报告读为"赘"，另有读为"賸"，解作"送"之义。参见罗涛：《清华简捌〈治邦之道〉"賸假"试解》，简帛网，http://bsm.org.cn/show_article.php? id=3252。

② 李学勤主编：《清华大学藏战国竹简(捌)》，中西书局 2018 年版，第 138 页。

③ 李学勤主编：《清华大学藏战国竹简(捌)》，中西书局 2018 年版，第 137 页。

④ 刘国忠：《清华简〈治邦之道〉初探》，《文物》2018 年第 9 期。

⑤ 《七患》篇不受重视，孙诒让视为"'节用'之余义"，胡适、梁启超皆视为后学所述余论。然近有学者视为墨子脱儒之后具有活跃探索性、尚未形成完整体系的前期著作。参见杨义：《墨子还原》，中华书局 2011 年版，第 19～22 页。

力尽于无用，财宝虚于待客，三患也；仕者持禄，游者爱佼，君修法讨臣，臣慑而不敢拂，四患也；君自以为圣智而不问事，自以为安强而无守备，四邻谋之不知戒，五患也；所信者不忠，所忠者不信，六患也；畜种菽粟不足以食之，大臣不足以事之，赏赐不能喜，诛罚不能威，七患也。以七患居国，必无社稷；以七患守城，敌至国倾。七患之所当，国必有殃。

墨家所谓“七患”涉及国防、外交、财政、君主、臣属、粮食、赏刑各端，尽管具体内容及表述不尽相同，整体上仍同样表达一番颇为整全的治国忧患意识，可与《治邦之道》相发明。《治邦之道》胪列邦国“所感”的各种灾害祸患，综观《墨子》全书皆不乏近似之义甚至趋同表述，或正或反，均可察见二者所共同关切国家治理与社会民生之重要议题。试以表1为示。

表1 《治邦之道》与《墨子》所述国家灾害祸患对照

《治邦之道》	《墨子》	
邦有痯疫	疾菑戾疫，飘风苦雨，荐臻而至者，此天之降罚也	《尚同中》
	今岁有疠疫，万民多有勤苦冻馁，转死沟壑中者，既已众矣	《兼爱下》
	疾菑戾疫凶饥则不至	《天志中》
水旱不时	天降寒热不节，雪霜雨露不时	《尚同中》
	是以天之为寒热也节，四时调，阴阳雨露也时	《天志中》
	天下疾病祸福，霜露不时	《天志下》
兵甲骤起	边国至境，四邻莫救	《七患》
	诸侯之冤不兴矣，边境兵甲不作矣	《天志中》
	于此为坚甲利兵，以往攻伐无罪之国	《非攻下》
盗贼不弥	赏赐不能喜，诛罚不能威	《七患》
	盗贼众而治者寡	《节葬下》
	民之为淫暴寇乱盗贼	《明鬼下》
	寇乱盗贼并兴	《非乐上》
邦狱众多	天子赏罚不当，听狱不中	《天志下》
	王公大人怠乎听狱治政	《非命下》

续表

《治邦之道》	《墨子》	
仁圣不出 谗人在侧弗知	君自以为圣智而不问事	《七患》
	谄谀在侧,善议障塞,则国危矣	《亲士》
	所信者不忠,所忠者不信	《七患》
	不肖者在左右,则其所誉不当贤,而所罚不当暴	《尚贤中》
妇子賸暇 市多台(奴隶)	若败邦鬻室,嫁子无子	《经说下》
五种贵	畜种菽粟不足以食之 五谷不收谓之饥	《七患》
	五谷不孰	《尚同中》
	风雨节而五谷孰	《辞过》
	五谷孰,六畜遂	《天志中》

二、主“兼利而爱”,展现墨家“兼相爱,交相利”治道

一般认为,“兼爱”乃墨学根荄。[1]《治邦之道》简文曰:“敷均于百姓之兼利而爱者。”[2]后文“爱民则民孝”,亦为“兼爱”观之复述。[3] 这与《墨子·兼爱中》“兼以易别”“兼相爱、交相利之法”的命题别无二致,也与《墨子》他篇围绕

① 清人张惠言《书墨子经说解后》谓“墨之本在兼爱”(孙诒让撰:《墨子间诂》,中华书局 2001 年版,第 678 页)。近代论者多沿袭此说。如伍非百谓兼爱为“墨家通义”(伍非百:《墨子大义述》,《民国丛书》第四编第五册,上海书店出版社 1992 年版,第 23 页)。萧公权亦认为“兼爱终不失为其学之中心观念也”(萧公权:《中国政治思想史》,新星出版社 2005 年版,第 87 页)。

② 李学勤主编:《清华大学藏战国竹简(捌)》,中西书局 2018 年版,第 137 页。“敷均”即均分周施之义,考索《墨子》一书,分配“均”与“不均”的论题凡六见。

③ 此处“爱民”与“孝”似乎近于儒家思想,其实不悖墨家之旨。《汉书·艺文志》曰:“墨家者流……以孝视天下。”《墨子·兼爱上》云:“若使天下兼相爱,爱人若爱其身,犹有不孝者乎?……若使人下兼相爱……君臣父子皆能孝慈,若此则天下治。”“孝”是“天下兼爱”这一理想的结果,符合此处简文“爱民则民孝”之义。

兼爱交利的阐释及其“兼交并举”“爱利一体”的思维完全相符。[①] 王桐龄曰：“儒墨之异同比较，有最明显之一语。即儒家常以仁义并称，……墨家常以爱利并称。”[②]“兼爱”是一种弱化亲疏远近、名分等级的平等化思想，这已成为众多治墨者的共识。[③] “视人之国若视其国，视人之家若视其家，视人之身若视其身”（《墨子·兼爱中》），是墨家消弭邦国、家族、身份各方面差异，纯以天下、人类共同体为关切的理想社会图景。甚至在《墨子·非儒下》篇开宗明义批判儒家：“儒者曰：‘亲亲有术，尊贤有等。’言亲疏尊卑之异也。”《墨子·尚贤中》则曰：“虽天亦不辨贫富、贵贱、远迩、亲疏。”《治邦之道》所述理念与之类似：“贵贱之位诸同爵者，毋有疏数，远迩小大，一之则无二心。”[④]这一理念与“名位不同，礼亦异数”（《左传·庄公十八年》）的传统显然不同，也与营卫这一等级礼数传统的儒学判然有别，更可印证墨子“以为其礼烦扰而不悦”（《淮南子·要略》）从而脱离儒门自创墨学的记载。

“兼相爱，交相利”归旨于总体福祉，针对其时“饥者不得食，寒者不得衣，劳者不得息”的现象，要求君主“先万民之身后为其身”，呼吁尊重人民的生存权利[⑤]，“饥即食之，寒即衣之，疾病侍养之，死丧葬埋之”（《墨子·兼爱下》）。《治邦之道》与《兼爱》篇形神俱似，曰：“度其力以使之，饥渴、寒暑、劳逸，和于其身。”墨家“兼爱”尤为关怀底层弱势群体：“获，人也；爱获，爱人也。臧，人也；爱臧，爱人也。”（《墨子·小取》）在普遍将奴婢视为财产的时代，作为奴婢的“臧”“获”被世人视为至贱，但在墨者看来仍有其作为人而非物品的本质，从而属于“兼爱”的范围，这在古典思想中诚如空谷足音。简文曰：“贫□毋

① 《墨子·天志上》曰：“故天意曰：‘此之我所爱，兼而爱之；我所利，兼而利之’。”《墨子·法仪》曰：“（天）兼而爱之，兼而利之。”《墨子·经说下》：“仁，仁爱也。义，利也。爱利，此也。所爱所利，彼也。爱利不相为内外，所爱利亦不相为外内。其为仁内也、义外也，举爱与所利也，是狂举也。若左目出右目入。”墨子所谓“兼相爱，交相利”大有“爱利一体”之义，后学明确澄清“爱”与“利”并非内外关系，打破“举爱与所利”的定式，强化“爱利一体”的观念。

② 王桐龄：《儒墨之异同》，《民国丛书》第四编第五册，上海书店出版社1992年版，第39页。

③ 梁启超说：“彼所云爱，以平等周遍为鹄。”梁启超：《先秦政治思想史》，天津古籍出版社2004年版，第140页。刘师培说：“墨家不重阶级，众生平等为归。”刘师培：《周末学术史序》，《刘申叔遗书》，江苏古籍出版社1997年版，第509页。方授楚视“平等”为墨家的根本精神：“然则其思想之特点安在？一言以蔽之，则平等是已。”参见方授楚：《墨学源流》，中华书局、上海书店出版社1989年影印版，第107～113页。

④ 李学勤主编：《清华大学藏战国竹简（捌）》，中西书局2018年版，第137页。

⑤ 对墨家权利观的阐述，参见马腾：《墨家“兼爱”思想的法权利观阐释》，《中山大学学报》（社会科学版）2011年第2期。

废，毋咎毋□（辍），教以举之，则无怨。"意即不否弃、疏离贫弱疾病者，仍应予以教导改善，此合于墨家社会共济、慈善救助之义，即其所倡"有力者疾以助人，有财者勉以分人，有道者劝以教人"（《墨子·尚贤下》）。

"兼爱"的普遍性在政制层面呈现为"尚同"论的"上下通情"意义。《墨子·尚同上》曰："古者圣王唯而审以尚同，以为正长，是故上下情请为通。上有隐事遗利，下得而利之；下有蓄怨积害，上得而除之。"《治邦之道》曰："事必自知之，则百官敬。"然而，东周邦国法权扩大化、集权化态势下的"上下通情"，难免面临掣肘执政的批评谤议与言论传播。①《治邦之道》曰："毋恶谣，察其信者以自改，则过蔽。毋以一人之口毁誉，征而察之，则情可知。"②"兼爱"作为一种维系共同体的思想，可以扭转"制民""胜民"、妄纠罪错以为奸心奸言的政治惯习。该段简文明确表达了这样一种理念：不必憎恶上下通情机制中难以避免的谣言，相反，只有保持开放宽容的执政心态与通畅的舆情渠道，才能真正实现"上下通情"。简文虽仅见一处"兼利而爱"，但"兼爱"精神一以贯之，体现为一种关怀民生、开放宽容的执政精神，可补《墨子》所表达"兼爱"之治世价值。

相较于蔚为体系、理论精深之墨学"兼爱"，《治邦之道》"兼利而爱"集中关注具体治理问题：

> （1）其政使贤、用能，则民允。（2）男女不失其时，则民众。（3）薄关市，则货归，民有用。（4）不厚葬，祭以礼，则民厚。（5）不起事于农之三时，则多获。（6）各当一官，则事靖，民不缓。（7）爱民则民孝，（8）知贤则民劝，（9）长乳则［畜］蕃，民有用。（10）谨路室，摄汜梁，修谷澨，顺舟航，则远人至，商旅通，民有利。③ 此治邦之道。④

该段简文所述治道方略可依编号分为十则：（1）（6）（8）与墨家"尚贤"有

① 自子产之时即有"郑人游于乡校，以论执政"，子产贵民而阐明"不毁乡校"论（《左传·襄公三十一年》），却据称也曾严令取缔邓析之"悬书""致书""倚书"（《吕氏春秋·审应览·离谓》）。

② 李学勤主编：《清华大学藏战国竹简（捌）》，中西书局2018年版，第137页。

③ 此处关于车马交通与民利之论述，类似《墨子·节用上》曰："车以行陵陆，舟以行川谷，以通四方之利。"

④ 李学勤主编：《清华大学藏战国竹简（捌）》，中西书局2018年版，第138页。序号是笔者为便于论述所编。

关，后文详述；(7)合于墨家“兼爱”，已如前述；(2)(4)显然与墨家“节用”有关；(3)(5)(9)(10)亦与墨家“先质后文”之思想、“中国家百姓人民之利”之政刑不无联系。十则几乎均以“民”的利益作为治道效果陈述，合于在先秦最早为民请命，甚至堪称“唯一以社会问题作为主要问题”①的墨家思想。

关于(2)“男女不失其时，则民众”，主张促使适婚年龄的男女得以结婚成家，有利于人口繁衍，这显然是墨家特有的治道论点，经文献考索亦未见彰于其他子书。唯《墨子·辞过》曰：“内无拘女，外无寡夫，故天下之民众。……男女失时，故民少。”墨家“节用”“贵俭”于物质经济俭朴之义自不待言，然尚有节省时间、提高效率的制度价值，尚有待挖掘阐述。所谓“节用”亦包括“省时”，往往表达时间即财富之义，从而以节约时间成本的思路寓“开源”于“节用”中。墨家在批判“攻伐邻国”之举、“厚葬久丧”之礼、“旷时废事”之乐时，皆以“男女久不相见”(《墨子·节用上》)、“败男女之交”(《墨子·节葬下》)充当一种坚实的理由。与之相应，墨家意识到社会婚姻关系与人口繁衍问题至关重要，故而强调生育繁衍的及时性。《墨子·辞过》结语曰：“夫妇节而天地和。”以人为先，随后才顺述“风雨节而五谷孰，衣服节而肌肤和”。由此，墨家“节用”论在婚姻制度与人口政策方面提出“倍人之法”：“丈夫年二十，毋敢不处家。女子年十五，毋敢不事人，此圣王之法也。”(《墨子·节用上》)该句为墨家之言，殆无疑义。

关于(4)“不厚葬，祭以礼，则民厚”，则易于想到墨家“节葬”，且看《墨子》书中“丧葬之法”：

> 古者圣王制为节葬之法，曰：衣三领，足以朽肉，棺三寸，足以朽骸，堀穴深不通于泉，流不发泄，则止。死者既葬，生者毋久丧用哀。(《墨子·节用中》)
>
> 子墨子制为葬埋之法，曰：棺三寸，足以朽骨；衣三领，足以朽肉。掘地之深，下无菹漏，气无发泄于上，垄足以期其所，则止矣。哭往哭来，反从事乎衣食之财，佴乎祭祀，以致孝于亲。(《墨子·节葬下》)

简文“不厚葬”固然近于墨家“节葬”，而“祭以礼”亦与儒家“葬之以礼，祭

① 韦政通：《先秦七大哲学家》，江苏教育出版社2006年版，第117页。

之以礼”（《论语·为政》）相通。墨家以儒家之礼繁扰，反对厚葬久丧，则此处“祭以礼”或易被视为儒家礼学。然而，“礼”出现于《墨子》一书多为肯定用法，人与人之间讲究“父子兄弟之礼”（《墨子·尚同中》）与“男女之礼”（《墨子·辞过》），国际之间提倡“遍礼四邻诸侯”。甚至，针对在治国方面的“无礼”，《墨子·鲁问》曰：“国家淫僻无礼，则语之尊天事鬼。”其实，“礼”本为共享的文化传统，有其“事神致福”的功能，也具有一种抽象的“敬”“信”之规范精神，亦如《墨子·经上》所谓“礼，敬也”。可见，尽管反感繁缛等差之礼文，墨学中的“礼”仍不乏作为社会规范论的积极含义，甚至在墨学“辞典”中淬炼出“礼”固有的敬重态度。而且，简文“祭以礼”并非单独出现，而是接续“不厚葬”，上述所引《墨子·节葬下》阐明“节葬之法”，先言葬埋棺穴之“节”，随后明确要求“佴乎祭祀，以致孝于亲”，岂不完全吻合简文“不厚葬，祭以礼”的叙述？作为“不厚葬，祭以礼”结果的“民厚”，应非儒家“民德归厚”（《论语·学而》）之义，更近乎墨家率先从功利主义提出节用、节葬的宗旨。

关乎人之生与死的“倍人之法”与“丧葬之法”，在墨家看来仍应以制度手段实现生殖资源的最大化与后事成本的最小化。提炼为治国治民的总原则，便是“诸加费不加于民利者，圣王弗为”（《墨子·节用中》）这一节用总纲，这反映出墨家治道中昭彰卓著的效益价值。

关于(3)“薄关市，则货归，民有用”，即降低关卡与市场的税收，利于货物流通，满足民众物质需求。这原是善治良政的题中之义，《孟子·梁惠王下》曰：“昔者文王之治岐也，耕者九一，仕者世禄，关市讥而不征。”春秋管仲治齐在关市征税方面也取得了理想效果，《管子·大匡》有“弛关市之征”，《小匡》有“关市几而不征”的记载。《墨子》亦强烈批判厚敛于民之政：“苦于厚作敛于百姓。”（《墨子·辞过》）又曰：“其使民劳，其籍敛厚，民财不足。”（《墨子·节用上》）

关于(5)“不起事于农之三时，则多获”，主张在春、夏、秋三个务农时节不得征调民力，以发展巩固农业生产。墨家意识到“农事缓则贫”（《墨子·非儒下》），其批判邦国战争亦以耽误农事为重要理由。《墨子·非攻中》曰：“今师徒唯毋兴起，冬行恐寒，夏行恐暑，此不以冬夏为者也。春则废民耕稼树艺，秋则废民获敛。今唯毋废一时，则百姓饥寒冻馁而死者，不可胜数。”《墨子·非攻下》曰：“久者数岁，速者数月……农夫不暇稼穑。”《墨子·耕柱》曰：“今大国之攻小国也，攻者农夫不得耕，妇人不得织，以守为事。攻人者亦农夫不得耕，妇人不得织，以攻为事。”诸如此类，均提倡重视农业发展以否弃发动战争。

关于(9)“长乳则[畜]蕃，民有用”，力图发展养殖，蓄养家畜，为民足用，合于前述墨家所患“畜种菽粟不足以食之”(《墨子·七患》)的问题。

关于(10)“(谨)路室，摄汜梁，修谷澨，顺舟航，则远人至，商旅通，民有利”，即清理驿馆，整饬桥梁，疏通水道堤岸，以利于舟船航行。提升居住与交通等设施条件，招徕他国人才与外贸商旅，最终对民众有利。如《吕氏春秋·仲秋纪·仲秋》言：“易关市，来商旅，入货贿，以便民事。”

综上，《治邦之道》呈现出寡于道德伦理义涵、专注切实具体事务的特征，总体上契合墨子三表法之“用”，即“中国家百姓人民之利”①(《墨子·非命下》)。“兴利除害”是道德行为和道德评价的根本尺度②，考量社会现实而讲求功利实效，墨家主张“先质后文”③：“食必常饱，然后求美；衣必常暖，然后求丽；居必常安，然后求乐。为可长，行可久，先质而后文，此圣人之务。”(《说苑·反质》)诚如这一“反质”之说，简文亦云：“服毋慎甚美，食毋慎甚[费]。故资裕以易足，用是以有余。”④这正符合墨家“凡其为此物也，无不加用而为者”(《墨子·节用上》)之“节用”理念。“节用”即可称“归本”“反质”，墨家遵循基本限度标准与实利原则，倚重实用而不务华美，均包含一种归本反质的思维。“圣王之法”对人们日常用品与基本事务的陈说，不逾满足基本需求、维系生存、符合人道之意义。

《墨子·修身》又曰：“无务为文而务为察。”此一“察”义尽现于《治邦之

① “三表法”本质上是一种“归纳派论法”。参见梁启超：《子墨子学说·墨子之论理学》，《饮冰室合集》专集三十七，中华书局1989年版，第68～72页。葛兆光指出，墨子三表法实乃一种综合判断标准：“墨子的思路的确很实在，它以对当时社会的有用与无用、有利与无利为唯一标准，作为他思索的理性、他衡量学说的标准，‘三表法’其实就是一种希望沟通历史依据、价值理性与实用工具理性的方法。”(葛兆光：《中国思想史》第一卷，复旦大学出版社2009年版，第107页)

② 参见黄伟合：《墨子的义利观》，《中国社会科学》1985年第3期。该文还统计了“利”字在最能代表墨子思想的23篇中共出现246次，其中整体利益160次(全为肯定)，个人私利55次(内中44次为否定，11次是特定的利人利他)，其他锋利锐利之类的31次。

③ 颜炳罡称为“文质合一的实用主义”与“先质后文的实效主义”的儒墨之别。参见颜炳罡：《儒墨哲学之比较——兼论中国文化未形成近代民主科学之故》，张知寒、李广星主编：《墨子研究论丛》(一)，山东大学出版社1991年版，第216～219页。

④ 李学勤主编：《清华大学藏战国竹简(捌)》，中西书局2018年版，第137页。

道》。反观《荀子》诸篇批墨，斥曰“蔽于用而不知文”（《荀子·解蔽》），“上功用，大俭约，而僈差等”（《荀子·非十二子》），“有见于齐，无见于畸”（《荀子·天论》），依循各评解读《治邦之道》，可以断定正属于荀子所批判的墨家“兼爱”“节用”之论，具有异于儒学的功利与平等精神。

三、倡“使贤用能”，合于墨家式“尚贤”之法

随着春秋战国时期阶层流动及士人崛起，“尚贤”是当时思想界的普遍反应。同时代的思想家皆不乏尚贤之说，但均不如墨家对社会民众的关怀及对宗法制度的批判。孔子早已提倡“举贤才”[①]，墨家意识到“士君子，居处言语皆尚贤”，但大抵为口号理念而非机制实践，故“逮至其临众发政治民，莫知尚贤而使能”（《墨子·尚贤下》）。墨子憧憬一种冲决讲究出身贵贱、血缘远近体制的“尚贤”理想，这与儒家坚守周礼“亲亲尊尊”前提下的“举贤才”貌合神离。提倡“以德就列，以官服事，以劳殿赏，量功而分禄”（《墨子·尚贤上》），颠覆世卿世禄制而主张尚贤使能，墨子可谓前无古人。[②]《墨子·尚贤中》曰：

> 故古者圣王甚尊尚贤而任使能，不党父兄，不偏富贵，不嬖颜色。贤者举而上之，富而贵之，以为官长；不肖者抑而废之，贫而贱之，以为徒役。是以民皆劝其赏，畏其罚，相率而为贤。者（是）以贤者众而不肖者寡，此谓进贤。然后圣人听其言，迹其行，察其所能而慎予官，此谓事能。故可使治国者使治国，可使长官者使长官，可使治邑者使治邑。凡所使治国家、官府、邑里，此皆国之贤者也。……既曰若法，未知所以行之术，则事犹若未成。是以必为置三本。何谓三本？曰：爵位不高，则民不敬也；蓄禄不厚，则民不信也；政令不断，则民不畏也。故古圣王高予之爵，重予之禄，任之以事，断予之令。

由该篇可见，墨子“尚贤”可分为确立原则与范围的“进贤”论、涉及标准

① 《论语·子路》曰：“仲弓为季氏宰，问政。子曰：‘先有司，赦小过，举贤才。’曰：‘焉知贤才而举之？’曰：‘举尔所知。尔所不知，人其舍诸？’”

② 杨俊光认为，墨子提出了“在贤能面前人人平等的思想”（杨俊光：《墨子新论》，江苏教育出版社1992年版，第83页）。

与方法的“事（使）能”论、构成待遇保障的“置三本”论诸层面。从提升民众贤德与素养到公正审慎任免官员，从考量具体执政才能的科层设置到爵禄威权的委任分配，均不乏对新兴官僚政治图景的总体呈现与机制设计。结合《治邦之道》重观《墨子》“尚贤”论，可见墨家在贤能吏治的原则、范围、标准、待遇、方法各方面均有别于儒家，具有创新意义。

其一，在尚贤原则上，孔子“举贤才”而未尝绝对否弃世卿世禄，孟子宣称“惟仁者宜在高位”（《孟子·离娄上》）却还担忧进贤将导致“卑逾尊，疏逾戚”，溺于“仕者世禄”（《孟子·梁惠王下》）之旧识。墨家举贤原则与儒家截然不同，其完全否认血缘与出身的因素，提倡“不党父兄、不偏富贵”与“不避贫贱、不避亲疏、不避远近”的公平原则。这一观念在《治邦之道》中表达得淋漓尽致。

> 贵贱之位，岂或在它？贵之则贵，贱之则贱，何宠于贵，何羞于贱？[①]

后续简文又曰：

> 彼善与不善，岂有恒种哉？[②]

短短千余字简文，竟前后三次诘问贵贱体制，足以展现墨家抗争于旧传统的呼声，即反对出身地位与任职能力存在必然关系。墨家尤好谈论低贱者得重用之典故，时常牵引周公与申徒狄之言谈对话彰明此理。

> 申徒狄曰：“周之灵珪，出于土石；楚之明月，出于蜂蜃。”（《艺文类聚》卷八三引《墨子》）
>
> 周公见申徒狄，曰：“贱人强气则罚至。”申徒狄曰：“周之灵珪出于土，楚之明月出蚌蜃，五象出于汙泽，和氏之璧、夜光之珠、三棘六里，此诸侯所谓良宝也。”（《太平御览》八〇二引《墨子》）
>
> 申屠狄谓周公曰：“贱人何可薄耶！周之灵珪，出于土石；楚之明月，出于蚌蜃；少家大豪，出于污泽，天下诸侯皆以为宝。狄今请退也。”（《太平御览》卷九四一引《墨子》）

① 李学勤主编：《清华大学藏战国竹简（捌）》，中西书局2018年版，第136页。

② 李学勤主编：《清华大学藏战国竹简（捌）》，中西书局2018年版，第136页。

周公勃然作色曰："易（狄）夫贱人格上，则刑戮至。刚……

……曰："易（狄）夫贱人刚恃，及（?）扑于刑者，有上贤。"（《信阳楚简》）[1]

传世类书与信阳楚简所见墨家这一掌故，置于战国语境品读，颇有隐喻。"周公"可谓旧礼体制的象征，"申徒狄"则代表崛起士民的人格，援引演绎申徒狄与周公的对话，喻示战国士人崛起趋势及对周代世卿世禄传统的抗衡，亦反映各为其辩护者之墨家与儒家的角力。概言之，墨家讲求举任底层贤才，冲决传统抗争旧说，可谓一种平等旨趣的尚贤原则。

其二，在举贤范围上，儒家承认周代世卿体制之余，所举逸民、贤才范围自然受限。墨家尚贤彻底否定世卿世禄，提倡"官无常贵""民无终贱"，秉持尚贤穷尽周延原则，"远鄙郊外之臣、门庭庶子、国中之众、四鄙之萌人"皆有选拔资格，应纳入举贤范围，"虽在农与工肆之人，有能则举之"（《墨子・尚贤上》），举贤范围涵括所有民众。[2] 正如《治邦之道》简文曰：

虽贫以贱，而信有道，可以驭众、治政、临事、长官。[3]

其三，在举贤标准上，墨子同于儒家者即提倡"列德"，异于儒家者则偏重"材力"；儒家轻视小道或器术，墨家则尚质轻文，"道术"并称，相对看重技能功劳，赏识技术专才。墨家所尚之贤，为"厚乎德行，辩乎言谈，博乎道术者"（《墨子・尚贤上》），全面涉及人的道德举止、语言逻辑、知识体系，而且包括长于听狱治讼或如良医、良工、良宰、射手等具有技术专长、敬事勤王、富强国家的人才（《墨子・尚贤中》），这些尽可概称为"材力、技能、功伐"。[4] 墨家就士人之德、才、智、能、功提出颇为全面的要求，开启了战国取士新风。儒学发展到战国末期的荀子，也顺应时势地表达君主应"量能而授官"。然而，与倚重能力、政绩的任官标准存在微妙不同，荀子秉持儒家理念，显然以"德"为最

① 河南省文物研究所：《信阳楚墓》，文物出版社 1986 年版，第 125 页。

② 却有学者认为，墨家"尚贤的对象不是一般老百姓而是当时的知识阶层——士"。刘泽华：《中国政治思想史》先秦卷，浙江人民出版社 1996 年版，第 587 页。

③ 李学勤主编：《清华大学藏战国竹简（捌）》，中西书局 2018 年版，第 136 页。

④ 参见章太炎：《国故论衡・原道中》，上海古籍出版社 2006 年版，第 93～94 页。

主要的举贤标准，语序上先于“量能而授官”的，乃“谲德而定次”（《荀子·儒效》）。[①]

在偏重实务经验的举贤标准上，与澄明儒墨之异相应，还可察见墨法之同。韩非直接吸纳墨学注重贤才经验的学说，形成一种不同于儒家倡导依凭德行晋身的举贤观，即“明主之吏，宰相必起于州部，猛将必发于卒伍”（《韩非子·显学》）

《韩非子·问田》专载墨者田鸠[②]举贤之论：

> 徐渠问田鸠曰：“臣闻智士不袭下而遇君，圣人不见功而接上。今阳成义渠名将也，而措（试）于毛（屯）伯；公孙亶回圣相也，而关于州部，何哉?”田鸠曰：“此无他故异物，主有度，上有术之故也。且足下独不闻楚将宋觚而失其政，魏相冯离而亡其国。二君者，驱于声词，眩乎辩说，不试于毛（屯）伯，不关乎州部，故有失政亡国之患。由是观之，夫无毛（屯）伯之试，州部之关，岂明主之备哉!”

逸闻反映了战国时代邦国尚贤思想与举贤制度的变迁，墨法“尚贤”思想的源流关系也在《韩非子》文本中有迹可循。圣贤理想难以实现，“仁德”选官难以为恃，“趋于声词”“眩乎辩说”之弊愈发显著，“不袭下而遇君”“不见功而接上”日趋式微，取而代之的将是君上选贤之“度”与驭臣之“术”。以墨学之“显”及《韩非子》中的墨者典故，对照《治邦之道》简文，也能寻见这番理念：

> 今夫逾人于其胜，不可不慎，非一人是为，万民是为。举而度，以可士兴，举而不度，以可士崩。[③]

按整理者解释，“逾”意为“越进”，“逾人于其胜”是高估而提拔到超越其

① 此外，《荀子·君道》《荀子·正论》中皆有“论德而定次，量能而授官”的表述，以德为先之义不言自明。

② 关于墨者田鸠，《韩非子》《吕氏春秋》《淮南子》均有所记载。钱穆考证田鸠身份，提出“鸠者，俅之声近而通借也”，田鸠和《汉书》所称田俅子乃同一人。参见钱穆：《先秦诸子系年》，商务印书馆2005年版，第410～411页。

③ 李学勤主编：《清华大学藏战国竹简（捌）》，中西书局2018年版，第137页。该段句读或作“举而度以可，士兴；举而不度以可，士崩。”参见王宁：《清华简〈治邦之道〉初读》，简帛网，http://www.bsm.org.cn/forum/forum.php? mod=viewthread&tid=4357。

能力的职位，而作者对此表示反对。[1] 正如墨家反对“不胜其任而处其位”“不胜其爵而处其禄”（《墨子·亲士》）。“举”只是选拔人才的初步工作，“度”才是官僚体制运转的制度保障，与墨者“主有度，上有术”之言，又岂非异曲同工？

其四，在人才的制度待遇上，由于儒家耻言“利”，鲜有论及自可理解。儒家所怀之“待遇”乃成为君王师友，得到适宜礼遇。墨子不讳言利，在贤人待遇方面呼吁“富之，贵之，敬之，誉之”（《墨子·尚贤上》），“高予之爵，重予之禄，任之以事，断予之令”（《墨子·尚贤中》），即从财产、地位、权威、名声全方面提升贤才待遇。在世卿世禄向官僚政治转型的过程中，可以想见全面提升人才待遇所能发挥的驱动效用。就《治邦之道》而言，尽管未直接涉及，仍有“高位厚食”及“践位丰禄”二语可作旁证。法家韩非以“厚其爵禄以尽贤能”为“帝王之政”（《韩非子·六反》）的要旨，可视作墨家“尚贤”关于制度待遇论之后学。

其五，在任贤方法程式上，儒家注重考察人才言行声名与道德气质，墨家在此基础上强调根据功劳政绩设计考核升黜机制。《治邦之道》曰：

> 故求善人，必从身始，诘其行，辨其政，则民改。
> 熟问其行，焉观其貌，焉听其辞。[2]

此合于墨家“然后圣人听其言，迹其行，察其所能，而慎予官，此谓事能”（《墨子·尚贤中》）的思想。强调举贤之际应具备一套考察方法，这本与儒家“听其言，察其行”极为相似。儒家注重考察声名口碑，不乏一些关于个人才能气质匹配特定职位的品评，这自然也是公平举贤的前提，至于孔子教学干禄，则以“言寡尤，行寡悔”（《论语·为政》）与情景化之朝堂举止为重点。（《论语·乡党》）

墨子也主张人才能力及格局应与官职相匹配，《墨子·尚贤中》谓：“故可使治国者，使治国；可使长官者，使长官；可使治邑者，使治邑。”亦如前述简文

① 石小力则认为：“‘逾’字如果按照整理者训为‘越进’，则‘逾人于其胜’表示的意思是按照臣下的优长之处来‘超越而进’，即破格提拔，是正面的行为，故‘逾’按本字解不通。”石小力：《清华简第八辑字词补释》，清华大学出土文献研究与保护中心网站，http://www.tsinghua.edu.cn/publish/cetrp/index.html。

② 李学勤主编：《清华大学藏战国竹简（捌）》，中西书局2018年版，第136～137页。

所云:“各当一官,则事靖,民不缓。”[①]不止于此,墨子尤为提倡“以劳殿赏,量功而分禄”,即根据各人的功劳和政绩厘定俸禄或加以赏赐,并形成“能者官之,无能者下之”的考核升黜机制。这番职制理念并非一蹴而就,春秋之时,前有葵丘会盟“尊贤育才”(《孟子·告子下》)、管仲秉持“匹夫有善,可举而得”行“三选”之制(《国语·齐语》),后有子产任用忠俭、裁黜泰侈(《左传·襄公三十年》)以及“怠弁懈缓,更则任之,善则为人,劼勉求善”(清华简《子产》)[②]之举,而墨家实踵武于后。

墨家察觉转型之际士人政治普遍存在名不副实的情形,道德君子往往不具备治国实干才能:“世之君子,使之为一彘之宰,不能则辞之。使为一国之相,不能而为之。岂不悖哉!”(《墨子·贵义》)并批判当时“无故富贵、面目佼好则使之”“爱其色而使之”(《墨子·尚贤中》)的普遍现象,从而提倡“慎予之官”(《墨子·尚贤中》),表达任用官员务必慎重的理念。无独有偶,《治邦之道》曰“毋感于令色以还心,称其行之厚薄以使之”,一再劝导君主勿蔽于“面谅”(表面信誓旦旦)“诈伪”,即不为表面蒙蔽而失去判断标准,而应“毋喜誉,必察听”[③],通过客观地考察执政的优劣以决定是否任用。这显然更近于墨家注重功利、强调实绩的思维。《治邦之道》还明确设计了一种任职考核制度:

> 故《兴》举善人,必熟闻其行,焉观其貌,焉听其辞。既闻其辞,焉少小穀其事,以程其功。如可,以佐身相家。[④]

简文所谓“小穀其事,以程其功”,“穀”即官俸,即给予官职,或读为“由”“驱”,皆有“任用”之义;或读为“构”,亦取“设置”之义。[⑤] 关键是“如可”二字表明测试之义确凿无疑,故“小穀其事”即官员任职试用考核制度。一般要求先任命为较低的职官,安排较少的政务,通过实际事功来考核、积累官员处理

---

① 此“缓”之义见于《墨子·亲士》“见贤而不急,则缓其君矣”。

② 李学勤主编:《清华大学藏战国竹简(陆)》,中西书局2016年版,第138页。

③ 李学勤主编:《清华大学藏战国竹简(捌)》,中西书局2018年版,第136页。

④ 李学勤主编:《清华大学藏战国竹简(捌)》,中西书局2018年版,第137页。

⑤ 具体论述,参见石小力:《清华简第八辑字词补释》,清华大学出土文献研究与保护中心,http://www.tsinghua.edu.cn/publish/cetrp/index.html;萧旭:《清华简(八)〈治邦之道〉校补》,复旦大学出土文献与古文字研究中心,http://www.gwz.fudan.edu.cn/Web/Show/4340。

政事的基本能力，合格才可委以重任，“以佐身相家”。

儒学进至战国末期，荀子也持有一番关于考核的详细描述：

> 故古之人……取人有道……故校之以礼，而观其能安敬也；与之举错迁移，而观其能应变也；与之安燕，而观其能无流慆也；接之以声色、权利、忿怒、患险，而观其能无离守也。彼诚有之者与诚无之者，若白黑然，可诎邪哉！故……君子不可欺以人，此明王之道也。（《荀子·君道》）

然而，这番考核理念大抵仍是“听其言，察其行”或“视其所以，观其所由，察其所安”（《论语·为政》）的具体化，聚焦于对个人道德品格的考察，而非确定的具体行政能力与事功。儒学始终以德为先，表明儒墨尚贤观差异更多源于学派品格而非时代背景，这也是应从墨家“尚贤”理解《治邦之道》“使贤用能”精义的缘由所在。

“尚贤”不只是一套政治职官制度，还是涵盖所有社会分工的一种治道秩序。墨家主张“各从事其所能”（《墨子·节用中》）“必量其力所能至而从事焉”（《墨子·公孟》），胪列指涉天下百工商贾的类型，既察见实然的社会分工情形，也透露对社会分工规律的肯认态度。有如《墨子·非乐上》[①]与《墨子·非命下》沿王公、卿大夫、农夫、百工的顺述逻辑，《治邦之道》曰：

> 君守器，卿大夫守政，士守教，工守巧，贾守价鬻聚货，农守稼穑，此之曰“攸”。[②]

从国君卿士以至各业民众，都要各司其职，各尽其能，国家方能处于一种有序的状态，这种确切性的状态专门称为“攸”。简文曰：“上有过不加之于下，下有过不敢以诬上，失之所在，皆知而更之。”意即如果君主、臣下分工明晰，即使政治运转发生问题，也不会出现无端责罚或是相互推诿的“两不可”；

① 《墨子·非乐上》曰：“王公大人蚤朝晏退，听狱治政，此其分事也。士君子竭股肱之力，亶其思虑之智，内治官府，外收敛关市、山林、泽梁之利，以实仓廪府库，此其分事也。农夫蚤出暮入，耕稼树艺，多聚叔粟，此其分事也。妇人夙兴夜寐，纺绩织纴，多治麻丝葛绪、细布縿，此其分事也。”

② 李学勤主编：《清华大学藏战国竹简（捌）》，中西书局 2018 年版，第 137 页。

相反，职责既明，就无矛盾，自能有效整改，“攸”于此传达守职而有序之义。[①]

四、结语

概言之，《治邦之道》对墨学诸论融会贯通，各段简文穿插体现墨学各论，确如整理者所言，大可视为墨徒或深谙《墨子》者所撰。以往面世的简牍，尚无可直接归为墨家思想的单篇文献。[②] 本文寻绎《治邦之道》，其言辞不务文饰，思想实用质朴，可见与墨家“兼爱”“非攻”“尚贤”“尚同”“七患”“节用”“非命”诸论以及某些具体论述趋合，完全可归为一篇墨学文献，构成墨学诸论的文本依据。而且清华简（陆）有《管仲》《子产》，清华简（柒）有《赵简子》，管仲任法治、子产铸刑书、赵鞅铸刑鼎，皆为当世治道先驱翘楚，或许《清华简》所汇撰有其反映时代变迁的治道风尚。墨学为战国显学，其治国之论多值得称道，必于战国变法及“治邦之道”中存留印迹。[③]

惜乎，常处军旅、扶倾济弱、急务城守而遭受军事摧毁，墨徒减损、学派消耗导致墨学式微，其思想精义同样渐趋隐晦。后世“视墨同儒”“孔墨并举”之

① “攸”是墨家逻辑概念，乃关于论辩学上是非命题的术语，过往校释纷纭，不乏改字而释。《墨子·经上》云：“攸，不可两不可也。辩，争攸也，辩胜，当也。”孙诒让释曰：“《尔雅》释言云：‘攸，所也。’然说无攸义。杨云：‘攸，《经说》作彼。’张云：‘攸当为彼。’案：张校是也。下文‘辩，争彼也’，彼今本或作攸，是其证也。”孙诒让撰：《墨子间诂》，中华书局 2001 年版，第 315 页。“攸”训释之难不止于“经”，还涉及“说”。《经说上》云：“彼（攸），凡牛枢非牛，两也，无以非也。”各家校释不一，多以“攸”作“彼”，只是意义解释略同，即两个不同命题无法构成论辩。参见王兆春、卢凤鹏、张仁明主编：《墨经汇释》，吉林大学出版社 2016 年版，第 106～107 页。

② 只有上博简《容成氏》与《鬼神之明》较为接近，但所涉命题少而归属争议多。关于《容成氏》，饶宗颐认为“必出自墨家言”（饶宗颐：《由尊卢氏谈到上海竹书[二]的〈容成氏〉——兼论其与墨家关系及其它问题》，《九州学林》第 4 卷第 1 期，复旦大学出版社 2006 年版）。然而诸多研究者仍将之视为儒家思想，有学者进一步辨析，《容成氏》中有“授贤”“视贤”“求贤”“让贤”“兴贤”“征贤”之说，应是墨家思想（郑炜明：《上博简〈讼成〉[原题〈容成氏〉]篇与先秦墨家的谈辩和说书》，《北方论丛》2018 年第 4 期）。对于《鬼神之明》，整理者曹锦炎视为《墨子》佚文（曹锦炎：《上海博物馆藏楚竹书〈墨子〉佚文》，《文物》2006 年第 7 期）。但后来反对意见居多，代表性观点参见李锐：《论上博简〈鬼神之明〉篇的学派性质——兼说对文献学派属性判定的误区》，《湖北大学学报》（哲学社会科学版）2009 年第 1 期。

③ 有论者指出：“墨子‘兴利除害’与‘富国利民’的学说，其中心论点在于非命强力，贵贱无常。然而这在墨子只是教义的宣传，而到了法家手里便发展而为实际运动的政策。”参见侯外庐、赵纪彬、杜国庠：《中国思想通史》第 1 卷，人民出版社 1957 年版，第 613～615 页。

论闲见层出，成为另一种意义上的“辟墨”观念。[①] 儒墨相通之处为后来孟子所阐扬，儒墨相异之处，如兼爱之于仁爱、尚贤之于举贤、非命之于天命则为后世论者所消弭。笔者认为，对于墨家治国理政思想应依循学说发生、发展、影响的思想史视角来理解。当代墨学研究，不妨秉持儒墨辨异的理念，洞识先秦墨子“非儒”而“言盈天下”的关键，进而考察其对战国新兴治国之道的影响。在今天看来，曾显耀华夏的墨学仍不啻倡议节用贵俭兴国、勾绘人类命运共同体的历史强音，亦为培养文化自信之宝贵资源。

① 刘安《淮南子》屡屡孔墨并称，如《主术训》曰“孔墨博通”，《人间训》云：“非仁义儒墨不行，非其世而用之，则为之擒矣。”韩昌黎云：“孔子必用墨子，墨子必用孔子，不相用，不足为孔墨。”(韩愈：《读墨子》，董诰等编：《全唐文》卷五五九，中华书局 1983 年影印嘉庆十九年本，第 5656～5657 页)后来还有张载《西铭》“乾父坤母”“民胞物与”之论，《正蒙》“知必周知，爱必兼爱”之说。参见马腾：《墨家“兼爱”法思想的现代诠释》，高等教育出版社 2017 年版，第 46～48 页。

《墨子》平均主义思想新议

马　越

墨家"节用非乐"的平均主义思想主要体现在《节用》《节葬》《非乐》诸篇中，在《非儒》《七患》《辞过》篇也论述了奢侈浪费对国家和百姓的危害。梁启超评价墨家的节用思想就是实利主义，西方经济学的英文字面意思就是节用，所以墨家的节用思想被许多学者称为其经济思想。[①] 实际上，墨家的节俭思想与其兼爱的中心思想是一致的，凡事以适宜为主，避免铺张浪费，这一点主要是对上层贵族的理论约束。墨家提倡生前节用、死后节葬、生产生活中非乐的生活态度，一方面督促国君增加生产，另一方面限制贵族的奢靡之风。对上层贵族的要求和限制意味着墨家所代表的平民阶层渴望在物质生活上实现平均，更进一层看，墨家"节用非乐"的平均主义思想反映了对儒家所倡导的礼乐等级制度的批判。

一、《墨子》节俭思想的具体内容

墨家节俭思想的内容十分丰富，体现在人们日常生活的诸多方面。

（一）衣食住行等方面的节俭

司马迁在《史记》中评价墨家时谈到"为节用"。墨家的节俭思想体现在各个方面，"一方面提倡节用，一方面反对奢侈，处处都是从国家人民利益出发的，态度是真诚的"[②]。墨家对"节用"的规定如下。

做衣服的原则是"冬加温、夏加清者，芊䱉不加者去之"（《墨子・节用

---

① 如梁启超：《墨子学案》，上海书店出版社 1992 年版，第 42～44 页；任继愈：《墨子与墨家》，北京出版社 2012 年版，第 35～48 页；谭家健：《墨子研究》，贵州教育出版社 1995 年版，第 119～145 页；[日]宇野精一主编：《墨家法家逻辑》，杜茂松译，（台北）幼狮文化事业公司 1994 年版，第 11～12 页；等等。

② 谭家健：《墨子研究》，贵州教育出版社 1995 年版，第 122 页。

上》)。衣服冬天可以御寒,夏天可以避暑,不能起到这种作用的衣服就可以去掉了。

对于"食",墨家认为只要吃饱就可以了,拒绝不必要的礼仪。"古者圣王制为饮食之法,曰:'足以充虚继气,强股肱,耳目聪明,则止。'"(《墨子·节用中》)墨家用上古圣王尧的例子说明食物能够充饥补气,用以强壮手脚、耳聪目明就行,没必要吃珍贵奇怪的东西,也没必要周旋于饮食过程中的各种礼仪。

对于住所的要求是"冬以圉风寒,夏以圉暑雨"(《墨子·节用上》)。墨家认为,建造房子也是为了抵御严寒和酷暑,为预防盗贼加固防守,其他没有用的装饰不需要,劳民伤财更无必要。

制造车船亦以便利交流为原则,装饰奢侈都没有必要。"车为服重致远,乘之则安,引之则利,安以不伤人,利以速至,此车之利也。"(《墨子·节用中》)

综上,墨家在衣、食、住、行上的节俭主要是简化不必要的礼仪和减少浪费,因为这些都是上层贵族用以享乐的。通过这些简化,上层贵族和下层平民在生活水平方面的差别逐渐缩小直至等同,不同阶层的矛盾就会淡化,体现了物质层面的平均主义思想。

(二)简化丧葬礼仪

墨家认为厚葬久丧,将财富埋于地下,浪费大量时间治理丧事,不仅耽误正常工作,也会导致身体虚弱不堪。[①] 所以,墨家指出古代圣王的丧葬原则值得学习,"棺三寸,足以朽体;衣衾三领,足以覆恶;以及其葬也,下毋及泉,上毋通臭,垄若参耕之亩,则止矣。死则既已葬矣,生者必无久哭,而疾而从事,人为其所能,以交相利也。此圣王之法也"(《墨子·节葬下》)。总的来说就是丧葬事宜应极尽所能地从简,不要耽误日常工作。

(三)提倡非乐思想

墨家基于现实,从三个方面详细阐述了非乐的必要性。一是创作音乐、制造乐器会浪费大量钱财。"今王公大人,虽无造为乐器,以为事乎国家……将必厚措敛乎万民。"(《墨子·非乐上》)制造乐器用于国家礼仪,征收赋税,是

① 参见[日]冈本光生:《墨子思想图解》,(台北)商周出版社2005年版,第105页。

榨取下层平民的血汗。二是从事音乐活动将消耗大量劳力。“使丈夫为之，废丈夫耕稼树艺之时；使妇人为之，废妇人纺绩织纴之事。”（《墨子·非乐上》）乐器的制作、演奏会影响到正常的劳作，是一种社会损失。三是欣赏音乐消耗了大量时间。“其说将必与贱人，不与君子，与君子听之，废君子听治；与贱人听之，废贱人之从事。”（《墨子·非乐上》）听音乐的人耽误了时间，荒废了政务，既不利于统治，也不利于安定社会秩序。

客观分析墨家非乐思想及其对音乐的态度，可以发现，墨子并不是没有认识到音乐潜移默化的社会教化和丰富人们感情的作用。《非乐上》云：“子墨子之所以非乐者，非以大钟、鸣鼓、琴瑟，竽笙之声，以为不乐也。”（《墨子·非乐上》）而且墨子本人就一个懂音乐的人，《吕氏春秋·贵因》记载墨子会吹笙，“墨子见荆王，锦衣吹笙，因也”[①]。《尸子》云：“墨子吹笙，墨子非乐，而于乐有是也。”[②]另外，通过《墨子》所引经典的频次也可看出墨家对礼乐十分通晓。这说明墨家对音乐的态度并非极端不认可，墨家非乐，但不是不通礼乐。墨家之所以特别提出节葬、非乐，一是与现实有关，先秦时期的各种矛盾激化，与此同时统治者奢靡之风在丧葬和礼乐两方面表现最为突出；二是墨家与儒家的学派之争非常严重，而“厚葬久丧”和“繁饰礼乐”正是儒家宣扬的教条。[③]

二、《墨子》节俭思想下的平均主义思想

节俭思想在其他诸子中也有所阐述。《庄子·列御寇》记载庄子主张节葬的思想。“庄子将死，弟子欲厚葬之。庄子曰：‘吾以天地为棺椁，以日月为连璧，星辰为珠玑，万物为赍送。”[④]《管子》一书将节俭提升到理论高度：“明君制宗庙，足以设宾祀，不求其美；为宫室台榭，足以避燥湿寒暑，不求其大；为雕文刻镂，足以辨贵贱，不求其观。故农夫不失其时，百工不失其功，商无废利，民无游日，财无砥墆。故曰：检其道乎！”（《管子·法法》）《吕氏春秋》提出圣人对天下的治理就是“节乎己”“节乎性”（《吕氏春秋·重己》），其中关于

① 许维遹撰：《吕氏春秋集释·贵因》，中华书局 2015 年版，第 386 页。

② 朱海雷撰：《尸子译注》，上海古籍出版社 2006 年版，第 51 页。

③ 参见张永义：《墨子与中国文化》，贵州教育出版社 1995 年版，第 98 页。

④ 刘文典：《庄子补正·列御寇》，中华书局 2015 年版，第 841 页。

丧葬的观点也基本沿袭了墨家的倾向，反对厚葬。

不过，更多的还是反对的声音，如《韩非子·显学》曰："墨者之葬也，冬日冬服，夏日夏服，桐棺三寸，服丧三月，世以为俭而礼之。儒者破家而葬，服丧三年，大毁扶杖，世主以为孝而礼之。夫是墨子之俭，将非孔子之侈也；是孔子之孝，将非墨子之戾也。"[①]《荀子·正论》曰："太古薄葬，棺厚三寸，衣衾三领，葬田不妨田，故不掘也，乱今厚葬饰棺，故扣也。是不及知治道，而不察于扣不扣者之所言也。"[②]有些甚至认为节葬是对人的一种轻视和惩罚，如《左传·哀公二年》曰："……若其有罪，绞缢以戮，桐棺三寸，不设属辟，素车朴马，无入于兆，下卿之罚也。"[③]

节俭的思想普通平常，墨家节俭思想为何遭到大部分先秦诸子的诘难与非议？其原因在于墨家节俭思想的实质是对周礼思想的不满。在战国百家争鸣的大环境下，诸子观点不一，墨家与儒家对立，墨家对儒家宣扬的丧葬、礼乐制度不满。[④] 墨家的平均主义思想是在与儒家等级思想鲜明的比较中体现出来的，墨家以自身的政治思想反对儒家的礼乐制度，希望通过节俭思想打破宗法礼制的严分亲疏贵贱的等级，也表达了对儒家礼教的轻视。墨家强调尽己所能地劳动、创造财富，不能迷信命定思想；反对儒家的繁文缛节、厚葬久丧，提倡平民化的生活。儒家最重礼乐，而墨家反其道而行之。荀子斥责墨子反对礼乐说："且乐也者和之不可变者也；礼也者理之不可易者也。乐合同，礼制异……明王已没，莫之正也。"(《荀子·乐论》)认为墨子对礼乐是不感兴趣的。清代学者孙诒让也持同样的观点："于礼则法夏绌周，乐则又非之。'墨翟之教，忘己而济物也'法夏是法大禹的大公无私而不是法古。从荀子到梁启超到郭沫若都斥墨子非乐，而不知墨子自己既是贱人、役夫，而天下也是穷人多而富人少，哪有金钱去购买乐器、欣赏音乐呢？"[⑤]实际上并非如此。墨家节用、节葬、非乐思想实际上是对儒家礼乐制度的一种批判，反映了墨家的平民阶层思想，希望平均平等，所有人都被同样对待。

---

① 梁启雄：《韩子浅解》，中华书局2009年版，第491页。

② 王先谦撰：《荀子集解·正论》，中华书局2015年版，第379页。

③ 《左传》，上海古籍出版社2004年版，第476页。

④ 参见张永义：《墨子与中国文化》，贵州人民出版社2001年版，第98～99页。

⑤ 蔡尚思：《中国礼教思想史》，复旦大学出版社2015年版，第204页。

三、墨家对"礼乐"的态度分析

(一)墨家对儒家礼乐制度的批判

《墨子》认为:"乐非所以治天下也""孰为大人之听治而废国家之从事?曰:乐也。"(《墨子·非乐上》)墨家对儒家所提倡的礼乐制度的批判主要包括以下几个方面。

第一,批判儒家礼乐的奢靡与无效。《墨子》认为"繁饰礼乐以淫人",所以人们的基本生活即衣、食、住、行只要达到最低标准即可,过高的要求是一种奢侈浪费,葬礼更是一种奢靡:"必大棺中棺,革阓三操,璧玉即具,戈剑鼎鼓壶滥,文绣素练,大鞅万领,舆马女乐皆具……此为辍民之事,靡民之财,不可胜计也。"(《墨子·节葬下》)墨家还批判一些上层贵族不事生产,不尽自己在社会分工中之职分,浪费社会资源的行为,往往会导致社会混乱和国家衰败。

第二,批判儒家礼乐制度不合理、伪善、苟且。《墨子》批评了儒家"亲亲有术,尊贤有等"(《墨子·非儒下》),认为丧礼与婚礼都是伪善的、矛盾的。父母妻嫡长子皆要守丧三年,叔伯弟兄庶子等则要守丧五月。这些行为且不说是一种时间和精力上的浪费,就连在血缘亲属关系上都难以理解,无法自圆其说。[①]《墨子》认为,儒家对婚礼及妻子葬礼的重视,甚至远远超过了兄弟之情,这是极其不合理的,与儒家的"亲亲"原则相违背,是一种自相矛盾甚至伪善的表现。

(二)墨家对礼乐的理解

先前的研究普遍认为,《墨子》中的非乐思想是反对礼乐制度,反对统治者奢靡于音乐。[②] 多数学者从文化史与音乐史的角度具体分析了墨家非乐中"乐"的含义与范围,认为墨子反对的是"蘥为声乐,不顾其民"(《墨子·孟公》),其对"乐"的反对是为了教人们节约勤勉以从事各人分内之事。还有学

---

① 《墨子·非儒》其礼曰:"丧父母三年,妻,后子三年,伯父叔父弟兄庶子其,戚族人五月。"若以亲疏为岁月之数,则亲者多而疏者少矣,是妻后子与父同也;若以尊卑为岁月数,则是尊其妻子与父母同,而亲伯父宗兄而卑子也,逆孰大焉。

② 讨论《墨子》非乐思想的论著有很多,如梁启超《墨子学案》、任继愈《墨子与墨家》、童书业《先秦七子思想研究》、王讚源《墨子》、蔡仁厚《墨家哲学》、王冬珍《墨学新探》等,此不一一列举。

者以《节葬》《非乐》等篇来探讨墨家的实用、功利主义思想，揭示了墨家作为劳动人民阶层代表的局限性，看不到礼乐相结合对人民的教化作用和其政治目的。[①] 笔者认为《墨子》对音乐的批评并不能来单独评论，古代音乐作为礼的一部分，是先秦诸子共通的议题。而实际上先秦诸子中对礼乐制度报有不同的看法的不止墨家一派，《管子》《韩非子》都曾批评礼乐和宫廷音乐。[②] 墨家的"非乐"思想与"非儒"思想是分不开的，就《墨子》一书而言，墨家对礼乐的态度也并不是完全的批判。准确地说是墨家不赞成儒家所提倡的礼乐力度，墨家不仅是从平民阶层考虑对礼乐持实用的态度并带有现实的关怀，而且其节葬思想下的丧葬之礼与非乐、非儒思想下的节礼[③]，或许代表墨家独有的礼乐思想，而这种思想的来源就是墨家背弃周礼而行的夏礼。[④]

墨家在阐释节葬、非乐思想时，借用了尧、舜、禹三代时期的传说故事。所谓"古圣王制为葬埋之法以为典范，上升为普遍原则"[⑤]。墨家用此类托古之词来宣扬其思想，其所践行的夏政，就是禹政。墨家对夏礼的探索不再拘泥于"周孔礼制框架"，超越了有限的文献，结合了"夏族世代口耳相传的民间口头传统"，内容丰富，既符合墨家所代表的中下层人民的诉求，又体现了以墨家为代表的知识分子的精神空间。

在墨家看来，礼乐制度应该有着另一种解释。《墨子》记载："人国择要而务焉……国家淫辟无礼，则语之尊天事鬼。"（《墨子·鲁问》）并在言及"天下之乱也，至如禽兽然"的乱象时认为"无君臣上下长幼之节，父子兄弟之礼，是以天下乱焉"（《墨子·尚同中》）。由此可以看出墨子并没有完全否定礼在社会政治生活中的作用，只是墨家的礼不同于儒家之说。从墨家观点看，"非礼

---

① 参见将孔阳：《评〈墨子〉的"非乐"思想》，《学术月刊》1979年第2期。

② 参见朴素晶：《先秦思想中〈乐记〉的不同面向》，《文史哲》2015年第6期。《管子·禁藏》云："夫明王不美宫室，非喜小也；不听钟鼓，非恶乐也，为其伤于本事而妨于教也。"

③ 吴默闻：《墨子对礼乐传统的反思》，《辽宁师范大学学报》（社会科学版）2012年第6期。该文在总结墨家非乐、节葬思想时提到节礼。

④ 在这里我们做一个假设：先秦诸子对礼乐制度都有着不同的看法和理解，墨家并不是批判礼乐制度，而是批判儒家所提倡的礼乐制度，"背周道而行夏政"恰恰反映了墨家对礼乐制度态度的来源。章太炎有见于此，指出孟子批评墨家"无父"之说不当："夫墨家宗祀严父，以孝视天下，孰曰无父！至于陵谷之葬，三月之服，制始于禹。禹之世，奔命世也。墨翟亦奔命世也。"在章太炎看来，墨家丧葬之礼是循夏礼而行，虽与儒家服丧三年之礼不同，但自有其致孝的方式。

⑤ 杨义：《墨子还原》，中华书局2011年版，第28页。

乐不善，儒所用礼乐不善矣。”墨子的礼乐思想表现在以下几个方面。

第一，祭祀礼仪的必要性。墨家反对儒家的礼乐制度，但并没有忽略祭祀，墨家对祭祀天和鬼神的礼仪仍然重视。“昔者虞夏商周三代之圣王，其始建国营都日，必择国之正坛，置以为宗庙，必择木之修茂者，立以为菆位，必择国之父兄慈孝贞良者，以为祝宗，必择六畜之胜腯肥倅，毛以为牺牲，珪璧琮璜，称财为度，必择五谷之芳黄，以为酒醴粢盛。”（《墨子·明鬼下》）这里所言的祭神与儒家对礼乐敬慎郑重的态度基本没有什么差别。

第二，节葬、非乐的节礼思想。《墨子》提到儒家丧礼的害处：“厚葬久丧，重为棺椁，多为衣衾，送死若徙，三年哭泣，扶后起，杖后行，耳无闻，目无见，此足以丧天下。”（《墨子·公孟》）墨家制定的丧葬礼仪为：“棺三寸，足以朽骨，衣三领，足以朽肉，掘地之深，下无沮漏，气无发泄于上，垄足以期其所，则止矣。”（《墨子·节葬下》）墨家与儒家对待哀丧的态度都是“丧虽有礼，而哀为本焉”（《论语·修身》）。此外，墨家还明确指出“圣王不为乐”“圣王无乐”（《墨子·三辩》），而且墨家的节葬并非不守孝道，《墨经》对“孝”有解释：“孝，利亲也。孝，以亲为芬，而能能利亲，不必得。”（《墨子·经上》）孝就要承担对父母的责任，能做对父母有利之事。节用、节葬有态度就足够，而不是通过铺张浪费来体现“孝”。《墨子》书中针对程繁诘责“圣王无乐”并未直接否定人可以“息于乐”，而是认为相较于“饥者不得食，寒者不得衣，劳者不得息”（《墨子·三辩》），音乐无益于这些问题之解决。墨家认为，这些感官上的享受并不能成为人们行事的准则，也不能顺应万民之利。

在相同的社会大环境下，墨家对礼乐的态度之所以与儒家不同，除了大家普遍认为的墨家代表的平民阶层的现实关切、普世主义情怀、功效主义思想的影响外①，更重要的是代表手工业阶层的墨家对当时社会的认知和社会问题解决的独特看法。墨家借助于久远的无从考证的夏代礼仪来发展自己学说②，在当时的社会类似于“托古改制”，是一种思想文化上的突破和变革。“赖其力者生，不赖其力者不生。”（《墨子·非乐》）这是《墨子》中提到的重要观点，墨家十分反对不劳而获的行为，劳动创造美好生活代表了广大平民的心愿。

① 墨家关注的是当下人们现实生活的福祉，关心人们的基本生存问题而不是理想中的道德层面的社会秩序。

② 参见葛兆光：《中国思想史》，复旦大学出版社 2013 年版，第 135 页。

墨家节俭思想是在兼爱、贵义等思想的基础之上形成的平均主义思想，既是对统治者的鞭策，又是对百姓心声的反映。如果说尚同、尚贤是墨家在政治制度层面上对平民权益的保护，天志、明鬼的宗教思想反映了百姓对精神生活的向往和对安定生活环境的渴望，那么节用、非乐则是在社会生活层面上反映下层平民的需求。这些以兼爱为核心的重要思想，共同构成了墨家社会政治伦理思想，代表了平民的利益，是科技型知识分子的朴素诉求。

参考文献：

周长耀：《墨子思想之研究》，(台北)正中书局1977年版。

李渔叔注译：《墨子今注今译》，台湾商务印书馆1979年版。

王冬珍：《墨学新探》，(台北)世界书局1981年版。

黄世瑞：《墨家思想新探》，(台北)水牛出版社1993年版。

《墨子大全》编委会编：《墨子大全》，北京图书馆出版社2002年版。

王讚源：《墨经正读》，上海科技文献出版社2011年版。

杨荣国：《孔墨的思想》，生活·读书·新知三联书店2012年版。

刘泽华：《中国政治思想通史》先秦卷，中国人民大学出版社2014年版。

张荣明：《中华国学》，商务印书馆2014年版。

陈克守：《儒学与墨学比较研究》，中国社会科学出版社2014年版。

孙中原：《墨学七讲》，中国人民大学出版社2014年版。

杨照：《墨子：庶民的主张》，(台北)联经出版事业公司2014年版。

方授楚：《墨学源流》，商务印书馆2015年版。

姜宝昌：《墨子训释》，齐鲁书社2017年版。

张荣明：《天下篇辩者命题研究》，《南开大学学报》(哲学社会科学版)2017年第1期。

“兼爱”逻辑论证与人类命运共同体构建*

孙中原

一、墨家“兼爱”说的元性质

墨家兼爱说的元性质，指其总体超越的性质。英语构词后缀“meta”，指总体超越。中国大陆译为“元”，中国港澳台地区译为“后设”，指在对象之后设定。借鉴德国数学家希尔伯特(D. Hilbert)元数学纲领的研究方法。

希尔伯特的元研究方法，有普遍的方法论意义，是强有力的研究工具。他在莱比锡德国自然科学大会上发表讲演说：“对于通常的形式化数学而言，在一定意义上要附加一门新的数学，即元数学。”“在元数学中，人们处理普通数学的证明，后者成为研究的对象。”①

墨家兼爱说的元性质，是把全人类看作命运共同体，由此引申出普遍地爱全人类，自始至终用逻辑学的理论方法，论证爱的穷尽性、无遗漏性、交互性、平等性、整体性、不可分割性、彻底性与普遍性。兼爱是墨家显学的美好理想、善良愿望与奋斗目标。

墨家兼爱说的理论基础，是全人类的共同本性论。其理论要点有三。第一，人生论。全人类命运共同体所有个体的生命存在论，衣食住行，饮食男女。第二，人权论。所有个体的人权享有论，劳动、休息与发展权。第三，人格平等论。所有个体互尊彼此的独立人格。以上理论要点，贯穿于公元前5～前3世纪墨家显学对兼爱说的全部逻辑论证，始终如一。

* 本文为2019年国家社科基金研究专项“《墨经》绝学的E考据和元研究”(批准号19VJX001)阶段性成果。

① 参见张家龙：《数理逻辑发展史》，社会科学文献出版社1993年版，第320、326页。

二、墨家兼爱说的逻辑论证

整个战国时期，墨家从众多维度、视野与侧面，深刻论证兼爱说的元性质，反映了先秦诸子百家争鸣辩论逻辑哲理的高度与深度，体现了墨家逻辑学的总结创造，蕴含精深的哲学人文学智慧，对现代学者的哲学人文学研究，启示良多。

1.不同逻辑领域：道义理想不等于现实真值。《经上》第 98 条说："法异则观其宜。"《经说上》举例解释："取此择彼，问故观宜：以人之有黑者、有不黑者也，止黑人，与以有爱于人、有不爱于人，止爱人，是孰宜?"即如果法则相异，则观察分析应用哪类法则适宜。如遇到不同的推理，是应用这个法则，还是那个法则，要仔细查明原因，决定应用那个法则适宜。

《墨经》表述的特点是浓缩。本条说"黑人"二字，孤立看无法确知其真实语义。按"语境决定语辞一义性"的语义学原理，用现代汉语元语言表述，本条说"黑人"二字，指"所有人都是黑的"，是全称命题。

《经说上》举例解释的全句，用现代汉语元语言表述，即用论据"有人是黑的，有人不是黑的"反驳论题"所有人都是黑的"。因为论据与被反驳的论题，都关乎现实事实，用逻辑论证的同一律考察，这个反驳论式成立，适宜有效。这属于真值逻辑(truth value logic，事实逻辑)的领域。

比较而言，这里"爱人"的意涵，用现代汉语元语言表述，即"所有人应该爱所有人"。这是道义逻辑(deontic logic，规范逻辑，义务逻辑)领域的命题，是墨家自始至终坚持的美好理想、善良愿望与奋斗目标。"道义"希腊文为"deontic"，是"义务""应该"等规范模态的逻辑，关乎道德义务、理想愿望，不等于现实事实。

这里"以有爱于人，有不爱于人，止爱人"，用现代汉语元语言表述，即用"有人被人爱""有人不被人爱"的事实论据，反驳墨家的理想论题"所有人应该爱所有人"。论敌反驳墨家兼爱说的论据是"有人被人爱""有人不被人爱"("以有爱于人，有不爱于人")，关乎现实事实。论敌反驳墨家兼爱说的论题"所有人应该爱所有人"，关乎道德义务、理想愿望，不等于现实事实。

用现实事实，不能驳倒终极理想。论敌这一反驳论式，不适宜，非有效。这属于道义逻辑(义务逻辑)的领域。真值逻辑与道义逻辑是不同的逻辑领域,有不同的真值规律与判断标准。

2."兼"范畴的逻辑哲学讨论:理论概括与实际应用。"兼":墨家哲学范畴,有最高的概括性与普遍的应用性。《经上》第2条,紧接墨家哲学因果性范畴,给出专门定义:"体,分于兼也。"《经说上》举例解释:"体。若二之一、尺之端也。"兼:整体,集合,与"体"(部分,元素)相对。

第一个实例"若二之一",指集合"二"中的元素"一"。"若",如,列举典型事例。"若",《经下》格式化,演变为"说在",指"论证的理由例证在于";《大取》格式化,演变为"其类在",指"论证的典型同类事例在于"。"二",以两个"一"为元素构成的集合。"一",集合"二"的元素。

第二个实例"(若)尺之端",指"线"中的"点"。"尺"指几何学的线,是无数点(元素)的集合(整体,兼)。"端"指几何学的点;线是点的集合,点是线的元素。"端",跨学科范畴,物理学意义:物质微粒,质点,相当于"原子"("无内""无宇""无久",无限小,不可分)。光学意义:光微粒,光量子。

部分与整体的范畴,是概括世界存在和思维认知的最普遍概念,是理论认知世界之网的纽结。部分与整体是标志事物可分性和统一性的普遍范畴,整体是构成事物各部分(要素、元素)的统一和集合,部分是构成整体的要素(元素)。

部分与整体的范畴,是《墨经》说的"达名",即最高类概念,有最广泛的普遍性与概括性,适用于世界存在和思维认知的全部领域,有重要的世界观、认识论、方法论与逻辑学意义。认知任何对象,都运用部分与整体范畴。部分与整体的范畴,是思维认知中分析与综合方法的基础,是逻辑推论中类属包含与排斥关系的根据,是所有人须臾不可离的思维工具。

"兼"与"体"指整体与部分、集合与元素、全局与局部、系统与分子。兼:兼有、兼容、兼顾、整体、集合、全部、都、尽、遍、俱,是全称量词,与"体""偏""特""或"相对。

"兼"与"体"的范畴,应用于全世界、全人类。全世界、全人类的命运共同体是"兼"(整体,集合)。不分地区、国别、民族、种族、肤色、年龄、性别、阶级、阶层、职业,一言以蔽之,全世界人类无限多样的群体(集团,类别)是"体",即部分、子集合、元素。

兼,会意字,小篆字形,从又(手),从秝(lì),字形为"一手执二禾":一只手握两棵庄稼,引申为兼容,兼顾,兼有。《说文》曰:“兼,并也,从手禾,兼持二禾也。”徐注:“兼,会意,兼持二禾,可兼持者,莫若禾也。”段注:“兼,并也,并,相从也,从又持秝,会意,兼持二禾。”《仪礼·聘礼》“兼执之以进”注:“兼,犹两也。”

《孟子·告子上》说:“二者不可得兼。”《荀子·正名》说:“单不足以喻则兼。”《韩非子·亡征》说:“其兼天下不难。”《韩非子·难四》说:“日兼照天下。”《商君书·画策》说:“兼天下之众。”贾谊《过秦论》说:“兼韩、魏、燕、楚、齐、赵、宋、卫、中山之众。”李渔《闲情偶寄·种植部》云:“兼百花之长。”“兼”字形演变见图1。

图1 “兼”字形演变

资料来源:https://www.zdic.net/hans/兼。

“兼”作为“兼爱”的略语,代指墨家兼爱说。《经下》第174条说:“无穷不害兼。”即空间无穷,人无穷,不妨害兼爱。空间无穷人无穷,可一语穷尽,同一原理,以此类推,空间无穷人无穷,也可一语穷尽,说兼爱尽爱,彰显《墨经》逻辑推理,机智巧妙。

《兼爱中》说:“此言禹之事,吾今行兼。”“此言武王之事,吾今行兼。”《兼爱下》说:“兼以易别。”“别非而兼是。”“使其一士者执兼。”此类例句,比比皆是,清楚说明“兼”是墨家兼爱范畴的略语,是墨家彻底人道主义、人文主义意涵的积淀、浓缩与结晶。

比较而言,“别”指儒家的“偏爱”学说,即主张爱部分人。《礼记·大传》说:“亲亲也,尊尊也。”“此其不可得与民变革者也。”即亲近血缘近的人,尊敬宗法制尊贵的人,视为永世不可改变的法则。

《非儒》开宗明义抨击“儒者曰:亲亲有杀,尊贤有等,言亲疏尊卑之异也”,即儒者提倡亲近亲属贤者,因亲属贤者与自己血缘关系远近不同而有差等,表示亲疏尊卑的差异。

儒家反对墨家“爱无差等”，主张“爱有差等”，为封建宗法等级制的社会政治制度与伦理道德规范服务。儒家“别爱”说，与墨家“兼爱”说尖锐对立，不可调和，作为两种对立的社会意识形态，从其社会基础与长久历史作用考察，优劣易见，明如观火。

《荀子・王霸》说：“役夫之道也，墨子之说也。”“圣王之道也，儒之所谨守也。”一语道破隐秘。“役夫”，指劳动者，卑贱者。“墨子之说”代表劳动者的利益、愿望与要求，以人类命运共同体为美好理想、善良愿望与奋斗目标。“儒之所谨守”的儒家社会意识形态，在中国的历史长河中，代表封建统治者利益、愿望和要求。墨子是劳动者的“圣人”，墨家是劳动者的学派，墨学是劳动者的学说。

3.空间与人类无穷，不妨害兼爱：超时空性。在墨者生活的年代，人们对世界究竟有多大还没有实证的知识。当时哲学家用抽象思维追索世界有穷无穷问题，以“南方”为例讨论。《庄子・天下》载惠施论题“南方无穷而有穷”。

《经下》第174条说：“无穷不害兼，说在盈否。”《经说下》概括当时辩论说：“南者有穷则可尽，无穷则不可尽。有穷、无穷未可知，则可尽、不可尽未可知。人之盈之否未可知，而必人之可尽、不可尽亦未可知，而必人之可尽爱也，悖。（按：以上引论敌诘难语，以下是墨者论证）人若不盈无穷，则人有穷也，尽有穷无难。盈无穷，则无穷尽也，尽无穷无难。”

空间和人数的无穷都不妨害兼爱，论证理由在于人是否充盈于空间。南方如果是有穷的，那么就可以穷尽；南方如果是无穷的，那么就不可以穷尽。现在连南方是有穷的还是无穷的都还不知道，则南方是可以穷尽的还是不可以穷尽的，也就不知道了。人是否充盈于南方不知道，而必然地说人是可以尽数还是不可以尽数的也不知道。在这种情况下，就必然地断言人可以“尽爱”（兼爱），自相矛盾。（按：以上引论敌诘难语，以下是墨者论证）如果人不充盈于无穷的南方，则人是有穷的。尽爱有穷的人没有困难。如果人充盈于无穷的南方，则“无穷的南方”被用一句话说尽，那么我再用一句话说“尽爱无穷南方无穷人”应该没有困难。

墨者把无穷整体化为有穷处理，人个体无穷，把无穷作为一个完成的现实整体概括处理，则整体等于被穷尽。尽管无穷南方，充满无穷人，墨者仍然在理论上坚持，可普遍无遗漏地对人类施以普遍平等的爱，这是整体论逻辑哲学思考的张力与威力。

4.不知世上人口数,不妨害兼爱:超现实性。《经下》第175条说:“不知其数而知其尽也,说在问者。”《经说下》机智论证:“不知其数,恶知爱民之尽之也?(按:以上是论敌对墨家兼爱说的诘难,以下是墨家的论证)或者遗乎其问也,尽问人,则尽爱其所问,若不知其数,而知爱之尽之也,无难。”

不知道人的个数,也可以知道能够尽爱(兼爱)所有人,论证的关键在于分析对方的问题本身。“不知道人的个数,怎么知道可以尽爱所有人?”(按:以上是论敌对墨家兼爱说的诘难,以下是墨家的论证)对方可能是忘记问题本身。如果对方能够尽问所有人,那么我就可以尽爱对方所问每个人。如果不知道人的个数,也可以知道能够兼爱(尽爱)所有人,没有困难。墨家没有陷入对方设置的困境,轻而易举地用对方出的难题驳倒对方,有力论证、维护与坚持兼爱(尽爱)论题。

5.不知世上人处所,不妨害兼爱:超地区性。《经下》第176条说:“不知其所处不害爱之,说在丧子者。”即不知道人的处所,不妨害爱,论证理由在于分析丢失儿子的人。如果丢失儿子,不知儿子处所,不妨害对儿子的爱,列举反例,反驳对方论点,是《墨经》止式推论的应用:“举不然者而问之。”(《经上》第99条)

论敌对墨家兼爱说的诘难,用全称肯定命题:“凡不知人处所,妨害爱。”用公式表示:所有S是P。墨者论题是:“凡不知其所处,不妨害爱。”这是全称否定命题,用公式表示:所有S不是P。与对方论点针锋相对。

墨家在辩论中,列举事例“丧子者”,指走失孩子的父母,并不因不知孩子处所而妨害爱。这个事例,对墨家论题说,是正面事例;对于论敌论题说,是反例。这个反例可概括表达为:“有时不知人处所,不妨害爱。”这是特称否定命题,用公式表示:有S不是P。同论敌论题恰相矛盾,驳倒论敌。

6.爱人要求周爱人:普遍性。《小取》论证说:“爱人,待周爱人而后为爱人。不爱人,不待周不爱人。失周爱:因为不爱人矣。”这是强调“爱人”(兼爱)概念的整体性、普遍性与穷尽性。周,周遍,普遍。“兼爱”范畴含义,等同于“尽爱、俱爱、周爱”。“兼、尽、俱、周”,在《墨经》是意义相同的全称量词。“兼爱”含义适用于每一个体(分子,元素),反映了墨家兼爱思想人道主义、人文主义本质的彻底性与墨家逻辑概念的明确性。

7.爱人包含爱自己：超人己性。《庄子·天下》说墨子实行自我刻苦的原则，是“不爱己”，即不爱惜自己。世人竞相批评墨者主张“圣人不爱己”。《荀子·正名》说，墨者主张“圣人不爱己”的命题，是“用名以乱名”(混淆概念)的诡辩。

墨者在《大取》反思，认知别人批评有道理，自我修正观点说：“爱人不外己，己所爱之中。己在所爱，爱加于己。伦列之：己，人也；爱己，爱人也。”这是运用整体包含部分的原理与附性法的复杂概念直接推理(演绎推理)。

墨者认为圣人爱自己，最终还是为了爱人，推动爱人的事业。《大取》说：“为天下厚爱禹，乃为禹之爱人也。”墨者承认“爱人包括自己”，是为了消除墨子议论中的逻辑矛盾，化解论敌攻击的锋芒，坚定维护墨家“兼爱”论题。

8.爱人包含爱仆人：平等性。《小取》论证说：“获，人也；爱获，爱人也。臧，人也；爱臧，爱人也。”即爱人包含爱仆人臧获。《墨经》说男仆“臧”15 次，女仆“获”7 次，都在兼爱与人格平等的意义上使用，主张兼爱适用于奴仆。

9.人口密度，不妨害兼爱：众世寡世爱相等。《大取》论证说：“爱众世与爱寡世相若，兼爱之又相若。”即人口密度不妨害兼爱。

10.施爱过去现在与未来：上世后世爱相等。《大取》论证说：“爱上世与爱后世，一若今之世人也。”即施爱于过去、现在和未来。

11.过去、现在爱一贯：爱人要求一贯性。《大取》论证说：“昔者之爱人也，非今之爱人也。”即爱人要求一贯性，昔日爱人，今日爱人，爱人要不断立新功，有新表现。

12.兼爱不容割裂：整体性。《大取》论证说：“兼爱相若，一爱相若，一爱相若，其类在死蛇。”即兼爱世人相等，不容割裂为爱这部分相等，爱那部分人相等，针对儒家“亲亲尊尊”的“差等之爱”。

13.兼爱原则：对人就像对自己。《兼爱下》说：“为彼犹为己。”即出于公心善待人，为人犹如为己。

14.投桃报李：对等互报。论证兼爱的交互性。《兼爱下》引《诗·大雅·抑》说：“无言不售，无德不报。投我以桃，报之以李。即此言爱人者必见爱也。”即说话就回应，有德就报答，你赠送我桃，我报答你李。

15.“兼爱”包括义与利：仁爱义利紧相连。《经下》第 177 条说：“仁，爱也。义，利也。”《经上》第 8 条说：“义，利也。”仁的实质是爱；义的实质是利。

"仁爱"和"义利"紧密相连,可互相解释和定义。不像儒家爱利分裂,空讲仁爱辞句,不讲实际功利。

墨子的兼相爱和交相利紧密结合。爱人就要利人。兼爱是墨子心目中贤人的高尚品德。如何做贤人,即有力量就赶快帮助别人,有财富就尽量分给别人,有道理者就积极教诲别人。

墨子的兼爱思想,是手工业行会成员间互助互利原则的理想化,是农工商朴素平等愿望的理论升华,传承中华民族的传统美德。墨家讲爱人民的实质,就是为人民造福,给人民以实际利益,全心全意为人民谋利益。

16.兼以易别:用兼爱取代别爱。用墨家兼爱学说,取代儒家"别爱"学说。"兼"指兼爱学说,即普遍平等地爱全人类。"别"指儒家"别爱"学说,即有区别地爱一部分人。别,分别,差别,区别。《玉篇》:"别,分别也。"

"易"即取代,代替。《兼爱下》说:"非人者必有以易之,若非人而无以易之,譬之犹以水救水,以火救火也,其说将必无可焉,是故子墨子曰:'兼以易别。'"《兼爱中》说:"既以非之,何以易之?子墨子言曰,以兼相爱,交相利之法易之。"《天志中》说:"兼者,处大国不攻小国,处大家不乱小家,强不劫弱,众不暴寡,诈不谋愚,贵不敖贱。""别者,处大国则攻小国,处大家则乱小家,强劫弱,众暴寡,诈谋愚,贵傲贱。"《天志下》说:"兼之为道也,义政(以仁义为治政原则);别之为道也,力政(以暴力为治政原则)。"

17.兼爱用处。《兼爱下》借"天下士君子"即儒者的口说:"您的兼爱学说,好是好,可是有什么用呢?"墨子说:"如果真没用,连我也反对。世界上哪里有好的,却没有用?"墨子假设有两个人,一人是"兼士"即墨者,赞成兼爱学说;一人是"别士"即儒者,反对兼爱学说。

"别士"说:"我怎么能对待朋友,像对待我自己;对待朋友的父母,像对待自己的父母?"于是,他看见朋友肚饿,不给饭吃;身冷,不给衣穿;生病,不治疗;死,不办丧事。"兼士"说:"我对待朋友,像对待自己;对待朋友父母,像对待自己父母。"于是,他看见朋友肚饿,就给饭吃;身冷,就给衣穿;生病,就给治疗;死,就办丧事。

墨子假定第三人,披铠甲,戴头盔,要出发,参加野战,不知死活。假定第四人,受命出使,巴越齐楚,不知能否活着回来。这时,要把父母妻子,托付给朋友照管,是托付给"兼士"还是托付给"别士"?无论是谁,尽管他不赞成兼爱学说，但一定会托付给“兼士”。这种人，言论上反对兼爱，行动上却选取兼爱，是言行不一。

听了墨子虚拟故事，“天下之士君子”说：“这是选择士，国君能选择吗？”墨子接着说，假定有一位“兼君”、一位“别君”。“别君”说：“我怎能对待百姓，像对待我自己？这不合人情。人生没有多少年，就像白驹过隙，倏忽而过，我应该把自己先照顾好。”于是，置百姓饥寒病死于不顾。“兼君”说：“我先考虑百姓，后考虑自己。”

18.墨子智辩：归谬反驳法。《耕柱》说：“巫马子谓子墨子曰：‘我与子异，我不能兼爱。我爱邹人于越人，爱鲁人于邹人，爱我乡人于鲁人，爱我家人于乡人，爱我亲人于我家人，爱我身于吾亲，以为近我也。击我则疾，击彼则不疾于我，我何故疾者之不拂，而不疾者之拂？故有我有杀彼以利我，无杀我以利彼。’子墨子曰：‘子之义将匿邪，意将以告人乎？’巫马子曰：‘我何故匿我义？吾将以告人。’子墨子曰：‘然则一人说子，一人欲杀子以利己。十人说子，十人欲杀子以利己。天下说子，天下欲杀子以利己。一人不说子，一人欲杀子，以子为施不祥言者也。十人不说子，十人欲杀子，以子为施不祥言者也。天下不说子，天下欲杀子，以子为施不祥言者也。说子亦欲杀子，不说子亦欲杀子，是所谓经者口也，杀常之身者也。子之言恶利也？若无所利而言，是荡口也。’”

巫马子对墨子说：“我与你不同。我不能兼爱，我爱邹国人超过爱越国人，爱鲁国人超过爱邹国人，爱家乡人超过爱鲁国人，爱家里人超过爱家乡人，爱父母超过爱家里人，爱我超过爱父母，因为更切近我。打我我痛，打别人我不痛。为什么使我疼痛的不去防卫，不疼痛的倒去防卫？因此，只会杀别人以有利于我，而不会杀我以有利于别人。”

墨子说：“你这种思想，要隐藏起来，还是要告诉别人？”巫马子说：“我为什么要把思想隐藏起来？我将要告诉别人。”墨子说：“那么，如果一个人相信你的说法，就有一个人想杀死你来利于自己。十个人相信你的说法，就有十个人想杀死你来利于自己。天下人都相信你的说法，天下人都想杀你来利于自己。反之，有一个人不相信你的说法，就会有一个人想杀死你，认为你是散布不祥之言的人。十个人不相信你的说法，就会有十个人想杀你，认为你是散布不祥之言的人。天下人都不相信你的说法，天下人就会都想杀你，认为你是散布不祥之言的人。喜欢你的想杀你，不喜欢你的也想杀你，这就是轻率之言，将殃及自身！你的话有何利？如果没有利，还一定要说，那就是存心胡说。”

儒家信徒巫马子常与墨子辩伦理。墨子对巫马子的驳斥，一针见血。巫马子不忿，于是又有了一场辩论。巫马子对墨子说：“你兼爱天下，没有看到什么利益。我不爱天下，没有看到什么害处。都还没有实效，你为什么只认为自己对而批评我？”墨子说：“现在假如有人在这里放火，一个人想用水灭火，一个人想浇油，让火烧得更旺，都还没有实效，你认为哪一种思想可贵？”

巫马子说：“我认为，想用水灭火的人，意图是对的，想浇油，让火烧得更旺的人，意图是不对的。”墨子说：“我也认为，我兼爱的用意是对的，你反对兼爱的用意，是不对的。”墨子认为，宣传兼爱是善意，反对兼爱是恶意；提倡兼爱天下治，反对兼爱天下乱。巫马子坚持儒家“别爱”（偏爱，只爱部分人）说，论题错误，以失败告终。

19.墨子痛斥子夏徒。《耕柱》载：“子夏之徒问于子墨子曰：‘君子有斗乎？’子墨子曰：‘君子无斗。’子夏之徒曰：‘狗豨犹有斗，恶有士而无斗矣？’子墨子曰：‘伤矣哉！言则称于汤文，行则譬于狗豨，伤矣哉！’”

子夏学生问墨子：“君子之间有争斗吗？”墨子说：“君子没有争斗。”子夏学生说：“狗猪还有争斗，哪里有士而无争斗？”墨子说：“可悲！言则称于商汤、周文王，行则譬于狗猪，可悲！”

鲁迅于1934年8月创作历史小说《非攻》，开宗明义写道：子夏的徒弟公孙高（人名虚拟）来找墨子，已经好几回了，总是不在家，见不着。大约是第四或第五回罢，这才恰巧在门口遇见，因为公孙高刚一到，墨子也适值回家来。他们一同走进屋子里。公孙高辞让了一通之后，眼睛看着席子的破洞，和气地问道：“先生是主张非战的？”“不错！”墨子说。“那么，君子就不斗么？”“是的！”墨子说。“猪狗尚且要斗，何况人……”“唉唉，你们儒者，说话称着尧舜，做事却要学猪狗，可怜，可怜！”墨子说着，站了起来，匆匆地跑到厨下去了，一面说：“你不懂我的意思……”

鲁迅描写儒墨对话，源于《耕柱》。墨子所说“君子无斗”命题，有特定含义，指君子仁人应相亲相爱，互助互利，不应互相残害欺侮。《非儒》说：“若皆仁人也，则无说（理由）而相与（敌）。仁人以其取舍是非之理相告，无故从有故也，弗知从有知也。无辞必服，见善必迁，何故相敌？”

仁人应兼爱互助，无理由相互为敌。在君子暴人间，墨子主张“有斗”。因为君子为天下兴利除害，可以兴正义之师，诛讨惩罚不义之师。如对暴人不斗，纵容坏人，残害好人，是天下最大“不义”，不能称“君子”。

无论君子内部“无斗”，还是君子暴人间“有斗”，都不能与猪狗打斗相提并论。子夏之徒把这两个不同问题混为一谈，遭到墨子痛斥。儒者言必称汤文，行动却仿效猪狗，墨子连呼“伤矣”（有伤人格）。

20.理想教育。兼爱是墨子仁义学说的内容。《经说下》发挥墨子思想说：“仁，爱也。义，利也。”仁爱义利相连，互相定义。兼相爱和交相利紧密结合，爱人就要利人。

墨子说：“为贤之道将奈何哉？曰：有力者疾以助人，有财者勉以分人，有道者劝以教人。”兼爱是墨家希望实现的道德理想、要求与愿望。墨子看到现实生活存在“不相爱”的事实，说：“凡天下祸篡怨恨，其所以起者，以不相爱生也。”由于“不相爱”，故“强必执弱，富必侮贫，贵必傲贱，诈必欺愚”，造成混乱。

墨子针对现实说：“圣人以治天下为事者也。必知乱之所自起，焉能治之。譬之如医之攻人之疾者然，必知疾之所自起，焉能攻之。”墨子把兼爱理想看成治理社会混乱的药方，孜孜不倦“劝人兼爱”，“教人兼爱”，运用教育游说手段宣传兼爱，希望当权者“王公大人士君子”接受实现兼爱理想。但是，“天下之士君子”不接受墨子兼爱主张，屡屡发难抵制。

21.兼爱实现。《兼爱下》借“天下士君子”的口说：“兼爱算是够仁义，可是能实现吗？实现兼爱，就像手提泰山过江河，不能实现。”墨子说：“你的譬喻不恰当。手提泰山过江河，自古至今，不能实现，可是古书记载，古圣先王，禹汤文武，亲自实行‘兼相爱，交相利’。”墨子把实行兼爱，改良社会的希望寄托于当权国君、卿大夫和士阶层，大力游说，说服他们实行兼爱主张。

22.兼之为道。以兼爱作为治国的道理和指导思想，是墨子和墨家的政治理想。《天志下》说：“兼之为道也义政，别之为道也力政。曰：义政者何若？曰：大不攻小也，强不侮弱也，众不贼寡也，诈不欺愚也，贵不敖贱也，富不骄贫也，壮不夺老也。是以天下之庶国，莫以水火毒药兵刃以相害也。”

实行“兼”，就是以道义治国理政。实行“别”，就是以暴力治国理政。有人问：以道义治国理政是怎样？回答是：大国不攻小国，强者不欺凌弱者，势众不残害力单，乖巧不欺负愚憨，尊贵不傲视低贱，富足不鄙视贫穷，少壮不侵凌衰老。天下众多国家，不用水火毒药兵刃互相侵害，则天下太平。

23.孟子攻击，墨学中绝。《孟子·滕文公下》攻击说："墨氏兼爱，是无父也，无父无君，是禽兽。"墨子《兼爱》明说"爱父爱君"，从未提倡"无父无君"。孟子攻击，罔顾事实，荒谬绝伦。《四库全书》十亿字，有 24 卷 25 处，长篇大论，承袭孟子谬论，视墨子兼爱为异端邪说、洪水猛兽，导致墨学中绝。

三、墨家兼爱说的现代价值

孙中山《三民主义》说："古时最讲爱字的莫过于墨子。""墨子是世界第一平等博爱大家。"①英国学者李约瑟说："墨子早在公元前第四世纪就宣传兼爱学说，受到了人们一致的推崇。"②梁启超《墨子学案》说："墨学所标纲领，其实只从一个根本观念出来，就是兼爱。"曹耀湘《墨子笺·兼爱下》说："兼爱者，墨氏之学之宗旨也。"皮嘉佑《平等说》云："平等之说导源于墨子。"③

毛泽东读二十四史批注："墨子是一个劳动者，他不做官，但他是比孔子高明的圣人，孔子不耕地，墨子自己动手做桌椅子。"④什么叫"圣人"？《孟子·尽心下》给出两个经典性的定义。一个是语词定义："大而化之之为圣。"即格局伟大，融会贯通，能够教化天下，叫作"圣人"。一个是作用定义："圣人，百世之师也。"即"圣人"可做百代人的老师。东汉赵岐注："大行其道，使天下化之，是谓圣人。"学说普遍推行，教育变化天下，叫"圣人"。

墨子是平民出身的文化伟人，在世时被普遍习惯称"贤人""圣人"。唐余知古《渚宫旧事》引鲁阳文君对楚惠王说："墨子，北方贤圣人。"《公孟》引墨子弟子跌鼻对墨子说："今先生，圣人也。"

墨子是人类文明轴心时代出现的中国文化巨人。德国文化史学者雅斯贝斯说，以公元前 500 年为中心，人类精神基础同时独立地在中国开始奠定，直到今天人类仍然依附在这一基础上。这期间所发生的精神过程，建立了一

---

① 孙中山：《三民主义·民族主义第六讲》，中华书局 2011 年版，第 244 页。

② [英]李约瑟：《中国科学技术史》，科学出版社、上海古籍出版社 1990 年版，第 187 页。

③ 皮嘉佑：《平等说》，《湘报》1898 年 5 月第 58～60 号。

④ 《毛泽东评点二十四史》，中国档案出版社 1998 年版，第 4 页。

个轴心，我们把这个时期称为轴心时代。这一时期发生了不寻常的事件，在中国诞生了墨子，产生了所有我们今天依然在思考的基本范畴。①

恩格斯评价西方文艺复兴时代："这是一次人类从来没有经历过的最伟大的、进步的变革，是一个需要而且产生了巨人——在思维能力、热情和性格方面，在多才多艺和学识渊博方面的巨人的时代。"②

墨子活动的战国时代，中华民族经历着"从来没有经历过的最伟大的、进步的变革"，是一个需要而且产生了巨人的时代，墨子"在思维能力、热情和性格方面，在多才多艺和学识渊博方面"，是中华优秀传统文化的巨星。

梁启超形容战国学术勃兴的盛况说："如春雷一声，万绿齐茁于广野。如火山乍裂，热石竞飞于天外。"③诸子百家，司马谈《论六家要旨》概括六家有墨家。班固《汉书·艺文志·诸子略》概括九流十家有墨家。

2015 年 12 月 16 日，在第二届世界互联网大会上，习近平主席引证墨语"天下兼相爱则治，交相恶则乱"，提出"完善全球互联网治理体系，维护网络空间秩序，必须坚持同舟共济、互信互利的理念"，用墨学精华解决现代世界课题。④

墨家兼爱说，包含对现代和未来有重要意义的人文精神与人道主义启示。在世界一体化和全球化的新时代，墨学兼容儒学与诸子学，创造性转化，创新性发展，为振兴中华、实现中华民族伟大复兴的中国梦、构建人类命运共同体提供锐利的思想武器和强大的精神动力。

参考文献

孙中原主编:《中华大典·哲学典·诸子百家分典·墨家部》，云南教育出版社 2007 年版。

孙中原:《墨学通论》，辽宁教育出版社 1993 年版。

孙中原:《墨者的智慧》，生活·读书·新知三联书店 1995 年版;第 2 次

① [德]卡尔·雅斯贝尔斯:《人的历史》，田汝康、金重远选编:《现代西方史学流派文选》，上海人民出版社 1982 年版，第 38～40 页。

② 《马克思恩格斯选集》第 3 卷，人民出版社 1972 年版，第 445 页。

③ 梁启超:《论中国学术思想变迁之大势》，《饮冰室合集》7，中华书局 1989 年版，第 11 页。

④ 参见孙中原:《天下兼相爱则治，交相恶则乱》，《光明日报》2016 年 1 月 20 日;《儒与墨:一个常新的话题》，《光明日报》2019 年 10 月 12 日。

印刷更名《墨子说粹》,生活·读书·新知三联书店2003年版。

孙中原:《墨子及其后学》,新华出版社1991年版、1993年版。

孙中原编著:《墨子鉴赏辞典》,上海辞书出版社2012年版。

孙中原撰:《墨子解读》,中国人民大学出版社2013年版。

孙中原:《墨学七讲》,中国人民大学出版社2014年版。

孙中原:《墨子与墨学》,中国书籍出版社2015年版。

孙中原主编:《墨学与现代文化》,中国广播电视出版社1998年版。

孙中原编:《墨子大辞典》,商务印书馆2016年版。

孙中原等编:《墨学大辞典》,商务印书馆2016年版。

孙中原:《墨子趣谈》,商务印书馆2016年版。

孙中原:《墨学与中国逻辑学趣谈》,商务印书馆2017年版。

孙中原:《墨学趣谈》,商务印书馆2017年版。

墨子与荀子环境伦理观之比较[*]

童恒萍

先秦儒、道两家的生态伦理思想已为诸多学者注意并研究，但墨家思想的生态意义及荀子与墨子环境伦理观的比较研究未能引起人们的足够重视。我们分析比较墨子兼爱、节用、节葬、非乐、非攻与荀子“节用以礼”“所渐”等思想，并挖掘其保护自然的现实的环境伦理原则，以期对当代建设生态文明社会有所启示。

一、荀子对于墨子环境伦理观的批判与继承

先秦时期既是中华文明形成的初期，又是我国传统文化形成的奠基时期，儒墨传统文明中蕴藏着生态文化的智慧。中国古代生态思想对于现代社会发展仍具有启示意义。墨家“兼爱”，如同“尽爱”“周爱”，贯穿着最为普遍的“兴天下大利，除天下之害”的爱民思想，兼爱是墨家学派的主要观点。非攻、节用、节葬、非乐等主张，都是源于兼爱的。墨子在“兼相爱，交相利”主张中提出了一条重要的道德准则——“视人若己”换位思考的准则，墨子认为，“视人之国，若视其国；视人之家，若视其家；视人之身，若视之身”[①]。“视人若己”的换位思考准则要求人们站在他人的位置来反省自己的行为，而现代社会非人类中心主义的环境伦理学相继提出动物解放论、动物权利论、生物中心主义和生态中心主义理论，其核心思想就是论证人之外的自然及其存在物也具有内在价值和权利，解决生态危机的关键就在于走出人类中心主义环

* 本文为2018年度教育部人文社会科学研究规划基金项目(18YJA720012)“中西视野交融下的墨学研究”的阶段性研究成果之一。

① 孙诒让撰:《墨子间诂》,中华书局2001年版,第103页。

境伦理。美国学者戴斯·贾丁斯(Joseph R. Des Jardins)提出:“环境伦理学旨在系统地阐释有关人类和自然环境间的道德关系。环境伦理学假设人类对自然界的行为能够而且也一直被道德规范约束着。”[①]而墨家的兼爱思想是可以发挥到人类周围环境中的动物、植物等,我们应承认除人类以外的其他一切生物的权利,努力构建人与自然和谐相处的文明生态环境。墨子所构建的理想社会是一个协调的群体组织的蓝图,虽然带有浓重的幻想色彩,但毕竟在那个时代已经显示出了进步意义。

儒家重要代表人物荀子对于墨子曾给予激烈的攻击。荀子将儒家之外的学说均称为“邪说”“奸言”,在《非十二子》中,荀子指出:“假今之世,饰邪说,文奸言,以枭乱天下,矞宇嵬琐,使天下混然不知是非治乱之所存者有人矣。”[②]其中荀子对于墨学的抨击最为激烈,“世无王,穷贤良,暴人刍豢仁人糟糠。礼乐灭息,圣人隐伏墨术行”[③]。当时墨学的盛行遮掩了儒学的光辉,这是荀子所不能容忍的。因此,荀子辟墨既是出于维护儒家学说的需要,同时也是儒墨学派间激烈斗争的结果。然而荀子在辟墨的过程中却有意无意受到墨子思想的影响,荀子学说中的许多重要思想包括环境伦理思想都渊源于墨学。“荀子在阐发儒家立场的同时,总不忘将墨家观点作为对立面加以对比和批判。这同样不影响荀子在批判的同时对墨家思想加以吸收。所不同的只是,墨家对荀子的影响更多地体现在思想倾向和方法论上。”[④]关于墨家人的本性欲求的合理性思想,荀子对其发展远大于继承。荀子不仅肯定了这一原则,而且在墨家基础上更彻底地弘扬了这一旨向,反过来对墨家在节用旗帜下的不彻底性给予了尖锐的批判。[⑤]

荀子虽处处反对墨子,批评墨子“有见于齐,无见于畸”,但荀子的环境伦理等思想却明显受墨子的影响。由于时代局限性,墨子的环境观具有明显的功利主义倾向,这种环境观认为环境是围绕人的需求而存在的,因此只注重

① [美]戴斯·贾丁斯:《环境伦理学》,林官明、杨爱民译,北京大学出版社2002年版,第12页。

② 孙诒让撰:《墨子间诂》,中华书局2001年版,第89~91页。

③ 王先谦撰:《荀子集解》,中华书局1988年版,第461页。

④ 储昭华:《明分之道——从荀子看儒家文化与民主政道融通的可能性》,商务印书馆2005年版,第10页。

⑤ 参见储昭华:《明分之道——从荀子看儒家文化与民主政道融通的可能性》,商务印书馆2005年版,第11页。

人与人的关系，而忽略了人与环境的关系。荀子的环境伦理观却开始具有明显的生态保护意识，而且在墨子环境观基础上开始提到自然规律，并建立了在生物生长发育规律上依靠圣王“制天命而用之”保护自然的生态道德。所谓“制天命而用之”，就是在顺应天命规定的前提下充分发挥人的主体作用，努力认识和掌握天命并使之为人之“生”服务。可见，“制天命”并未否定天命，更无人定胜天、征服自然的意思，而是充分强调天行有常，人应当在遵循天道的情况下充分尽人自身的职分，利用天道之常以造福于人。荀子“制用天命”的生态伦理观进一步丰富了孔子“敬畏天命”的生态伦理思想，把儒家创始人开创的“知天命→畏天命”生态伦理思想路线发展为“知天命→畏天命→制天命而用之”的生态伦理思想路线，因此更具有实践意义，既维护了人类管理地球的实践主体地位，又凸显了人类保护自然资源、使之用之不竭和永葆生态平衡的生态伦理责任。①

荀子认为，“圣王之制也，草木荣华滋硕之时则斧斤不入山林，不夭其生，不绝其长也”②。在此，荀子反复强调“时”，要求人们在生物生长发育期间不要去采伐、捕捞它们。同时，荀子在尊重自然生长规律的基础上提出人在自然规律面前可以有所作为，可“制天命而用之”。“天行有常，不为尧存，不为桀亡。”“袄怪不能使之凶。本荒而用侈，则天不能使之富；养略而动罕，则天不能使之全；倍道而妄行，则天不能使之吉。故水旱未至而饥，寒暑未薄而疾。”③荀子在这里明确告诉人们自然界事物发展变化有其自身固有的规律。“荀子只言人道以治天，而天却无所谓道。即有道路，亦只有自然之道也。人以礼义法度而行其治，则能参。参者治己而遂以治天也。荀子之天非宗教的、非形而上的，亦非艺术的，乃自然的，亦即科学中‘是其所是’之天也。”④只有明白自然界与人类各有自己的职分，才可称得上是高明人，同时荀子认为人类社会出现的饥荒、疾病、殃祸“不可以怨天”，是“应之以乱”造成的，也就是没有处理好人与自然的关系造成的。

---

① 参见任俊华、刘晓华：《环境伦理的文化阐释——中国古代生态智慧探究》，湖南师范大学出版社2004年版，第192页。

② 王先谦撰：《荀子集解》，中华书局1988年版，第165页。

③ 王先谦撰：《荀子集解》，中华书局1988年版，第306～308页。

④ 牟宗三：《荀学大略·名家与荀子》，吉林出版集团有限责任公司2010年版，第143页。

荀子主张遵循自然规律发展生产，反对人为破坏自然资源。他说："物之罕至者也，怪之可也，而畏之非也。夫日月之有蚀，风雨之不时，怪星之党见，是无世而不常有之。上明而政平，则是虽并世起，无伤也；上闇而政险，则是虽无一至者，无益也。夫星之队，木之鸣，是天地之变，阴阳之化，物之罕至者也，怪之可也，而畏之非也。""礼义不修，内外无别，男女淫乱，则父子相疑，上下乖离，寇难并至，夫是之谓人袄。袄是生于乱，三者错，无安国。"[①]荀子认为，日月、风雨、怪星的怪异现象"无世不常有也"，不过是天地阴阳的变化罢了，可怪不可畏；而三"人袄"是人为造孽，有失农桑之本，疏于政事管理，并伤害礼义伦常，可畏不怪，并以"错"字形容"袄"的毒害。因此，为除"袄"而使人民富裕、身体健康、远离灾祸，必须"强本而节用"，养备而动时，修道而不贰，始终坚持以礼义作为道统加于国家，隆礼尊贤、得法爱民，完成王霸之业。可见"荀子的天人相分与子思到孟子的天人合一一样，同样没有在人的精神世界中给客体自然留下相应的空间，就此而言，他们都没有摆脱道德主义的窠臼"[②]。

荀子对墨子的经典评判是："不知壹天下、建国家之权称，上功用，大俭约而僈差等，曾不足以容辨异、县君臣；然而其持之有故，其言之成理，足以欺惑愚众，是墨翟、宋钘也。"[③]"墨子有见于齐，无见于畸"，其结果必然是"有齐而无畸，则政令不施"。[④] 荀子对墨家否定礼乐的节用思想提出批评："墨子蔽于用而不知文。"[⑤]"我以墨子之'非乐'也则使天下乱，墨子之'节用'也则使天下贫，非将堕之也，说不免焉。"[⑥]相反，"足国之道，节用裕民而善臧其余。节用以礼，裕民以政。彼裕民，故多余"[⑦]。可见，荀子虽然也注重"节用"，但主张按照等级规定来"节用以礼"，以促进社会的稳定和经济的发展，反对墨子的绝对平均主义、克制人的欲望的消极被动的"节用"，认为那样会使社会经济的发展失去其应有的动力源泉。

---

① 王先谦撰：《荀子集解》，中华书局 1988 年版，第 313～314 页。
② 韩德民：《荀子与儒家的社会理想》，齐鲁书社 2001 年版，第 307 页。
③ 王先谦撰：《荀子集解》，中华书局 1988 年版，第 92 页。
④ 参见孙诒让撰：《墨子间诂》，中华书局 2001 年版，第 319～320 页。
⑤ 王先谦撰：《荀子集解》，中华书局 1988 年版，第 392 页。
⑥ 王先谦撰：《荀子集解》，中华书局 1988 年版，第 185 页。
⑦ 王先谦撰：《荀子集解》，中华书局 1988 年版，第 177 页。

二、墨子节用、节葬观与荀子“节用以礼”观

墨子的节用主张是在生产力低下条件下的富国富民思想，墨子针对统治者生活奢靡无度导致社会风气的败坏，提出“夫以奢侈之君御好淫僻之民，欲国无乱，不可得也”[①]。墨子以后的思想家对墨子的节用主张大多持肯定态度，司马谈在《论六家要旨》中称：“要曰强本节用，则人给家足之道也。此墨子之所长，虽百家弗能废也。”荀子说：“墨术诚行则天下尚俭。”[②]墨子从历史经验中得出结论：圣人节俭，小人淫逸，而“节俭则昌，淫逸则亡”[③]。墨子对于当时统治者的可能导致破坏人与自然和谐协调关系的行为提出严厉批评，同时为爱护自然、保护生态提供了现实的道德行为规范。当今，吸取墨家生态伦理智慧对现代条件下保护自然和爱护生态尤其具有一定的现实意义。

墨子在《七患》篇中列出危害国家的七种祸患，其中之一就是“畜种菽粟不足以食之”[④]。墨子指出要想消除这些祸患，就必须从根本上增加生产和节省财用。“凡五谷者，民之所仰也，君之所以为养也。故民无仰，则君无养；民无食，则不可事。故食不可不务也，地不可不力也，用不可不节也。”[⑤]另外，墨子还通过对古人和他所处时代的人对宫室、衣服、食物、车马的使用态度的对照，批判了当时的统治者：“夫以奢侈之君御好淫僻之民，欲国无乱，不可得也。君实欲天下之治而恶其乱，当为衣服不可不节。”[⑥]因此，墨子极力主张节俭，反对浪费。统治者所有的措施都应以百姓的利益为出发点，建议“凡费财劳力，不加利者，不为也”[⑦]。只有这样，“是以其民俭而易治，其君用财节而易赡也。府为实满，足以待不然”[⑧]。现今世界范围内的粮食危机证实墨子几千年前的真知灼见仍具有现实和理论意义。墨子所言的“俭节则昌，淫佚则亡”也是对现代社会的一种警诫。

① 孙诒让撰：《墨子间诂》，中华书局2001年版，第34页。
② 王先谦撰：《荀子集解》，中华书局1988年版，第188页。
③ 孙诒让撰：《墨子间诂》，中华书局2001年版，第38页。
④ 孙诒让撰：《墨子间诂》，中华书局2001年版，第25页。
⑤ 孙诒让撰：《墨子间诂》，中华书局2001年版，第25页。
⑥ 孙诒让撰：《墨子间诂》，中华书局2001年版，第34页。
⑦ 孙诒让撰：《墨子间诂》，中华书局2001年版，第31页。
⑧ 孙诒让撰：《墨子间诂》，中华书局2001年版，第33页。

墨子说："爱尚（上）世与爱后世，一若今之世人也。"[①]意思是说，爱后世就要为后世子孙设想，荀子环境伦理观与墨子具功利主义色彩的环境伦理思想在注重道德原则方面具有一致性，荀子认为"故知节用裕民，则必有仁义圣良之名，而且有富厚丘山之积"[②]。荀子认为，作为道德原则的义不仅在历史起源上有其广义的功利基础，而且其现实形态也并非隔绝于实际的功利："循其道，行其义，兴天下同利，除天下同害，天下归之。"[③]荀子节用裕民、材万物、养万民、兼利天下等功利的结果，实际上构成义的一种现实确证，与孟子的"惟义所在"相比较，荀子的义同墨子的义一样，由义的内在价值转向了其外在价值。从总体上看，荀子并不否定义的内在价值，但在他那里，道德的工具性似乎压制了其超越性；较之孔孟，荀子对道德的超功利性与崇高性未免有所弱化。荀学未能成为儒学的正统，恐怕与其道德注重外在价值不无关系。[④]

墨子在《节葬》篇中批判当时统治者厚葬久丧既浪费社会财富，又耽误人民从事生产，更影响人口的增长，因此应当废止。"故曰：子墨子之法，不失死生之得者，此也。"[⑤]墨子的节葬主张是不损害生和死两方面利益的。同时，墨子针对统治者在丧葬方面的严重浪费现象提倡节约。墨子认为当时天下的士君子内心确实想行仁义，追求做上士，上想要符合圣王之道，下想要符合国家百姓的利益，因此以节葬的措施来行政是值得提倡的。以墨子为代表的墨家立足于平民阶层的利益，观百姓真实情形，用所谓"三表"的方法深入分析，认真探讨，总结上升为有关国家社稷存亡的大道理，提出了"俭节则昌，淫佚则亡"的思想主张。墨子认为节用顺乎天理，合乎人情，是保持人与大自然协调与和谐的必然要求。因此，"夫妇节而天地和，风雨节而五谷熟，衣服节而肌肤和"[⑥]。

荀子在《富国》篇中对墨子的"节用"观给予了尖锐的批评，认为"墨子之

---

① 孙诒让撰：《墨子间诂》，中华书局 2001 年版，第 407 页。

② 王先谦撰：《荀子集解》，中华书局 1988 年版，第 177 页。

③ 王先谦撰：《荀子集解》，中华书局 1988 年版，第 224 页。

④ 参见杨国荣：《善的历程——儒家价值体系研究》，华东师范大学出版社 2009 年版，第 112 页。

⑤ 孙诒让撰：《墨子间诂》，中华书局 2001 年版，第 190 页。

⑥ 孙诒让撰：《墨子间诂》，中华书局 2001 年版，第 38 页。

言，昭昭然为天下忧不足”[1]。荀子说：“臣下职，莫游食，务本节用财无极。”[2]荀子认为墨子的节用说为“天下忧不足”，是“祸乱”的真正原因。荀子在批判墨子节用主张的同时，继承了墨子节用说，提出了“节用以礼”的新主张，强调“节用”是国富民强之本。荀子认为墨子的节用观是极端的，“墨子大有天下，小有一国，将蹙然衣粗食恶，忧戚而非乐，若是则瘠，瘠则不足欲，不足欲则赏不行。墨子大有天下，小有一国，将少人徒，省官职，上功劳苦，与百姓均事业，齐功劳，若是则不威，不威则罚不行。赏不行，则贤者不可得而进也；罚不行，则不肖者不可得而退也。贤者不可得而进也，不肖者不可得而退也，则能不能不可得而官也。若是则万物失宜，事变失应，上失天时，下失地利，中失人和，天下敖然，若烧若焦，墨子虽为之衣褐带索，嚽菽饮水，恶能足之乎？既以伐其本，竭其原，而焦天下矣”[3]。为纠正墨子这种偏激的节用观，荀子提出“节用以礼”，原因在于“足国之道，节用裕民而善臧其余。节用以礼，裕民以政。彼裕民，故多余。裕民则民富，民富则田肥以易，田肥以易则出实百倍。上以法取焉，而以礼节用之，余若丘山，不时焚烧，无所臧之。夫君子奚患乎无余？故知节用裕民，则必有仁义圣良之名，而且有富厚丘山之积矣。此无它故焉，生于节用裕民也。不知节用裕民则民贫，民贫则田瘠以秽，田瘠以秽则出实不半，上虽好取侵夺，犹将寡获也。而或以无礼节用之，则必有贪利纠譑之名，而且有空虚穷乏之实矣”[4]。荀子对墨子的批判，不管是批判墨家“节用”“非乐”还是“僈差等”，都是出于维护礼仪制度的目的。

从荀子的“节用以礼”观可看出其对墨子的批判性继承关系，一方面，荀子认同墨子，认为“节用”乃是足国之道，统治者更应厉行节俭；另一方面，荀子认为墨子的节用是“衣粗食恶”，是“以无礼节用之”。所以就“上以法取焉，而下以礼节用之”，无论是君主、贵族还是普通劳动者，其“消费”既应符合法制的要求，又应符合礼仪的要求。只有在符合法制和礼仪的范围内提倡厉行节约，才能实现社会有序、国富民强。“在荀子看来，墨子之所以由尚功用而致辞反功用，关键在于他简化了政治的问题，只注意到人的自然欲望在政治

① 王先谦撰：《荀子集解》，中华书局1988年版，第184页。
② 王先谦撰：《荀子集解》，中华书局1988年版，第469页。
③ 王先谦撰：《荀子集解》，中华书局1988年版，第185～186页。
④ 王先谦撰：《荀子集解》，中华书局1988年版，第177页。

上的优先性，而没有进一步意识到，在政治体中，人不再是自然人，而必然是社会人，因此，在满足人的自然欲望的同时，必须考虑到‘群’的问题。”①“故义以分则和，和则一，一则多力，多力则强，强则胜物，故宫室可得而居也。故序四时，裁万物，兼利天下，无它故焉，得之分义也。故人生不能无群，群而无分则争，争则乱，乱则离，离则弱，弱则不能胜物；故宫室不可得而居也，不可少顷舍礼义之谓也。”②在荀子看来，墨子完全没有认识到人与人之间群体生活的复杂性，当然也看不到“乐”和乐人群的作用，更无法洞察到礼辨治人群的功效。荀子也强调了节省用度以恩惠人民，认为“足国之道：节用裕民，而善臧其余”③。“然而，荀子拒绝墨子在节省花费方面的主张，因为墨子的节约过于极端以至于社会阶层和等级都可被置之不顾。……对荀子来说，墨子对厚葬的贬斥就等同于贬斥‘礼’，这会使社会陷于混乱之中。”④由此可见，荀子对于墨子的节用说有所超越，其“节用以礼”说正是在批判墨子“无礼以用”“贪利纠诱”的基础上发展起来的，荀子的环境伦理观与墨学有着深刻的渊源关系。

先秦儒家都把天看成是本源，人是天的派生物，所以从根本上说，人也是天的一部分。有学者认为荀子有天人相分、人定胜天的思想，我们认为，荀子思想本质上仍未脱离天人一致的轨道。“荀子虽然明于天人之分，提出‘制天命而用’的主张，但他的本意决不如当代一些学者解释的那样是‘人定胜天’的思想，而是顺应天道为人类造福，故云‘天地者，生之本也’，人要‘备其天养，顺其天政’，以与天地相应相和，又云‘天有其进，地有其财，人有其治，夫是之谓能参’，人的作用是‘治’，顺天时地财而治之，不是乱治，其基本思路仍未脱离天人一致的轨道，只是更看重人的特殊性和能动性罢了。”⑤“先秦儒家对待天命的态度是一脉相承的，从孔子到思孟再到荀子，原始儒家围绕着‘天人关系’展开的‘生’的思想呈现出鲜明的‘知天命到制天命’的思想路径，这一路径代表了原始儒家‘生’的伦理展开的基本方式。”⑥荀子的“天行有

---

① 陈文洁：《荀子的辩说》，华夏出版社2008年版，第45页。
② 王先谦撰：《荀子集解》，中华书局1988年版，第164～165页。
③ 王先谦撰：《荀子集解》，中华书局1988年版，第177页。
④ 孙伟：《重塑儒家之道——荀子思想再考察》，人民出版社2010年版，第175页。
⑤ 牟钟鉴：《儒学价值的新探索》，齐鲁书社2001年版，第47～48页。
⑥ 张舜清：《儒家“生”之伦理研究》，中国社会科学出版社2010年版，第111～112页。

常”的生态哲学观、“制天命而用之”的生态利用观以及圣人之制的生态保护观，对于我们自觉维护生态平衡和构建和谐社会都具可资借鉴的价值。

三、墨子“所染”环境观与荀子“所渐”环境观

墨子非常重视环境的作用，在《所染》篇中提出：“染于苍则苍，染于黄则黄，所入者变，其色亦变，五入必，而已则为五色矣。故染不可不慎也！”墨子认为环境对于人性具有熏染作用，同时“国亦有染”，“士亦有染”，“其友皆好仁义，淳谨畏令，则家日益，身日安，名日荣，处官得其理矣，则段干木、禽子、傅说之徒是也。其友皆好矜奋，创作比周，则家日损，身日危，名日辱，处官失其理矣，则子西、易牙、竖刀之徒是也。《诗》曰‘必择所堪，必谨所堪’者，此之谓也”[①]。墨子特别注意环境对人的后天影响和社会环境对人的成长的决定性作用，认为人亦有色，接近好坏不同的人，必然会受到相应的感染。

荀子深受墨子“所染”思想的影响，形成“所渐”思想，认为“蓬生麻中，不扶而直。兰槐之根是为芷。其渐之滫，君子不近，庶人不服，其质非不美也，所渐者然也”[②]。“渐”即“浸”“染”的意思。荀子认为，君子居住必定会选择乡邻，交游必定会结交贤士，由此可防止误入邪途而迈向正道。荀子指出：“夫人虽有性质美而心辩知，必将求贤师而事之，择良友而友之。”[③]由此可见，“荀子道德养成的运思方向是：从现实的人性出发，就经验层面入手，得出人性不断改进的预设，经过后天教育和环境影响，改造趋恶的人性，形成理想的道德人格”[④]。

荀子以上观点其实是从墨子“其友皆好仁义，淳谨畏令，则家日益，身日安，名日荣，处官得其理矣”变化而来，荀子继承并发展了墨子的“所染”思想，强调“靡使然也”，认为人的本性无论变得贤良还是邪恶都离不开环境的巨大影响，要求人“求贤师”“择良友”，这与墨子倡导的“必择所堪，必谨所堪”是一致的。“圣凡之别是由于不同的环境造成的。并且，环境也是一种‘无待而然者’。也就是说，人必然要受到环境的影响。正是在这个意义上，有学者认为

① 孙诒让撰：《墨子间诂》，中华书局2001年版，第11～12页。
② 王先谦撰：《荀子集解》，中华书局1988年版，第5～7页。
③ 王先谦撰：《荀子集解》，中华书局1988年版，第449页。
④ 高春花：《荀子礼学思想及其现代价值》，人民出版社2004年版，第52页。

荀子是一个'环境论者'。"[①]荀子认为，任何人只要不断积善，最终都会成为圣贤，人们对环境的态度及所处之不同，也是圣凡之别的一个重要因素。中国传统的天人之学包括荀子与墨子的环境伦理都具有朴素的性质，展现出人类早期纯真美好的情感，但与近现代生态学的细密严谨相比较，缺乏严格的论证与逻辑体系。然而，传统的天人之学由于其重视人与天地万物之间的感情心理因素，具备当代西方生态学和生态哲学所缺乏的内在优势。"儒家强调社会中人与人的内在相互关系决定人的具体的社会角色，人的自我实现中也包含着他人和环境中其他自然因素的支持，这与深层生态学所提倡的'自我实现'观有其一致之处。从环境哲学的基础上看，甚至可以改进和完善西方的深层生态学。"[②]

四、墨子与荀子环境伦理观之现代价值

当今重新挖掘墨子、荀子思想中的精华，尤其是比较研究荀子与墨子的环境伦理观思想，无疑对构建现代生态文明社会具有很好的借鉴意义。我们应立足于现实发展状况，并从传统文化中挖掘思想资源，寻求其中对于现代社会发展有启示意义的生态文化。墨子以兼爱、非攻、节用为核心的环境伦理观，对建立和谐与可持续发展社会有重要借鉴意义。"西方近代生态理论和环境保护主义的兴起，在很大程度上是全球生态危机所造成的震慑和恐惧，而儒家的天人之学，主要不是受到自然惩罚的结果，而是建立在本然的情感与深刻的体认之上。"[③]现今我们要转变人类中心主义和功利主义的心态，必须在生态哲学的基础上建立环境伦理，而"儒家从人与社会的关系来理解环境伦理学，是一个不同于西方的重要的方法。由此出发，可以找到改变西方环境伦理基础的东西"[④]。从人类的认识和感情上同时解决问题，从而从根本上改造人们的环境伦理意识，使之更适应现代生态文明的需要。

比较研究荀子和墨子的环境伦理观具有一定的现实意义，可为现代社会发展找到可行的出路。墨子倡导文明消费观。针对当时侈靡的经济状况，墨

① 牟钟鉴：《儒学价值的新探索》，齐鲁书社 2001 年版，第 107 页。
② 佘正荣：《中国生态伦理传统的诠释与重建》，人民出版社 2002 年版，第 176 页。
③ 王军：《荀子思想研究》，中国社会科学出版社 2010 年版，第 51 页。
④ 佘正荣：《中国生态伦理传统的诠释与重建》，人民出版社 2002 年版，第 171 页。

子发出了“俭节则昌，淫佚则亡”的呼吁，同时也提出了一系列节用、节葬、非乐的思想，其目的在于引导人们正确合理地利用资源，通过协调人与自然的关系，最终实现社会、资源与环境的可持续发展，而节用的文明消费观有助于实现社会的可持续发展。现今我们倡导建设幸福社会，追求幸福是人类的本性，我们一直以最有价值的事物作为幸福的首要因素，但如果以“重物轻人”作为主旨并成为外物宰制者，或者掠夺自然环境而求富足，这样的幸福就是畸形的、短暂的，荀子与墨子的环境伦理观对于调整人类与自然的关系、改善目前的生态环境，同样可以提供丰富的资源。荀子主张开发利用自然资源应“制天命而用之”，清楚地认识到对自然界的开发利用必须合理有节，不能将自然界完全视为单纯的客体使用对象。儒家对待自然的态度，却不只是为了人类自身。这种不只是以“我—它”更是以“我—你”来看待人类与自然关系的态度，正是儒家人文主义的基本特征之一。[①] 儒家的天人观是整体的大生命观，主张人类与天地万物为一体，认为人类的伟大与尊贵不是表现在对自然的征服上，而是在于人类能够自觉为大自然考虑，善于“事天”，怀抱着“天地之心”。现代生态文明的构建正是要以天人和谐相适为社会发展第一位，同时要树立人与人和谐及人与自然和谐相一致的社会发展观，中国传统的环境伦理思想，理应成为我们建立现代生态文明社会所发掘的重点思想资源。

① 参见彭国翔：《儒家传统宗教与人文主义之间》，北京大学出版社 2007 年版，第 47～48 页。

“非命”与“天命”

——墨子和孟子对传统天命观的发挥

王　凯

一、墨子之“非命”

墨子既讲“天至”“明鬼”，又讲“非命”，判断其是否自相矛盾就需要搞清墨子是在什么背景下提出“非命”的，提出“非命”的目的是什么。

《墨子·非命》分为上、中、下篇。“非命”中的“命”，主要指的是天命，是一种依靠人力无法掌握的神秘莫测的命运。墨子的“非命”是对应于“有命”的。孙诒让在《墨子间诂》中引《孝经》对“命”的解释是：“命有三科，有受命以任庆，有遭命以谪暴，有随命以督行。受命谓长寿也，遭命谓行善而遇凶也，随命谓随其善恶报之。”即“命”有三义：一是岁数；二是劫数；三是某种无法把握的、神秘莫测的命运，它似乎是被某种神秘力量预先安排好的一种生存方式，墨子正是在这个含义上谈论命的。

墨子的“非命”是否定性的，针对的是“有命”，他是想纠正人们对命的错误认知：一个误区是作为个体，对待个人的运命、寿命、命数等，错误地认为这些都是由命先天决定的，不可改变的；另一个误区是作为国家，对待国家的富贫、众寡、治乱等，错误地认为也是由命先天所决定的。

墨家说：“于夏人矫天命。”(《墨子·非命上》)“命者暴王作之。”(《墨子·非命中》)“有夏人矫天命于下，彼用无为有、故谓矫”“命者暴王所作，穷人所术。”(《墨子·非命下》)“有命”，即命定论。墨子反对命定思想。墨子认为命定论让统治者不愿努力治理国家，反而放纵自己，走向消极的一面。命定论是那些暴君、不作为的人为自己辩护的根据，实乃误国误民。

墨子之所以坚决否定命定论，就是为了要终结周王朝以来的由天命、王命、君命以及个人命组成的命定的观念系列，提出并推行“义”的秩序规范。这也符合殷周以来新的王权政治需要。

墨子“非命”理论的提出，有着特定的历史和思想背景。天人关系是中国思想史上的核心问题。“天人合一”观念最早萌芽于原始先民对天的崇拜，来源于“神人合一”的朴素观念。巫术是原始人求天问卜、愉悦神灵的方式，巫觋是传达上天旨意、沟通天人的媒介，在原始人的心中有着神圣的地位。由于生产力的逐步发展，国家的出现以及统治力量的增强，至上神法力随之减弱，到了周代，神和天的概念相融合，“神人合一”逐渐演变为“天人合一”。

周代以后，出现了许多类似于“天人合一”的词语，如“天人合德”“天人合道”“天人感应”等。先秦道家老子的道乃自然之道，合于自然就是合于道，就是合于天。老子认为，人应与自然相统一，效法天地之道，而非与天地相对立。

墨子的“天志”思想依然受到“天人合一”观念的影响，在他看来国家和个人都必须顺从天意，按照天的旨意来做事。“天必欲人之相爱相利，而不欲人之相恶相贼也。”（《墨子·法仪》）墨子认为，顺从天意，就会得到上天的奖赏；不顺从天意，则会受到上天的惩罚。“天子为善，天能赏之；天子为暴，天能罚之。”（《墨子·天志下》）

但是，墨子的“天志”思想，与他之前的“天人合一”观念是有很大差异的。他一方面接受了“天人合一”的基本观念，肯定了天的地位，另一方面又要消解人们对天的过度依赖，正是基于此才提出了“非命”理论。

墨子不赞同儒家的天命论，认为儒家过于强调天命对人的绝对控制和影响，墨子更看重人的主观能动作用，认为人在天的面前并非完全处于被动，通过一定的努力是有可能改变自己的现状的。

可见，“天志”“明鬼”的提出，实际上是墨子对天人关系做出的一个新的解释，是对传统天命观的改造和发挥。“非命”不是否定天，而是主张人不应过多依赖天命，要通过自身的努力改变自己的命运，这在当时是有进步意义的，有利于摆脱传统观念的束缚。

在墨子那里，天和命是两股方向不同的力量，前者是积极的，后者是消极的。所以，墨子在其思想体系的构造中既讲尊天又讲非命也是很自然的事情。

首先，墨子提出“非命”是着眼于现实民生，针对的是“执有命者”的言论。墨子一生奔波于齐、鲁、宋、楚、卫、魏诸国，向各国君王宣传政治主张，提出各种救国救民方案。各种方案围绕的一个核心，就是如何达到兼相爱的和谐社会，而要实现这个目标靠的是“力”，而不是“命”。唯有排除了“命”，才能“强力而为”，“兴天下之利，除天下之害”。

《墨子·非命上》曰：“今用执有命者之言，则上不听治，下不从事。上不听治，则刑政乱；下不从事，则财用不足。”墨子说：现在如果听用“执有命者”的主张，则在上位的人不听狱治国，下面的人不去劳作。在上位的人不听狱治国则法律政事就要混乱，下面的人不去劳作则财物日用不足。所以，为了防止民之为乱，就必须提倡“强力从事”。

对于统治阶层而言，命定论的直接后果就是“为君不义”“为臣不忠”（《墨子·非命上》），若是君不像君、臣不像臣的话，统治阶层就会出现昏乱，社会就会失去秩序，陷入混乱，所以必须对命定论者的论调进行有力驳斥。

其次，墨子提出“非命”是为了肯定人的作用，强调人的主观能动性。他提倡的“强力而为”“竭力从事”，就是肯定人的积极力量。墨子认为，人面对外部环境和个人的处境，并不是无能为力的，不是不可改变的。所以，人应该发挥主观能动性，积极应对形势，争取好的结果。这也就是事在人为。

尽管墨子也承认天能主宰人的命运，但同时认为这不是绝对的，只是作为一种可能性。上天的意图不是事先注定的，而是在对人的行为进行考察之后才会做出最后裁决，其最终的结果还是取决人的现实表现。所以说，一个人的命运主要还是取决于自己。

总之，墨子的“天志”“非命”思想，毕竟是春秋战国时期产生的，离不开特定的历史背景，我们应客观地加以评价。墨子对儒家天命论的批评，有不妥当的一面，但也有一些合理的因素。墨子之所以针对宿命提出“非命”，就是为了让人们从“天命”的束缚下解脱出来，尤其是“非命”思想中所蕴含的积极乐观的人生态度、生而平等的平民意识，是可取的。

二、孟子之“天命”

孟子有时讲“天”，有时讲“命”，有时讲“天命”，“莫之为而为者，天也；莫之致而至者，命也”。非人力所能及，就是“天命”，是冥冥中的一种神秘力量。

正如朱熹注解中所说:“圣贤之出处,关时运之盛衰,乃天命之所为,非人力之可及。”

在孟子看来,人是有天赋的,天赋也是一种天命。他认为每个人的天赋都有所不同,比如人在接受知识方面是有差异的,所以才有必要因人而异,因材施教。但孟子又认为,在人性方面每个人的天赋是没有差异的。他说:“人皆可为尧舜”,“尽心,知性可以知天”。只要能做到尽心知性,就可以通达天理。

天赋是上天赐予人的禀赋,人无法选择,只能接受,所以天赋也是一种天命,是天的命令。人之“四端”,即仁、义、礼、智,也是上天赐予,生来就有的,所以也属于天赋。孟子之所以称之为“端”,是想说明上天给你的也只是一个开端而已,接下来如何,在不同人身上会有不同的显现,这就涉及“人事”的问题。

如果从“人事”角度出发,首先就要尽心知性,“尽其心者,知其性也。知其性,则知天矣。存其心,养其性,所以事天也,夭寿不贰,修身以俟之,所以立命也。”(《墨子·尽心上》)

尽心知性是“知天命”的前提,只有“尽心”,才能“知性”,“尽心”就是要穷尽心的功能。孟子对“性”与“命”这两个概念做了区分,这一区分对理解“知天命”至关重要。“口之于味也,目之于色也,耳之于声也,鼻之于臭也,四肢之于安佚也,性也,有命焉,君子不谓性也。仁之于父子也,义之于君臣也,礼之于宾主也,智之于贤者也,圣人之于天道也,命也,有性焉,君子不谓命也。”

孟子说:“口之于味,目之于色,耳之于声,鼻之于臭,四肢之于安佚。”这是讲人的五种欲望都是自然存在的,但这些并不是人的本性,至于这些欲望能否被满足,这是命,所以说“君子不谓性”。也就是说,君子不把欲望作为人的本性,不过分地追求。这就是孟子的基本态度。

孟子认为,天道、仁、义、礼、智在每个人身上的体现是有差异的,这些差异是自人出生起就存在的,但不能归其为命,因为这些差异是后天可以改变的。要实现人的本性,就必须理解“性”与“命”的关系,明白哪些属于“性”,哪些属于“命”。要实现人的本性,就要“知性”,要通过修身来实现。修身的目的就是要使自己的行为符合天意,这样天命才会向你显现。可见,孟子并不是一个消极的天命论者,而是看重后天的积极进取。

孟子让人做符合天道的事，人要顺天，而不能逆天。“天下有道，小德役大德，小贤役大贤，天下无道，小役大，弱役强。斯二者天也，顺天者存，逆天者亡。”[①]顺天、逆天是人事上的两种选择，不同的选择会带来不同的结果。对于君主来说，实行仁政就是顺应天命，而对于普通人来说，修身养性就是顺应天命。

孟子讲“正命”与“非正命”，这里的“命”指的是天命。“莫非命也，顺受其正。是故知命者，不立乎岩墙之下。尽其道而死者，正命也，桎梏死者，非正命也。”[②]孟子把命分为“正命”和“非正命”，“正命”就是指“尽其道而死者”，“非正命”则是指“桎梏死者”。天是有意志的，天会根据人的修养程度做出判断，并赋予其相应的命，如果你能做到“尽其道而死”，天就会给你一个“正命”的结果，反之，会给你一个“非正命”的结果。

所以人要正确对待命，不能违背天意，要争取得到“正命”，远离“非正命”，但若要做到这一点，就必须“知命”，懂得“性”与“命”的关系，从自身的修养做起，这就是“尽人事”。

三、差异与互补

墨子的“非命”虽然与孔子的天命论针锋相对，但与孟子的天命论却有较多的共同点。

孔子说的命是一种人无法把握的超越自然的神力，面对这个强大的神力，人们无可奈何，只能被动面对。“子夏曰：‘商闻之矣，死生有命，富贵在天’”(《论语·颜渊》)。人一生下来，在冥冥之中，天命就为你安排好了一切，无论贫穷还是富贵，甚至连生死都已命中注定。

对此，墨子表示反对。在他看来，如果听信了儒家的“死生有命”，那么人们便只能消极被动地听从天命的安排，把一切都归于天命的安排，老老实实地任凭摆布。这种麻木不仁，对于统治者来说显然是愿意看到，因为有利于暂时的统治，但长久下去，对个人和国家都是不利的，也不利于社会进步。如果信奉有命论，则民无温饱、天下必乱。“王公大人怠乎听狱治政，卿大夫怠

① 沈蘅仲:《孟子菁华》，上海教育出版社 2001 年版，第 125 页。
② 沈蘅仲:《孟子菁华》，上海教育出版社 2001 年版，第 414 页。

乎治官府，则我以为天下必乱矣。农夫怠乎耕稼树艺，妇人怠乎纺绩织纴，则我以为天下衣食之财将必不足矣。”（《墨子・非命下》）

墨子让人们坚信，虽然社会存在许多不平等现象，但都是有可能改变的。墨子的这一思想中也包含人不分贵贱、机会均等的平等观念。人原本是生而平等的，并没有什么大的差异，之所以后来拉开了差距，并非命中注定，而是取决于后天的努力。这些思想在当时具有进步意义，蕴含着平等的人文精神，直接对抗的是以血缘关系为纽带的不平等的宗法等级制度。

在孔子那里，人在天命之下是较为被动的，带有一定的悲观情绪，尤其是对待时命，更带有比较消极悲观的色彩。而与孔子的天命论不同，墨子的非命论体现的是较为乐观的人生态度，也更有现实意义，因为他的“非命”既让人尊重了天意，也让人有了自信，这对那些生活在社会底层的平民百姓来说，无疑是看到了希望。

与孔子不同，孟子讲天命更多的是强调“人事”，他的“人事”主要是讲如何做到“尽心知性”。孟子认为，人的欲望虽然是天然存在的，但不能完全代表人的本性。“君子不谓性”，就是说君子不能过分地追求欲望。人是有差异的，但这个差异是可以改变的，只要经过自身修养，不断努力，就可以实现自己符合天命的本性。可见，孟子并不是一个消极的天命论者，而是更看重后天的努力和进取。

在这一点上，孟子与孔子有区别，但与墨子有更多的共同点。墨子讲“天志”，强调天的地位，但要消解人们对于天的过度依赖，与孟子一样，墨子也看到了人的后天能动作用，认为人面对天命并非完全被动，通过自身积极的努力，完全可以改变自己的命运。

总之，墨子的非命观和孟子的天命观，都是对传统天命观的改造和发挥，对于突破传统天命观对人们的束缚具有重要意义。如果说孟子的天命观关注的是“尽心知性”的“人事”，强调个人修养的意义，那么墨子的非命关注的则是“兴天下之利”的“竭力从事”，更强调现实民生的意义。

无论是儒家还是墨家，都离不开春秋战国时期特定的文化和社会历史背景，尤其在“天”“命”等思想和观念上，相互之间既有冲突的一面，也有互补的一面，既有共同点也有差异，我们应客观地加以评价。

墨家生态思想之“三才”观*

魏　艾

从整体上看，农业文明孕育的“天人合一”思想是中国古代传统的生态思维模式。在传统自然经济和农业生产的孕育中，中国文化把天、地、人并列，称为“三才”。人与天、地相通，融会人、我与万物，最终达至天人合一的境界。到春秋战国时期，天人关系开始转向，人的主体地位凸显。

一、崇天

墨家的“天”更多地指向道德之天，具有主宰人事的意志。在《墨子》中，“天”共出现943次，其中与“天”相关的概念有天下（523次）、天子（96次）、天鬼（26次）、天意（12）、天命（10次）、天地（9次）、天壤（2次）、天德（2次）、天志（2次）等。墨家的基本观点是“以天为法”，即“天志”具有至高无上的权力。

整体而观，就“天”的品德而言，其特质有三。

一是“天之行广而无私，施厚而不德，其明久而不衰”[①]。墨家认为治理国家的准则应是“天”，因为天品行博大而无私，天给予人丰厚而不夸耀自己的功绩，光明而经久不衰，所以圣明的君王都以天为典范，因而人的行为也必须以天意来衡量。对于“天”的特性，墨家还提到：“以磨为日月星辰，以昭道之；制为四时春秋冬夏，以纪纲之；雷降雪霜雨露，以长遂五谷麻丝，使民得而财利之；列为山川谿谷，播赋百事，以临司民之善否；为王公侯伯，使之赏贤而

* 基金项目：2015年度教育部人文社会科学研究青年基金项目“先秦墨家生态伦理思想及其意义研究”（15YJC720027）。

① 孙诒让撰：《墨子间诂》，中华书局2001年版，第22页。

罚暴,赋金木鸟兽,从事乎五谷麻丝,以为民衣食之财。”[①]上至日月星辰的运转、四季更替,下至农耕治国、百姓生活,这一切都是由“天”来抉择与指挥。

二是“欲人相爱相利,而不欲人相恶相贼”[②]。天在衡量万事万物的过程中,体现了自己的意志与好恶。如何知道天希望人与人相爱相利,而不希望人与人相恶相贼呢?“以其兼而爱之、兼而利之也。”[③]如何知道天兼而爱之、兼而利之?“以其兼而有之、兼而食之也。”[④]天既然化育哺养所有的人,就必定赐福于那些爱护、帮助他人的人,如夏禹、商汤、周文王、周武王;惩罚那些憎恶、残害他人的人,如夏桀、商纣、周幽王、周厉王。这使墨家所讲的天具有了人格神的意味,正是对上天的种种意志和好恶的阐释逐层揭开了“天”的神秘面纱,而这种必然性和规定性则始终左右着每个人的命运。另外,“天意”或“天之意”还体现为“欲义而恶不义”[⑤]“不欲大国之攻小国也,大家之乱小家也,强之暴寡,诈之谋愚,贵之傲贱”[⑥]等,这些都是人所要效法和遵循的准则。只有“我为天之所欲”,才能“天亦为我所欲”。[⑦] 因此,“顺天意者,兼相爱,交相利,必得赏。反天意者,别相恶,交相贼,必得罚”[⑧]。实际上,这也为其“兼相爱、交相利”的思想奠定了理论前提,在天的威严下,力图使兼爱成为人的行为规范。

三是“爱民之厚”[⑨]。这一特点显示出墨家对于天人关系的言说。前面已论述“天”对万事万物的决定权,而这里的爱民、爱百姓则体现了“天”温情的一面。以“天”为准则,把“天”树立在人之外,天与人处于相对的位置。一方面,天具有绝对权威和规范;另一面,人也能通过自身的努力来改变自身状况。在此基础上,墨家主张兼爱,认为世上的人彼此间应该相爱而不是相仇,爱人应该不分亲疏远近一视同仁。这样,墨家的天人关系就变得清晰明朗:以设定外在标准(天志)来衡量人的行为,决定人的是非进退;人以兼爱为原

---

① 孙诒让撰:《墨子间诂》,中华书局2001年版,第202~203页。
② 孙诒让撰:《墨子间诂》,中华书局2001年版,第22~23页。
③ 孙诒让撰:《墨子间诂》,中华书局2001年版,第22页。
④ 孙诒让撰:《墨子间诂》,中华书局2001年版,第22页。
⑤ 孙诒让撰:《墨子间诂》,中华书局2001年版,第193页。
⑥ 孙诒让撰:《墨子间诂》,中华书局2001年版,第199页。
⑦ 孙诒让撰:《墨子间诂》,中华书局2001年版,第193页。
⑧ 孙诒让撰:《墨子间诂》,中华书局2001年版,第195页。
⑨ 孙诒让撰:《墨子间诂》,中华书局2001年版,第202页。

则在“天志”范围内“强力从事”。在整个过程中，天、人始终都是相分的。余英时先生也就这一问题进行过讨论，他一方面承认“墨家好言‘天志’，这是古代的原始宗教思想”，另一方面又指出“但是我们细读《天志》三篇，即可见墨家的注意力仍在人间的‘兼爱’，其中并无‘天国’观念。他不过是假传统的旧‘天道’以加强他的新‘人道’而已”。[①] 中国哲学的天人合一把认识世界与认识自我紧密联系起来，这种传统的思维方式对当代哲学不无裨益，但也不能就此认为，天人合一思想强调自然与人类和谐相处，就是救治现代社会各种弊病的一剂良药。天人合一的基点仍是人，以人道说天道，以道德本原论和人生价值论为归宿，而天人真正和谐关系的达成则需以自然为本，即人类尊重自然本身的价值和权利，建立人与自然之间的统一互动关系。可见，即便是天人相分，墨家言说“天”的落脚点仍是人间世事，这一点与儒家思想并无二致。

从发用来讲，“天”的特质有二。

一是“置立天之，以为仪法”[②]，言“天”乃万物效法的准则。《法仪》篇中有“百工为方以矩，为圆以规，直以绳，正以县。无巧工不巧工，皆以此五者为法。巧者能中之，不巧者虽不能中，放依以从事，犹逾已。故百工从事，皆有法所度”[③]。这里，百工指从事手工劳动的人，也就是墨家所处的阶层，这些人的工作皆有“矩”“规”“绳”“县(悬)”等法度，无论巧匠与否都以这五种法度为法则。就算不是能工巧匠，依照这样的法则行事，至少也比不做强。这里以此为喻论述治理国家必须依据一定的法度。那为何要以“天”为法呢？墨家接着论述道，若以父母、老师、君王为法，其中不仁者众多，因而效法不仁之人不可取。由于上述“天”的种种特性，“天必欲人之相爱相利，而不欲人之相恶相贼也”[④]，因而只有“天”才是人一切行动的圭臬。

二是“天之志者，义之经也”[⑤]，言“天志”乃衡量一切是非的标准，并具有最高道德裁判权与监督权。首先，墨家认为现实社会的混乱与人之间的戕害

① 参见余英时：《士与中国文化》，上海人民出版社 1987 年版，第 50 页。

② 孙诒让撰：《墨子间诂》，中华书局 2001 年版，第 213 页。

③ 孙诒让撰：《墨子间诂》，中华书局 2001 年版，第 20～21 页。

④ 孙诒让撰：《墨子间诂》，中华书局 2001 年版，第 22 页。

⑤ 孙诒让撰：《墨子间诂》，中华书局 2001 年版，第 220 页。

都源自“人异义”，因而“交相非”。[①] 和同天子、三公、诸侯、卿之宰、乡长家君、臣民之“义”，上行下效，才能保证社会安定。而这并非一劳永逸，“夫既尚同乎天子，而未上同乎天者，则天菑将犹未止也”[②]，已经上同于天子，但还未能上同于天，那么天灾仍不会停止，如气候寒暑不调、雪霜雨露不按时节、五谷不熟、六畜不长、灾异流行等，这都是上天降下的用以惩罚不上同于天的世人。因而，“天”才是处于最高位的，是“义”的准则。判断一种言论、知识的是非真假，一要考其本始，即是否根据古时圣王行事；二要究其缘由，即是否根据百姓耳闻目见的现实；三要发其功用，即实施的实际效果是否具有实利。这就是“三表法”。“何谓三表？子墨家言曰：有本之者，有原之者，有用之者。于何本之？上本之于古者圣王之事。于何原之？下原察百姓耳目之实。于何用之？废以为刑政，观其中国家百姓人民之利。此所谓言有三表也。”[③]而且墨家时刻以三代圣王为施政榜样与道德楷模，以“天鬼”为赏罚裁判，以爱人利民为现实依归。

儒家注重“天”与“人”的分际，并且高扬“天命”对人命运的决定作用，但这种决定并不是完全而彻底的，而是强调“天”所含有的必然性对于人的伦理意义以及人的主观能动的发挥。墨家则在儒家思路的基础上更进一步，认为“天”是逐渐退去其自然意味的，人格化的特质使“天”成为宇宙最高贵、最智慧的存在，是人效法的准则，自然也就具备道德赏罚权。实际上，平民阶层的生存和发展仍然要依赖天时，因而不可能完全离开“天”的掌控，那么“天”就成为外在于人并且支配人的一种力量，所以“天”成为墨家“三才”中的首要因素。

二、重地

《墨子》中关于“地”的阐发虽不像“天”那样突出，但并不意味着“地”不重要。“地”在《墨子》中共出现66次，含义最直接的是单指土地或疆土。有在战争之中的土地争夺：“今天下好战之国，齐晋楚越，若使此四国者得意于天下，此皆十倍其国之众，而未能食其地也，是人不足而地有余也。今又以争地

① 参见孙诒让撰：《墨子间诂》，中华书局2001年版，第74页。

② 孙诒让撰：《墨子间诂》，中华书局2001年版，第82页。

③ 孙诒让撰：《墨子间诂》，中华书局2001年版，第266页。

之故而反相贼也，然则是亏不足而重有余也。”[①]再如，谈及节俭问题时，墨子说：“圣人为政一国，一国可倍也；大之为政天下，天下可倍也。其倍之，非外取地也，因其国家去其无用之费，足以倍之。”[②]还有“以广辟土地，着税伪材”[③]。“地”也有封地的政治含义，如“先生苟能使子墨子于越而教寡人，请裂故吴之地方五百里，以封子墨子”[④]。

孙诒让在《墨子间诂》中辑录的《墨子》佚文中则更加明确地展现了“地”的价值和作用：“禽子问：‘天与地孰仁？’墨家曰：‘翟以地为仁。’太山之上则封禅焉，培塿之侧则生松柏，下生黍苗莞蒲，水生鼋鼍龟鱼，民衣焉，食焉，死焉，地终不责德焉。故翟以地为仁。”[⑤]显然这段佚文突出了“地”生成、养育万物的作用，也符合墨家重用之意。以“仁”来评价“地”并没有否定“天”的绝对权威，而是在生成论层面对“天”的补充。[⑥] 具体而言，这种补充性体现在以下几个方面。

一是以“地”配“天”，化育万物。“地”与“天”一起组成“天地”一词，意谓自然界、人类社会或宇宙。《墨子》中“天地”共出现 9 次。如“是故天地不昭昭，大水不潦潦，大火不燎燎，王德不尧尧者，乃千人之长也”[⑦]。又如，“圣人有传：天地也，则曰上下；四时也，则曰阴阳；人情也，则曰男女；禽兽也，则曰牡牝雄雌也”[⑧]。这些都是在自然界的意义上使用的。再如，“是以天赏之，鬼富之，人誉之，使贵为天子，富有天下，名参乎天地，至今不废”[⑨]。还有彰显人的功绩，如“功名蔽天地”[⑩]等。这些“天地”都具有生成、哺育万物的价值和意义。

二是以“地”来比喻高尚的道德品质。《墨子》中有一处是在褒义的语境

---

① 孙诒让撰：《墨子间诂》，中华书局 2001 年版，第 145 页。

② 孙诒让撰：《墨子间诂》，中华书局 2001 年版，第 159 页。

③ 孙诒让撰：《墨子间诂》，中华书局 2001 年版，第 450 页。

④ 孙诒让撰：《墨子间诂》，中华书局 2001 年版，第 474 页。

⑤ 孙诒让撰：《墨子间诂》，中华书局 2001 年版，第 656 页。

⑥ 有研究者持不同观点，认为这一部分佚文不属于墨家思想，详见徐华：《〈墨子〉佚文四则辨正》，《合肥师范学院学报》2008 年第 2 期。

⑦ 孙诒让撰：《墨子间诂》，中华书局 2001 年版，第 6～7 页。

⑧ 孙诒让撰：《墨子间诂》，中华书局 2001 年版，第 37 页。

⑨ 孙诒让撰：《墨子间诂》，中华书局 2001 年版，第 141 页。

⑩ 孙诒让撰：《墨子间诂》，中华书局 2001 年版，第 12 页。

中论及“地”的，论说的对象是圣人。“《周颂》道之曰：‘圣人之德，若天之高，若地之普。其有昭于天下也，若地之固，若山之承，不坼不崩。若日之光，若月之明，与天地同常。’则此言圣人之德章明博大，埴固以修久也。故圣人之德盖总乎天地者也。”①以土地的坚忍、宽广、博大的品德比喻圣人应具备的道德素质，由此“地”在墨家思想中的重要地位可见一斑。

三是以“地”之上的作物来阐明土地作为农业资源的重要性。《墨家·七患》云：“凡五谷者，民之所仰也，君之所以为养也。故民无仰则君无养，民无食则不可事。故食不可不务也，地不可不力也，用不可不节也。五谷尽收，则五味尽御于主，不尽收，则不尽御。一谷不收谓之馑，二谷不收谓之旱，三谷不收谓之凶，四谷不收谓之馈，五谷不收谓之饥。岁馑，则仕者大夫以下皆损禄五分之一。旱，则损五分之二。凶，则损五分之三。馈，则损五分之四。饥，则尽无禄，禀食而已矣。故凶饥存乎国，人君彻鼎食五分之五，大夫彻县，士不入学，君朝之衣不革制，诸侯之客，四邻之使，雍食而不盛，彻骖騑，涂不芸，马不食粟，婢妾不衣帛，此告不足之至也。”②墨家认为“五谷”是君民生存之根本，歉收的不同程度决定了社会的稳定程度，因而粮食也是一国之重要战略资源。农业社会中，土地是十分重要的资源，只有天时地利才有可能获得丰收，土地贫瘠、水土流失、自然灾害等因素导致的作物减产、人口减少等往往是严重社会动荡的导火索，甚至爆发战争。而提倡非攻的墨家是最不愿见到战事频发、社会动荡、民不聊生的。所以，“安国之道，道任地始，地得其任则功成，地不得其任则劳而无功”③。

三、扬人

人作为“三才”之一，无疑是其中最具活力的因素，但同时也是最为复杂的。儒家讲“天人合一”，并不是真正把人与天等同，而是为了强调人的价值和意义。与儒家思想相近，墨家对人本质的思考也是基于现实的社会生活，但同时作为下层平民百姓朴素思想的代表，墨家并没有以个体道德完备为出发点，而是从获取自身生存所需的物质资料的方式来寻求人的本质：“今人固

① 孙诒让撰：《墨子间诂》，中华书局2001年版，第64～65页。

② 孙诒让撰：《墨子间诂》，中华书局2001年版，第25～27页。

③ 孙诒让撰：《墨子间诂》，中华书局2001年版，第586页。

与禽兽麋鹿、蜚鸟、贞虫异者也。今之禽兽麋鹿、蜚鸟、贞虫因其羽毛以为衣裘，因其蹄蚤以为绔屦，因其水草以为饮食。故唯使雄不耕稼树艺，雌亦不纺绩织纴，衣食之财固已具矣。今人与此异者也，赖其力者生，不赖其力者不生。”①人本就不同于禽兽、麋鹿、飞鸟、爬虫，因为禽兽、麋鹿、飞鸟、爬虫可以利用它们的羽毛作为衣裳，利用它们的蹄爪作为裤子和鞋子，把水草作为食物。所以虽然雄的不耕种，雌的不纺织，但是衣食财物殷实无虞。人则与它们不同，必须依赖自己的力量，否则就不能生存。可见，墨家认为人与动物的根本区别在于人要解决基本生存问题就必须依靠自己的劳动；劳动不仅是个人改善自身生存状况的前提，也是社会强盛的基础。所以，墨家主张的人必须勤劳生产才得生存的观点与道家老子的“绵绵若存，用之不勤”②“终身不勤”③动静结合、持续稳健的发展观相异。

除了自然本性的不同，在社会生活领域，人与动物也殊异：“是以人是其义，以非人之义，故交相非也。……天下之乱，若禽兽然。”④人都以自身之“义”为“义”，天下无规范必乱，则人与禽兽无异，因此“万事莫贵于义”⑤。可见，墨家突出劳动对于人的重要性，体现了作为普通劳动者的情感偏向。更进一步，他甚至把劳动作为道德评价的尺度之一：“今有一人，入人园圃，窃其桃李，众闻则非之，上为政者得则罚之。此何也？以亏人自利也。至攘人犬豕鸡豚者，其不义又甚入人园圃窃桃李。是何故也？以亏人愈多，其不仁兹甚，罪益厚。”⑥“窃人桃李”显然是不劳而获的行为，“亏人自利”是大不义的。既然人的本质在于劳动，那么每个人要表现自己作为人的价值，就要辛勤劳动、努力从事，上至王公大人、卿大夫，下至农夫、妇人，只有强力而为，努力劳作，付出自己的体力和智力，才能最终获得天的奖赏而得福。

对天人关系的进一步考察，必然逻辑地引向力命之争。墨家认为天具有最高的决定权，既然天对人的奖惩态度决定于人自身的行为，那么人可以选择顺应天志而行善去恶，从而改变自己的祸福报应，也就不存在“命定”之说

① 孙诒让撰：《墨子间诂》，中华书局 2001 年版，第 257 页。
② 王弼著，楼宇烈校释：《王弼集校释》，中华书局 1980 年版，第 16 页。
③ 王弼著，楼宇烈校释：《王弼集校释》，中华书局 1980 年版，第 139 页。
④ 孙诒让撰：《墨子间诂》，中华书局 2001 年版，第 74～75 页。
⑤ 孙诒让撰：《墨子间诂》，中华书局 2001 年版，第 439 页。
⑥ 孙诒让撰：《墨子间诂》，中华书局 2001 年版，第 128 页。

了，因而“强力”是“非命”的途径之一，是针对传统宿命论的反驳。

关于《墨子》中的“命”，有命名之意，如“周成王因先王之乐，又自作乐，命曰《驺虞》”①；有命令之意，如“圣王之命也，多寡之”②；还有性命之意，如“日中，今予与有扈氏争一日之命”③。但这都不是墨家所非之“命”。孙诒让先生在《墨子间诂》中引《孝经》的解释曰：“命有三科，有受命以任庆，有遭命以谪暴，有随命以督行。受命谓年寿也，遭命谓行善而遇凶也，随命谓随其善恶报之。……墨家所非者，即三命之说也。”④命有三义：一是寿数，二是劫数，三是某种无法把握的、神秘莫测的命运，它似乎是被某种神秘力量预先安排好的，墨家也正是在这个意义上讨论命的。对于这种“命”，墨家是坚决反对的。

“天”在现实生活中是最高裁判者，当人们的言行符合天意时，就受到奖赏，反之就会受到惩罚，这一标准对任何人都无一例外。而“命”则掌控在人的手中，命运并非不可违背而是可以被改变的，后天自身行为的不同导致命运各异。因此，墨家同时主张“天志”与“非命”并无混乱之处。这样信天命与重人事并存的特点既体现了天力与人力的纠缠，同时也反映出墨家对天人关系思考的二重性：“天志”思想与“非命”思想结合在一起，以“强力”为手段，改变劳动者的现实困苦处境，以寻求实现理想的精神支柱。理想的设定与实际的内容在目标上相一致，即追求现实的人所应当过的人世生活。因此，表面上看来相互矛盾、不能圆融的两种思想才能在墨家思想体系中共存。由于出身工匠阶层，以“贱人”自居，因而墨家对人的最基本的生存层面极为关注，其理论的出发点也是拯救乱世。至于“非命”的“命”，并不是天命之命，而是命定之命，即儒家所宣扬的在冥冥之中主宰人命运的异己力量。如果人相信命运的必然性，就不会努力从事而是安之若命，道德赏罚也就失去了存在的必要性，因而人行善或作恶都不会改变自己的命运。对平民百姓而言，这同样使其丧失了通过自身努力而获得福报的可能性。因而“有命”危及人力的价值和天鬼的权威，故而在“非”之行列。

① 孙诒让撰：《墨子间诂》，中华书局2001年版，第41页。
② 孙诒让撰：《墨子间诂》，中华书局2001年版，第41页。
③ 孙诒让撰：《墨子间诂》，中华书局2001年版，第241页。
④ 孙诒让撰：《墨子间诂》，中华书局2001年版，第264页。

其实，孔子是“罕言利与命与仁”[①]的，但他也提出“君子有三畏：畏天命、畏大人、畏圣人之言”[②]，还说：“道之将行也与？命也！道之将废也与？命也！”[③]孔子认为人应该保持对超验之天命的敬畏之情，即“死生有命，富贵在天”[④]，同时又主张在行仁德的过程中“为仁由己”[⑤]，因此事在人为。“命”于人事而言，处于模糊的彼岸世界，当人面对世间种种必然性与偶然性时，“命”的存在给人带来一种寄托与慰藉，用以抚平心中难以割舍的困苦和无奈。“命富则富，命贫则贫”[⑥]，人力强求无用，皆因“得之有命”[⑦]。墨家认为儒家断言人的命运与后天自身努力无关，这就消解了人积极作为的信心和动力，从而走向消极惰怠，长此以往必将导致社会混乱和国家贫困。但孔子在“畏天命”的同时，又强调“知天命”，即“不知命，无以为君子也”[⑧]。所谓“知天命”也就是在认识天命之后自觉地加以顺从。对此，墨家谓之“教人学而执有命，是犹命人葆而去其冠也”[⑨]。儒家教人学习却宣扬“有命”的观念，就如同为了戴帽子而让人包裹头发，现在却拿去了他的帽子，自相矛盾。这样就指出了儒家所谓“固有天命，不可损益”[⑩]与“君子必学”[⑪]之间的矛盾。实际上，这里也反映出儒家致思方式的二重性：既乐观地尊崇人的道德选择自由，又对天命的存在保持谨慎的敬畏，并把人之价值的形上根据归结为超验之“天命”。这样的二重性后来在荀子那里得到了“节遇谓之命”[⑫]和“制天命而用之”[⑬]的圆融。

同样还是从现实出发，墨家认为：“命者，暴王所作，穷人所述，非仁者之

① 杨伯峻译注：《论语译注》，中华书局2009年版，第85页。
② 杨伯峻译注：《论语译注》，中华书局2009年版，第174～175页。
③ 杨伯峻译注：《论语译注》，中华书局2009年版，第155页。
④ 杨伯峻译注：《论语译注》，中华书局2009年版，第123页。
⑤ 杨伯峻译注：《论语译注》，中华书局2009年版，第121页。
⑥ 孙诒让撰：《墨子间诂》，中华书局2001年版，第265页。
⑦ 焦循撰，沈文倬点校：《孟子正义》，中华书局1987年版，第882页。
⑧ 王弼著，楼宇烈校释：《王弼集校释》，中华书局1980年版，第209页。
⑨ 孙诒让撰：《墨子间诂》，中华书局2001年版，第455页。
⑩ 孙诒让撰：《墨子间诂》，中华书局2001年版，第290页。
⑪ 孙诒让撰：《墨子间诂》，中华书局2001年版，第455页。
⑫ 王先谦撰：《荀子集解》，中华书局1988年版，第413页。
⑬ 王先谦撰：《荀子集解》，中华书局1988年版，第317页。

言也。”[①]“命”不过是暴王欺哄民众的谎言，而且国家贫穷、人民困苦、社会混乱的原因之一正是“执有命者”的普遍存在，因此必须以“三表”为法则考察“命”的问题。“以命为有”既不是圣王之事，也不载于先王之书，更不具备兴利百姓国家之功，因此“有命”既非百姓耳闻目见，亦非先王圣贤治国之道，更不能“兴天下之利，除天下之害”[②]，即“命上不利于天，中不利于鬼，下不利于人”[③]，那么“天下之士君子，忠实欲天下之富而恶其贫，欲天下之治而恶其乱，执有命者之言不可不非，此天下之大害也”[④]。富与贫、贵与贱、寿与夭都不是命中注定的，而是可以通过人的主观努力加以改变的。所以王官治政须努力，否则天下会乱；农夫耕稼须勤奋，否则民众会挨饿；村妇纺织须努力，否则世人会受冻。总之，人无论贵贱贫富、爵位高下都应该努力劳作，只有这样天下才会太平。但需要注意的一点是，墨家提出“非命”主要针对的是儒家不可损益的命定论，而不是否定“命”本身。墨家认为命可以改变，即人的行为决定自身命运，天命随人的后天品行而改变。从这一特点可以看出，儒、墨的天命观并不是截然对立、全无共通之处的。但由于墨家多半属于由小手工业劳动者上升的“士”阶层，因而很难完全脱离其平民背景。所以在对人的问题的思考中，彰显了对劳动、劳动者的积极有为的关注，这是以往思想家所忽视或轻视的，也正因为此，墨家才成为先秦诸子中的平民思想家。

四、结语

在对墨家“三才”观的梳理中可以发现，春秋战国时期，人逐渐质疑“天”的神力而不断发掘自身的主体性力量，如“夫民，神之主也”[⑤]“神，聪明正直而壹者也，依人而行”[⑥]“吉凶由人”[⑦]等观点展现的是一幅人从天命的神威下努力挣脱的画卷。但墨家在发掘人的主体能动性的同时，并没有完全抛弃“天”的意志，反而将其作为一种外在于人世的奖惩机制，对人的行为进行监

① 孙诒让撰：《墨子间诂》，中华书局2001年版，第286页。
② 孙诒让撰：《墨子间诂》，中华书局2001年版，第285页。
③ 孙诒让撰：《墨子间诂》，中华书局2001年版，第273页。
④ 孙诒让撰：《墨子间诂》，中华书局2001年版，第273页。
⑤ 洪亮吉撰，李解民点校：《春秋左传诂》，中华书局1987年版，第218页。
⑥ 洪亮吉撰，李解民点校：《春秋左传诂》，中华书局1987年版，第260页。
⑦ 洪亮吉撰，李解民点校：《春秋左传诂》，中华书局1987年版，第299～300页。

督管理，这一点也体现了其对天人关系思考的二重性。这种看似矛盾的思维方式也正是墨家对儒家思想的扬弃之处。

无论是“天人合一”还是“天人相分”，都是古人对整个世界甚至生态系统的朴素把握，我们没有任何理由信而好古地把任何一种观念标榜为解决当今社会文明发展问题的良药。“须知，中国古代人与自然和谐相处的状况，是在农业文明条件下，生产力发展水平较低和封闭的自然经济基础上人们形成的一种生存价值观。在这种生存实践上产生的天人合一的观念，是一种原始而素朴的生态观念，而不是在经历了近代以来人类征服自然的大规模实践，在酿成巨大的生态环境灾难之后，通过对现代生态危机的科学分析和理论反思而产生的具有科学意义的比较系统的生态思想。”[①]因而，对于墨家“三才”观的梳理也正是基于这样的立场而进行的追本溯源式的探索，以期窥见墨家生态思想的基本逻辑，并更加深入地探讨墨家生态实践机制的现代启示。

① 佘正荣:《中国生态伦理传统的诠释与重建》，人民出版社2002年版，第5页。

墨学的历史命运与未来趋向

解启扬

在今天中国的学术文化界，墨学依然是小众之学，之所以这样说，是因为普通人对墨学知之甚少；即便是学术界，墨学研究也是个小圈子。高校和科研院所的传统文化研究，有众多的儒学或道家研究机构和研究人员，却几乎找不到专门的墨学研究机构。墨学今天的地位与其曾经的荣耀很不相称，先秦思想家韩非说，当时世界上两大显赫的学派，一个是儒家，另一个是墨家。[①] 导致今天这种现象，既是墨子的错，又不是墨子的错。说是墨子的错，因为他所创造的学派，仅仅在先秦光辉两个多世纪，其后就衰颓不彰，表明墨家思想或其活动方式可能不能适应中国这片文化土壤。可是，这能怪罪两千多年前的墨子吗？他的思想学说也许太伟大、太超前，过去的中国文化土壤无法理解或接受，但并不意味着在今天的中国与世界没有意义，如果世界真正实现了墨子兼爱非攻的伟大理想，我们生活的世界不是个其乐融融的世界吗？所以，研究墨学，了解墨家思想过去和现在的状况，对于未来的文化建设意义非凡。

一、墨学在先秦的意义

墨学缘何在先秦与儒学同样显赫？这需要从墨子所处的时代谈起。战国是中国历史上社会变迁剧烈的时代，在那样的时代，最容易产生思想家，他们思考社会的发展，关怀人类的命运，孔子和墨子就是其中两位杰出的代表。不过，考察孔子和墨子的核心观念就会发现，孔子所提倡的仁爱与墨子所提

① 《韩非子·显学》有言："世之显学，儒墨也。儒之所至，孔丘也；墨之所至，墨翟也。"参见王先谦撰：《韩非子集解》，中华书局 1998 年版，第 456 页。

倡的兼爱有着相当大的意义区别。孔子提倡的仁爱是从己身出发的推己及人的"爱",反映了当时以农业活动为基本生活方式,以血缘宗亲为社会组织内容的农业文明的社会特征。在这样的文明现象中,很容易产生以家长为中心的家庭权威,把这样的家庭权威扩展放大,从家庭到宗族,再到乡里,直至国家,这是一个以家庭为本位的家国同构的社会组织形式,家是缩小了的国,国是放大的家。在农业文明的有机体中,单个人的作用非常有限,只有放在家庭这样的集体中,农业活动才更容易实现其协作与效能。因此,从家庭的家长到国家的国君,形成了一个系列具有等级特征的社会权威。孔子讲君君臣臣父父子子①,就是这一系列权威的体现。为了更好地维护这一权威与秩序,孔子提出了仁爱——带有血缘宗法特征的温情脉脉的农业文明之爱。仁爱从己身出发,推己及人,扩展到家国社会,从而形成一个等级有序的温情脉脉的农业文明社会。"老吾老以及人之老,幼吾幼以及人之幼"②,这不就是农业文明的理想社会图景吗?孔子及其儒家从自身的情感经验出发提出的仁爱思想有着非常广泛的社会组织基础,在发端于黄河流域的这片农业文明的土地上有着高度的认同感。从"仁者爱人"的人与人之间的关系发展为政治统治方式,推演出仁政的政治哲学。仁爱是人内在情感的需要,由内在的情感外化为社会秩序的形式,从而形成一个温情脉脉的道德理想国。按照李泽厚先生的观点,孔子及其儒家表现的是实用理性,它肯定现实生活与伦理实践,并从中提炼出来社会理想。③ 不过,这样一个仁爱的理想国并非平等的,仁者才能爱人,小人或者不仁者是不会有仁爱精神的。④ 鲁迅说,贾府的焦大是不爱林妹妹的。⑤ 林黛玉固然纯美可爱,但贾府的奴才焦大是不会爱的。地位的悬殊,导致人与人之间在人生观、价值观上有着相当大的差异性。鲁迅以形象的语言表达了仁爱的等级特征。君王仁政,是有着高高在上的道

① 《论语·颜渊》记载,齐景公向孔子问为政之道,孔子回答:"君君、臣臣、父父、子子。"大意是,君臣父子等社会各个层级各安其位,各守本分。参见杨伯峻译注:《论语译注》,中华书局1960年版,第128页。

② 杨伯峻译注:《孟子译注》,中华书局1960年版,第16页。

③ 参见李泽厚:《实用理性和乐感文化》,生活·读书·新知三联书店2005年版,第325～326页。

④ 《论语·宪问》:"君子而不仁者有矣夫,未有小人而仁者也。"(杨伯峻译注:《论语译注》,中华书局1960年版,第147页)

⑤ 鲁迅在《"硬译"与"文学的阶级性"》中说:"文学不借人,也无以表示'性',一用人,而且还在阶级社会里,即断不能免掉所属的阶级性……饥区的灾民,大约总不去种兰花,像阔人的老太爷一样,贾府上的焦大,也不爱林妹妹的。"(《鲁迅全集》第四卷,人民文学出版社2005年版,第208页)

德优越感的;君子行仁,也有着君子的道德优越感。至于小人,是匮乏仁爱精神的。不过,有谁愿意以“小人”自居呢?即便身处陋巷,也心向往君子之乡,或者期盼着“仁政”的光辉普照到自己的身上,从而给困顿的身体寻找一些舒适和温暖。这正是儒家“仁爱”的引人之处。

周王朝分封本想建立一个以血缘宗法为纽带的温情脉脉的农业文明的王国,各安其位,各行其是,君君臣臣父父子子。可是,在诸侯的发展中,出现了实力的此消彼长。人性是不完满的,《老子》说:“大邦者下流。”[①]可是,又有哪个大国甘居下流?数百年的发展,实力的消长,诸侯的僭越之心冲破了礼法等外在形式的束缚,从最初还打着“尊王攘夷”[②]的旗号,到后来赤裸裸的“以力服人”的霸业,儒家所提倡的仁爱的面纱一旦被揭开,就显露出面目狰狞的人性之恶。这种人性之恶被充分暴露出来,孔子只能哀叹“郁郁乎文哉,吾从周”[③]。可是,周文只是过去时,往者不可谏,来者犹可追!然而,先秦儒家似乎寄情于过往。于是乎,墨子适时而生。以井田制为基础的农业文明崩解,在这样的罅隙中,生长出微弱的手工业者。在士农工商的传统社会中,手工业者虽然身处边缘,但也在努力地获取一席之地,谋求社会流动的机会。仁爱的固化社会既然松弛,为何不用新的社会理想来替代呢?墨子于是疾呼“兼爱”。手工业者游走在农业文明的社会壁垒中,希望冲破农业文明土地的局限和血缘宗法的纽带,其最好的办法就是主张平等的爱,这种爱没有等级、地域、血缘的差别。也许墨子对人性是悲观的。翻检《墨子》,笔者仅在《所染》篇中约略可以窥见墨子论环境影响人性的一丝观点。[④] 不过,从兼爱的理念中,至少可以看出,墨子不像孔子那样,认为人会有潜在的至善德性,以及由此而产生的仁爱。墨子认为,人不是孤立的,需要在社会关系中活下去,若想生活得更好一些,舍却兼爱还有其他更好的办法吗?兼相爱,交相利!也许从我们的情感上看起来不那么美好,在农业文明及其衍生的熟人社会中,言利总让我们分外感到羞惭,但是它确实是人们内心的想法、真实的欲

① 陈鼓应注译:《老子今注今译》,商务印书馆 2003 年版,第 293 页。

② 《春秋公羊传·僖公四年》云:“桓公救中国,而攘夷狄。”(李学勤主编:《十三经注疏·春秋公羊传注疏》,北京大学出版社 1999 年版,第 213 页)

③ 杨伯峻译注:《论语译注》,中华书局 1960 年版,第 28 页。

④ 《墨子·所染》有言:“染于苍则苍,染于黄则黄。所入者变,其色亦变。”意指后天环境对人的影响。本文所引《墨子》均以谭家健、孙中原注译《墨子今注今译》(商务印书馆 2009 年版)为依据。

望。可是，欲望不总是让我们生活更美好，稍有不慎，我们有可能会被欲望吞噬。作为伟大的思想家，墨子还是准确地看到了欲望可能产生的危险。因此，“兼相爱，交相利”不是一种简单的利益诉求，它承认人的正当利益诉求，肯定人的生存需要；同时，潜在的意味是，当个人在实现自身的利益诉求时，不能侵犯他人同等程度的利益诉求。谋求自己的合理性利益，同时尊重他人的合理性利益，所以兼爱追求的是利益的共赢，而不是互损。共赢是共同体的至善，或者叫作“共同善”。所以，梁启超认为墨子是个实利主义[①]者，也就是类似于近代西方哲学上的功利主义者。功利主义追求共同体的利益最大化，其实现方式就是“兼相爱，交相利”。从哲学伦理学来看，仁爱有点类似于道义论，儒家不喜欢讲“利”，孟子在见梁惠王的时候就说，大王啊，你为什么要讲“利”呢？圣君只要讲仁义就够了[②]，后来的儒家讲“正其谊不谋其利”[③]，就是对这种思想的继承。儒家对“利”的定义过于狭隘，认为利就是自私自利，视“利”为洪水猛兽，只有小人才会追求。可是，墨子给“利”正名，认为谋利无妨，只要不妨碍他人，不损害他人同等程度的利，互爱互利，就不会有伤害，这也是实现墨家理想国的基本途径。

墨家讲兼爱，没有远近亲疏的区别，因此并非血缘宗法的伦理之爱，而是建立在个体之间的平等无差别的爱，这种爱超越等级差别，超越血缘亲疏。兼爱对于冲破当时伦理本位的农业文明的社会层级固化，为手工业阶层提供社会晋升的机会有着非常重要的意义。墨子的兼爱思想为农业文明的社会带来一缕改变的希望，为一个宿命的社会带来了改变命运的观念的支持。不过，农业文明养成观念的因循保守并非一朝一夕能够改变的，人们由忍耐变成了习惯，不相信命运改变的可能变成改变命运、社会变革的阻力。墨家兼爱理想的实现在农业文明中步履维艰。墨子不愧为思想家，他知道，殷周以来中国社会的民间信仰是比较浓厚的，他想到了鬼神的力量，神道设教！兼爱并非墨子的主张，而是天的意志，上天希望人们“兼相爱，交相利”。人们顺

---

① 梁启超：《子墨子学说》，《梁启超全集》，北京出版社1999年版，第3167页。

② 《孟子·梁惠王章句上》，参见杨伯峻译注：《孟子译注》，中华书局1960年版。

③ 董仲舒在《春秋繁露·对胶西王越大夫不得为仁》有言“仁人者，正其道不谋其利，修其理不急其功”，《汉书·董仲舒传》作“夫仁人者，正其谊不谋其利，明其道不计其功”，二者相近。

从天的意志将会得到奖赏，违背天的意志将会受到惩罚。[1] 于是，在兼爱的感召下，墨子追随者众多，充满天下。孟子惊呼："天下之言，不归杨则归墨。"(《孟子·滕文公章句下》)

墨子是个成功的思想家和社会变革者。墨家的出现，改变了战国时代的社会文化生态，为战国的社会变革注入了活力。虽然墨子对社会改革的呼吁在农业文明社会没有演变成社会现实，但是墨子却拥有众多的支持者，并结成了类似宗教的团体。墨者团体在当时非常活跃，墨子本人成为该团体的第一任巨子，信众奉巨子为圣人。墨者团体纪律严明，墨者之法强调法律面前人人平等。在政治主张上，他们标举尚贤与尚同，力图以贤人统治打破此前的贵族世袭传统，为底层人的上升提供机会，为社会流动注入新的活力。尚同则有广泛的争议性，不过，在讨论尚同之前，需要明白墨家提出尚同的社会原因。在墨子看来，人类社会从野蛮到文明的进化是一个过程，在未结成社会组织之前，每一个人都有自己的意见和主张，人数众多，意见纷乱，从而使社会处于动荡的状态，因此选举政长，结束纷乱，对所有人都有利。问题是谁来做政长？政长怎样产生？当然是贤人，选举产生。这在当时是了不起的观念，因为统治者并非"奉天承运"的真命天子，而是由民众选举产生。由贤人统治，民众作为普通人，既然选举并授权给贤人，就需要放弃自己的个人意见，层层统一，从而形成"一同天下之义"《墨子·尚同中》的权力金字塔，即尚同。尚同并非通常意义上的专制，而是尚同于贤人。这样的贤人有点类似于柏拉图笔下理想国中的哲学王。问题是一日为贤人，终生是贤人？显然，墨子是缺乏信心的。"绝对的权力导致绝对的腐败"[2]，这一现代政治学的信条，在墨子那里也有所意识，只不过没有直接表达出来而已。所以，墨子认为，尚同于贤人并非最后的标尺，必须尚同于天！"天之行广而无私，施厚而不德。"《墨子·法仪》所以，"天志"才是最后的裁判者。墨子笔下的天志并非神的代名词，天志的根本诉求是兼相爱交相利，反映的是普通墨者的愿望。所以，根本的裁判者又回到了墨者阶层。墨子的政治主张有点类似于西方近代的社会契约思想，权力的来源既非天命，也非历史的选择，而是每一个普普

① 《墨子·天志上》有言："顺天意者，兼相爱，交相利，必得赏罚；反天意者，别相恶，交相贼，必得罚。"

② 英国思想家阿克顿在《自由与权力》中指出："权力导致腐败，绝对的权力导致绝对的腐败。"([英]阿克顿：《自由与权力》，侯健、范亚峰译，商务印书馆2001年版，第286页)

通通的人，统治者是否适合也不由统治者说了算，而是由民众来决定。不过，墨子虽然希望制约统治者的权力，预防权力的滥用，但并没有提出具体的制度性主张。如果没有制度的保障，天志的解释权很难在普通民众的手中。所以，墨子的政治主张，从善的方面说很可能是开明专制。墨子与柏拉图都没有解决开明专制的根本弊端，威权人物也许以开明开始，但一定以开明结束吗？历史经验没有给予令我们信服的回答。人性是有弱点的，以开明的专制开始，往往是以极端的专制结束。墨子尚贤尚同的政治思想，与近代西方思想家霍布斯有某种程度的相似性。霍布斯主张人们在缔结社会契约时放弃自己的自然权力，从而为国家的产生创造条件，形成君主专制的国家。其后的卢梭、孟德斯鸠等认识到放弃个人权力的潜在危险性，从而提出了有效的权力制约机制。

显然，无论是兼爱的社会伦理，还是尚贤尚同的政治主张，墨子的思想都远远超越了农业文明的社会现实，即便追随者众多，就全社会来说仍然是少数。在战国那样动荡的年代，还是富国强兵的理论最能满足统治者的政治需要和普通人的生活需求，所以最终成就霸业的是法家思想的实践者。不过，我们仔细考察法家思想，其中央集权的政治建构与墨家的尚同政治主张有几分相似之处。[①]

二、秦汉以后的墨学衰颓

墨学毕竟是衰颓了！秦汉以降，无论是墨学思想的传播还是墨家的社会活动都骤然降低，汉武帝“罢黜百家，独尊儒术”之后甚至见不到墨家踪影。以致当时为前人立碑作传的历史学家司马迁在《史记》里面都没有为墨子写上完整的一篇，只是在《孟子荀卿列传》后面用寥寥的 24 个字来概括墨子这位伟大的思想家：“盖墨翟，宋之大夫，善守御，为节用，或曰并孔子时，或曰在其后。”[②]相比儒学的声名显赫与孔子的高名，无论是墨学还是墨子都显得很孤寂，形成了鲜明的反差。历代研究墨学的学者对此有诸多论述，各有千秋。

① 劳思光先生说：“墨学中功利主义及权威主义两大原则，则半为韩子所取，因而形成拥护人主之权，以君权取代神权之主张，此亦助成韩非之极权主义者。”参见劳思光：《新编中国哲学史》第一卷，生活·读书·新知三联书店 2019 年版，第 283 页。

② 韩兆琦译注：《史记·孟子荀卿列传》，中华书局 2010 年版，第 4988 页。

我想是否从另一个视角来考虑文明的选择呢?

英国历史学家汤因比在《历史研究》中提出文明选择“挑战与应战”的学术理论,那么是否可以用社会发展及其选择来解释墨学衰颓的历史必然性呢?秦国一统天下,但并没有也不可能改变以农立国的农业文明的社会结构,相反,随着统一帝国的诞生,对人的管控却加强了,统一的专制帝国不会允许一个活跃的墨者社会团体的存在。韩非子在《五蠹》篇中指出,“儒以文乱法,侠以武犯禁”,墨家的活动在专制帝国显然是犯禁的。更何况,大一统帝国需要统一的意识形态来保障其思想上的高度统一,不会允许各种思想扰乱其意识形态的管控,从而动摇其统治的基础。中国专制王朝的统治方式是在形式上高扬儒家,高扬德性,但其实儒表法里。韩非子在《说疑》篇中指出,统治者统治方法有好坏之别:“太上禁其心,其次禁其言,其次禁其事。”专制统治者往往是三者并用。“禁其心”的最佳办法莫过于统一的意识形态教育,“禁其事”的最佳办法就是把民众限制在土地上,这恰恰是农业文明很容易做到的。所以,当汉武帝“罢黜百家,独尊儒术”的时候,墨家的思想就必然在禁绝之中,其历史命运也就不言而喻了。汉武帝为何不独尊“墨学”呢?一定是墨学的思想观念与专制的意识形态不相吻合!墨学应对先秦社会变动从分裂到统一的历史大趋势是非常被动的,而不是主动去适应,或者说墨学根本就不适应大一统帝国的文化土壤。在传统社会,农业文明的核心观念是宗法式伦理,显然是儒学而不是墨学适应这样的宗法伦理。墨学的兼爱伦理甚至是破坏宗法伦理的思想观念。孟子就尖锐地指出墨家兼爱是无父,无父无君是禽兽。我们今天虽然觉得孟子对墨子的批评过于苛刻,但站在农业文明的宗法伦理上,孟子的批评还是切中要害的。既然墨家不可能改变自己的兼爱伦理来适应农业文明的伦理要求,固执地坚持工商社会的兼爱伦理,这种消极被动的应战,那么其命运是可想而知的。

另一方面,从政治的选择来说,大一统帝国要维护的是家天下,普天之下莫非王土,其最高统治者必然是世袭的,虽然在官员的选拔上有选贤任能的可能性,但这种选拔绝不可以动摇世袭社会的根基,因此尚贤必须从属于世袭而不是最高的准则。在大一统帝国中,强调帝王是受命于天,这是帝王统治合法性的最终根据。帝国对天的解释并不是墨家的天志,而是儒家的天命。在儒家天命观中,以德配位,帝王不仅是最高的统治者,也是德性的化身。帝王仁民爱物，并不是对民众负责的政治伦理的体现，而是一种高高在上的等级之爱，是对下民的体恤和关心。所以，皇朝的子民们固然期盼皇恩浩荡，但皇恩浩荡里绝没有平等无差别的爱。墨家的政治理念显然脱离了现实的土壤。

墨学衰颓的根本原因是文明的选择！但是，并非有些研究者认为的墨学中绝，事实上，墨学化作社会的伏流，在底层民间依然有一定的影响。表现之一就是底层百姓对侠义精神的期盼。在专制王朝的统治下，底层人常常感受到命运的摆布而力不从心，希望有侠肝义胆的壮士给自己的生活带来一丝一缕的改变。墨家的"摩顶放踵利天下"就是侠义精神的重要来源，在中国社会绵延不绝。

三、近代的墨学复兴

梁启超在《清代学术概论》中认为，有清一代的学术"以复古为解放"[①]。在清代学术复古的浪潮中，墨学由隐而显，由微而著，直至清末，蔚为壮观。我们习惯上认为，近代墨学复兴了。

从墨学复兴的起点来说，可以用"败也萧何，成也萧何"来形容。因为"独尊儒术"而墨学衰微，儒学的独尊是墨学衰微的外在原因。儒学发展到程朱理学阶段，建构了一个华丽严整的形而上学的庞大体系，可以说是登峰造极。一种学说，一旦登峰造极，势必开始其蜕分期，王阳明的心学即是儒学蜕分期的产物。心学将真理的根底安放在个人良知之上，每个个体都有体认良知的心，这对知识人来说是一种思想解放，即从程朱理学的思想束缚中解放出来。明清之际的李贽、傅山等思想巨擘超越儒学，研究此前被视为异端的墨学[②]，甚至给予较高的评价，带来了近代墨学复兴的曙光。

近代墨学复兴的原因或许是多方面的，比如说依傍儒家经书的校勘而产生的副产品，等等。但最有意味的是西学中源说和救亡图存的需要。

众所周知，从文化上来讲，近代中国面临着有史以来的最大危机，即西方文明的输入与挑战。在中国历史上，中华文明也曾受到过异域文明的挑战，

① 梁启超：《梁启超论清学史二种》，复旦大学出版社 1986 年版，第 6 页。

② 李贽有《墨子批选》，傅山有《〈墨子·大取篇〉释义》。

比如来自印度的佛学对中华文明的撞击，最终以中国化的佛教——禅宗的产生而融汇成中华文明的有机组成部分。不过，与佛教输入中土不同的是，那时的中国是世界上的大国与强国，在文化心理上对外来文化表现出雍容大度的气魄，兼容并蓄。中华文化主动回应印度佛教文化的挑战，虽然也曾出现过波折，但总体是积极的态度。不过，近代中国则截然相反，国门的打开完全是被动的，“天朝大国”的大门竟然被“蛮夷之邦”通过战争打开了，长期以来的文化优越感被西方的船坚炮利摧毁得粉碎，在文化心理上是非常痛苦的。面对伴随着列强枪炮而来的西方文明，接受起来是复杂而困难的。即便是像魏源那样开明的士大夫，也只是提出“师夷长技以制夷”的主张，即西方在技术某些方面超越了中华帝国，这是器物层面的事情，而在文化上、制度上，中华帝国仍然非“蛮夷之邦”可以比拟。所以，学习西方某些器物层面的长项，从而制服西方列强。

可是，西方为什么能够在某些器物层面上超越中华帝国？为了寻找原因，而在文化心理上又不至于失落，当时的知识人提出了西学中源说①，即西方近代某些器物层面的发展在根本上还是从中华文明学过去的，中华文明是母亲文明，西方文明是子文明。失落的文化心理终于得到了平衡。这种面对强势文化挑战的回应多少有些阿Q式的文化心理在作怪。原来西方是剽窃了中华帝国在先秦时代的墨家科技文明而发展起来的。于是，当时的知识分子纷纷研究墨学，发掘其科技文化，找到了物理学、天文学、几何学和光学等。笔者在《显学重光：墨学的近代转化》一书中指出：

> 在“师夷长技”的同时，士大夫和学人也开始反省，为什么西方的科学技术比中国先进？他们很难接受这样残酷的现实，于是，他们开始在浩如烟海的中国古籍中寻找中国古代的科技内容。然而，除了《考工记》、《九章算术》、《梦溪笔谈》等少数书籍以外，《墨经》中的科技思想最多，也最丰富。广东南海人邹伯奇(1819～1969)首先发现了这些。邹伯奇自幼接受科技教育，熟悉近代科技。又由于生活在中西交汇前沿的广

① 西学中源说肇端于明末，且有一个演变的过程，早期的西学中源论并不具有排他性，而是为了淡化中西学之争，使西学得以顺利在中国传播。但自清代历法之争后，西学中源说开始转向，即在中西文化交流中寻找文化心理优越感。参见雷中行：《明清的西学中源说争议》第二章“明清处理西学的主流看法及其演变——西学中源论”，(台北)兰台出版社2009年版。

东，对近代西方科技也有所了解。因此，他被称为近代中国荟萃中西科技的先驱。邹伯奇对《墨经》和《梦溪笔谈》均有研究，并著有《墨子经说》。同时，由于他对西方的科学和技术也有一定程度的了解，他引经据典，在比较西方科技与中国古代的《墨经》中的科技知识的基础上，得出“西学源出于墨子”的结论。邹伯奇认为：“西人天算未必本之和仲，然尽其伎俩犹不出墨子范围。”[①]当然，当时主张西学源出墨子的不仅仅邹伯奇一人，事实上，是当时思想文化领域的一种思潮。[②]

在西学中源说浪潮的助推下，部分学者研究墨学以寻求文化心理的平衡，从而推动了墨学在近代的复兴。

晚清的积贫积弱，极大地降低了中华帝国的世界地位，面对帝国文明的衰落，有识之士积极努力寻找突破的良方。他们意识到，暂时的失败并不是最可怕的，如果精神上被打败，那么就真正失败了。这个时代非常需要振世救弊的精神，墨家“摩顶放踵利天下”的自我牺牲精神适应了这种社会需求，孙诒让、梁启超、谭嗣同、易白沙等都对弘扬墨学精神表现出极大的热忱。梁启超曾说：“今欲救之（中国），厥惟墨学。”[③]墨学的自我牺牲精神与佛教的菩萨行精神一样，成为近代中国革命者救亡图存的精神动力。

无论是西学中源说带来的墨学重新发现与研究，还是振世救弊与墨学精神的彰显，都是对近代中华文明危机的挑战的回应，这种回应主观上是为了寻求中华文明的重新光大，客观上促进了墨学的近代发展。

四、多元文化与墨学的选择

当代社会面临的最大问题是现代化与全球化。全球化对墨学的发展是挑战，也是机遇。现代化的文化要求是走出传统，面向未来。全球化的文化要求是打破封闭与孤立，融入世界，多元并存。从现代化与全球化的视野来反观中国传统文化，尤其需要昌明墨学，融化新知，开创墨学的新阶段。未来的墨学应该既是民族的，又是世界的。

---

① 《邹征君遗书》(一)，清同治十二年(1873)刻印本，第 21 页，苏州大学图书馆藏。

② 解启扬：《显学重光：墨学的近代转化》，中国政法大学出版社 2017 年版，第 25 页。

③ 梁启超：《子墨子学说》，《梁启超全集》，北京出版社 1999 年版，第 3158 页。

关于墨学的民族性问题。任何一个民族要想屹立于世界民族之林，都必须考虑民族文化的绵延问题。近代以降，古今中西文化在中华大地上激荡澎湃，墨学作为传统文化的一部分面临现代化的挑战与选择。究竟该如何发展墨学是摆在知识人面前的时代课题。在此，要反对两种非此即彼的对待传统文化的态度，一是极端的文化保守主义的态度，坚持认为现代化给民族文化带来了巨大的负面效应，使得民族文化面临着消亡的危险，拒斥现代化，主张回归传统。这种观点认为，在先秦墨家思想中，已经具有了化解现代化所带来的问题的文化基因，回归先秦墨学即可以化解现代化产生的一系列问题。另一种观点认为，传统文化是农业文明的产物，而现代化是工业文明，因此，墨学与现代文明不兼容，应该抛弃传统墨学，拥抱现代西方文化。前者的文化态度是僵化的，任何一种文化的产生都受到时间与条件的诸多制约，墨学也不例外，认为先秦墨家思想超越时空，实际上是把墨家思想当作僵硬的教条，从而失去了发展的可能性。后一种观点看到了文明的共通性，却忽略了文化的差异性。传统是一个民族的根，根深才能叶茂。墨学虽然发端于先秦，但作为一种思想体系，是民族文化的根系之一，割舍不断。况且墨学具有开放性的特征，昌明墨学，融化新知，就是对墨学的核心观念进行创造性的诠释，在诠释中汲纳世界文明的有机营养，做到返本开新，成为现代新文化的一个有机组成部分。事实上，胡适先生在《先秦名学史》“导论”部分就提到过类似的问题。在胡适看来，中国文化的现代化需要把现代文化的精华与中国传统文化的精华联结起来，在墨学中能够找到联系现代欧美文化的合适基础，用墨学的基因嫁接现代西方文明，从而产生一个新的文明系统。只不过，由于时代原因，胡适受到一些人有意或无意的曲解，他们认为胡适在文化上主张全盘西化，这是对他极大的误解。胡适笔下的新文明系统就是墨学的创造性重生。

曾有学者提出新墨学，大概是因应儒学出现新儒家及其在当代中国的文化强势，指出可以通过“建本”“创新”构建新墨学[①]，这种学术理想是值得肯定的，任重而道远。在此，不妨借鉴儒学的发展历史来思考新墨学的发展。儒学发展到宋代，汲纳了佛教等思想，从而进入了儒学发展的新阶段。宋明

① 参见张斌峰、张晓芒：《新墨学如何可能？》，《哲学动态》1997 年第 12 期。

儒学不是对先秦儒学的简单解释，而是儒学推陈出新的新发展，是儒学的新形态。依此观照，新墨学不是对传统墨学的简单解释，而是融汇现代文明理论对墨学进行创造性的诠释，是墨学发展的新阶段、新形态。墨学作为一个开放的理论系统，为新墨学的诞生提供了核心理念的基因，现代文明理论为新墨学的产生提供文化内容。这不正是胡适对墨学的期待吗？

作为现代文明的新墨学，在文化态度上反对墨学本位文化，因为现代中国的文化不可能是某家某派思想的单一性文化，任何单一性文化构想都可能阻碍中华文明的发展。所以，新墨学持开放包容文化情怀，与现代儒学等文化思潮不是对抗的，而是多元并存、相得益彰的，共同成为中华文化的有机组成部分。

墨学也应该是世界的，这是全球化的要求。全球化对墨学的发展是挑战，也是契机。英国历史学家汤因比说："把普遍的爱作为义务的墨子学说，对现代世界来说，更是恰当的主张，因为现代世界在技术上已经统一，但在感情方面还没有统一起来。只有普遍的爱，才是人类拯救自己的希望。"[①]我们生活在一个全球化的时代，由于西方社会经济与科技的暂时强势，一些人以为全球化即西方化，文化上应该广泛输入西方文化，这种显然是对全球化中中国定位的误解，也是缺乏文化自信的表现。全球化是全球经济与文化的广泛交融，呈现出多元多样的形态。墨学需要直面西方文化的挑战，作为对西方文化挑战的回应，以兼爱为内核的墨学持开放包容的态度，汲纳西方文化与现代文明中有价值的成分，实现墨学走向世界，为世界文明做出中国贡献。

早在近代，就有中国知识分子认为，墨家的兼爱理论与基督教的博爱有相通之处，只不过，当时囿于文化情感，认为基督教的博爱源出墨子的兼爱。一个多世纪过去了，我们完全可以认为，基督教的博爱与墨家的兼爱精神同样为中西文明对人类的贡献，虽然两者之间有较大的不同。博爱是神性的爱，根源在于造物主上帝，造物主爱受造者，是受造者彼此相爱的根据。上帝对世人的爱是不平等的，是恩宠，是无私的，是自上而下的。世人之间的爱是平等的、超越功利的。但墨家的兼爱是人性的爱，源于人们追求美好生活的

---

① ［英］阿·汤因比、［日］池田大作：《展望二十一世纪——汤因比与池田大作对话录》，荀春生等译，国际文化出版公司 1985 年版，第 410 页。

需要，故谓“兼相爱，交相利”。博爱与兼爱共同之处在于人类之间的爱是平等的，二者完全可以相互理解，多元并存。从内容上看，墨学的兼爱伦理是一种功利主义的伦理观，构建以兼爱为内核的实用理性伦理，有利于化解全球化所面临的分歧冲突，实现世界的和谐共生。因而，墨学的兼爱实用理性伦理具有普适性的特征，理应成为现代世界的伦理规范之一。

完全有理由相信，以兼爱为内核的墨学本身具有的开放性与现代性精神基因，能够结出现代文明之果。“兼相爱，交相利”的墨家思想可以成为现代世界的文明内核之一，成为现代世界的伦理黄金律。墨学当仁不让地承担起中华文化走向世界的历史使命，成为多样性的世界文化的有机组成部分。

关于“儒墨互补”问题研究的再认识

薛柏成

一、近年来“儒墨互补”问题的研究有一定突破

中国优秀传统文化资源是吸收了包括儒家、墨家、道家、法家等先秦诸子的学说而形成的，唐代韩愈首次明确提出“孔墨相用”。明清学者李贽、焦竑、颜元、汪中、孙诒让等也认为“儒墨相用”。近现代以来梁启超、章太炎、胡适、鲁迅等人偏重于对墨家科学与人文精神的探讨与实践，以墨释儒。[①] 近代以来学术界对“儒道互补”“儒法互补”问题都有深入的研究，而在“儒墨互补”方面的成果却不多。鸦片战争至新中国成立，“儒墨互补”的研究大致有三种表现：一是一些儒家学者继续用中国传统学术方法研究墨学，并对墨家思想做出较高的评价；二是一些知识分子用近代西学方法研究墨学，主张用墨家思想中一些与近代科学、思想相通的内容来弥补儒家思想统治下中国的不足；三是对儒墨关系的研究不断深入，如梁启超、胡适、章太炎、鲁迅、吴宓等人对这一论题的研究，特别有指导意义的是20世纪20～30年代以吴宓诸人为代表的学衡派的“儒墨互补应成为中华民族复兴的指针”思想的现代性探讨。[②] 21世纪初以来，随着社会政治经济形势的发展，“儒墨互补”论题的现实转化逐渐突出。近几年来，学界更是对此问题开展了卓有成效的讨论与研究，中国孔子学会、儒学会、中国墨子学会均在每年的年会上设定了此类题目，较有影响的是2019年中国孟子研究院与中国墨子学会联合举办的儒墨对话高端论坛，这些讨论形成了大量的相关成果，更有一些学者对“儒墨互补”学术史

① 参见薛柏成：《墨家思想新探》，黑龙江人民出版社2007年版，第58页。

② 参见吴宓：《民族生命与文学（续）》，《大公报》（文学副刊）第197期，1931年10月19日。

及有关方法论进行了系统而有独到之处的研究。[1] 在深度与广度的研究中比较有代表性的有郑杰文、颜炳罡等学者及笔者的相关成果。

郑杰文通过对儒学和墨学的深入分析，在其专著《中国墨学通史》中提出：由于儒墨两家在学理上有了更多可沟通之处，在社会政治理想和社会治理措施等方面，儒墨在争辩诘难的过程中实际上导致了"儒墨互补"的学术结局。所以在汉代有更多人主张"儒墨相通"。正是汉代这种"视墨同儒"的学术观念，造成了"墨学中绝"的假象，妨碍了墨学的研究和流传。南北朝时，墨学不再像两汉那样与儒家并称，而是退出了"主流学术"的行列。隋唐思想开放，就墨学的流传出现截然相反的两种观点。一种是主张在传儒经之外，亦传含有《墨子》在内的其他诸子书，因而发展出韩愈的"儒墨为用"说；另一种是继承了孟子以来"尊儒辟墨"的观点，在维护儒学时将"杨、墨"与"释、老"一同作为儒学的对立学说来对待。这两种观点的对立，开启了千余年来的"儒墨为用"之争。"儒墨为用"之争是宋学反汉学的结果。明清时期，墨学重兴与抵制心学的经世致用之实学的提倡有关。西学东渐后，20 世纪墨学研究有了突破性进展，都赖于借用西方近代研究方法。但是，产生于东方古老文化环境中的墨学特别是墨辩逻辑和墨家科技，用西学思想来比附和用西学方法来解析是错误的。

在社会治理中的"儒墨相用"方面，郑杰文提出：在先秦诸家的社会政治治理构想中，周公旦主张"神性血缘说"和"遵从民心观政说"，孔子改为"人性血缘说"和"道德教化说"，都忽略了世人的社会经济需求。墨子针对儒家"礼乐靡财"而提出"节用"说，把发展经济以稳定社会作为重要治理措施之一。孟子接受墨家提醒而提出"制恒产"主张来补充儒家治理措施中的经济缺环，荀子在此基础上提出了"国家政治管理一体化"与"国家经济管理一体化"构想。这些被唐人韩愈名为"儒墨相用"。"儒墨相用"的历史事实给我们的文

---

① 如薛金东：《"儒墨互用"对韩愈思想影响之探微》，《盐城工学院学报》（社会科学版）2006 年第 2 期；夏忠龙：《先秦儒墨伦理思想之比较》，《学术交流》2009 年第 8 期；梁冰：《先秦时期我国显学思想的碰撞——孔墨哲学思想之比较》，《中国科技信息》2005 年第 13 期；邱德修：《从上博、郭店楚简看战国儒墨之交流》，《传统中国研究论文集》，2006 年；徐肖然：《从大实践的境域看儒家思想》，《齐鲁学刊》2010 年第 2 期；郭齐勇：《儒墨两家之"孝""丧"与"爱"的区别和争论》，《哲学研究》2010 年第 1 期；秦彦士：《墨子考论》，巴蜀书社 2002 年版，第 196 页。

史研究方法以诸多启示。[①]

笔者在《墨家思想新探》(黑龙江人民出版社2007年版)一书中也对“儒墨互补”学术史的具体内容进行了梳理与探讨。在对中国古代“儒墨互补”学术史具体内容的探讨中,笔者提出:墨子对孔子思想进行了吸收与借鉴,墨子吸收借鉴了孔子学说中“仁爱”“举贤才”“俭”等思想,并进一步改造成了墨家的“兼爱”“尚贤”“节用”等理论[②];孟子对墨家思想的战争观、民本思想、“天志”理论、重利思想进行了吸收与借鉴;荀子对墨家思想的逻辑思维、政治伦理思想、“节用”理论、“非命”理论亦进行了吸收与借鉴。反映儒家思想的《诗》《书》《易》《礼记》、郭店楚简《唐虞之道》[③]也有与墨家思想相用的部分,而儒家孝道与墨家思想的一些内容也互有所取,双方在各自的思想发展中产生了一定的影响。墨家思想在秦汉以后是以融迹于儒、道等家思想之中的形式表现出来的,与其他诸家思想一起发挥着自己的影响,具体方式是墨家思想的优秀之处及墨子本人的伟大人格不时出现在封建正统史书及其他典籍之中,影响了一些士大夫的价值选择。一些著名儒家“异端”人物的思想及行为方式存在墨家思想的成分并受其影响。[④] 另外,明末清初的启蒙思潮中,墨家思想对李贽思想的形成产生了比较重要的影响。[⑤] 笔者指出:“李贽极力推崇墨子学说,其思想中部分的吸收了墨家‘兼爱’、‘尚贤’、‘尚同’、强力进取、‘节用’等学说,进而提出了其‘人道之爱’、男女平等、个性自由、‘趋利避害’的人性论及重赏等思想。”这实际上是论述了“儒墨互补”在李贽思想中的体现。儒家思想在其发展演变的过程中吸收了墨家思想,而历代统治者又利用儒家思想作为巩固统治的手段,从这个意义上讲,墨家思想的一些成分

① 参见郑杰文:《社会治理构想中的“儒墨相用”及其启示》,《管子学刊》2008年第3期。

② 参见薛柏成:《论墨家思想对孔子思想的借鉴》,《吉林师范大学学报》(人文社会科学版)2010年第4期。

③ 薛柏成:《〈诗〉与墨家思想的关系》,《齐鲁学刊》2006年第1期;薛柏成:《论〈尚书·洪范〉与墨家政治思想》,《吉林师范大学学报》(人文社会科学版)2005年第1期;薛柏成:《〈易〉对墨家思想的影响》,《社会科学战线》2010年第8期;薛柏成:《〈礼记〉与墨家思想的关系》,《社会科学战线》2004年第5期;薛柏成:《郭店楚简〈唐虞之道〉与墨家思想》,《吉林师范大学学报》(人文社会科学版)2005年第1期;薛柏成:《论墨家思想对孔子思想的借鉴》,《吉林师范大学学报》(人文社会科学版)2010年第4期。

④ 参见薛柏成:《秦汉以后的墨家思想及其影响》,《齐鲁学刊》2003年第3期。

⑤ 参见薛柏成、杨秀慧:《论墨家思想对李贽思想形成的影响》,《吉林师范大学学报》(人文社会科学版)2008年第2期。

也间接渗入统治阶级的治国思想之中，在一定程度上发挥着作用。这也从另一个角度说明思想的相融性与继承性。

对于中国现代“儒墨互补”学术史及其应用的探讨，集中在一些人物思想之上，如笔者对鲁迅、毛泽东墨学观[①]的探讨涉及了这一论题。笔者在《鲁迅的墨学观》一文中认为：鲁迅思想中有很多来自中国传统儒家特别是墨家思想的内容。鲁迅思想中的坚韧与不妥协、正义与公平、民主与科学等内容与墨家的兼爱、平等、为民谋利的思想有许多一致性，同时鲁迅的文化观创造性地转化了墨家的兼爱、非攻、贵义等思想，与儒家相融合。鲁迅文化虽代表的是精英文化的内容，但受墨家平民思想的影响，站在平民的立场上说话，为平民鼓与呼维护其利益，他是从民众的视角观看世界，在思想上上升到了指导中国思想进步的高度，对正确处理平民文化和精英文化有一定的启发意义。笔者在《毛泽东的墨学观》一文中认为：毛泽东对中国传统思想文化有独到的发挥和吸收，他对儒家思想文化更多的是着重于批判。就毛泽东的人格精神、价值理想等深层次的文化心态而言，相比于儒学，墨家文化传统的影响有着更深刻的意义。换句话说，毛泽东继承发扬中国优秀传统文化的方法论之一就是以墨学为主的“儒墨互补”。并提出在新文化建设上，当代社会更多关注的是以儒家为代表的“精英文化”，而对于农村人口占绝大多数的中国来说，忽略以墨家为代表的“平民文化”显然是有所偏颇的。研究毛泽东的墨学观对克服“精英文化”与“平民文化”的局限性，从而对马克思主义中国化以及今天所进行的新文化体系的构建具有重要的启示意义。

在现实操作上，笔者认为：中国传统文化的主流是儒家文化，有“精英文化”之称，而墨家文化有“平民文化”之称，而且它对传统文化的影响是多层面的，其在政治、经济、军事、科技、逻辑学、哲学宗教领域的影响，不可低估。研究中国传统思想文化不能忽视墨家思想，只有这样才能形成一种全新的如中共十七届六中全会阐述的“民族的科学的大众的社会主义文化”，以适应当前经济基础的主流文化系统。同时，总结对优秀传统文化思想价值的挖掘和阐发的经验，为马克思主义中国化提供更准确的来自中国优秀传统文化的思想

① 薛柏成：《鲁迅的墨学观》，《社会科学战线》2009年第8期；薛柏成、刘兴亮：《毛泽东的墨学观》，《吉林师范大学学报》（人文社会科学版）2012年第6期。

资源，最终为当代乃至今后建构优秀传统文化传承体系提供有益的启示。当代中国需要科学、公利、互利、民主、平等、公正、法制、进取、改革精神，这就要有一种以人为本的文化，要求必须重视平民文化，打破文化知识垄断，使文化回归于平民阶层中。需要精英文化与平民文化共生共存，相互渗透，相互交融和合。这应是"儒墨互补"或者说当前以及今后思想文化建设的主要任务。

颜炳罡、彭战果《孔墨哲学之比较研究》(人民出版社 2012 年版)一书附录从"儒道互补"之检讨、"儒墨互补"之可能、"儒墨互补"之实现、"儒墨互补"与中国文化的现代展望"几个角度对"儒墨互补"与中国文化的重建进行了很有建设性的探讨。对于提出"儒墨互补"的原因，他们认为，中国文化只有"儒道互补"是不够的，甚至是有害的。中国文化的优点，诚然在于"儒道互补"，而缺点也在于此。重新调整中国文化的内在结构，变儒墨对立为"儒墨互补"，化"儒道互补"为"儒墨互补"。我们今天理解的墨学与先秦时期的墨学不一样。以西方文化为参照系，我们对墨学的理解会更深入，看得更透彻。"儒墨互补"，可以解开长期以来人们的文化心结，实现中西文化的真正融合。

对于"儒墨互补"的内容，他们认为，"儒墨互补"体现在形而上学领域，是内在超越和外在超越的互补，包括仁爱和兼爱的互补、情感和理智的互补、文质互补。"儒墨互补"的形式有三种：一是不补而补，二是交融互补，三是变异互补。我们认为他们"也许在西方文化的参照下，我们才能发现墨学在中国文化中的独特价值及时代使命"观点较有建树。

我们认为：在儒、墨关系方面，作为在中国传统文化中占据举足轻重地位的主流学说，墨学的发展必然与儒学有不可分割的密切关联，因此墨学研究如果离开了对儒学发展的观照几乎难以进行。郑杰文教授用"儒墨同称"的提法来阐释中国学术史，极具理论意义。同时，作者结合现在学术界学者运用西方研究方法研究诸子学术中产生了诸多问题这一现象，提出在古代文史研究中应注意东西方学术体系的差别，运用综合方法来研究儒墨学说的互补互用；创造性地提出将儒墨互补互用的理论和方法运用到现代文史与社会治理研究中，对我们研究传统思想文化有重要的启示作用。笔者提出"应以儒墨文化互补为例，把所谓精英文化与平民文化有机对接，去除平民文化的空想性、非现实性、矛盾性，把它的功利性、现实性、进步性与精英文化的超功利性、道德理想主义、坚信人道正义之价值精神等普适性内容有机整合并运用到我们当今社会生活的各个方面，从而完成当代优秀传统文化传承体系的建构”，这在“儒墨互补”的研究与运用上极具建设性价值。还有颜炳罡先生“化儒道互补为儒墨互补”的相关论述也具有相当大的参考意义。

二、“儒墨互补”与“精英文化”“平民文化”有机对接的思考

秦汉以下，儒学独显，墨学隐而不彰，给中国文化带来了严重的缺陷。墨学对传统文化的影响是多层面的，墨家思想展现的平民主义思想涉及理论的内容特别着重于大众化的福利取得与平民式的自我超升尤其具有现实意义，其在政治、经济、军事、科技、逻辑学、哲学宗教领域的影响，不可低估。基于此，我们认为，在当前建构中华优秀传统文化传承发展工程中，必须把“精英文化”与“平民文化”有机对接，使墨家思想最优秀的文化基因与当代文化相适应，与现代社会相协调，具体方式有以下几个方面。[①]

第一，有机对接墨家“兼爱”与儒家“泛爱众”。在墨家看来，“兼爱”思想内涵主要是爱无差等，强调爱人超越血缘（宗法制），打破家族本位，代之以社会本位；打破人与人之间原有的贫富、贵贱的地位，代之以新的彼此平等的地位，主张一切人皆应兼相爱，即“兼爱天下之人”（《墨子·天志下》），特别是“兼爱天下百姓”（《墨子·法仪》）。主旨就是平等与互爱。儒家讲“泛爱众”和“爱人”，但与“仁”紧密相连。如“泛爱众，而亲仁”（《论语·学而》）、“樊迟问仁。子曰：‘爱人’”（《论语·颜渊》），“泛爱众”是不能离开“仁”的。“仁”由“礼”来规定，即“克己复礼为仁”（《论语·颜渊》）。“礼”的核心是封建政治关系与家族血缘关系的合一，即家族统治与以贵族统治为基础的贵贱等级划分的合一。“爱人”必须符合并充分体现“礼”的基本精神——明贵贱与别亲疏，即“仁者人也，亲亲为大”“尊其位，重其禄，同其好恶，所以劝亲亲也”（《中庸》）。很明显，这样一种以“亲亲为大”的“爱人”，其根本只能是维护和强化等级制。

墨家兼爱思想在阶级社会虽然有一定的空想性，但更多地表现出人民性、合理性和进步性。虽然儒家的差等之爱满足了古代中国社会的普遍需要，但是儒家学派并没有找到解决墨子所指控的那些问题的办法。不管怎

① 参见薛柏成：《论“精英文化”与“平民文化”有机对接——以儒墨文化互补为例》，《中南民族大学学报》（人文社会科学版）2009 年第 1 期。

样，差等之爱确实会侵蚀社会平等和法律公正的根基，抑制公共利益和公共精神的发育，严重时还可能导致冲突和战争。尽管儒墨之争在以后的中国历史上未能得以延续，但差等之爱和平等之爱之间的紧张状况却一直存在于人们的生活当中。值得指出的是，这两种爱之间的紧张关系的模式在今天已经发生了转型，牵涉到更多、更复杂的社会问题，包括公共领域和私人领域的关系问题、政治法律系统和家族系统的关系问题等。实际上，儒家也竭尽全力想解决这些问题，但失败了，因为他们不可能给同一个道德体系放置两块互相矛盾的基石。通观中国历史，差等之爱的道德原则一直占居主导地位，并且有着坚实的本体论理念和强大的文化传统做后盾。相比之下，在中国社会实践平等之爱却极其艰难，因为自从墨学式微之后，平等之爱缺乏来自本体论层面和文化传统的有力支撑。也许我们可以说，实践平等之爱的困难正是中国人抛弃墨家学说的一个历史代价。如果说墨子时代缺少实践功利主义的条件，封建专制主义盛行，自给自足经济决定了在市场上不可能实现互利，那么今天世界流行的法制、民主、平等精神，则为"兼爱"的推行提供了良好的土壤和环境。历史学家汤因比给予墨子学说很高的评价。他说："把普遍的爱作为义务的墨子学说，对现代世界来说，更是恰当的主张，因为现代世界在技术上已经统一，但在情感方面还没有统一起来……只有普遍的爱，才是人类拯救自己的唯一希望。墨子的爱比孔子的爱更为现代人所需要。"[①]2021年3月，习近平主席在回答意大利众议长提问时讲到"我将无我，不负人民"，体现的是一种忘我精神和对人民的赤诚情怀。习近平主席由中国人民而世界人民，提出构建"人类命运共同体"，这就是墨家讲的兼爱天下的胸怀。因此"精英文化"所提倡的推爱的功利性与"平民文化"兼爱的超功利性应有机互补，克服推爱的家族本位，补以兼爱的新平等观，才能更好地解决当今社会的诸多矛盾。

第二，有机对接墨家"尚同"与儒家"畏大人"。墨家尚同理想，主要是指以兼爱思想为出发点，以"仁义来统一天下"，所谓"一同天下之义"，是要求百姓与为政者一致、下级与上级一致。尚同是确保实现尚贤的一项重要措施。尚贤的目的是依靠贤人治理天下，希望把贤人政治推广到全国，让贤能之人

① [英]阿·汤因比、[日]池田大作：《展望二十一世纪——汤因比与池田大作对话录》，荀春生等译，国际文化出版公司1985年版，第247页。

做各级正首，作为下级的楷模，从而达到社会稳步发展的目的。

儒家“畏大人”思想之“大人”应是所谓与“天地合其德者”。《论语》说：“君子有三畏：畏天命，畏大人，畏圣人之言。”“大人”指的是天子、诸侯、卿大夫等“在位者”，“畏大人”是说，“秉礼怀刑，必无干犯其长上者”。根据周礼，是“君君、臣臣、父父、子子”这种严格而又明确的上下等级、尊卑长幼的划分，以及与之相应的制度、礼仪和道德规范。要求一切在下者要对在上者绝对服从，不允许居下者“犯上”“作乱”。由此看来，“畏大人”所依据的是周礼，其实质是维护与强化奴隶主贵族专政的等级制。这与墨子的“尚同”是明显有别的。但随着专制体制的发展成了自上而下的集权论思想，遏制了民主的发展。而墨家“尚同”理想从基本内涵是自下而上，逐级嗣一思想和行动，在集中的指导下发扬一定程度的民主，这基本反映了墨子主张集中统一的集权论思想，但也反映了墨子作为“农与之肆之人”的代言人反映的民主呼声。他主张尚同，但并不主张在下者无条件地服从在上者，同其上的前提条件是：在上者必须是大家公认的贤者，而且必须了解下情，顺从民意。当代中国构建和谐社会中存在一系列社会问题，墨子尚贤思想中的任人唯贤、重视人才，选贤任能管理国家公众事务的理想完全可以变为社会现实。

墨子尚同思想也同样会给人以有益启迪，各级党政官员既然是人民的公仆，就要树立良好的官德，以自己的优良品行和实际行动，为世人树起楷模和扭转社会不良风气。当然，最根本的是要在文化自信的大背景下，在国民经济迅速发展的前提下，大力推进社会主义民主政治，为实现中华民族伟大复兴的中国梦提供坚实的政治保障。

第三，有机对接墨家非攻与儒家的和合理想。墨家非攻以兼爱为理论基础，要求“有力者疾以助人，有财者勉以分人，有道者劝以教人”，从而实现“强不执弱，众不劫寡，富不侮贫，贵不敖贱，诈不欺愚”的社会理想。这是墨子为解决当时国家之间矛盾实现其理想的必然结论。非攻以维护广大人民群众的根本利益为出发点，代表了在战争中饱受摧残的下层人民，是人民的理论。非攻还提出了处理国家间关系的一个基本准则，在制止战争、减轻人民痛苦等方面确实发挥了相当作用。从兼爱的意义上看，非攻也可称为和平主义、人道主义的先导。儒家的和合理想是其人格理想和社会理想的价值目标，为达此目标，而经诸多中介环节，以达天人、主客的和合统一，其更多地体现在人的终极关怀上，在当今时代缺乏一种来自传统的实践借鉴。

墨子则更多从制止战争、减轻人民痛苦、作战防御的实践角度去探讨，形成了较完备的非攻与防御作战理论体系，而这一体系恰好与孙子以进攻为主的作战理论形成互补关系，对传统兵学的发展做出了积极贡献。虽然当今时代的主题是和平与发展，但是仍存在"大攻小、强执弱、富侮贫"的局面。世界性的大战很少，但局域性的非正义战争不断发生。因此，墨家提倡的"非攻""救守"仍有其现时意义。中华民族是热爱和平的民族，但是当今世界仍存在政治经济秩序不合理，发达国家欺压、剥削不发达国家的问题，因此要积极吸收墨家的"非攻""救守"的思想主张，发展经济，增强国力。实行积极防御战略原则，确保中华民族的复兴和发展，以为人类做出更大的贡献。因此重视和加强先进科学技术在军事中的应用十分重要。春秋战国时期墨家"非攻""救守"的主张，就是以技术的研制和应用为前提。所以说，墨家重视技术在积极防御战略中的应用，对我们有着极为深刻的启迪意义。墨家重视技术在军事中的巨大作用，但不是技术至上的崇拜者，而是把兵士的素质和能力看作具有决定意义的力量。这也对今天的现代战争具有较强的借鉴与指导意义，对走好中国特色的精兵强兵之路有一定的启迪价值。

第四，有机对接墨家的"节"与儒家的"俭"。墨家代表广大平民阶层的利益，其宗旨是使饥者得食，寒者得衣，劳者得息。这些都是站在平民的立场上，依准兼爱的整体性原则。凡此主张的实行，皆可以提高人民生活水平。墨子从人类必须依靠劳动生产才能生存的观点出发，把生产状况的好坏、物质财富的多寡提高到了内政、外交、军事等能否取得成功的基础地位，具有保护劳动力、改革政治、发展生产的进步意义。儒家的"俭"有对礼的约束，更多体现在俭以养德的道德追求上，是站在"大人"的立场上而言的。

墨家思想更重视的是广大平民阶层的"强本"，是墨家基本的经济生产观。节用思想是墨家思想的基本经济观，在整个《墨子》中专说节用和涉及节用的篇章很多，墨子把物质生产和节约消费放在同一个层面上讲，他看到了两者密不可分的关系："食不可不务也，地不可不力也，用不可不节也。"他认为节用可以带来很多好处，最大的好处就是可以增加国家的财富，他反对任何过度消费的奢侈行为，反对厚葬久丧和大办音乐。墨家力倡节俭的节用思想和消费观念，对正处于社会主义初级阶段的我们来说，仍有很强的现实针对性。与墨学强本节用思想相联系的是墨子的合理分配思想。墨子强调人人生产，反对不劳而食，不劳而获。其“赖其力者生”的思想是非常精辟的见解。他企盼一种在人人都劳动的前提下实现公正平等的分配制度，以劳殿赏，量功而分禄。这种思想是原始、朴素的按劳分配思想，在当时的条件下是无法实现的，但我们从墨家关于分配的经济思想中可以看到一个很重要的原则，那就是既讲公正又是反作用于生产，用今天的话说，就是“兼顾公平和效率”。这是有机对接墨家“节”与儒家的“俭”的现实意义。

三、“儒墨互补”对当今新文化构建及社会治理的启示

中共中央《关于实施中华优秀传统文化传承发展工程的意见》认为：“坚持辩证唯物主义和历史唯物主义，秉持客观、科学、礼敬的态度，取其精华、去其糟粕，扬弃继承、转化创新，不复古泥古，不简单否定，不断赋予新的时代内涵和现代表达形式，不断补充、拓展、完善，使中华民族最基本的文化基因与当代文化相适应、与现代社会相协调。”所以，探讨“儒墨互补”问题对于重新阐释中国学术史以及当代建设和谐社会都有着重要意义。首先，以往的学术史建构由于忽视了墨家思想，加之许多学者运用西方研究方法研究诸子学术，产生了诸多问题。若能注重“儒墨互补”问题，必将减少对传统文化的误读。其次，研究中国传统思想文化不能忽视墨家思想，这样才能形成一种全新的适应当前经济基础的主流文化系统。在当代中国既要去除“平民文化”的空想性、非现实性、矛盾性，把它的功利性、现实性、进步性与“精英文化”的超功利性、道德理想主义、坚信人道正义之价值精神等普适性内容有机整合，深入分析和论述儒墨两家思想的互补性，指出两家有机对接的方法和必要性，将“儒墨互补”这一命题运用到当今社会生活的各个方面，并加以创造性转化和创新性发展，这应是“儒墨互补”方法论给我们的重要启示。具体到当今新文化构建及社会治理等方面，我们认为有以下启示。

启示之一：在哲学上，“儒墨互补”能使“以人为本”理论更具体化。

2017 年中共中央《关于实施中华优秀传统文化传承发展工程的意见》认为：“坚持以人民为中心的工作导向……坚持为了人民、依靠人民、共建共享，注重文化熏陶和实践养成，把跨越时空的思想理念、价值标准、审美风范转化为人们的精神追求和行为习惯，不断增强人民群众的文化参与感、获得感和

认同感，形成向上向善的社会风尚。”“以人民为中心”源于传统民本主义思想并经过现实的改造，民本思想是中华优秀传统文化中重要的思想资源，它发端于商周时代，近代以来中国共产党人从理论和实践的结合上解决了这个问题，直到今天中共中央提出坚持“以人民为中心”。

“以人民为中心”无疑也是墨家思想文化的重要内容之一，墨家学说的重要价值在于其兼爱原则下的平民文化立场。墨家以平民视角审视一切，处处体现出其思想的人民性：“仁人之所以为事者，必兴天下之利，除去天下之害，以此为事者也。”（《墨子·兼爱》）“圣王为政，其发令兴事，使民用财也，无不加用而为者，是故用财不费，民德不劳，其兴利多矣。”（《墨子·节用》）

从当前社会现实的发展看，要成为一种主流文化，必须面对中国的政治现实，必须为民众所接受，这种文化不是高大上的说教，而是与百姓息息相关的生活指导。这样才会不断增强人民群众的文化参与感、获得感和认同感，形成向上向善的社会风尚。历史上有贵族文化与平民文化、精英文化与大众文化、学术文化与通俗文化之分，建设中国新文化自然需要各类文化共同努力。也就是说今天的思想文化建设需要整合包括来自传统的儒、墨、道、法等在内的各家文化资源，其中尤其要辩证看待墨家文化为代表的平民文化。但从本质上说，平民文化是现代工业社会背景下产生的并与市场经济和商品社会相适应的一种市民文化。平民文化是现代科学和民主高度发展的必然产物，具有其他任何形式文化都无法比拟的广泛性、平等性和普及性。所以说，现代社会的平民性文化在某种意义上也是历史的进步。因此，以儒墨文化互补为例，贯彻“以人民为中心”的理念，才能把民本思想落到实处，使“以人文本”理论更具体化、实践化。

启示之二：在政治上，“儒墨互补”能让社会主义政治更加民主。

习近平《在庆祝全国人民代表大会成立六十周年大会上的讲话》阐述了“人民当家作主是社会主义民主政治的本质和核心”，“要通过人民代表大会制度……展开和推进国家各项事业和各项工作，保证人民平等参与、平等发展权利，维护社会公平正义，尊重和保障人权，实现国家各项工作法治化”。[①]

① 参见习近平：《在庆祝全国人民代表大会成立六十周年大会上的讲话》（2014 年 9 月 5 日），《十八大以来重要文献选编》（中），中央文献出版社 2016 年版，第 55 页。

其中,“保证人民平等参与、平等发展权利,维护社会公平正义”与墨子尚贤学说是有相通之处的。

墨子尚贤学说从属于兼爱思想。贤人的标准是:“有力者疾以助人,有财者勉以分人,有道者劝以教人。若此,则饥者得食,寒者得衣,乱者得治。若饥则得食,寒则得衣,乱则得治,此安生生。”(《墨子·尚贤下》)注重的是兼爱下的实际行动。选拔贤才的原则和方法是视德义而举贤,不分贵贱、亲疏,一视同仁:“列德而尚贤,虽在农与工肆之人,有能则举之……故官无常贵,而民无终贱,有能举之,无能则下之。”(《墨子·尚贤上》)“外举不避仇,内举不避亲”是真正的尚贤,从社会伦理的角度批评了儒家的“尊尊”制度。与前人相比,墨子尚贤思想更为系统化,也更具理论性,打破了旧的贵贱等级观念和传统的亲亲观念,这种主张显然是对世禄世官制度的否定,反映了中下层知识分子强烈的参政愿望及其主体意识的萌生,具有鲜明的阶级特色,显示出深邃的思想文化意涵。从一定意义上说,这是当时墨学平民意识的集中体现,道出了平民要求参政的呼声,是有进步意义的。

儒家贤人的标准是君子,是学习和掌握礼并遵照仁、义、礼来完善个人修养的人,注重个人品德的修养。这就是所谓的“君子义以为质,礼以行之,孙以出之,信以成之。君子哉!”(《论语·雍也》)、“克己复礼为仁”(《论语·颜渊》)。选拔贤才虽然也说“知贤而举”,但是有等级限制的,要求“君子笃于亲”和“故旧不遗”(《论语·泰伯》)。对于贵族来说,其新族和故旧自然也是贵族。所以,“亲亲”就是“贵贵”,就是对下层劳动者(“小人”)的排斥,其实质是维护奴隶主贵族专政的宗法制。这与墨子的“不党义兄,不偏富贵”(《墨子·尚贤上》)无法相比,可见儒家的任人唯贤还不够彻底、直接,而墨家的“尚贤”是彻底、真正的贤人政治,突破了官本位思想。今天世界经济、政治、军事、科技的激烈竞争,归根到底是人才的竞争。一个国家、一个民族的兴旺发达必须“尊重知识,尊重人才”,任何“任人惟亲、嫉贤妒能”的用人路线和做法,都不利于现代政治文明的发展和社会主义政治的民主化。

启示之三:在经济上,“儒墨互补”能使公平和效率比更为平衡。

在经济上,“儒墨互补”不是延续古代的平均主义,而是义利并重。平均主义在中国源远流长,在历史过程中,公正是以强烈的平均主义价值诉求来体现的。这种源自小农经济的平均主义的价值观,对中国社会的历史和现实都产生了很大影响。这与儒家提倡的“重义轻利”有直接关系，可见儒家更多地关注公平。如孔子明确强调“有国有家者，不患贫而患不均，不患寡而患不安”（《论语·季氏》）。董仲舒在《春秋繁露·对胶西王越大夫不得为仁》中言：“仁人者，正其道不谋其利，修其理不急其功。”《汉书·董仲舒传》作：“夫仁人者，正其谊不谋其利，明其道不计其功。”朱熹以此句为处事之要，列入《白鹿洞书院揭示》之中。重义轻利的思想固然没有问题，但往往流于道德说教，甚至忽视了人们正常利益的取得，影响了社会生产。

从功利主义看，墨家更多地关注效率。墨家的经济思想可以简单概括为四个字“强本节用”。《墨子·七患》篇说：“凡五谷者，民之所仰也，君之所以以养也，故民无仰，则君无养，民无食，则不可事。”墨家还注意到了社会分工对于提高生产力和实现社会全面进步的重要意义。“君子不强听治则刑政乱，贱人不强从事则财用不足”，“凡天下群百工……使各尽其所能”，“能筑者筑，能实壤则实壤，能欣则欣，然后墙可成也”。这一对社会劳动分工的提倡，与对发展先进生产力的要求以及尊重劳动、尊重人才和尊重创造的精神都是一致的。尤其重要的是墨家兼爱思想内涵之一是在道德范畴中要对等互助互利，即墨子所云的“兼相爱，交相利”。墨子有意凸显爱的现实性一面，而这又主要是通过把爱与利予以贯通得以完成的。也就是说，爱必言利，以爱启利，以利寓爱，构成一个有机整体。作为功利范畴的称谓，利在墨子那里主要是指利益、益处、互利，似乎并无特异之处。但是，一旦将利与爱联系起来，使利成为爱的助力，那么利就获得了非同寻常的意味。墨子既不片面宣扬自爱自利，也不断然否定自爱自利，而是讲求“兼”“相”“交”，提倡同类项之间（君臣、父子、家国等）的互摄、协调，这才是“兼相爱，交相利”的精要。同时，“兼相爱”并不否定自爱，而是把自爱与相爱结合起来。“交相利”也不是鄙视自利，而是力求使自利与互利两不偏废。“夫爱人者，人必从而爱之；利人者，人必从而利之。”（《墨子·兼爱》）在这种爱的相互义务性关系中，天下才能实现和谐、富足。因此，利不是狭隘的自私、计较、得失，不是任意贬低、排拒、批判的对象，而是可以借助、肯定、拥有的现实利益，而这正是我们今天经济发展所需要的；儒家的以义生利、重义轻利不免存在一定的真空，比如在现代社会经济生活中，墨家交相利肯定比儒家以义生利更易于被私营者接受。家族性经营，虽亲和性高，但用人唯亲，就可能产生裙带关系，与现代选贤与能相悖。

我们必须承认，由于资源的稀缺性与人的欲望无限性之间的矛盾，在公平与效率、理想与现实之间寻找平衡考验施政者的智慧。如果对公平的要求太高，将会损害效率，造成经济倒退，甚至再次陷入贫困；如果忽视公平，并让其扩大下去，则会造成社会动乱。可见，儒家公正视域下的“重义轻利”与墨家的效率视域下的“义利并重”应互取所长以补不足，改变传统文化中重义轻利、以义代利的价值取向，树立义利并重的新价值观。

启示之四：在思想上，“儒墨互补”能使儒家道德理想主义与墨家理性经验主义结合得更为合理。

儒家文化的道德理想包括理想价值（忠孝仁义、大同理想）、“内圣外王”和人伦精神而为世代中国人所追求。在儒家道德思想体系中，“仁义”作为道德之纲是儒家的精神追求、价值追求，“忠孝”是儒家道德的核心和根本，实质是遵守周礼。政治道德化是孔子为春秋时代设计的政治理想蓝图，其后儒家将其发展成为以德治国的理论系统。中国人长期以来有意无意地为这一价值所支配，以致到今天仍难以摆脱儒家道德理想主义的诱惑，更有甚者止于空泛的道德说教，从而忽视了包括墨家思想在内的其他诸子的理性经验主义，使中国文化产生了不少的缺陷。

墨家思想闪耀着理性主义光辉。首先，在判断人们认识真伪的标准上，墨家提出“三表”法作为判断真理的标准。何谓“三表”？子墨子言曰：“有本之者，有原之者，有用之者。于何本之？上本之于古者圣王之事。于何原之？下原察百姓耳目之实。于何用之？废以为刑政，观其中国家百姓人民之利。此所谓言有三表也。”可见，三表法的实质就是以经验即实践作为判断人们认识真伪的标准。其次，在思维上墨家发现并创立了墨家形式逻辑和辩证逻辑思维。墨家形式逻辑研究和论证了形式逻辑中关于概念、判断和推理的几乎所有问题，而且有完整准确的归纳和表述。孙中原认为，“墨家逻辑也是探求和认识科学真理的工具，在思维形式和规律论方面，思辨与西方逻辑在本质上是一致的”。最后，墨家通过墨辩六篇，发现和归纳出接近近代自然科学大门的关于数学、物理学、力学和光学等一系列自然科学知识。对墨家的自然科学成就和科学精神，张岱年先生评价说：墨家学说“是人道主义和科学精神的结合”，“在今天看来，仍具有卓越的价值”，“我们应当发扬墨子的救世精神、科学精神”。直到清代，“以理学为形式的经学仍处于统治地位，这是中国没有产生自己的近代实证科学的原因之一”。[1]

今天，在我们看来，墨家的理性经验主义是对儒家道德理想主义的完美补充。如在真理标准的认识上，“三表”法可以补充儒家以德治国的系统，使之更有利于大众整体利益的提升；又如，墨家的逻辑思维可以促进儒家个人修养及礼制的顺利实现；再如，墨家的自然科学成就和科学精神能够引导儒学在今天与其他外域文化争胜。这是“道”与“术”的完美结合，也是中央关于创造性转化和创新性发展中的“使中华民族最基本的文化基因与当代文化相适应、与现代社会相协调”题中应有之义。

启示之五：在文化上，“儒墨互补”能对当今中西文化的交融更具指导价值。

近代以来，中西文化的碰撞愈演愈烈，大约在鸦片战争到洋务运动时期，当人们发现古老的墨学与西学“相类”的时候，便认为“西学源于中华的墨学”，并开始以墨学比附西学。它代表了国人的一种以自我为中心的文化心态，他们以西学为镜子，在与西学的比较中进行着幼稚的心理补偿。以墨学比附西学对儒学的强烈冲击在西方近代科技文化开始传播中的意义是重大的，它使铜墙铁壁似的儒学禁锢出现一线松动，使套着墨学外衣的近代思想文化开始在国人中间传播，尤其是一些先进的知识分子积极推动，为人们进一步认识西学与近代科学文化开辟了广阔的空间。戊戌变法和辛亥革命时期，随着西学的进一步传入，以梁启超为代表的一些知识分子逐渐放弃了以自我为中心，不再用“西学源于墨学”的神话及狭隘心理去弥补现实的缺陷，开始认同西学，但他们还对传统的墨学寄予很大希望，所以转而极力寻求西学与墨学的相通性，并把结果应用于改良与革命实践。这样就等于承认了于传统之外还有与我们传统文化“相匹敌”的科技文化。尽管这一时期仍未脱离所谓“墨学优越论”，但这对于西方近代科技文化的传播及在中国的发展无疑又迈出了一大步，比及初期可以说是一种质的飞跃。

对于这一时期的探索，梁氏认为：“在吾国古籍中，欲求与今世所谓科学精神相悬契者，《墨经》而已矣！……与西方学者所发明，往往相印，旁及数

---

① 参见张知寒：《墨子研究论丛》(一)，山东大学出版社1991年版。

学、形学、光学、力学，亦间启其扃秘。”[①]更有人认为：“墨氏多技，其书具近代诸说，有算学、形学、微积分、物理学、力学、机械学、测量学、地圆说、热学、光学、声学、医药学、生物进化说、生理卫生学、心理学、唯识学、气象学、论理学、伦理学。”[②]从这里我们可以较为清楚地看出这一时期的思想界已走出了那种对西学一知半解的独断，开始寻求与墨学相联系的东西，借以接受他们并不愿意以外来文化命名的近代西方科技文化。即便是这样，通过他们的鼓动与宣传，也间接地向国人介绍、传播西方科技文化，这一点是重要的。因为《墨经》虽记载了古代一些科学知识，但至多是包含少数近代科技原理的雏形，是极为有限的。可一经这些倡导者的鼓动宣传，在他们的理论中，无论是主观上的看法还是客观上的描述，均包括了大量的近代西方科技文化的内容，久而久之，这些内容便无法完全包容在墨学的范围之内，在这种状况下，人们又用西学来解释《墨经》，这样便促进了西学传播的“中国化”。

这一时期，这种影响在社会科学，更确切地说在社会政治领域表现得较为明显，如墨学精神与基督教精神相通论、墨学精神与西方民主精神相通论等。所以，西学在传统人文精神尤其是墨学精神的影响下，在某些方面加速了其中国化的进程，这无疑推动了西方科技文化在中国的传播，这一点在近代中国科技文化发展史上是不容忽视的。如果仅靠封建儒学自身，那么整个近代的封建纲常伦理与西方价值观念的冲突不仅日趋激烈，恐怕近代科技文化发展的历史也要重新书写。

“五四”时期，“墨学复兴”发展到极盛时期，它的主张和观念与这一时期的时代精神不谋而合。五四精神素以倡导民主、科学和反传统著称，而经过思想家们诠释、革命家们实践，深深渗入西方民主、科学精神的墨学正是在这种时代的召唤下达到发展的巅峰，这无疑是墨学复兴倡导者所衷心期望的。他们希望以墨学为新文化的生长点，构筑新文化的殿堂。虽然现在看来这是一种舍近求远，抱残守缺(因为更重要的是要注重现实)，但从另一方面看，我们不应忽视这一时期它在近代西方科技文化传播中的影响与作用。

我们知道，中国传统文化的一个根本缺陷就在于科学精神的缺乏，这一

① 梁启超:《墨经校释·自序》，民国十二年(1922)排印本，第1页。

② 张纯一:《墨学分科》，《墨子集成》上海定卢排印本，1923年。

时期人们已开始认识到了这一点，所以反映在墨学复兴中，人们对墨学的研究与探索已经进入了一种自觉的、理性的阶段，以西方科学价值观念为尺度，在思维方式上也普遍采用西方逻辑学。这一时期墨学复兴的一个突出特点是"墨辩"成为墨学讨论的焦点与核心。不论是新派人物梁启超、胡适，还是旧派人物章士钊、章太炎，都先后发表阐释"墨辩"的专著与专论。梁启超的《墨子学案》《墨经校释》，胡适的《墨子与别墨》《墨辨新估》，章士钊的《墨辩新注》，章太炎的《释名》等曾名噪一时。梁启超在其著作中把墨学纳入西方近代社会科学、自然科学的框架，分门别类地从政治、经济、宗教、逻辑等方面来分析、阐述墨学。胡适则用西方的价值观念来书写中国的历史，以西学为范式来整合墨学，代表了这一时期墨学研究的方向。他按西学传统将墨学分为论算学、论形学、论光学、论力学、论心理学、论人生哲学、论政治学、论经济学几大类。同时，他认为要创建一个新文化系统，既不能专靠输入外部文化，也不能只是复活古代文化，而应该是在旧文化中找到"有机联系现代欧美思想体系的合适的基础，使我们能在新旧文化内在调合的基础上建立我们自己的科学与哲学"。他认为借助墨学，既可以挣脱儒学的枷锁，又能从其中"可望找到移植西方哲学和科学最佳成果的土壤"。[①] 很明显，这一时期以胡适为代表的墨学倡导者是以近代科学方法来研究墨学的，即以实证主义哲学为指导，注重哲学方法的研究，运用系统、发展及比较的研究方法，在研究中注入了理性与平等的因素。所有这些都表明，墨学研究进入了一种理性化与成熟化的境地。尽管胡适的分类没有顾及墨经及墨经自身固有的整体性，尽管墨学在后来再度被他们忘却，但他们这一时期的探索对西方科技文化在中国的传播与发展产生了较大的影响。人们通过这些理论与实践，已经能够初步认识到应该如何处理新旧文化与外来科技文化的关系，找到了一种可供参考的东西，即以科学为指南，把反映西方价值的科学精神植入中国的历史文化之中。从这个意义上说，等于把近代西方科技文化在中国的传播与发展纳入了一个理性化、成熟化的境地，这与"寻找与墨学相通"阶段来比，无疑又是一种质的飞跃，这种飞跃是更高意义上的思想进步，从此以后人们开始逐步理智地对待与利用西方近代科技文化，而不再以偏概全，不再妄自尊大。

① 参见胡适：《先秦名学史》，《胡适学术文集》(下)，中华书局 1991 年版。

从鸦片战争到洋务运动，从戊戌变法到“五四”时期，直到今天，大批优秀的中国先驱苦苦探索如何向西方学习，解决中西文化的交融问题，他们经历了“中体西用”“西体中用”“全盘西化”“全面复兴传统”，都没有解决这一问题，其中一个重要的经验教训就是没有按照中国思维方式去看待与消化吸收外来文化，佛教中国化的成功过程就说明了这一点。“中学”有“中学”的体、用，“西学”有“西学”的体、用，体用为一体，二者是不可分割的。严复在《论教育书》中说：“体用者，即一物而言之也，有牛之体则有负重之用，有马之体则有致远之用，未闻以牛为体以马为用者也。”中国的科学在很大程度上是和我们的思维方式有关的。任何一个民族国家的科学发展总是和其思维方式有关。所谓西学传播的“中国化”，实际上是西方科技文化受中国传统文化影响的过程，就是中国人从传统观念和现实需要来理解、阐释西学的过程，墨学成为一个很好的媒介，无论是近代西方自然科学还是社会科学的传播，都受到包括墨学在内的中国传统文化的影响，这种渗透与影响是无形的，但对西学传播的“中国化”是极为重要的，这就是“以儒为本”视域下的“以墨化西”。

显然，在今天看来，这种“以墨学为新的生长点，构筑新文化的殿堂”的观点更符合“以中化西”的理路。历史学家李学勤认为：“中国科学史的研究应按照中国科学本身的发展来进行，长期以来，中国科技史的研究不是按照这个理路去进行的，而是按照西方科学技术的传统在西方科学的话语之下来研究的，如果完全套用一种传统，一种文化理念的话语来看另外一种不同的文化，总是不合适的。”[①]这样看来，“儒墨互补”对当今中西文化的交融更具指导价值，也更有前瞻性。

① 李学勤：《周易与中国文化》，易学与儒学国际学术研讨会大会报告，2015年8月。

墨家“尚贤”“尚同”思想的创造性转化与创新性发展

杨武金

如所周知，墨家的兼爱思想着眼于处理人和人之间的关系，这种人和人的关系表现在政治上主要呈现为国家或社会集团与个人之间的关系。兼爱是墨家思想学说中最为核心的主张。那么，兼爱理想又应该怎么样来加以实现呢？即究竟需要什么样的人，这些人又怎么样来实行兼爱的问题。政治的实质就是管理，谁来管理、怎样管理，这是政治的核心问题。墨子主张，必须要贤人用智慧的方法管理国家。[①] 人和制度是政治的核心与关键问题。

在墨家看来，国家治理最根本的任务就是要尚贤或者聚贤，也就是要把众多的贤人或者才士都集中在统治者的周围。墨子指出：“故大人之务，将在于众贤而已。”(《墨子·尚贤上》)那么，墨子为什么要将尚贤看得如此重要呢？墨子为什么说“是以知尚贤之为政本也”(《墨子·尚贤中》)？墨家尚贤思想有什么特别的地方？什么样的人才可以说是贤人，也就是贤者的基本标准应该是什么？在墨家看来，一个国家要真正地实现尚贤，最基本的做法是什么？尚贤的基本原则应该是什么？墨家为何要提出用人唯贤、唯才是举的思想主张？墨家的尚同思想究竟是民主制还是专制？本文试图对这许多问题做出阐述。

一、墨家为什么要尚贤

墨家认为，选拔和任用贤能之人进入领导层，对于国家政治来说具有非常重要的作用。《墨子·亲士》篇说：“入国而不存其士，则亡国矣。见贤而不急，则缓其君矣。非贤无急，非士无与虑国。缓贤忘士，而能以其国存矣，未

① 参见孙中原主编：《墨学与现代文化》，中央广播电视大学出版社 2007 年版，第 55 页。

曾有也。”治理国家不注意聚集贤人志士，就会使国家陷入危亡。发现贤才却不尽快起用，就是对国君的怠慢。没有贤人，就不能解救急难，没有人才，也就没有人来共谋国家大事。怠慢贤人志士，忽视人才，而能够使国家长治久安，这样的事情是从来都没有过的。墨家认为，是否能够重用贤人才士是关系国家生死存亡的重大问题。[①]

周代，实行礼乐制度，用人的主要标准是亲亲，即从根本上只任用自己亲近的人。孔子主张“亲亲有术，尊贤有等”(《墨子·非儒》)。爱亲人应该按照关系的远近而有亲疏的不同，尊重贤才也应该因人才各异而有等级的不同。“故旧不遗”(《论语·泰伯》)，不遗弃老同事、老朋友。还主张：“故旧无大故，则不弃也。”(《论语·微子》)老臣故人没有发生严重过失的，就不要抛弃他。儒家虽然也非常重视贤才，但他们这种重视是有范围的，是有远近的。

墨家的主张则非常不同。墨家也认为国家必须重视贤人才士，但必须是任人唯贤、唯才是举。在墨家看来，如果只是任用亲近的人来担任官职，就很容易使社会秩序陷入混乱。因此，必须选用贤人才士来治理国家，才有实现天下治理的可能。因此，统治者的首要任务就是要聚贤、众贤，即延揽人才，因为只有得人才者才能够得天下。

首先，尚贤是任何一个国家能够长治久安的必需条件。《墨子·尚贤上》曰：“今者王公大人为政于国家者，皆欲国家之富，人民之众，刑政之治，然而不得富而得贫，不得众而得寡，不得治而得乱，则是失其本所欲，得其所恶，是其故何也?”“是在王公大人为政于国家者，不能以尚贤事能为政也。是故国有贤良之士众，则国家之治厚，贤良之士寡，则国家之治薄。故大人之务，将在于众贤而已。”现在王公贵族在国家朝廷中执政的，都是希望国家更富强、人民更众多、政治更安定，但是并没有得到富足反而贫穷，人口不是增加而是减少，社会得不到安定反而更加混乱，往往失去原来所期望的而得到原来所厌恶的，这是为什么呢？墨家认为，原因就在于在朝廷里执政的人，不能把尊重贤才使用能人作为一项政治措施来执行。因为国家拥有的贤良之士多，国家的统治基础就坚实；贤良之士少，国家的统治基础就薄弱。所以，统治者的主要任务就是将贤良之士聚集在自己的身边并加以任用。一般来说，没有一

① 参见杨武金：《墨家的政治哲学》，《职大学报》2015年第2期。

个统治者会希望把自己的国家治理得越来越差，而是希望将国家治理得越来越好，但是为什么希望的是把国家治理好，却总是最终把国家治理得越来越糟糕呢？关键的原因就在于统治者没有真正重用好贤人和能人。

墨家认为，衡量一个国家治理得好还是不好，关键在于它能不能众贤，即能否延揽到大量的人才。《墨子·所染》篇说："染于苍则苍，染于黄则黄。""舜染于许由、伯阳，禹染于皋陶、伯益，汤染于伊尹、仲虺，武王染于太公、周公。此四王者所染当，故王天下，立为天下，功名蔽天地。举天下之仁义显人，必称此四王者。夏桀染于干辛、推哆，殷纣染于崇侯、恶来，厉王染于厉公长父、荣夷终，幽王染于傅公夷、蔡公穀。此四王者，所染不当，故国残身死，为天下僇。举天下不义辱人，必称此四王者。齐桓染于管仲、鲍叔，晋文染于舅犯、高偃，楚庄染于孙叔、沈尹，吴阖闾染于伍员、文义，越勾践染于范蠡、大夫种。此五君(者)所染当，故霸诸侯，功名传于后世。范吉射染于长柳朔、王胜，中行寅染于籍秦、高强，吴夫差染于王孙雒、太宰嚭，知伯摇染于智国、张武，中山尚染于魏义、偃长，宋康染于唐鞅、佃不礼。此六君者所染不当，故国家残亡，身为刑戮，宗庙破灭，绝无后类，君臣离散，民人流亡，举天下之贪暴苛扰者，必称此六君也。凡君之所以安者何也？以其行理也，行理性于染当。故善为君者，劳于论人，而佚于治官。不能为君者，伤形费神，愁心劳意，然国逾危，身逾辱。此六君者，非不重其国爱其身也，以不知要故也。不知要者，所染不当也。"丝用青色染料来染就变成了青色，用黄色染料染就变成了黄色。"近朱者赤，近墨者黑"，墨子列举了大量事例来说明国君能否治理好一个国家，同他周围的人的影响存在密切的关系。虞舜受许由、伯阳的熏染，禹受皋陶、伯夷的熏染，商汤受伊尹、仲虺的熏染，周武王受姜太公、周公旦的熏染，这四位帝王所受到的熏染是恰当的、正确的，所以他们能够治理天下，被拥立为天子，他们的功业和名声都遍布天下。凡是要列举天下的以仁义著称于世的显赫者，都必定会称赞这四位帝王。夏桀受干辛、推哆熏染，商纣王受崇侯、恶来熏染，周厉王受厉公长父、荣夷终熏染，周幽王受傅公夷、蔡公穀熏染。这四位帝王，所受到的熏染不恰当、不正确，所以国破身亡，为天下人所羞辱。如果要列举天下不仁义而被羞辱的人，都会举出这四位君王来。齐桓公受管仲、鲍叔熏染，晋文公受舅犯、高偃熏染，楚庄王受孙叔敖、沈尹熏染，吴王阖闾受伍员、文义熏染，越王勾践受范蠡、大夫种熏染。这五位国君所受的熏染恰当、正确，所以能称霸诸侯，功绩和名声流传后世。范吉射受长柳朔、王胜熏染，中行寅受籍秦、高强熏染，吴王夫差受王孙雒、太宰嚭熏染，知伯摇受智国、张武熏染，中山尚受魏义、偃长熏染，宋康王受唐鞅、佃不礼熏染。这六位国君，所受的熏染不恰当、不正确，所以国家破灭，身遭杀戮，祖宗的家业被毁坏，后代断绝，君臣分离逃散，百姓流离失所。凡是要列举天下以贪婪、残暴、苛刻而扰民的人，都一定会列出这六位国君。大凡君主能够治国安邦，其原因是什么呢？是他们的行为合乎理性，而行为合乎理性，则产生于他们所受的熏染恰当、正确。因此，善于做国君的人，在评价选择人才方面是非常费心思的，而在管理使用官吏的时候就显得很轻松。不会做国君的人，虽然身体劳顿，费尽神思，心烦意乱，国势却越来越危险，自己也越来越屈辱。这六位国君并非不看重他们的国家，不爱惜他们自己，而是因为他们不懂得要领。所谓不懂得要领，也就是他们所受的熏染不恰当、不正确。墨家认为，历朝历代的圣王明君们因为尚贤而成就霸业的，反之，历朝历代的昏君们则都是因为不尚贤最终落得个"国家残亡，身为刑戮"的下场，所以，作为统治者或者领导者来说，尚贤是极其重要的。因此，《墨子・尚贤上》篇说："故得士，则谋不困，体不劳。名立而功成，美章而恶不生，则由得士也。"有了贤才的辅佐，国君谋事就不会困难，身体也就不会劳累。功成名就，好事得以传扬而恶性不会产生，都是因为有了贤才辅佐。因此，《墨子・尚贤上》篇进一步指出：贤良之士"固国家之珍，而社稷之佐也"。《墨子・亲士》篇总结说："馈国宝，不若献贤而进士。"人才是一个国家长治久安的根本性保障。

墨家认为，得贤而治，"而天下和，庶民阜，是以近者安之，远者归之"（《墨子・尚贤下》）。天下和乐，百姓富足，因而附近的人安于其居，远方的人则前来归附。所以，选拔贤才来管理国家是实现社会治理的充要条件。《墨子・尚贤中》篇说："以上事天，则天乡其德；下施之万民，万民被其利，终生无已。""大用之天下则不窕，小用之则不困，修用之则万民被其利，终身无已。"如果以此上奉于天，那么天就会欣赏其德；如果以此下施于万民，那么万民就能受其利，终身受之不尽。这种尚贤使能之道，如果能够大量运用，则治理天下就不会缺损，如果用到小处，也不会困惑，长久用之，那么万民将受其利，终身受之不尽。墨家认为，如果国君能够尚贤，充分运用贤人来治理国家，则社会安定，人民安居乐业。《墨子・尚贤下》篇说："法其言，用其谋，行其道，上可而利天，中可而利鬼，下可而利人，是故推而上之。”遵照他们的言论，采用他们的计谋，实行他们的主张，从而上可以有利于天，中可以有利于鬼，下可以有利于人。所以，把他们选拔上去。反之，如果不重视贤才而被不肖者左右，后果将不堪设想。《墨子·尚贤中》篇说：“使治官府则盗窃，守城则倍畔（背叛），君有难则不死，出亡则不从。使断狱则不中，分财则不均，与谋事不得，举事不成，入守不固，出诛不强。”这些不肖者，派他们治理官府就会盗窃，派他们守成就会背叛，在君主有危难时不肯献身，在君主出亡时不肯跟随，派他们判案则不公正，派他们分财则不均匀，与他们谋事则不得当，让他们办事则无所成，让他们防守则不坚固，让他们征伐则不威强。让不贤者治理社会，最终会倾覆国家，从而天下大乱。

因此，优秀的统治者、治理者必须善于把精力集中在人才的选拔上，只有选拔出合适的人才来管理国家才能真正把国家治理好。所以，《墨子·尚贤中》篇说：“今王公大人之君人民、主社稷、治国家，欲修保而勿失，故不察尚贤为政之本也！何以知尚贤之为政本也？曰：自贵且智者为政乎愚且贱者则治，自愚贱者为政乎贵且智者则乱。是以知尚贤之为政本也。”当今的王公大人统治人民，主宰社稷，治理国家，希望长久保持而不失去，怎么不考察一下崇尚贤能是为政的根本呢！如何才能知道尚贤是为政的根本呢？答曰：让高贵而聪明的人去管理愚蠢而低贱的人，那么国家就能治理好，而由愚蠢而低贱去管理高贵而聪明的人，那么国家就会混乱。由此可知，崇尚贤能是为政的根本。这里所说的“尚贤为政之本”，就是强调尚贤，即充分运用贤人能人来治理国家是国家政治的根本性任务。

二、墨家心目中的贤者

那么，什么样的人可以被称为贤者呢？贤才又必须具备什么样的素质、能力和素养呢？《墨子·尚贤上》篇说，判断贤才的基本标准应该是“贤良之士，厚乎德行，辩乎言谈，博乎道术者”。作为人才来说，首先必须具备高尚的德行，也就是说，人才要具有非常高的品德修养，而且言谈也要清楚，即善于与他人沟通和交流，还需要具有高明的治理国家的方法。总之，在墨家看来，贤者既要有非常高尚的道德修养，同时也需要具有能付诸实际行动或者实践的能力和精神。墨家把这种有德又有能的人称为有义之人或者有义之士。

墨家在这里所说的人才标准，大致相当于今天所讲的人才必须德才兼备。

有种说法认为，有德有才的人是合格品，有德无才的人是次品，无德无才的人是废品，有才无德的人是危险品。《说文》说："贤，多才也。"[①]《玉篇》说："贤，有善行也。"对于人才来说，德和才都非常重要，但两相比较，德还是要远重于才。墨家认为，德行、品行对一个人来说是最为重要的。人才必须具有高尚的德性修养，因为德是人才的根本。《墨子·修身》篇说："君子战虽有阵，而勇为本焉；丧虽有礼，而哀为本焉；士虽有学，而行为本焉。"君子指挥作战虽然要讲究战法，但勇气是最根本的；办丧事虽然要讲究礼仪，但发自内心的悲痛是最主要的；贤人志士虽然要具备才学，但德行是最重要的。墨家认为，是否具有良好的品行，这是衡量一个人是否是人才的最为根本的方面。作为知识分子来说，成为贤才必须要有充足的学识，这是不用言说的方面，但是，与学识比较起来，德行却是更为根本的方面。一个人，如果光有学识却缺乏做人的最基本品格，他就会干出许多缺德的事情来，而且一个人越聪明他干的坏事很可能就会越多、越严重。《墨子·鲁问》篇记载，鲁君询问墨子："我有二子，一人者好学，一人者好分人财，孰以为太子而可？"我这两个儿子，一个好学，一个喜欢分财给人，谁可以做太子呢？墨子回答说："未可知也。或所谓赏与(赏誉)为是也。钓者之恭，非为鱼赐也；饵鼠以蛊，非爱之也。吾愿主君之合其志功而观焉。"还不能确定哪一个可以当太子，或者他们是为了赏赐和名誉才这样做的呢，钓鱼的人躬身钓鱼并不是要感谢鱼的恩赐，用毒食物诱惑老鼠并不是爱老鼠，需要将他们的志向和所做的事情结合起来加以观察。在墨家看来，必须将他们的动机和效果充分结合起来加以分析，即既知其然也知其所以然，这样才能判断谁更适合做太子。《墨子·修身》篇说："志不强者智不达，言不信者行不果。据财不能以分人者，不足与友；守道不笃、遍物不博、辩是非不察者，不足与游。本不固者末必几，雄而不修者其后必惰，原浊者流不清，行不信者名必秏。名不徒生，而誉不自长，功成名遂，名誉不可虚假，反之身者也。务言而缓行，虽辩必不听；多力而伐功，虽劳必不图。慧者心辩而不繁说，多力而不伐功，此以名誉扬天下。言无务为多而务为智，无务为文而务为察。故彼[非]智无察，在身而情[惰]，反其路[务]者

① 参见许慎撰：《说文解字》，社会科学文献出版社2006年版，第337页。

也。”意志不坚强的人其智慧就不能发挥，说话不讲信用的人其行动就不会有好的结果，拥有财产而不能分给他人的人是不能和他交朋友的，守道不专一、阅历不广博、是非不能明察的人，是不能和他一道切磋交流的。树木的根基不牢必然会危及它的枝叶，一个人只有勇气而不注重品德的修养，日后必定会怠惰，水源污浊的河其水流必然不会清澈，言行不讲信用的人其名声必然败坏。好的名声不会无故产生，声誉也不会凭空而长成，功成自然就能名就，名誉不能有半点虚假，这是时常要反躬自省的才能取得的。话说得多而行动迟缓，虽然言辞漂亮但别人是不愿听的；虽然自己努力做事了却又不断夸耀自己，虽然劳苦但不一定可取。聪明人心中有数而不夸夸其谈，努力做事却很少夸耀自己，这样就能扬名于天下。话用不着说多而在于求睿智，不一定讲究文采而要讲求明察。因此，一个人如果没有智慧又不能明察，加上自己懒惰，那就会背道而驰。墨家认为，人才必须是具有高远的志向、信守诚信、讲公平正义、学识渊博、行胜于言、言行相一致的那种人，他们必须是能够“反之身者也”，即能够常常进行自我反思或加以反省的人。比如，单就诚信来说，《墨子·经上》篇指出：“信，言合于意也。”《墨子·经说上》谓：“信：不以其言之当也。”一个人的言语是诚信的，指的是他怎么想就怎么说，虽然所说的事情最后不一定发生，不一定能够成真。《墨子·经上》篇定义说：“行，为也。”《墨子·经说上》篇解释说：“所为不善名，行也。所为善名，巧也，若为盗。”看一个人的品行的关键，就在于看他的作为，而且这种作为并不是为了取得某种好的名声才表现出来的，否则这种作为就和盗贼的行为没有两样了。所以，对于人才来说，对自己的品行必须首先具有很深厚的修养和教养。

其次，人才必须具有过硬的本领和专长。《墨子·耕柱》篇说：“能谈辩者谈辩，能说书者说书，能从事者从事。”能谈辩人的就谈辩，能说书的人就说书，能从事的人就从事。人才未必就是全才，但他必须有自己的所长。一个没有才能的人，不值得被重视。《墨子·亲士》篇指出：“故虽有贤君，不爱无功之臣；虽有慈父，不爱无益之子。是故不胜其任而处其位，非此位之人也；不胜其爵而处其禄，非此禄之主也。”所以，即使是贤明的君主也不爱无功的下臣，即使是慈父也不爱没有出息的儿子，因此，不胜任这件事情却占据着这个位置，就不是应该占据这个位置的人，不胜任这个爵位而享有这种俸禄，他就不是应该享有这种俸禄的人。判断一个人是不是人才，既要听他所说的话，更要看他的行为，尤其需要考察他的实际行动和效果。墨子特别强调，一个人的行远重于言。《墨子·修身》篇说："务言而缓行，虽辩必不听。多力而伐功，虽劳必不图。慧者心辩而不繁说。多力而不伐功，此以名誉扬天下。"话说得多而行动迟缓，虽然言辞漂亮但别人是不愿意听的；努力做事却又不断夸耀自己，虽然劳苦但不一定能达到目的。聪明人是心中有数却不夸夸其谈，努力做事却很少夸耀自己，这样就能扬名于天下。《墨子·耕柱》篇记载，墨子说："言足以复行(履行)者，常之；不足以举行者，勿常。不足以举行而常之，是荡口也。"言论如果能够在现实中实现，那么就提倡它，如果言论不能在现实中实现，就不要提倡它，如果一个言论不能实行而又提倡它，这样就是徒废口舌。墨家认为，一个言论除非能够在实践中产生良好效果，否则就算不得是什么好的言论。《墨子·公孟》篇记载，告子对墨子说："我能治国为政。"墨子说："政者，口言之，身必行之。今子口言之，而身不行，是子之身乱也。子不能治子之身，恶能治国政？子姑亡[言]，子之身乱之矣。"行政上的事情，口头上要说，行动上要去做，如果你口头上说而行动上不去做，不身体力行，这是自相矛盾的。一个人不能管好自身，怎么能管理好国家的行政事务呢？你姑且不要说了吧，你这是自相矛盾呐！墨家认为，作为真正贤德的领导者，必须能够身体力行，起到带头作用，在实践中结出硕果。空谈误国，实干兴邦。言论除非它能够在具体的社会实践中产生正面作用，否则就是空话，没有实际意义。[①] 墨家所言"博乎道术"(《墨子·尚贤上》)，其实就是指人才具备处理各种具体问题的才干和广博的知识。墨家主张："可使治国者使治国，可使长官者使长官，可使治邑者治邑。凡使所治国家官府邑里，此皆国之贤者也。"(《墨子·尚贤中》)可以使他治国的人就叫他治国，可以使他主持官府的就叫他主持官府，可以使他治理县邑的叫他治理县邑。凡是治理国家、主持官府、管理县邑的，都是国家的贤人。墨家认为，要根据人才才干的大小来确定他们的官职。墨家认为，在官员的任用上，一定不能小才大用。《墨子·尚贤中》篇说："是故不能治百人者，使处乎千人之官；不能治千人者，使处乎万人之官。此其故何也？曰：处若官者，爵高而禄厚，故爱其色而使之焉。夫不能治千人者，使处乎万人之官，则此官什倍也。夫治之法将日至者也，日以

① 参见杨武金：《墨家的政治哲学》，《职大学报》2015年第2期。

治之,日不什修,知以治之,知不什益。而予官什倍,则此治一而弃其九矣。虽日夜相接,以治若官,官犹若不治。此其故何也?则王公大人不明乎以尚贤使能为政也。”因此,不能治理一百人的却叫他去治理一千人,不能治理一千人的叫他去治理一万人。这是什么原因呢?就是因为处于这种官位的,爵位高并且俸禄多,因为喜欢他漂亮才使用他的呀。不能治理一千人的却叫他去治理一万人,那这官位就超过了他的才能十倍了。虽然他治国的措施是每天都要去实施的,但一天的时间是不能延长十倍的,而在智能方面也不能给他增强十倍,却给他以十倍于才能的官职,这样他只能治理十分之一,其他十分之九就只有弃而不治了。这样,他即使夜以继日地工作,仍旧是无法治理好的。这就是王公大人所不明白的尚贤使能为政的缘故啊。墨家认为,不能让能力小的人担当大任,让能力小的人去担任比较高的官职,这本身也就是不尚贤的表现。

总之,在墨家看来,贤者实际上也就是兼者,即他们必须是具有兼爱精神的人。《墨子·尚贤下》篇说:“为贤之道将奈何?曰:有力者疾以助人,有财者勉以分人,有道者劝以教人。若此,则饥者得食,寒者得衣,乱者得治。若饥则得食,寒则得衣,乱则得治,此安生生。”墨家强调的“为贤之道”,就是有力量的人要赶快帮助别人,有财富的人一定要舍得尽量将财富分给他人,掌握知识、有文化的人要能够积极教导别人。要能够让饥饿的人得到温饱,让寒冷的人得到温暖,要是这样,国家就能够实现治理,社会就能够得到安定,人民就能够安居乐业。总之,贤者就是能够以社会为己任、以他人为己任,能够济困扶危、乐于助人的兼爱者或大爱者。

三、尚贤的具体做法和根本原则

墨家认为,尚贤的具体做法就是要对贤者富之、贵之、敬之、誉之,即既要举贤、亲贤,还要尊贤、爱贤,也就是说,要尽可能让知识分子有非常好的经济地位、政治地位和社会地位。《墨子·尚贤上》篇说:“然则众贤之术,将奈何哉?子墨子言曰:譬若欲众其国之善射御之士者,必将富之,贵之,敬之,誉之,然后国之善射御之士,将可得而众也。况又有贤良之士厚乎德行,辩乎言谈,博乎道术者乎,此固国家之珍,而社稷之佐也。亦必且富之,贵之,敬之,誉之,然后国之良士,亦将可得而众也。”那么,怎样才能使贤士增多呢?譬如想要使一个国家内善于射箭和驾车的人增多，就必须使这些人富裕起来，提高他们的地位，尊重他们，表扬他们，然后国家善于射箭和驾车的人就可以增多了。何况是那些品德高尚、能言善辩、学识广博的贤良之士呢？这些人本来就是国家的珍宝、社稷的栋梁，也必须使他们富有，提高他们的地位，敬重他们、赞美他们，然后国内的贤良之士也就可以增多了。在墨家看来，统治者需要采取各种实际有效的措施，真正地重视人才、重视贤人。《墨子·尚贤中》篇指出："是以必为置三本。何谓三本？曰：爵位不高，则民不敬也；蓄禄不厚，则民不信也；政令不断，则民不畏也。故古圣王高予之爵，重予之禄，任之以事，断予之令。夫岂为其臣赐哉？欲其事之成也。"所以，必须为尚贤使能设置三项基本措施，这三项基本措施是什么呢？其实就是：爵位不高，人民就不尊敬他；俸禄不厚，人民就不相信他；政令不决断，人民不畏惧他。所以，古代圣人给他们很高的爵位、很厚的俸禄、委以重任，授予决断的实权。难道这是专门要给他们很高的赏赐吗？不是的，这完全是为了他们把事情办得成功啊！墨家认为，必须给予人才以足够的地位、充足的待遇、应该具有的权利，才能充分发挥他们的作用。①

《墨子·鲁问》篇载：墨子指派他的学生公尚过到越国去工作。公尚过到了越国后不久就着手游说越王，越王很是高兴，并且对公尚过说："先生苟能使子墨子于越而教寡人，请裂故吴之地，方五百里，以封墨子。"你如果能够使墨子到越国来教导我，我愿意划出原来吴国的土地方圆五百里封赏给他。公尚过同意了越王的请求，于是越王为公尚过套车五十乘，请他到鲁国去迎接墨子到越国来。公尚过到了鲁国后对墨子说："吾以夫子之道说越王，越王大说，谓过曰：'苟能使子墨子至于越而教寡人，请裂故吴之地，方五百里，以封子。'"我用你的学说游说越王，他非常高兴，说是如果能够使您到越国去教导他的话，他将划出原来吴国的土地方圆五百里封赏给您。墨子听后问公尚过："子观越王之志何若？意越王将听吾言，用吾道，则翟将往，量腹而食，度身而衣，自比于群臣，奚能以封为哉！抑越不听吾言，不用吾道，而吾往焉，则是我以义粜也。钧之粜，亦于中国耳，何必于越哉！"你看越王的意思怎么样呢？如果越王会听我的话，采用我的学说，那么我就准备去，吃饭能填饱肚子

① 参见杨武金：《墨家的政治哲学》，《职大学报》2015年第2期。

就可以，穿衣能可身就行了，把自己看成和群臣一样，怎么能够因为有封地才去呢？如果越王不听我的话，不采用我的学说，如果我去了，那么我是拿义来出卖了，既然同样是出卖，我就在中原出卖罢了，何必到越国去呢！墨子认为，如果越王能够充分重视自己的思想学说，即使去那里生活条件再差，自己也会到越国去服务；如果越王根本不重视自己所提出来的学说，即使越王所给予的生活条件再优厚，自己也不可能到越国去。所以，对人才来说，对他们的思想学说的“尊重”比给予他们好的生活条件更重要。

墨家认为，除非是贤良之士，否则不能担当领导者的角色。《墨子·尚贤上》篇说：“故可使治国者，使治国；可使长官者，使长官；可使治邑者，使治邑。凡所使治国家、官府、邑里，此皆国之贤者也。”凡是治理国家、主持官府、管理县邑的，都可以说是国家的贤人。在各级领导岗位上担任职务的人，都必须是德才兼备的贤人能人。但是，由于考虑到现实中的领导者不一定就能坚持正义，所以墨子指出，领导者的位置必须是随时都可以由其他人来加以取代的，而作为取代者来说，可以是社会中任何阶层的贤者能人。所有人，不管是谁，只要他是贤者能人，都可以出来担任相应的领导职务。《墨子·尚贤上》篇说：“故官无常贵，而民无终贱，有能则举之，无能则下之，举公义，避私怨，此若言之谓也。”做官的不会总是富贵，老百姓也不会总是贫贱，只要是有能力的人都应该予以提拔，没有能力的人就要被罢免，出于公心，丢开私怨，说的就是这个意思。“官无常贵，而民无终贱”，领导者不可能永远都是领导者，而老百姓也不可能永远都只是老百姓，王侯将相不会永远都是王侯将相。所以，作为领导者来说，不要总是轻视群众，而是要善于在群众中发现人才。人人皆可为人才，关键是要看领导者怎么来看待和使用他。同时，要创造条件和制定规则，让贤者能够及时上位，而不肖者则随时下台。

当然，墨家也发现人才都有其自身的弱点。首先，人才就是因为有才华，所以才很容易被摧残。《墨子·亲士》篇说：“今有五锥，此其銛，銛者必先挫；有五刀，此其错，错者必先靡。是以甘井近竭，招木近伐，灵龟近灼，神蛇近暴。是故比干之殪，其抗也；孟贲之杀，其勇也；西施之沈，其美也；吴起之裂，其事也。故彼人者，寡不死其所长。故曰：太盛难守也。”现在有五把锥子，其中有一把是最锐利的，这最锐利的必定先折损；现在有五把刀子，其中有一把曾经磨砺过，这磨砺过的刀子必然先毁坏。所以，清甜的水井容易被吸干，高大的树木容易被砍伐，灵异的龟甲容易被烧灼，神奇的长蛇容易遭到暴晒。因此，比干被杀，是因为他品行耿直；孟贲被杀，是因为他太勇敢；西施被沉在江水里，是因为她太美丽；吴起被车裂，是因为他专注于改革事业。所以，这些人没有一个不是因为他们自己的长处而遭难的。因此说，事物处于极端状态的时候，就难以保持长久。通常来说，人有才则遭嫉妒，遭妒忌则流言起，流言起则是非多，是非多就遭压制，遭压制就受摧残。所以，一个人有才是优点，也是缺点，这就是他们容易被陷害。其次，人才因为有自己的所长，所以也就很容易自负。《墨子·亲士》篇说："良弓难张，然可以及高入深；良马难乘，然可以任重致远；良才难令，然可以致君见尊。"好的弓难以张开，但它可以射到高处，射进深处；好马难以驾驭，但它可以驮载重物到达远方；杰出的人才难以支使，但他可以使国君受到尊重。所以，作为领导者，不能因为贤者存在缺点就不使用他们。对于人才来说，虽然他们也存在这样或那样的弱点和问题，但是他们却也是可以为聪明的统治者出谋划策并发挥重要作用的人。

在墨家看来，尚贤的重要原则就是任人唯贤和唯才是举。《墨子·尚贤上》说："虽在农与工肆之人，有能则举之，高予之爵，重予之禄，任之以事，断予之令。"即使是农夫和工匠，只要他有才能，就应该提拔，封给他很高的爵位，给予他丰厚的俸禄，委任他以官职，授予他做决断的权力。所谓任人唯贤，就是要不分等级，不设定范围，有能力则举之。墨子列举了大量的历史事实对此展开论证。例如，虞舜曾经不过是在历山耕种庄稼、在黄河边制作陶器、在雷泽捕鱼、在常阳烧石灰的人，但唐尧还是将他举荐重用。夏禹更是把伯益从阴方中举荐出来做事。伊尹开始的时候，不过是一个烧火做饭的厨师，却被商汤举荐出来做大事情，等等。

坚持任人唯贤原则的实质，就是要唯贤是举，而不是任人唯亲。《墨子·尚贤下》篇说："今王公大人有一牛羊之财不能杀，必索良宰；有一衣裳之财不能制，必索良工。当王公大人之于此也，虽有骨肉之亲、无故富贵、面目美好者，实知其不能也，不使之也。是何故？恐其败财也。当王公大人之于此也，则不失尚贤而使能。王公大人有一罢马不能治，必索良医；有一危弓不能张，必索良工。当王公大人之于此也，虽有骨肉之亲、无故富贵、面目美好者，实知其不能也，必不使。是何故？恐其败财也。当王公大人之于此也，则不失尚贤而使能。逮至其国家则不然。王公大人之骨肉之亲，无故富贵面目美好者，则举之，则王公大人之亲其国家也，不若亲其一危弓、罢马、衣裳、牛羊之财欤？我以此知天下之士君子皆明于小而不明于大也。”现在的王公大人有一头牛羊不会杀，一定去找好的屠夫；有一件衣裳不会做，一定要去找好的裁缝。当王公大人在这样的时候，虽然有骨肉之亲和无故富贵者，以及面目姣好的人，如果确实知道他们没有能力，就不会让他们去做。为什么呢？因为担心损失自己的财物。当王公大人在这样的时候，则不会放弃尚贤使能的。王公大人有一匹病马不会治，必然要找好的兽医；有一张难拉的弓拉不开，必然要找好的工匠。当王公大人在这样的时候，虽然有骨肉之亲和无故富贵者，以及面目姣好的人，如果确实知道他们没有能力，一定不会让他去做。为什么呢？因为担心损失自己的财物。当王公大人在这样的时候，则不会放弃尚贤使能，但一到他治理国家的时候就不是这样了。王公大人的骨肉之亲和无故富贵者，以及面目姣好的人就加以举用。这样看来，王公大人爱他自己的国家，还不如爱他的一张坏弓、一匹病马、一件衣裳、一头牛羊呢？我从这里就知道天下的士君子只明白小的道理却不明白大的道理的所在了。墨家认为，统治者在小的事情上通常都知道尚贤，但在治理国家这样的大事情上却不明白要尚贤，这可以说是“知小而不知大”，其在逻辑上的矛盾之处，就是把国家看得还不如一头牛、一只羊或一件衣服更重要。因此，《墨子·尚贤中》篇就说：“今王公大人有一衣裳不能制也，必藉良工；有一牛羊不能杀也，必藉良宰。故当若之二物者，王公大人未尝不知以尚贤使能为政也。逮至其国家之乱，社稷之危，则不知使能以治之，无故富贵、面目姣好则使之。夫无故富贵、面目姣好则使之，岂必智且有慧哉？若使之治国家，则此使不智慧者治国家也。”现在的王公大人有一件衣裳不能缝制，必然要借助好的裁缝来缝制；有一头牛羊不能宰杀，必然要借助好的屠夫来宰杀。对待上面这两件事情，王公大人也未尝不知道以尚贤使能来做事。但是一旦遇到了国家丧乱，社稷倾危，却不知道尚贤使能以治理它，那些无故富贵者和面目姣好的人，难道他们一定是聪明而有智慧的吗？如果让他们来治理国家，那就是使不聪明且缺乏智慧的人来治理国家呀。墨家认为，统治者在治理国家的时候，重用一些没有智慧的无故富贵、面目姣好的人，是极不尚贤的表现。任人唯亲在封建宗法制社会是非常普遍的现象，墨家对这种不合理的做法进行了否定，强调必须要不分血缘亲疏、等级贵贱，一定要任人唯贤。

《墨子·尚贤中》篇说："古者圣王甚尊尚贤而任使能，不当父兄，不偏富贵，不嬖颜色，贤者举而上之。"古时候的圣王都很尊崇贤者而任用能人，不包庇父兄，不偏袒富贵，不宠爱美色，凡是贤者便选拔上来让其处于高位。墨家认为，要用任人唯贤的原则来代替或者否定血缘宗法制的"亲亲尊尊"的用人原则，从而反对封建贵族世袭垄断的政治特权，强调唯才是举、唯贤是举。《墨子·贵义》篇载，墨子曾经去楚国游历，希望能见到楚献惠王，但楚献惠王却以年老告辞不见，只是让其大臣穆贺来见墨子。墨子说服穆贺，并使穆贺非常高兴。但穆贺最终还是对墨子说："子之言则成善矣！而君王，天下之大王也，毋乃曰'贱人之所为'，而不用乎？"您的话确实很好，但我们的君王是天下的大王，他或许会说因为您的主张是贱人提出的而不加以采纳吧？墨子对此反驳说："唯其可行。譬若药然，草之本，天子食之，以顺其疾，岂曰'一草之本'而不食哉？今农夫入其税于大人，大人为酒醴粢盛，以祭上帝鬼神，岂曰'贱人之所为'，而不享哉？故虽贱人也，上比之农，下比之药，曾不若一草之本乎？且主君亦尝闻汤之说乎？昔者汤将往见伊尹，令彭氏之子御，彭氏之子半道而问曰：'君将何之？'汤曰：'将往见伊尹。'彭氏之子曰：'伊尹，天下之贱人也。若君欲见之，亦令召问焉，彼受赐矣。'汤曰：'非女所知也。今有药此，食之则耳加聪，目加明，则吾必说而强食之。今夫伊尹之于我国也，譬之良医善药也。而子不欲我见伊尹，是子不欲吾善也。'因下彭氏之子，不使御。彼苟然，然后可也。"只要它可行，像药一样，哪怕是一把草根，但天子吃了也可以缓解他的病痛，哪里会说这是贱人种的而不使用呢？因此，即使是贱人说的话，上比农民，下比草药，难道不如一把草根吗？再说您大概听说过商汤的故事吧？从前商汤准备前去见伊尹，命令彭氏之子驾车。彭氏之子在半路上问商汤是要去哪里？商汤说要去见伊尹，彭氏之子就说伊尹是天下的贱人，如果想见他命令他来问就可以了，那样对他也是恩赐了，商汤却说这不是你彭氏之子所能懂得的。现在有药在这里，吃了它，耳朵就能更加灵敏，眼睛就更加明亮，那么我就一定会高兴地吃下它，如今伊尹对于我们国家，就像良医和好药一样，你却不想让我见到伊尹，就是说你不想让我得到好处。商汤于是命令彭氏之子下去，不让他驾车了。他这样做，然后才能得到伊尹。墨子认为，如果因为某种东西是贱人做出来的就不用它的话，那么救命的药物也是来自贱人之所采，则君王得病就不能服药了，而且粮食也是贱人耕种出来的，则君王就没有东西来祭祀鬼神了。但商汤重用伊尹，却不因为伊尹是贱人，而是非常重视伊尹的德行和才能。由此看来，贱人做出来的东西，同样是可以使用的，出生低下、地位低下的人也需要重视，只要他是贤者。

因此，《墨子·尚贤上》篇指出："是故古者圣王之为政也，言曰：'不义不富，不义不贵，不义不亲，不义不近。'是以国之富贵人闻之，皆退而谋曰：'始我所恃者，富贵也，今上举义不辟贫贱，然则我不可不为义。'亲者闻之，亦退而谋曰：'始我所恃者亲也。今上举义不辟疏，然则我不可不为义。'近者闻之，亦退而谋曰：'始我所恃者近也，今上举义不避远，然则我不可不为义。'远者闻之，亦退而谋曰：'我始以远为无恃，今上举义不辟远，然则我不可不为义。'逮至远鄙郊外之臣、阙庭庶子、国中之众、四鄙之萌人闻之，皆竞为义。是其故何也？曰：'上之所以使下者，一物也，下之所以事上者，一术也。'"因此，古代的圣王在治理国家的时候都是要做到：对不义的人就不能让他富裕，不能让他尊贵，不给予他信任，不接近他们。于是，国内富贵的人听到了，都在下边议论说：当初我们所倚仗的就是富贵的地位，现在国君提拔仁义的人，不嫌弃地位贫贱的人，那么我们不可以不做仁义的事了。国君亲信的人听到了，也在下边议论说：当初我们所倚仗的是为国君的亲信，现在国君提拔仁义的人，不嫌弃陌生的人，那么我们不可以不做仁义的事了。接近国君的人听到了，也在下边议论说：当初我们所倚仗的是离国君近，现在国君提拔有仁义的人，不嫌弃深处远地的人，那么我们不可以不做仁义的事了。离国君远的人，也在下边议论说：当初我们以为远离国君，没有可倚仗的，现在国君提拔仁义的人，不嫌弃远方的人，那么我们不能不做仁义的事了。一直到边疆郊外的臣民、宫廷中的侍卫、城邑中的民众，四境的农民听到了，也都争着做仁义的事。其中的原因是什么呢？其实就是国君所用以驱使臣下的，只有尚贤这一种方法，臣下所借以得到国君任用的，也只有仁义这一个途径。在墨家看来，作为统治者，其用人的基本原则就是必须任人唯贤、唯才是举，也就是说必须以德才兼备作为用人的标准，而且只要统治者能够真正唯才是举就能够众贤。

四、尚贤思想的创造性转化与创新性发展

墨家的尚贤尚同思想，本质上是指一个国家、一个企业如何来处理它和个人之间的关系问题。墨家的尚贤尚同思想在当代具有重要的理论价值和现实意义，值得我们认真反思。

如所周知，中国古代的老子是主张不尚贤的。《老子》第 3 章说："不尚贤，使民不争。"不尚贤，老百姓就能思想统一，不争论。《老子》第 18 章说："大道废，有仁义；智慧出，有大伪；六亲不和有孝慈，国家昏乱有忠臣。"主张无为而治，顺乎自然，反对贤人政治，反对强力精神。儒家和墨家都主张尚贤，比如孔子感叹"才难"(《论语·泰伯》)。孟子说："虞不用百里奚而亡，秦穆公用之而霸。不用贤则亡，削何可得与？"(《孟子·告子下》)虞国不用百里奚，因而灭亡，秦穆公用了他，因而称霸；不用贤人就会亡国，即便想要割地求和苟且偷生，又如何做得到呢？但是，儒家的尚贤思想存在很大的局限性，比如孔子主张"故旧不遗"(《论语·泰伯》)，即不遗弃老同事、老朋友；"故旧无大故，则不弃也"(《论语·微子》)，即老臣故人没有发生严重过失的，就不要抛弃他。儒家没有把贤或者才作为衡量人才的根本性标准。

墨家的尚贤思想，提倡贤人政治，主张唯贤是举、唯才是举，超出了儒家的范围，比儒家的思想有了很大的进步。墨家强调，各个阶层的人都可以被安排在适当的职位上。墨家特别重视对"贱人"的任用和选拔，比如古代的伊尹本是"贱人"却为商汤所启用和重用。反之，即使是贵人，出身贵族，如果是无能无才者，也是不能被任用的。在国家用人制度上要"有能则举之""无能则下之"。如侯外庐等人所说：墨家"所谓'尚贤'，即尚国民阶级的资格，并坚持着国民阶级的立场以反对氏族贵族"，"墨子的尚贤论富有科学的精神，富有破坏氏族遗制的威力"。[①] 墨家公开要求打破宗法制度任人唯亲的原则，要求扩大选贤的范围，主张不分亲疏贵贱，"举贤不辟(避)贫贱""举义不辟远"，在选贤用人上，不论出身，唯才是举，一视同仁。清人龚自珍感叹说："我劝天公重抖擞，不拘一格降人才。"(《己亥杂诗》)发出了国家要平等选拔人才的强烈呼吁。

---

① 参见侯外庐、赵纪彬、杜国庠：《中国思想通史》第 1 卷，人民出版社 1957 年版，第 198、234 页。

墨家尚贤思想强调，对待人才要“置三本”，即“贵之，富之，敬之”，要用好的政治地位和经济待遇来延揽人才，管理好人才，运用好人才，从而达到聚贤、众贤的目的，让人才为我所用。任正非曾经说：“人才不是华为的核心竞争力，对人才进行管理的能力才是企业的核心竞争力。”当代世界的竞争主要就是人才的竞争，如何才能够真正地吸引人才、延揽人才，管理好人才，让人才为我所用，用好人才，发挥好人才的作用，是强国战略中国家人才管理制度中的一个非常重要的关键问题。华为公司在 2019 年决定对 8 位顶尖入职人员实行年薪制，其中年薪最低为 89.6 万元，最高达到 201 万元，这是企业充分重视人才的一个重要表现。墨家提出的要提高知识人的政治地位，改善他们的生活待遇，充分尊重人才等措施，对于发挥人才的作用都是非常重要的。《墨子·尚贤中》说：“贪于政者，不能分人以事；厚于货者，不能分人以禄。事则不与，禄则不分，请问天下之贤人，将何自至乎王公大人之侧哉！”贪权位的人不能把政事分给别人，看重财物的人不能把俸禄分给别人。政事不让人参与，俸禄又不让分给别人，请问天下的贤人如何会自己跑到王公大人身边来呢？人才本身也是人，满足他们的足够的政治和经济待遇，是他们能够更好开展工作的基本保障。如果基本的生活条件得不到满足，即使人才来了也留不住。

墨家的尚贤思想，强调人才必须德才兼备，而德更为重要。同时，人才不能只是唯唯诺诺地服从领导“听话”的人，必须敢于劝谏，敢于质疑和发声。《墨子·亲士》篇说：“是故偪臣伤君，谄下伤上。君必有弗弗之臣，上必有詻詻之下，分议者延延，而支苟者詻詻，焉可以长生保国。臣下重其爵位而不言，近臣则喑，远臣则唫，怨结于民心，谄谀在侧，善议障塞，则国危矣。”统治者必须有敢于直言的臣子，有不同意见可以反复辩论。必须有尽职的臣下直言劝谏，一个国家才能够长养民生，保存国家。如果下属为了保全爵位不敢进谏，近臣像哑巴，远臣如寒蝉，必然会招致民怨。如果谄谀者在身边，那么好的意见就被阻挡，国家就会陷入危险之中。[①]《墨子·公孟》篇载，公孟子对墨子说：“君子共己以待，问焉则言，不问焉则止。譬若钟然，扣则鸣，不扣则不鸣。”作为君子，就应该拱手侍立，别人问他就说话，不问他就不说话，就

① 参见孙中原撰：《墨子解读》，中国人民大学出版社 2013 年版，第 394 页。

像钟那样，敲就响，不敲就不响。墨子反驳说："是言有三物焉，子乃今知其一身也，又未知其所谓也。若大人行淫暴于国家，进而谏，则谓之不逊；因左右而献谏，则谓之言议。此君子之所疑惑也。若大人为政，将因于国家之难，譬若机之将发也然，君子之必以谏，然而大人之利。若此者，虽不扣必鸣者也。若大人举不义之异行，虽得大巧之经，可行于军旅之事，欲攻伐无罪之国，有之也，君得之，则必用之矣。以广辟土地，著税伪材，出必见辱，所攻者不利，而攻者亦不利，是两不利也。若此者，虽不扣，必鸣者也。且子曰：'君子共己待，问焉则言，不问焉则止，譬若钟然，扣则鸣，不扣则不鸣。'今未有扣，子而言，是子之谓不扣而鸣邪？是子之所谓非君子邪？"公孟子在"大人提问"和"君子说话"之间画上了等号，认为二者具有充分且必要的等同关系。墨子认为，这种说法有三种不同的情况，而公孟子只知道其一罢了，而且对它的意义还没有弄清楚。在墨子看来，"大人提问"既不是"君子说话"的充分条件，也不是"君子说话"的必要条件。为什么"大人提问"不是"君子说话"的充分条件呢？墨子指出，因为如果大人行暴政，若君子直接献谏，就会说他不恭顺；如果间接献谏，就会说他在私下议论。所以，这时候，君子就可以暂时不说话。那么，为什么"大人提问"不是"君子说话"的必要条件呢？因为如果大人执政将导致国家发生灾难，就好像连弩机将要发射一样急迫，这时虽然大人没有提问，但是君子也一定要献谏，否则还是什么君子？再比如，如果大人想做不义的事情，想攻打无罪的国家并且据有它，这样做对自己不利，对被攻打的国家也不利，双方都不受益，像这样的情况，如钟虽不敲打也一定会发出声音来，这才是真正的君子啊！而且，墨子最后说，现在大人并没有提问，你公孟子也说话了，如果只有大人提问君子才能说话的话，那么你公孟子也就不是君子了啊！墨子在这里使用公孟当下的提问作为例证，表明了墨家学派在逻辑上的敏锐性和高超的逻辑辩驳力与论证能力。[①]《墨子·鲁问》记载，鲁阳文君问墨子："有语我以忠臣者，令之俯则俯，令之仰则仰，处则静，呼则应，可谓忠臣乎？"墨子回答："令之俯则俯，令之仰则仰，是似景（影）也；处则静，呼则应，是似响也。君将何得于景与响哉？若以翟之所谓忠臣者，上有过，则

① 参见杨武金：《论从三个层次研究墨家逻辑》，王裕安、李广星主编：《墨子研究论丛》（七），北京图书馆出版社2006年版，第379～380页。

微之以谏;已有善,则访之上,而无敢以告。外匡其邪而入其善,尚同而无下比。是以美善在上,而怨仇在下;安乐在上,而忧戚在臣。此翟之所谓忠臣者也。”一个只知道听凭领导者随意指挥甚至瞎指挥的人,算不得真正的人才,因为这样的人与影子或者声响又有什么区别呢?所以,真正的人才必须是要能对领导者的过错进行劝谏或批评的人,这样的人必须具有捍卫真理的勇气。后世的唐太宗,任用敢于直言劝谏的魏徵为相,成就了贞观之治,类似的情况都属于实施了墨家人才观的具体事例。

五、尚同思想及其创造性转化与创新性发展

墨家认为,必须把贤人政治推广到全国家的每一个地方,要充分地让贤人来治理国家,也就是要尚同,即上同。全国都要同一于上,前提是全国各个级别的行政单位和管理单位都必须由贤人来担任领导,让贤者来“一同天下之义”(《墨子·尚同中》),即统一天下的道理,从而实现天下太平,社会安定,人民安家乐业。《墨子·尚同下》篇说:“尚同为政之本,而治之要。”尚同是行政的根本和治理的关键。在墨家看来,“尚贤”这个“为政之本”是要解决“谁”来管理的问题,而“尚同”这个“为政之本”则是要解决“怎样管理”“如何管理”的问题。尚贤和尚同都是国家治理的根本。①

墨家认为,最初人类在还没有统一道义的原始社会,由于没有“一同天下之义”,人类完全处于一种“人是其义,以非人之义”的十分混乱的状态。人们在思想认识上的这种混乱状态,造成了人们的相互亏害和相互仇恨。《墨子·尚同上》篇指出:“子墨子言曰:古者民始生,未有刑政之时,盖其语,人异义。是以一人则一义,二人则二义,十人则十义,其人兹众,其所谓义者亦兹众。是以人是其义,以非人之义,故交相非也。是以内者父子兄弟作怨恶,离散不能相和合。天下之百姓,皆以水火毒药相亏害,至有余力不能以相劳,腐朽余财不以相分,隐匿良道不以相教,天下之乱,若禽兽然。”人类在刚开始还没有成立国家行政之时,他们的说法是:每个人对“道义”有各自不同的理解。一个人有一种道理,两个人就有两种道理,十个人就有十种道理,人越多,道理也就越多。于是,每个人都以为自己的道理是对的,而别人的道理都不对,

① 参见孙中原主编:《墨学与现代文化》,中央广播电视大学出版社2007年版,第58页。

从而批评别人。这样，人与人之间相互指责，相互怪罪。于是，即使是兄弟也不和睦，家庭离散不能互相帮助。天下的人，用水火毒药，相互亏害，互不帮助，人与人之间就像禽兽一样。《墨子·尚同中》篇说："墨子曰：方今之时，复古之民始生，未有正长之时，盖其语曰，天下之人异义，是以一人一义，十人十义，百人百义。其人数兹众，其所谓义者亦兹众。是以人是其义，而非人之义，故相交非也。内之父子兄弟作怨仇，皆有离散之心，不能相和合。至乎舍余力，不以相劳；隐匿良道，不以相教；腐朽余财，不以相分。天下之乱也，至如禽兽然。"从当今的时代回顾古代人类刚刚诞生还没有行政长官的时候，他们的说法是：天下的道理各不相同，因此一人有一个道理，十人有十个道理，一百人有一百个道理。人数越多所谓道理也就越多。因此，每个人都只从自己的道理出发，反对别人的道理，相互批评，相互攻击，互相怨恨。人与人之间的关系，与禽兽之间的关系没有什么不同。《墨子·尚同下》篇说："古者天之始生民，未有正长也，百姓为人。若苟百姓为人，是一人一义，十人十义，百人百义，千人千义。逮至人之众不可胜计也，则其所谓义者，亦不可胜计。此皆是其义，而非人之义，是以厚者有斗，而薄者有争。"古代上天开始生育下民，还没有行政长官的时候，百姓人各做主。如果百姓人各做主，那么一人有一个道理，十人就有十个道理，一百人就有一百个道理，一千人就有一千个道理。及至人数多得不可胜数，那么他们所谓的道理也就多得不可胜数。这样，每一个人都认为只有自己的道理正确，而认为别人的道理都不正确，于是出现分歧，互相争吵，互相攻击，乃至斗殴、战斗，甚至不惜发动战争。总之，墨家认为，人类在尚未成立国家行政之前，因为各自的道理不同，人与人之间不是处于互相帮助而是处于互相对立、互相诋毁甚至互相攻击和发动战争的非常不和谐的状态。

墨家关于国家起源的观点和庄子的看法是不同的。《庄子·马蹄》篇载："夫至德之世，同与禽兽居，族与万物并。恶乎知君子小人哉！同乎无知，其德不离；同乎无欲，是谓素朴。素朴而民性得矣。及至圣人，蹩躠为仁，踶跂为义，而天下始疑矣。"庄子把人类社会初期的原始社会形态描述为他心目中非常美好的状态，那时没有君臣和仁义道德之分，不但人和人之间能够和谐相处，而且人和禽兽也是浑然无别的[1]。是因为圣人的出现和国家政治的产生，才出现了各种混乱和不和谐。西方的卢梭也持和庄子类似的观点。他说，人类在组成社会和建立国家之前，曾经生活在一种自然状态之中，在这种状态中生活的人们，既没有政治奴役，没有剥削，也没有社会的和精神的不平等，人们过着自由、平等、友爱的生活。但是，随着生产力的进步，特别是私有制的出现，人类通过订立社会契约建立了国家制定了法律。人类订立社会契约本来是为了维护自己的自由、平等、财产和人身，但其后人类社会只是走向与订立社会契约原意相反的方向。在社会状态下，文明每前进一步，社会对抗和不平等就加深一步。[2]《礼记・礼运》篇说："天下为公，选贤与能，讲信修睦，故人不独亲其亲，不独子其子，使老有所终，壮有所用，幼有所养，货恶其弃于地，不必藏于己。"但是到了后世，则变成了另外一种状态："天下为家，各亲其亲，各子其子，货力为己，大人世及以为礼，城郭沟池以为固，礼仪以为纪，以正君臣，以笃父子，以睦兄弟。"其中所表述的为后期儒家的国家起源观点，与卢梭的观点存在某些类似之处。[3]

墨家关于国家起源的观点和西方启蒙思想家霍布斯、洛克等人的思想非常类似。比如，霍布斯认为，在国家出现以前，人们处在一种完全按照自己的本性来生活的"自然状态"之中，在这种状态下，虽然每个人都是生而平等的，每个人都有追求自己想要的生活的权利，但是人性本身又是自私的，所以每个人都想征服或者统治别人而使自己不受统治，于是人与人之间就像狼一样，彼此争夺不已，从而陷入一种"一切人反对一切人的战争"之中。于是，理性便出来教导人们，不能单凭情欲来生活，应该接受那些必须遵守的共同的生活规则，这便是"自然法"，比如为了和平，人们必须放弃力图占有一切的自然权利，承认他人具有和自己一样多的自由。[4] 墨家也认为，在人类刚刚脱离动物状态进入原始社会的初期，尚无公理和公德可言，人和人之间的争斗是残酷和混乱的，只有在进入原始社会之后，随着社会生产力的发展，人群和部落都不断调整人和人之间的关系，以适应自然和其他群体斗争的需要，这

① 参见谭家健：《墨子研究》，贵州教育出版社 1995 年版，第 97 页。

② 参见《中国大百科全书・哲学卷》，中国大百科出版社 1987 年版，第 508 页。

③ 参见谭家健：《墨子研究》，贵州教育出版社 1995 年版，第 101 页。

④ 参见《中国大百科全书・哲学卷》，中国大百科出版社 1987 年版，第 325 页。

时候才有了在一定范围内认同的道义。[1] 梁启超指出，墨家的上述思想和欧洲初期的“民约论”非常类似。“民约论”虽然是由法国人卢梭集大成，但其实它发源于英国的霍布斯和洛克。两人都曾经说过，人类在还没有建立国家之前，人人都处于野蛮的自由之中，漫无限制，于是，人们不得已聚集起来商量，决定立一个首长，于是乎国家就从中产生了。[2]

墨家认为，国家起源于统一道义的需要，因为只有统一道义才能息争止乱，而统治者（政长）的任务就是一同天下之义。《墨子·尚同中》篇说：“明乎民之无正长以一同天下之义，而天下乱也。是故选择天下贤良、圣知、辩慧之人，立以为天子，使从事乎一同天下之义。天子既已立矣，以为唯其耳目之情，不能独一同天下之义，是故选择天下赞阅、贤良、圣知、辩慧之人，置以为三公，与从事乎一同天下之义。天子、三公既已立矣，以为天下博大，山林远土之民，不可得而一也。是故靡分天下，设以为万诸侯国君，使从事乎一同其国之义。国君既已立矣，又以为唯其耳目之情，不能一同其国之义，是故择其国之贤者，置以为左右将军大夫，以远至乎乡里之长，与从事乎一同其国之义。”人类由于认识到了社会动乱的根本原因就在于没有统一的道义，因为没有行政长官来统一天下的道理就会导致天下大乱，于是就选出贤人志士并推举他为天子来一同天下的道义，以便人们能够得到共同的认识。天子既已设立，觉得仅仅依靠自己耳闻目见的情况，还不足以统一天下的道理，所以继续考察选择天下的贤者，以立为三公、诸侯国君、将军大夫、乡长里长等各层级的管理者，以完成天下的治理任务。《墨子·尚同下》篇说：“是故天下之欲同一天下之义也，是故选择贤者，立为天子。天子以其知力为未足独治天下，是以选择其次立为三公。三公又以其知力为未足独左右天子也，是以分国建诸侯。诸侯又以其知力为未足独治其四境之内也，是以选择其次立为卿之宰。卿之宰又以其知力为未足独左右其君也，是以选择其次立而为乡长、家君。是故古者天子之立三公、诸侯、卿之宰、乡长、家君，非特富贵游佚而择之也，将使助治乱刑政也。”所以，上天希望统一天下的道理，因而就选择贤人，立为天子。天子认为他的智慧和能力不足以单独治理天下，所以选择次于他的贤

① 参见谭家健：《墨子研究》，贵州教育出版社 1995 年版，第 97 页。

② 参见梁启超：《墨子学案》，任继愈、李广星主编：《墨子大全》第 26 册，北京图书馆出版社 2004 年版，第 70 页。

人，立为三公、卿之宰、乡长、家君等各个层级的管理者，共同治理国家。需要注意的是，天子设立三公、诸侯、卿之宰、乡长、家君等，并不是为了自己富贵游乐而选择他们，而是要让他们协助自己治理好国家。《墨子·尚同上》篇说："夫明乎天下之所以乱者，生于无政长。是故选天下之贤可者，立以为天子。天子立，以其力为未足，又选择天下之贤可者，置立之以为三公。天子三公既已立，以天下为博大，远国异土之民，是非利害之辩，不可一二而明知，故画分万国，立诸侯国君。诸侯国君既已立，以其力为未足，又选择其国之贤可者，置立之以为正长。正长既已具，天子发政于天下之百姓，言曰：'闻善而不善，皆以告其上。上之所是，必皆是之；所非必皆非之。上有过则规谏之，下有善则访荐之。上同而不下比者，此上之所赏，而下之所誉也。意若闻善而不善，不以告其上，上之所是，弗能是，上之所非，弗能非，上有过弗规谏，下有善弗访荐，下比不能上同者，此上之所罚，而百姓所毁也。'上以此为赏罚，甚明察以审信。"明白了天下之所以乱——没有行政长官。因此，选择天下贤能之人，立为天子。天子虽然确立了，但因为他的力量不够，又选择天下贤能的人，立为三公。天子和三公都设立了，但由于天下广大，远国异乡的人民对于是非利害的区分不可能完全知道得很清楚，因而又划分为许多诸侯国，确立诸侯国君。诸侯国君确立以后，因为他们的力量不够，又选择国内贤能的人，立为行政长官。在墨家设计的政权管理机构蓝图中，从天子、诸侯等到乡长、里长等各个级别的领导者、管理者都必须是从仁人、贤者中选拔出来加以任命的。这样，由于各级领导者和管理者都是由仁人、贤者来担任，他们首先就能够以身作则、推行兼爱，然后整个国家上行下效，整个国家就能够用"仁义"统一起来了。

为了维持政权的良性运转，墨家提出运用批评、表扬、奖励和惩罚等各种方式，即采用各种认识和道德评价方法，以及行政和法律的手段。《墨子·尚同上》篇说："是故里长者，里之仁人也。里长发政里之百姓，言曰：'闻善而不善，必以告其乡长。乡长之所是，必皆是之，乡长之所非，必皆非之。去若不善言，学乡长之善言；去若不善行，学乡长之善行，则乡何说以乱哉？'察乡之所治者何也？乡长唯能一同乡之义，是以乡治也。乡长者，乡之仁人也。乡长发政乡之百姓，言曰：'闻善而不善者，必以告国君。国君之所是，必皆是之，国君之所非，必皆非之。去若不善言，学国君之善言；去若不善行，学国君之善行，则国何说以乱哉？'察国之所以治者何也？国君唯能一同国之义，是以国治也。国君者，国之仁人也。国君发政国之百姓，言曰：'闻善而不善，必以告天子。天子之所是，皆是之，天子之所非，皆非之。去若不善言，学天子之善言；去若不善行，学天子之善行。则天下何说以乱哉？'察天下之所以治者何也？天子唯能一同天下之义，是以天下治也。"无论乡长、里长还是国君、天子，都是从贤者中选择的，如果能够实行上下思想统一和行动的统一，则国家就能长治久安。《墨子·尚同中》篇说：

> 天子、诸侯之君、民之正长，既已定矣，天子为发政施教，曰："凡闻见善者，必以告其上，闻见不善者，亦必以告其上。上之所是，必亦是之，上之所非，必亦非之。己有善，访荐之；上有过，规谏之。尚同义其上，而毋有下比之心，上得则赏之，万民闻则誉之。意若闻见善，不以告其上，闻见不善，亦不以告其上，上之所是不能是，上之所非不能非。己有善，不能访荐之；上有过，不能规谏之，下比而非其上者，上得则诛罚之，万民闻则非毁之。"故古者圣王之为刑政赏誉也，甚明察以审信。是以举天下之人，皆欲得上之赏誉，而畏上之毁罚。是故里长顺天子政，而一同其里之义。里长既同其里之义，率其里之万民，以尚同乎乡长，曰："凡里之万民，皆尚同乎乡长而不敢下比。乡长之所是，必亦是之；乡长之所非，必亦非之。去而不善言，学乡长之善言；去而不善行，学乡长之善行。"乡长固乡之贤者也，举乡人以法乡长，夫乡何说而不治哉？察乡长之所以治乡者，何故之以也？曰：唯以其能一同其乡之义，是以乡治。乡长治其乡，而乡既已治矣，又率其乡万民，以尚同乎国君，曰："凡乡之万民，皆上同乎国君，而不敢下比。国君之所是，必亦是之；国君之所非，必亦非之。去而不善言，学国君之善言；去而不善行，学国君之善行。"国君固国之贤者也，举国人以法国君，夫国何说而不治哉？察国君之所以治国而国治者，何故之以也？曰：唯以其能一同其国之义，是以国治。国君治其国，而国既已治矣，又率其国之万民，以尚同乎天子，曰："凡国之万民，上同乎天子，而不敢下比。天子之所是，必亦是之；天子之所非，必亦非之。去而不善言，学天子之善言；去而不善行，学天子之善行。"天子者，固天下之仁人也，举天下之万民以法天子，夫天下何说而不治哉？察天子之

所以治天下者，何故之以也？曰："唯以其能一同天下之义，是以天下治。"

凡是下面所存在的善还是不善的事情，都要层层上报，从而一同天下的道义，在上者则号召大家学习好的言行，批评不好的言行，改进不足的言行，这样实现天下的治理也就不难了。《墨子·尚同下》篇说：

然则欲同一天下之义，将奈何可？故子墨子言曰：然胡不尝使家君，试用家君发宪布令其家，曰："若见爱利家者，必以告，若见恶贼家者，亦必以告。若见爱利家以告，亦犹爱利家者也，上得且赏之，众闻则誉之，若见恶贼家不以告，亦犹恶贼家者也，上得且罚之，众闻则非之。"是以遍若家之人，皆欲得其长上之赏誉，辟其毁罚。是以善言之，不善言之；家君得善人而赏之，得暴人而罚之。善人之赏，而暴人之罚，则家必治矣。然计若家之所以治者何也？唯以尚同一义为政故也。家既已治，国之道尽此已邪？则未也。国之为家数也甚多，此皆是其家，而非人之家，是以厚者有乱，而薄者有争，故又使家君总其家之义，以尚同于国君，国君亦为发宪布令于国之众，曰："若见爱利国者，必以告；若见恶贼国者，亦必以告。若见爱利国以告者，亦犹爱利国者也，上得且赏之，众闻则誉之，若见恶贼国不以告者，亦犹恶贼国者也，上得且罚之，众闻则非之。"是以遍若国之人，皆欲得其长上之赏誉，避其毁罚。是以民见善者言之，见不善者言之，国君得善人而赏之，得暴人而罚之。善人赏而暴人罚，则国必治矣。然计若国之所以治者何也？唯能以尚同一义为政故也。国既已治矣，天下之道尽此已邪？则未也。天下之为国数也甚多，此皆是其国，而非人之国，是以厚者有战，而薄者有争。故又使国君选其国之义，以尚同于天子。天子亦为发宪布令于天下之众，曰："若见爱利天下者，必以告，若见恶贼天下者，亦以告。若见爱利天下以告者，亦犹爱利天下者也，上得则赏之，众闻则誉之。若见恶贼天下不以告者，亦犹恶贼天下者也，上得且罚之，众闻则非之。"是以遍天下之人，皆欲得其长上之赏誉，避其毁罚，是以见善不善者告之。天子得善人而赏之，得暴人而罚之，善人赏而暴人罚之，天下必治矣。然计天下之所以治者何也？唯而以尚同一义为政故也。

国家层层管理机构都能赏善罚不善，伸张正义，善人得赏，暴人得罚，则国家就不会混乱。

墨家提出的上述带有强制性的逐级汇报和检举揭发的政治制度思想，有人认为是连坐法和特务统治。但是，这种说法存在一定的片面性。因为墨家要求的是善恶必报、同赏同罚。墨家所说的“爱利家者”“爱利国者”“爱利天下者”，其实是兼爱之士，也就是贤人，将他们上报，也就是举贤人。墨家所说的“恶贼家者”“恶贼国者”“恶贼天下者”，也就是“不肖者”或者“暴人”，将他们上报，也就是除暴，这和后来为巩固封建专制而实行的特务统治，专门监视持有异议的人，奖励告密的做法，是非常不同的。[①]

如前所述，墨家的“尚同”即“上同”的意思，也就是要上下通情，上情下达，下情上达，做到上级和下级之间在信息上充分沟通。《墨子·尚同中》篇说：“故古者圣王唯而审以尚同，以为正长，是故上下情请为通。上有隐事遗利，下得而利之；下有蓄怨积害，上得而除之。是以数千万里之外，有为善者，其室人未遍知，乡里未遍闻，天子得而赏之；数千万里之外，有为不善者，其室人未遍知，乡里未遍闻，天子得而罚之。是以举天下之人，皆恐惧振动惕栗，不敢为淫暴，曰：‘天子之视听也神！’先王之言曰：‘非神也。夫唯能使人之耳目助己视听，使人之吻助己言谈，使人之心助己思虑，使人之股肱助己动作。’助之视听者众，则其所闻见者远矣；助之言谈者众，则其德音之所抚循者博矣，助之思虑者众，则其谈谋度速得矣；助之动作者众，即其举事速成矣。故古者圣人之所以济事成功，垂名于后世者，无他故异物焉，曰：唯能以尚同为政者也。”《墨子·尚同下》篇说：“故古之圣王治天下也，其所差论，以自左右羽翼者皆良，外为之人，助之视听者众。故与人谋事，先人得之；与人举事，先人成之；光誉令闻，先人发之。唯信身而从事，故利若此。古者有语焉，曰：‘一目之视也，不若二目之视也。一耳之听也，不若二耳之听也。一手之操也，不若二手之强也。’夫唯能信身而从事，故利若此。是故古之圣王之治天下也，千里之外有贤人焉，其乡里之人皆未之均闻见也，圣王得而赏之。千里之内有暴人焉，其乡里未之均闻见也，圣王得而罚之。故唯毋以圣王为聪耳明目与？岂能一视而通见千里之外哉？一听而通闻千里之外哉！圣王不往

① 参见谭家健：《墨子研究》，贵州教育出版社1995年版，第105～106页。

而视也，不就而听也。然而使天下之为寇乱盗贼者，周流天下无所重足者，何也？其以尚同为政善也。”领导者通过尚同，就能够用他人的耳目来助己之视听，使他人的嘴巴来助己之言谈，使他人的心智来助己之作为。助己视听的人越来越多，就能闻见远；助己言谈的人越来越多，好话就能传播得更广；助己思考的人越来越多，谋划的效率就会越来越高；助己做事的人越来越多，做事的效率就越来越高。有人曾经攻击墨家的尚同论是封建专制，笔者认为这是不妥当的。事实上，墨子的尚同思想主要是为了让统治者、领导者更多、更好、更快地来得下之情，以便更好地做判断、决策和制定方案。

关于墨家的尚同学说，学术界的评价存在很大的差异，甚至截然相反。台湾学者陈拱在20世纪60年代主张：墨家所提出的尚同社会是一个“由极权、斗争与特务恐怖而强迫天下之人上同于其上的社会”，“这个社会并不是人所能生存的”，“人之所以为人的一切被泯除了，人只成为无内容的痴呆，只成为人其形而零件与螺丝钉其实的痴呆”。“墨学之彻底实现，必至窒息天下，毁灭天下。”[①]这种看法从本质上歪曲了墨家尚同思想的根本意涵。

与陈拱等人的看法不同，台湾学者周长耀、张伟国等提出了完全不同的观点。周长耀说：“墨子的尚同、尚贤的思想，可以说是一种很完整的‘民主集权的政制’。”[②]张伟国主张：“墨子的政治思想就算以西洋现代民主政治理想比，也绝不失色。在迎合中国现实的历史条件和社会环境来说，墨子政治理想的价值，不一定在西洋现代民主政治理想之下。”[③]我认为这是十分合理正确的观点，但是还需要做具体的阐述。

墨家的尚同思想，有些地方还需要很好地加以探讨。比如，为了同一天下之道义，墨家提出要选出天下的贤良之士立为天子。但是，这个天子应该由谁来选呢？《墨子·经上》说：“君，臣萌（民）通约也。”梁启超对此解释说：“由于人民相约置君，君乃命臣。与西方近世民约说颇相类。”[④]从上述墨家关于国家领导层级体系的设置和运作机制来看，君相对于臣民来说，应该具

① 陈拱：《墨学研究》，（台中）东海大学出版社1964年版，第248～262页。

② 周长耀：《孔墨思想之比较》，台湾商务印书馆1979年版，第184页。

③ 张伟国：《尚同非极权》，《鹅湖》1980年第7期。

④ 梁启超：《墨经校释》，任继愈、李广星主编：《墨子大全》第26册，北京图书馆出版社2004年版，第278页。

有非常的约束力。所以，对于《墨子·经上》这一条，笔者认为还是王讚源的解释较为合理，即君就是统治臣和民的人。[①] 吴毓江说："通，总也。约，约束也。""君者臣民总受其约束。"[②]值得注意的是，墨家这一条是关于"君"的定义，也就是要揭示"君"的本质属性，因此也就应该从整个国家治理的层面来谈"君"和臣民的关系。梁启超则是从"君"是如何产生的也就是"君"的形成过程来做解释，显然不是很合适，而且梁启超又用西方启蒙思想家的民约论来解释，就更不恰当了。

墨家关于天子的具体产生过程，没有做出阐述，但是从其应有之义来看，应该是由前一代的贤人天子来选择，类似于三代圣王尧、舜、禹时代的禅让制。唐尧和虞舜两人，他们不是把王位传给自己的儿子，而是传给了其他贤能之士。他们在位的时候，都能以百姓的利益为先，个人的私利为后，禅让帝位。墨学学派对于禅让制是非常欣赏和认可的。当然，前一代的天子选择贤人来继任新的天子，其实只要真正地尚贤，就会和老百姓的意志相一致。但往往难以保证，因为前一代的天子或者某些贤者一旦存有了私心，情况就会发生变化。如所周知，禅让制在禹的儿子启之后就实行不下去了，因为禹的儿子启击败了伯益，从此开始了家天下的世袭制。一直到墨子的时代，实行的都是世袭制。众所周知，家天下和世袭制在实行的过程中，并非都能尚贤，而是大多都不尚贤，所以墨家学派提出唯贤是举、唯才是举的尚贤思想和兼爱平等的思想，反对儒家的"亲亲"做法，是非常具有深意的。墨家所提倡的尚贤和尚同思想就是要打破世袭制，实行禅让制，真正让尧舜禹这样的贤人成为天子。不过，怎么才能打破这种世袭制和家天下，实行真正尚贤的禅让制，如何避免出现启这样的情况，墨家没有进行详细讨论。当然，墨家也提出了"法""令"等制度性的规定，但这些规定主要属于具体的统治策略或者方法，没有直接讨论选举法则和规则等方面的问题，也就是说，没有进一步探究如何保证禅让制持续运行的根本性问题。

关于国家确立之后如何进行统治和管理的问题，墨家观点是显得比较"专制"的。如梁启超所说：墨家的"尚同，尚即上字，意思是'上同于天子'，老

---

① 参见王讚源等主编：《墨经正读》，上海图书馆、上海科学技术文献出版社2011年版，第29页。

② 吴毓江：《墨子校注》，任继愈、李广星主编：《墨子大全》第45册，北京图书馆出版社2004年版，第368页。

实说，就是叫人民都跟着皇帝走，这种见地，和二千年后霍布士所说，真是不谋而合”[①]。严格说来，墨家尚同思想和霍布斯的观点有许多类似之处，但也存在许多不同。霍布斯认为，统治者并非缔约一方，因此不受契约的影响，也无所谓违法的问题，其一切行为都是正义的。墨家则认为，所有层级的统治者都必须尚同于更上一级别的统治者，天子需要尚同于天，也就是要按照兼爱的原则来办事。霍布斯还提出，立法、司法和行政等权力，都必须集中于统治者手中，而且人民一旦交出了权力，就不得收回，统治权一经契约建立，就永远不可转让。不过，霍布斯也认为，臣民服从统治者的义务也依赖于统治者能够保护他们的安全这一前提，统治者一旦不能履行这一职责，臣民就可以解除服从统治者的义务，寻求新的统治者，其实也就是可以起来进行反抗。[②] 墨家的尚同思想或者霍布斯的思想，从某种程度上看，都存在权威制的倾向，这种思想在许多情况下是存在合理性的。正如霍布斯所言，“权分则国分，国分则内乱必起”[③]。试想，如果在国家行政的过程中不能上行下效，又如何能够实现国家安定、人民安居乐业呢？

不过，墨家尚同论，也有可能蜕变为专制制度，因此要对统治者的行政行为进行监督和控制，防止腐败和胡作非为，就必须制定可靠的法律法规进行检验执行。西方启蒙思想家的政治思想，发展到洛克，他提出了三权分立的学说。他说，立法权、执行权和对外权必须分属于不同的部门。同时，他认为，人民是最高的裁判官，如果政府侵犯了人民的自然权利，人民就拥有反抗政府的权利。[④] 卢梭更具体地说，国家中有立法、行政和司法等权力的划分，但后两者从属于主权，即从属于立法权，所以立法权必须永远直接掌握在人民的手里。[⑤]

从当今西方主要的民主国家来看，“三权分立”制度确有其合理性，主要体现在它对权力制衡的作用上。不过，这些国家也并不就是非常完美的，存在的问题也是非常的多。比如，有些统治者就总想超越权力来行政，在执政

① 梁启超：《墨子学案》，任继愈、李广星主编：《墨子大全》第26册，北京图书馆出版社2004年版，第72～73页。

② 参见《中国大百科全书·哲学卷》，中国大百科出版社1987年版，第326页。

③ 《中国大百科全书·哲学卷》，中国大百科出版社1987年版，第326页。

④ 参见《中国大百科全书·哲学卷》，中国大百科出版社1987年版，第554页。

⑤ 参见《中国大百科全书·哲学卷》，中国大百科出版社1987年版，第508页。

的时候并不能兑现他们在选举的时候做出的许多承诺。同时，由于权力制衡的关系，有时统治者想做一些正确的事情，却又很难去实行，因为总会有反对的力量来阻止。

墨家的尚同思想，强调上情下达，下情上达，上下通情，上下一致，作为领导者，必须充分了解民众、掌握民众的情况，即使在今天，也还非常重要。《墨子·尚同中》说："上之所是，必亦是之；上之所非，必亦非之。己有善，傍荐之；上有过，规谏之。尚同义其上，而毋有下比之心。"2020 年新冠肺炎疫情暴发以来，中国人民从领导者到广大的中下层民众，上下一心，快速阻止了疫情的扩散，取得了令人瞩目、人民群众满意的结果，在世界上获得了普遍认可。试问，如果上下之情不通，国家的政策就不能很好地贯彻落实，如果是这样的话，又如何来谈国家的治理和社会的安定呢？又如何来迅速遏制和阻止疫情的扩散呢？所以，有效的治理必须要求上下一心，团结一致，相向而行。总之，墨家的尚同思想对当今的科学行政管理和政治管理具有非常积极的启发借鉴意义。

试论儒墨优势互补与中华新文化建设

张希宇　陈明元

中华民族文化复兴是中华民族伟大复兴不可分割的重要组成部分，因为“文化是民族的血脉，是人民的精神家园”，“文化实力和竞争力是国家富强、民族振兴的重要标志”。[①]

伟大的时代需要伟大的文化。我们目前正在建设的中国特色社会主义文化，应当是不同于历史上任何时期的全新的中华文化。这种新文化不是对既有文化的全盘否定，也不是对既有文化的全盘抄袭，而是对既有的西方文化与中国文化的批判继承和综合创新。而中国文化又可划分为中国传统文化、中国近现代革命文化和新中国成立以后形成的中国建设文化三部分。

本文所论及的儒墨互补问题，就是批判继承中国传统文化、服务于中华新文化建设的一个重要方面。因为儒家文化是中国传统文化的主体，墨家文化则是具有鲜明特征的中国传统文化的重要组成部分。

儒墨互补，最重要的是两个大问题：一是儒墨互补的概念和标准尺度是什么？二是儒墨互补的具体内容是什么？这是本文需要探讨的重点。

一、儒墨互补的条件、概念和标准范围

（一）儒墨互补的条件和概念

儒墨互补的条件，实质就是墨家思想有没有与儒家思想进行互补的资

① 参见胡锦涛：《坚定不移沿着中国特色社会主义道路前进，为全面建成小康社会而奋斗——在中国共产党第十八次全国代表大会上的报告》，《中国共产党第十八次全国代表大会文件汇编》，人民出版社2012年版，第30页。

格。有的专家学者认为，尽管墨学在战国时代与儒学并列为天下显学，然在汉武帝之后沉寂了2000多年，今天猛然提出墨学要与儒学互补，似乎有些唐突和不够资格。对于此种观点，我们的回答是：墨学完全具备与儒学互补的资格，因为墨家思想尽管不被推崇和见容于宗法专制社会，但能够被推崇和见容于21世纪的社会主义中国。特别是从20世纪20年代开始，墨学经历了两次复兴，丰硕的墨学研究成果涉及墨学的各个方面。[①] 不仅如此，墨学研究的许多重要结论，大部分都得到了学界的认同。例如，墨子是中国古代伟大的思想家、教育家、科学家、军事家，是墨家逻辑和墨家学派的创始人，这都是没有疑问的。

所谓儒墨互补，应该是指儒家思想和墨家思想的优势互补。如果把儒墨互补理解成以劣补优，甚至是以劣补劣，那可就大错特错了。因为不管是以劣补优，还是以劣补劣，都不可能优化中国文化的内在结构，促使作为古代精英文化的儒学与作为平民文化的墨学实现有机对接，也不可能真正消融西方消极文化对中国文化的侵袭。

要看到，国内目前发表的关于儒墨互补的论文，并没有真正解决以下三个问题：一是科学辨析和衡量儒墨思想的标准尺度是什么？二是儒墨学说中优劣长短的状况是什么？三是儒墨学说到底在哪些方面可以优势互补？

（二）确立儒墨互补的标准尺度

客观地说，自从五四运动以来，我国思想理论界和民间社会在对待中国传统文化包括儒墨两家评价问题上，从来没有采取过统一的标准尺度；至于采取科学的标准尺度，更是无从谈起。即使新中国成立以来，那些自称以马克思主义为指导研究中国传统文化的专家学者，由于对马克思主义的理解把握不同，事实上也没有形成一个统一的评价传统文化的标准尺度。这是造成思想理论界对儒墨道法等各家思想评价悬殊、观点混乱的直接原因。就儒墨优势互补来说，根本就没有什么标准尺度来衡量评判儒墨两家何者是优长，何者又是劣弱，于是就难免自说自话，以致自我标榜具有现代价值的优长何其多，而批判或攻击对方的劣弱和弊端数不胜数。

我们认为，衡量和评判儒墨优长和劣弱的标准尺度就是社会主义核心

---

① 参见张知寒主编，张希宇撰：《山东省志·墨子志》，山东人民出版社2004年版，第252～264页。

价值观。

首先,什么是价值观?“价值观就是以自身的需要为尺度,对外在于自身的事物或现象所蕴含意义的认识和评价,它往往表现为信念、信仰、理想、追求等形态。”[①]进一步说,价值观就是社会成员和社会组织评价行为和事物以及从何种可能的目标中选择合意目标的标准。价值观这种标准虽然存在于人们的内心深处,但时刻通过态度、行为表现出来。价值观决定人们赞赏什么、拥护什么、追求什么,也决定人们反对什么、厌恶什么。小到制造一件陶碗,大到选择生活目标、生活方式、社会制度,无不渗透和反映人们的价值观念。

马克思主义认为,物质文化(即表层文化)、制度文化(即中层文化)和精神文化(即底层文化)互为因果、相互制约:物质文化和制度文化反映精神文化的内涵,精神文化的内涵必然渗透于物质文化和制度文化之中。一方面,物质文化和制度文化的变化最终会影响精神文化;另一方面,精神文化引导和制约着物质文化和制度文化的发展变化。换言之,精神文化在社会制度和社会生活处在非激烈变革的相对稳定时期,对整体文化发挥主导作用;而价值观作为精神文化的核心、灵魂和精髓,决定着精神文化的内涵、特质和面貌,因而对人类各种文化的形成、演变和发展,以及文化的总体面貌和基本特征都发挥着深层次、全局性的引导和控制作用。由此可见,正是由于价值观具有塑造和规范文化的特别重要的作用,因而它成为新文化建设中观察、辨析、衡量和取舍各种既有文化元素的基本标准和尺度。

其次,把社会主义核心价值观作为衡量和评判儒墨优长和劣弱的标准尺度是有充分理由的。

2012 年 11 月,党的十八大提出的“富强、民主、文明、和谐,自由、平等、公正、法制,爱国、敬业、诚实、友善”[②]的社会主义核心价值观,为传统文化的评判提供了标准。既然社会主义核心价值观是我们党和人民从众多可能的社会发展目标中选择合意目标的最基本标准,那么我们为什么就不能把它作

① 杨永利、李建德:《社会主义核心价值体系学习读本》,红旗出版社 2010 年版,第 2 页。

② 胡锦涛:《坚定不移沿着中国特色社会主义道路前进,为全面建成小康社会而奋斗——在中国共产党第十八次全国代表大会上的报告》,《中国共产党第十八次全国代表大会文件汇编》,人民出版社 2012 年版,第 29 页。

为评判中国传统文化的最基本、最重要的评判标准呢？如果我们能够科学地运用这一标准，就一定能够比较准确地区分和把握儒家、墨家等诸子学说中的精华和糟粕、优长和劣弱。

本文之所以主张要实现儒家公正思想与墨家平等思想、儒家道德思想与墨家法治思想的优势互补，以服务于中华新文化建设，是基于以下考虑。

儒家的公正思想、道德思想和墨家的平等思想、法治思想清晰完整，而且符合社会主义核心价值观的四项要求。

一是平等、公正、法治是党规定的社会制度层面必须具备的四项核心价值观（即“自由、平等、公正、法治”）中的三项，与社会制度有关的社会主义核心价值观当然是极其重要的。

二是社会主义核心价值观虽然没有出现“道德”这一项要求，但关于公民层面的四项要求“爱国、敬业、诚实、友善”，恰恰就是公民道德的四个重要范畴，那么将“道德”列为社会主义核心价值观的一个要项，应当是符合逻辑、持之有故、没有疑问的。

二、儒墨优势互补的两个方面

（一）儒家公正观和墨家平等观可以实现优势互补

公正和平等是社会主义核心价值观的主要内容，也是我国社会发展的核心价值目标。不仅如此，公正与平等历来都是道德哲学和政治哲学的核心问题。所以，准确分析和科学借鉴儒家的公正思想和墨家的平等思想，必能促进中华新文化建设。

1.儒家的社会公正思想

社会的公平正义，简称“公正”，从语言学上看，就是“公平正直，没有偏私”[①]。美国社会学家莫蒂默·阿德勒认为，公正就是“给与每个人所应得的”，“对待同状况者平等，不同状况者不等，与其不等度成比例”。[②] 当代美国伦理学家约翰·罗尔斯则把社会公正归纳为两个原则：第一个原则是人人都享有自由平等的权利，即自由平等原则；第二个原则是差别原则，即在收

① 《现代汉语词典》第7版，商务印书馆2016年版，第453页。

② 参见［美］莫蒂默·阿德勒：《西方名著中的伟大智慧》，王月瑞译，海南出版社2002年版，第42～43页。

入、财富、资源的分配上虽有不平等，但只有使最少得益的社会成员的利益得到相应补偿时才能称得上公平正义。①

考之儒家学说，确实从来没有提倡过人人都有自由平等的权利。但是儒家的社会公正观与罗尔斯提出的公正定义的第二条原则基本吻合。儒家向往的大同社会即公平正义的社会："大道之行也，与三代之英，讲信修睦"，"老有所终，壮有所用，幼有所长，鳏寡孤独废疾者皆有所养"。② 儒家憧憬建立一个无处不均匀、无人不保暖、充满仁爱和道义的社会。

儒家的公平思想主要是指经济公平和政治公平。

(1)儒家关于经济公平的论述。儒家认为，社会要达到公平，最重要的是要以财富的均衡为基础。因为经济上不够公平，对"鳏寡孤独废疾者"就难以做到"皆有所养"。③ 孔子说："丘也闻有国有家者，不患贫而患不均，不患寡而患不安。盖均无贫，和无寡，安无倾。"④因此，要"因民之所利而利之"⑤。在孔子看来，只要做到平均，社会财富少一些，人民贫穷一些，都无需担心，关键是顺应民心，财富分配上相对公平公正。

孟子主张恢复西周初期的井田制，认为井田制体现了公平："夫仁政，必自经界始。经界不正，井地不均，谷禄不平"；"经界既正，分田制禄可坐而定也"(《孟子·滕文公》)。孟子之所以把土地分配视作实现经济公平的基础条件，因为在他看来，如果井田大小分配不够均匀，作为俸禄的田租收入就不会公平合理。荀子则从减轻田租和关税的角度论述了达到经济公平的主要途径："轻田野之税，平关市之征，省商贾之数，罕兴力役，无夺农时，如是则国富矣。"(《荀子·富国》)

可见儒家主张的经济公平，就要在财富的占有和分配方面遵循公平原则，要符合规范，符合情理。

(2)儒家关于政治公正的论述。儒家所讲的政治公正与君王的素质高低以及政务是否公开密切相关，也就是以"各得其分"作为公正标准，达到政治

① 参见[美]约翰·罗尔斯：《正义论》，何怀宏译，中国社会科学出版社1988年版，第一、二章。

② 参见阮元校刻：《十三经注疏》下册，中华书局1980年版，第1414页。

③ 参见阮元校刻：《十三经注疏》下册，中华书局1980年版，第1414页。

④ 陈国庆、何宏注译：《论语》，安徽人民出版社2001年版，第337～338页。

⑤ 陈国庆、何宏注译：《论语》，安徽人民出版社2001年版，第391页。

上的均衡，从而实现国家政局的稳定。

儒家主张的政治公平可以归纳为以下两点。

一是执政公正是实现政治清明的必要条件。《尚书·洪范》云："无偏无陂（颇），遵王之义"，"无偏无党，王道荡荡"，"无反无侧，王道正直。"也就是说，君王只要做到不偏颇、不结党、不倾斜，治国之道就会有信、宽广、公正。荀子也说："君臣上下，贵贱长幼，至于庶人"，"皆内自省，以谨于分"（《荀子·王霸》）。即各安其分，做好各自应当做好的事情，就可达到建立政治清明社会的目标。

二是执政公正是社会公正的基础。儒家认为，统治者是社会的榜样，统治者的以身作则是形成社会良好风气与人民美德的基础和前提。孔子说："其身正，不令而行；其身不正，虽令不从。"（《论语·子路》）孟子说："君仁，莫不仁；君义，莫不义；君正，莫不正。一正君而国定矣！"因为"上无道揆也，下无法守也"，"天子不仁，不保四海"（《孟子·离娄上》）。

2.墨家的社会平等观

何谓平等？《世界人权宣言》说："人人生而自由，在尊严和权力上一律平等。"[①]我国思想学术界一般认为，所谓平等"就是人们在社会上处于同等的地位，在政治、经济、文化等各方面享有同等的权利"[②]。可见，平等主要是指社会成员在一定的社会制度中享有政治、经济、文化等方面相同的权利。

墨家具有丰富的对平等思想的论述，我们可以从以下三个方面来分析。

（1）从墨子主张的"人性素丝论"看墨家的平等观。人到底是性恶还是性善，即使在儒家学派内部也存有很大分歧。孔子对人性问题没有直接论述，只是认为"性相近"[③]。孟子主张性善论，指出："万物皆备于我。"（《孟子·尽心上》）荀子则针对孟子的观点提出了性恶论，认为"人之性恶，其善者伪也"（《荀子·性恶》）。董仲舒则对孟荀的人性论各取一半，把人性分为"三品"："上智"的"圣人之性"是善，"下愚"的"斗筲之性"是恶，而"中人之性"则是善恶并存。[④] 可知儒家关于人性的认识尽管存在一定的分歧，但其主流学派主

① 《世界人权宣言》，冯林主编：《中国公民人权读本》，经济日报出版社1998年版，第445页。

② 《简明社会科学词典》编辑委员会编：《简明社会科学词典》，上海辞书出版社1982年版，第210页。

③ 陈国庆、何宏注译：《论语》，安徽人民出版社2001年版，第351页。

④ 参见张世亮、钟肇鹏、周桂钿译注：《春秋繁露》，中华书局2012年版，第388页。

张“人性善”，而且人性先天就有善恶之分。

墨子和墨家反对儒家的“先天性善论”和“先天善恶论”，提出由社会环境决定的后天形成的“人性素丝论”。墨子通过观察百姓染丝的整个过程，对人性做了深入思考。为什么雪白的蚕丝可以染成各种颜色？“染于苍则苍，染于黄则黄。所入者变，其色亦变。”[①]蚕丝伴随着放入染料的不同也随之五彩纷呈。墨子于是领悟到形成人性差别的原因，就在于自己身边亲近人物的感染和其他社会条件的影响。墨子认为人性如同素丝，是毫无差别的一片白色，无所谓善，无所谓恶，人们在品质上从来就没有先天的“君子”和“小人”之分。人们只是受到后天或善或恶的诱导、感染和教化，人性才有了善恶之分。他举例说，“汤染于伊尹、仲虺，武王染于太公、周公”，因为他们“所染当，故王天下，立为天子，功名蔽天地”。[②] 与此相反，夏桀、殷纣王其实也并非一出生就是昏庸不堪的，只是后来分别受到干辛、推哆、崇侯这些奸佞之徒的教唆，“所染不当，故国残身死，为天下人僇(侮辱)”[③]。

墨家主张的“人性素丝论”，属于唯物主义反映论的范畴。既然人性先天并无好坏善恶之分，那么人人就应该生而平等，不应该把人们分成王公贵族与平民奴隶等诸多社会等级。这样来看，墨家的“人性素丝论”实则隐含着相当强烈的平等观念。

(2)从尚贤观看墨家的平等观念。墨子赞成孔子提出的尚贤乃“为政之本”[④]的观点，但在举贤的范围上，墨子已经完全打破了儒家“亲亲”“尊尊”的血缘宗法制的藩篱，提出了“举义(墨家的‘义人’即贤人)不避贫贱”“举义不避亲疏”“举义不避远近”[⑤]三个基本原则，“不辨贫富、贵贱、远迩、亲疏，贤者举而上之，不肖者抑而废之”[⑥]。根据这些原则，墨家选贤不仅包括士君子，而且也包括广大普通劳动者：“虽在农与工肆之人，有能则举之。”即使“远鄙郊外之臣、国中之众，四鄙之萌(民)人”[⑦]，也都具备被选拔的资格。

---

① 孙以楷、甄长松译注：《墨子全译》，巴蜀书社2000年版，第297页。
② 参见孙以楷、甄长松译注：《墨子全译》，巴蜀书社2000年版，第297页。
③ 孙以楷、甄长松译注：《墨子全译》，巴蜀书社2000年版，第297页。
④ 孙以楷、甄长松译注：《墨子全译》，巴蜀书社2000年版，第316页。
⑤ 孙以楷、甄长松译注：《墨子全译》，巴蜀书社2000年版，第309页。
⑥ 孙以楷、甄长松译注：《墨子全译》，巴蜀书社2000年版，第314页。
⑦ 孙以楷、甄长松译注：《墨子全译》，巴蜀书社2000年版，第309页。

可见墨子的尚贤观已把矛头对准了儒家推崇的贵族世袭的政治制度，已经将举贤的范围扩大到整个社会，主张不分贵族、平民、统治者与被统治者，对所有的人都一视同仁。因此，墨家的尚贤观及其描述的激进的政治理想，充分体现和反映了墨家政治平等的要求和理念。

(3)从兼爱观看墨家的平等思想。儒家讲仁爱，墨家讲兼爱。仁爱尚属于民本主义的思想范畴，兼爱则具有强烈的平等诉求。

孔子说：仁者“爱人”，“泛爱众而亲仁”，“道千乘之国，敬事而信，节用而爱人，使民以时”(《论语·学而》)。孟子将孔子的仁爱思想发挥扩展为系统的仁政思想，提出了爱是双方的权利和义务：“仁者爱人，有礼者敬人。爱人者，人恒爱之；敬人者，人恒敬之。”(《孟子·离娄下》)但是，正如张岱年指出的，孔子倡导的仁爱思想是建立在血缘宗法关系基础之上的“由近及远的差等之爱。仁是等级制度之下的道德原则，含有一定的阶级性。仁并不是要求消除阶级差别，而是肯定等级差别”①。

墨子严厉批判了儒家的“仁爱”，称其为“别爱”“偏爱”，提出了“兼以易别”②的兼爱主张。

何谓兼爱？墨子认为，兼爱就是“俱爱”“尽爱”“周爱”。“兼即仁矣义矣。”③“仁，体爱也。”④“义，利也。”⑤还说：“爱己者，非为用己者。不若爱马者。”⑥“爱人不外己，己在所爱之中。”⑦“志以天下为芬(分)，而能能利之，不必用。”⑧这就是说，墨家倡导的兼爱，就是行仁施义，就是爱利他人。当实行兼爱的时候，自己虽然也在被兼爱的范围以内，但自己对于别人的爱，完全是发自纯正的内心，不存在利己的私心杂念，这种“爱”与“爱马”是为了更好地驱使马为自己服务完全不一样。墨家立志使天下的人“兼相爱，交相利”⑨，

---

① 张岱年：《孔子与中国文化传统》，中华孔子研究所编：《孔子研究论文集》，教育科学出版社1987年版，第3页。

② 孙以楷、甄长松译注：《墨子全译》，巴蜀书社2000年版，第338页。

③ 孙以楷、甄长松译注：《墨子全译》，巴蜀书社2000年版，第341页。

④ 孙以楷、甄长松译注：《墨子全译》，巴蜀书社2000年版，第412页。

⑤ 孙以楷、甄长松译注：《墨子全译》，巴蜀书社2000年版，第412页。

⑥ 孙以楷、甄长松译注：《墨子全译》，巴蜀书社2000年版，第422页。

⑦ 孙以楷、甄长松译注：《墨子全译》，巴蜀书社2000年版，第441页。

⑧ 孙以楷、甄长松译注：《墨子全译》，巴蜀书社2000年版，第422页。

⑨ 孙以楷、甄长松译注：《墨子全译》，巴蜀书社2000年版，第335页。

并以此作为自己的本分，竭尽全力去推行，即使不被王公大人赏识和重用也不后悔。可见兼爱的本意就是“每一个人要爱利所有的人（恶人除外），所有的人都要互施爱利予对方”[①]。

墨子的兼爱是一种不分国界、家别、人我的普遍的爱，即所谓“视人之国若视其国，视人之家若视其家，视人之身若视其身”[②]。不仅如此，墨家还把爱扩展到人的外延的全部，论证了“无穷不害兼”[③]不知其所处不害爱之”[④]，即人数和空间上的无穷不妨碍兼爱，不知道国人居住在何处也不妨碍对他们实行兼爱，提出：“爱众世（人多的世）与爱寡世（人少的世）”“爱尚（上）世与爱后世，一若今之世人也”[⑤]“获（奴隶名字），人也；爱获，爱人也。臧（仆人名字），人也；爱臧，爱人也。”[⑥]在墨家看来，只要是人，除了残害天下的“暴乱之人”[⑦]，不论国籍、身份，男女老幼以至隶、仆人都在爱的范围内。兼爱的核心有两点：一是每个人都是平等的，应不分人我，不别亲疏、贵贱、贫富，毫无差别地爱一切人；二是人与人之间应该和平相处，对等互报，互爱互利。

孟子之所以猛烈地攻击墨子的兼爱为“无父无君，是禽兽也”（《孟子·滕文公下》），就是因为兼爱主张使君臣父子权利趋于平等，泯灭了君与父固有的等级特权，否定和破坏了血缘等级制度。这从反面证实了墨家的兼爱思想所固有的平等观念。

3.儒家公正观和墨家平等观的现代价值

（1）儒家公正思想的现代价值。实现社会公平正义是中国共产党自成立之日起就高举的一面旗帜。新中国的成立为实现社会公平正义奠定了社会制度基础，党的十八大又把实现社会公正作为社会主义核心价值观的要项之一。但要清醒地看到，伴随着社会主义市场经济的快速发展，我国社会存在的不公平、不公正问题日益严重。比如政府公职人员贪腐问题触目惊心。据最高人民检察院披露，2000 年到 2011 年间，我国抓获外逃贪官 18487 人，涉

① 张希宇、张幼林：《墨子墨家与墨学研究》，北京图书馆出版社 2009 年版，第 112 页。
② 孙以楷、甄长松译注：《墨子全译》，巴蜀书社 2000 年版，第 335 页。
③ 孙以楷、甄长松译注：《墨子全译》，巴蜀书社 2000 年版，第 420 页。
④ 孙以楷、甄长松译注：《墨子全译》，巴蜀书社 2000 年版，第 421 页。
⑤ 孙以楷、甄长松译注：《墨子全译》，巴蜀书社 2000 年版，第 442 页。
⑥ 孙以楷、甄长松译注：《墨子全译》，巴蜀书社 2000 年版，第 447 页。
⑦ 孙以楷、甄长松译注：《墨子全译》，巴蜀书社 2000 年版，第 407 页。

案金额高达8000亿人民币。[①] 比如贫富两极分化相当严重，基尼系数在2000年就超过了危险警戒线0.4，2008年高达0.491，2013年仍为0.473。[②] 中国社会科学院2013年调查数据显示，我国收入最高的10%群体和收入最低的10%群体的收入差距，已经从1988年的7.3倍上升到目前的23倍。[③] 这些问题导致人民群众对党和政府产生不满情绪，从而影响社会安定和社会和谐。

第一，要借鉴儒家"各得其分"的经济公正思想。儒家主张每个人都应得到与自己身份地位相一致的社会利益，而不是实现人人绝对平均，其合理性在于认识到适度的等差是建立社会秩序且充满活力的必要保证，强调在社会财富利益分配中"各得其分"，在"差别"中求得"和谐"。我们今天所要追求的经济公平，就是在经济上真正实现所有人按照劳动的数量和质量同工同酬的按劳分配原则，注意适当拉开分配差距，既不能搞两极分化，也不能搞平均主义。

第二，要借鉴儒家政治公正的思想。儒家把执政公正作为执政的重要原则和建立政治清明社会的主要条件，对完善我国社会主义民主制度的重要启示就是要不断扩大人民民主，建立和完善民主法制，实行公开、公平、公正的选贤任能原则，真正实现人民当家作主，为建设社会主义和谐社会创造必要条件。

(2)墨家平等观的现代价值。学界不少人认为墨家兼爱过于理想主义，高远虚幻，难以真正实行，不如儒家的仁爱从爱亲开始推己及人来得实在可行。诚然，这种认识不是没有根据的，但是断然否定墨家的兼爱思想也有很大片面性。马克思认为，"在分析任何一个社会问题时，马克思主义理论的绝对要求就是要把问题提到一定的历史范围之内"[④]。墨子在2300多年前就能在中国思想史上最早提出平等的社会理念，是难能可贵的。墨家兼爱确实不能实行于阶级对立严重的血缘宗法社会，却具有跨越时空的现代价值。在理想主义和现实主义的关系上，理想主义永远是指引人类不断奋斗的一面旗

① 参见《最高检披露12年来抓获18487个在逃职务犯罪嫌疑人》，《中国经济周刊》2012年6月5日。
② 参见《国家统计局：2013年基尼系数0.473》，中国新闻网，2014年1月20日。
③ 参见《中国收入差距扩至23倍分配改革方案8年仍难产》，《中国新闻周刊》2012年5月23日。
④ 《列宁选集》第2卷，人民出版社1995年版，第512页。

帜。在中国历史上，无数志士仁人为了追求社会平等进行了不懈的探索和英勇的斗争。1949 年新中国成立，逐步消灭了阶级剥削和阶级压迫，特别是在建立社会主义和谐社会的进程中，倡导墨家的平等观对于完善社会主义民主制度具有重要的现实意义。

（二）儒家道德思想与墨家法治思想萌芽的互补

1.儒家的道德学说

道德是“一定社会为了调整人们之间以及个人与社会之间的关系所提供的行为规范的总和”[①]。道德的教化和养成主要是通过各种形式的教育和社会舆论的力量，使人们具有善和恶、正义和非正义等观念，并逐渐形成一定稳定的习惯和传统，以此指导或约束自己的行为。

儒家重要道德名目包括忠、孝、悌；仁、义、礼、智、信；温、良、俭、让；恭、宽、敏、惠和中庸；等等。而忠孝、仁义和中庸则是儒家的核心道德。

（1）关于忠孝。儒家忠和孝是最核心、最重要的道德，其他道德或者是建立在忠孝的基础上，或者是忠孝的延伸，或者受到忠孝的制约和影响。西汉以后，儒家以及历代封建统治者都把做忠臣孝子当作对官吏、君子、读书人以及一般百姓的最根本要求，这既是修身、立德、正己的最高目标，也是立身处世、齐家治国的首要条件。

关于忠。忠是儒家的核心道德、最高道德，因为忠是社会伦理、政治伦理的核心。忠和孝，忠高于孝，主宰孝。孝德低于忠德，受制于忠，服从于忠，是忠的前提和准备，最终指向的是忠。

关于孝。孝是家庭、家族伦理的核心。孔子论述了孝的种种表现，对孝德提出了很多要求，归纳起来就是三点：一是无违，即自始至终完全尊重和遵循父母的意志，不能反对和违背；劝告父母必须讲求方法，劝告不成仍要遵从父母意志。二是恭敬诚心。尊重父母、按父母的意志做事，不是别人强迫的，不是做戏给别人看的，而是发自内心、诚心诚意的。三是对父母的敬重、关心和照顾是伴随其生前身后的，即父母在世要尽心尽力地赡养尽孝，死了要以礼安葬，安葬以后还要按礼制经常祭祀。

（2）关于仁义。仁义是儒家道德的精神追求或价值追求，是儒家道德之

---

① 《简明社会科学词典》编辑委员会编：《简明社会科学词典》，上海辞书出版社 1982 年版，第 668 页。

纲。孔子经常讲仁，也偶尔讲到义，如“君子义以为质”（《论语·卫灵公》），“君子义以为上”（《论语·阳货》），可知仁和义两个德目的内涵并无实质不同。孟子多讲义，也讲到仁，多数时候和场合是仁义并称。他说：“生，亦我所欲也；义，亦我所欲也。二者不可兼得，舍生而取义者也。”又说：“仁，人心也；义，人路也。”（《孟子·告子上》）即按照仁的要求去行事就是义。可见儒家的仁义在概念上基本一致，多数时候是可以相互包含、相互换位使用的。

仁义是儒家道德的灵魂，在儒家道德名目中处于优先和统帅的地位。孔子说：“仁者安仁，知者利仁。”（《论语·里仁》）做事不利于仁的不是真正的智者。“仁者必有勇，勇者不必有仁。”（《论语·宪问》）直言仁统帅勇，而勇不能包含仁。仁必须反应礼的要求，但礼要受到仁的限制和节制：“人而不仁如礼何？”（《论语·八佾》）没有仁德的人无法实行礼。孔子要求“君子无终食之间违仁，造次（急迫）必于是，颠沛必于是”（《论语·里仁》）。仁既是最高的道德标准，也是崇高的价值追求，因此为了实现仁应该义无反顾，甚至可以献出生命：“志士仁人，无求生以害仁，有杀身以成仁。”（《论语·卫灵公》）

（3）儒家以德治国理论。儒家以德治国的德治理论，经过先秦孔子、孟子和荀子，中经汉代董仲舒，最后通过两宋理学家，发展成为系统完备的以德治国理论体系。“政治道德化是孔子为春秋时代设计的政治理想蓝图。”[①]以孔子为代表的儒家是道德主义者，鄙视武力和权术，他们重视和强调道德的教化作用，反对暴政、苛政，更反对动辄使用武力维持统治。在孔子看来，刑政杀伐尽管有其必要作用，但那只是治标之策，只有教化才能发挥根本长久的治理作用。于是儒家把道德这一内在性的约束机制标准上升为政治价值标准，期待依靠道德的力量来治理国家。孔子说：“道之以政，齐之以刑，民免而无耻；道之以德，齐之以刑，有耻且格。”（《论语·为政》）孔子坚持认为德政远远好于刑政，刑政让人民害怕而失去羞耻心；而德政则可以使人民在存有羞耻心的情况下自觉遵守礼法规矩。孟子继承发展了孔子的德治思想，创立仁政学说，主张统治者要以道德治理天下，坚决反对用刑罚和武力统治天下。“以德行仁者王”，“以德服人者，中心悦而诚服也”。（《孟子·公孙丑上》）所谓“恃德者昌，恃力者亡”（《史记·商君列传》），就是说依靠道德治国者必能

① 曾振宇：《前期法家研究》，山东大学出版社1996年版，第210页。

兴盛，倚仗暴力进行统治必然灭亡。

2.墨家的法治思想

(1)墨家提出法治思想的重要原因是墨家具有工具理性。法治就是“主张严格依照法律来治理国家的原则和思想”[①]。法治的对立面是人治。古代以韩非为代表的法家主张法术势的法治，反对儒家提出的德治、礼治。其实在中国历史上最早主张法治的不是法家而是墨家。

墨家在当时能够最早提出法治思想，除了不相信儒家关于人性善的判断，反对儒家以周礼、孔子之言作为判断真理是非标准外，还因为墨家是中国古代思想史上唯一的工具学派，具备自觉的工具理性意识。而且，墨子和墨家能够在中国思想史上最早提出法治思想绝非偶然，因为墨家是先秦乃至整个中国古代工具理性精神和科学精神最杰出的代表。首先，墨家逻辑是我国古代最早的系统的思维工具——墨家逻辑。姜宝昌先生在其享誉海内外的《墨经训释》中指出，“墨家逻辑与亚氏(亚里士多德)逻辑，(印度)因明逻辑鼎足而立，成为世界三大逻辑系统”[②]。其次，墨家作为古代劳动者的代表，探索总结了自然科学规律，发现了力学、数学、光学等一系列自然科学定理。墨家自然科学所达到的光辉程度，自然科学史研究专家杨向奎认为，“在古代，在先秦，说墨子是科学之圣，一点不夸大”，“一部《墨经》，无论在自然科学的哪一个方面，都超过整个希腊，至少等于整个希腊”。[③] 正因为在逻辑学和自然科学方面的巨大成就，所以墨家就有可能最早认识和批判儒家以礼治国的弊端和缺陷，提出了“天志”“法仪”等一系列法治观点。

墨家认为，上至王侯将相，下至庶民百工，做事必须有标准和法则可以遵循，然后才能分辨是非正误和利害，做到有“法”可依，把事情做好。墨子把这种可以衡量天下是非的标准法则称作“法仪”，断言：“天下从事者，不可以无法仪。无法仪，而其事能成者，无有也。”[④]

(2)墨家提出“法天”的法治思想。墨家认为，上天不仅是创造宇宙万物的最高神灵，具有不可怀疑的最高的道德性，而且还具有不可抗拒的赏善罚

---

① 邹瑜、顾明总主编：《法学大辞典》，中国政法大学出版社 1991 年版，第 1022 页。

② 姜宝昌：《墨经训释·前言》，齐鲁书社 2009 年版，第 6 页。

③ 参见张知寒主编：《墨子研究论丛》(一)，山东大学出版社 1991 年版，第 34 页。

④ 孙中原撰：《墨子解读》，中国人民大学出版社 2013 年版，第 412 页。

暴的巨大威力，因而是天下政治的最高统治者。儒家却认为，天子受命于天，管理和统治天，是最高的掌权人；墨家认为，天下权力来源于上天，天子受政于天，只有上天才是政治上的最高统治者，因为“天下无（论）大小国，皆天之邑也；人无（论）长幼贵贱，皆天之臣也”①。天子虽然可以“总天下之义，以上同于天”②。但是，“天子未得恣己（任由自己的意志）而为政，有天正（匡正）之”③。

墨子断定，由于唯有上天具有普遍的客观性、公正性、长久性和有效性，因而它才是人类行为的最高标准，是人间社会唯一的“法仪”。“既以天为法，动作有为必度于天，天之所欲则为之，天之所不欲则止。”④而天的所欲和不欲，即为天志。墨子说：“我有天志，譬如轮人之有规，匠人之有矩。轮匠执其规矩，以度天下之方圆，曰：中者是也，不中者非也。”⑤用天志“上将以度天下王公大人为刑政也，下将以量天下万民为文学出言谈也。观其意行，顺天之意，谓之善意行；反天之意，谓之不善意行。观其言谈，顺天之意，谓之善言谈；反天之意，谓之不善言谈。观其刑政，顺天之意，谓之善刑政；反天之意，谓之不善刑政”⑥。只要君主百官万民依据天志行事，天下就会和睦大治。

（3）墨家代天立法：天志即墨子之志。墨子说，上天的意志就是天志。那么，天志何在呢？考《墨子》全书，天志就是由墨家祖师墨子本人提出的救治乱世的一整套社会政治理想，因为上天的欲恶和主张与墨子的主张和欲恶完全相同。墨子说：“天何欲何恶者也？天必欲人之相爱相利，而不欲人之相恶相贼也。”⑦顺天之意就是“兼爱天下之人”⑧，“不欲大国之攻小国也，大家之乱小家也”。上天还反对“强之暴寡，诈之谋愚，贵之傲贱”⑨。上天对人间的希望和要求则是“欲人之有力相营，有道相教，有财相分也”⑩。这说明，墨子

① 孙中原撰：《墨子解读》，中国人民大学出版社 2013 年版，第 413 页。
② 孙中原撰：《墨子解读》，中国人民大学出版社 2013 年版，第 244 页。
③ 孙中原撰：《墨子解读》，中国人民大学出版社 2013 年版，第 312 页。
④ 孙中原撰：《墨子解读》，中国人民大学出版社 2013 年版，第 313 页。
⑤ 孙中原撰：《墨子解读》，中国人民大学出版社 2013 年版，第 320 页。
⑥ 孙中原撰：《墨子解读》，中国人民大学出版社 2013 年版，第 412～413 页。
⑦ 孙中原撰：《墨子解读》，中国人民大学出版社 2013 年版，第 413 页。
⑧ 孙中原撰：《墨子解读》，中国人民大学出版社 2013 年版，第 326 页。
⑨ 孙中原撰：《墨子解读》，中国人民大学出版社 2013 年版，第 317 页。
⑩ 孙中原撰：《墨子解读》，中国人民大学出版社 2013 年版，第 319 页。

再三申明"'戒之慎之'的'天志',就是墨子倡导的以'兼爱'为中心的政治理想的翻版"[①]。

3.儒家道德思想和墨家法治思想的现代价值

(1)儒家道德思想的现代价值。在建立社会主义市场经济体制的过程中,经济的巨大发展并没有带来相应的精神升华。如何重建当代中国的伦理规范,这是中华民族伟大复兴的重要任务之一。中共十六大报告指出:为了建立社会主义现代化强国,就要建立与社会主义市场经济相适应、与社会主义法律规范相协调、与中华民族传统美德相承接的社会主义道德思想体系,那么我们今天可以从以下几个方面借鉴儒家的道德精神以助力中华民族复兴大业。

一是建立社会主义和谐社会应该从儒家伦理文化中吸取丰富的营养和智慧。科学转化儒家充满亲情的伦理精神,帮助建立和睦有序的和谐社会。具体地讲,可以根据社会主义市场经济的现实,对儒家道德予以批判性的借鉴和转化,即剔除其封建主义的糟粕,明确当代中国各道德主体的权利义务,导入切实浓郁的亲情,削弱和降低市场经济体制本身带来的冰冷僵硬的物欲成分。

二是批判地借鉴儒家德治理论,对于推进国家治理和国家的长治久安具有重大作用。儒家以德治国的德治理论的精华,就是重视教化作用,轻视刑罚和暴力的作用,大力推行任人唯贤的政治方略等。

我们要成功建设社会主义法治国家,一方面要以人民良好的道德素养为基础,培育素质发展全面的现代公民;另一方面要努力借鉴儒家以德治国的成功经验,建设社会主义政治文明,提高执政党的执政能力,完善民主制度,从严治党,实行包括任人唯贤、廉政建设、加强干部教育和培训在内的一系列措施。

(2)墨家思想的现代价值。"人治主张国家治理的关键在于统治者个人的道德和行为,而不是法律";"法治主张严格依据法律治理国家"。[②] 儒家的以礼治国、以德治国其实质就是实行人治。墨家在中国思想史上最早提出了

① 张希宇、张幼林:《论墨子的天鬼观非宗教教义》,《齐鲁学刊》2004 年第 4 期。

② 参见余源培主编:《邓小平理论词典》,上海辞书出版社 2012 年版,第 304 页。

实行法治的思想萌芽，假托上天制定墨家之法，相比于儒家以礼治国的人治来说则是一个巨大进步，具有划时代的意义。墨家宣布，天下君主多是不仁者，就是宣布天下的君主不是真理的发现者，无权代替人民制定法律！这在2400多年前君权神授思想盛极一时的时代，无疑是石破天惊的呐喊！

儒家倡导的君子治国，就是把国家政治的好坏系于贤人。贤人在位则政治清明，暴君污吏在位则政治黑暗。把政治清明寄托于贤君、贤相、贤臣，而不是依赖法律制度，绝不可靠。比较而言，法治优于人治。古今中外的历史事实已经证明并将继续证明，人治把国家的安危寄托在个人或少数人身上，国家权力的运行和社会秩序的维系缺少相应制度和法律的控制，很容易导致人亡政息和社会动荡不安。与此相反，法治可带来长治久安。

中共十五大提出了“健全社会主义法制”“依法治国”“建设社会主义法治国家”的奋斗目标。[①] 其基本要求就是以法律作为治理国家的重要工具，使国家的一切活动都严格依法办事，真正实现法律面前人人平等，切实做到有法可依、有法必依、违法必究。为了不断完善社会主义法治，建设社会主义法治国家，认真研究和借鉴墨家朴素的法治思想，是古为今用的重要举措。

综上所述，在中华民族伟大复兴的背景下建设中国特色社会主义文化，需要对中国传统文化、中国近现代革命文化、新中国成立以来形成的建设文化以及以资本主义文化为核心的西方文化进行研究、借鉴和利用。批判继承中国传统文化的儒家和墨家思想，服务于中华新文化建设，就要在坚持以马克思主义为指导的前提下，把社会主义核心价值观作为衡量和辨析儒墨思想精华和糟粕的唯一科学标准，并在分清儒家和墨家思想及精华和糟粕的基础上，实现儒墨两家优势互补。

因为儒家思想所包含的丰富的社会公平和道德伦理思想，与墨家思想所包含的丰富的社会平等和法治思想，都是社会主义核心价值观的重要组成部分，所以研究和借鉴儒家的公正思想、道德思想及墨家的平等思想和法治思想并实现两者的优势互补，对促进中华新文化建设，对完善我国的社会主义市场体制都具有重要的意义。

---

① 参见江泽民:《高举邓小平理论伟大旗帜，把建设有中国特色社会主义事业全面推向21世纪》，《人民日报》1997年9月22日。

换言之，儒家的社会公正思想和道德思想比较丰富系统，但没有论及社会平等问题，较少论及法治问题；墨家公正思想不如儒家系统、深刻、全面，但对社会平等问题有较多论述，而且最早独立地提出了法治思想。两家恰好形成学术上的优势互补。站在批判继承中国传统文化的角度，儒家的公正和道德思想与墨家的平等和法治思想都应是我们建设中华新文化十分宝贵的思想遗产和重要的文化资源。

儒墨的公私义利观对推类模式前提预设的影响

张晓芒　贾　磊

一、问题的提出

按西晋鲁胜的《墨辩注叙》，“孟子非墨子，其辩言正辞则与墨同。荀卿、庄周等皆非毁名家，而不能易其论也”①。看来，作为先秦推类②模式③的“方法作用”没有什么问题，问题出在什么地方呢？

针对西方逻辑中“公理化”基础上的“推理的一般”，胡适曾认为先秦逻辑思想虽然不注重形式，“却能把推论的一切根本观念，如‘故’的观念、‘法’的观念、‘类’的观念、‘辩’的方法都说得很明白透彻，有学理的基本，却没有法式的累赘”④；金岳霖也言：“中国哲学没有打扮出理智的款式，也没有受到这种款式的累赘和闷气”⑤“中国哲学非常简洁，很不分明，观念彼此联结，因此它的暗示性几乎无边无涯。结果是千百年来人们不断地加以注解，加以诠释……这些古代哲学是从来没有被击破……也从来没有得到全盘接受的。”⑥但“公孙龙的名学重内容不重形式”⑦，“中国逻辑不纠缠于形式，而注重思维的实质性的研究，所以它可以避免西方或印度逻辑的繁琐之处。……

① 鲁胜：《墨辩注叙》，《晋书·隐逸传》，中华书局 1974 年版，第 2434 页。

② 中国古代逻辑史的文献中关于推理的概念有许多，如“推类”“类推”“以类而推”“推故”“推步”“例推”“数推”等。按它们“推导”意义下基本一致的本质规定性，本文统一为“推类”。

③ 有关先秦推类模式的论述，参见笔者即将出版的新著《先秦推类思想辩证》。

④ 胡适：《中国哲学史大纲》上卷，商务印书馆 1987 年版，第 224～225 页。

⑤ 金岳霖：《中国哲学》，胡军编：《金岳霖选集》，吉林人民出版社 2005 年版，第 68 页。

⑥ 金岳霖：《中国哲学》，胡军编：《金岳霖选集》，吉林人民出版社 2005 年版，第 69 页。

⑦ 《杜国庠文集》，人民出版社 1962 年版，第 116 页。

这样的逻辑，我们也可称之为‘内涵的逻辑’”[①]等。这些前辈所指的“形式”“法式”当属亚氏、莱氏意义上的逻辑的“推理的一般”。

这里需要说明的是，对于温公颐先生所说“内涵的逻辑”之“内涵”的理解，似乎中西方逻辑学界不同。西方指的是“非经典逻辑”，如模态逻辑等，而中国是包括思想内容的。诚如吾师温公颐先生在其《〈先秦逻辑史〉编写中的几个问题》之六“中国逻辑有无自己的特点”中所说：“从逻辑的总的性质来看，西方推论以类属为依据，可以说是外延的逻辑，这与中国的三物逻辑有所不同，我国古代的三物逻辑重在内涵，‘类不可必推’、‘推类之难，说在名之大小’。‘类’，既应作为推论的依据，又不能完全依靠。公孙龙曾注重内涵的分析，我姑且名为内涵的逻辑，这是中国逻辑的一个特点。”[②]温公颐先生关于先秦逻辑是“内涵的逻辑”的断言，是他在对公孙龙的逻辑思想以及墨辩逻辑思想的分析评价中得出的。“公孙龙的推论不基于类，而基于指，这即我们所说的，不是基于外延关系的逻辑推论，而是以内涵关系为推论基础。公孙龙从概念、判断到推理都以内涵为基础，企图建立他的内涵的逻辑，这是公孙龙对中国逻辑科学发展的一点贡献。”[③]“只有墨辩的‘三物逻辑’，才能真正称作‘内涵的逻辑’”，亦即按“三物逻辑”之“故理类”，“客观事物的所以然之故，故所由成的规律联系，以及同故的必同类的依据，就是整个辞的实质”。[④] 因此，“‘三物逻辑’这样注重于实质问题的研究，既摆脱了公孙龙概念分析的形而上学的片面性，又不纠缠于形式逻辑的烦琐形式。墨辩的‘三物逻辑’在内涵逻辑的建设上确是取得了一定的科学成果的”[⑤]。

显然，温公颐先生这里是在“反公理”的意义上，认为先秦逻辑思想的特点在于它是一种“类故理”的“三物逻辑”，重在内涵，也可以说是一种注重“类事理”的“内涵的逻辑”。继而我们认为，这种内涵逻辑的主导推理方法就是把握“类事理”的“推类”，因此在现实的推类模式应用中，对于“类事理”的理解往往成为前提预设，规导着谕证的方向。这也就是为什么使用的方法相

① 温公颐：《先秦逻辑史》，上海人民出版社 1983 年版，第 48 页。

② 温公颐：《〈先秦逻辑史〉编写中的几个问题》，《温公颐文集》，山西高校联合出版社 1996 年版，第 264 页。

③ 温公颐：《惠施、公孙龙的逻辑思想》，《温公颐文集》，山西高校联合出版社 1996 年版，第 160 页。

④ 参见温公颐：《先秦逻辑史》，上海人民出版社 1983 年版，第 131 页。

⑤ 温公颐：《先秦逻辑史》，上海人民出版社 1983 年版，第 117 页。

同，但也会出现“类不可必推”“推类之难，说在名之大小”的问题。究其原因，不同的观点、理念，决定了先秦时期在运用推类模式进行传播过程中，也影响了不同的前提预设。

我们以先秦时期的公私观为例。

按《左传·昭公二十九年》处对“类”的诠释，“心能制义曰度，德正应和曰莫，照临四方曰明，勤施无私曰类，教诲不倦曰长，赏庆刑威曰君，慈和遍服曰顺，择善而从之曰比，经纬天地曰文”。所谓“无私曰类”，《韩非子·五蠹》解曰：“古者仓颉之作书也，自环者谓之私，背私者谓之公。”又按“私”字写法像画一个螺旋形，是从外向内画的，所以“自环者谓之私”；而“公”字写法也如螺旋形，要在外面点上两点，与“私”字相反，所以“背私者谓之公”。韩非子之言，形象地把仓颉造字的根据道出，所以《说文解字·八部》将“公”概括为“平分也，从八，从厶。八犹背也。韩非曰：背厶为公”。从汉字解字的意象性思维方法或样式来看，“公”“私”显然成为人伦世界中高下立判的对立两极，所以说“无私曰类”。

那么，这种对立的概念怎样影响着先秦诸子在应用推类模式时的前提预设[①]呢？我们仅分析“世之显学，儒、墨也”（《韩非子·显学》）的两家。

二、儒墨的公私观

1.孔子的公私观

《论语》中除了君主称号外，“公”字凡五见，其中四见为国家朝廷意义上的“公”，而公平正直意义上的“公”仅一见：“宽则得众，信则民任焉，敏则有功，公则悦。”（《论语·尧曰》）意谓民众利益是公平的标准，由此才会“因民所利而利之”，才会“惠而不费”。孔子弟子将这种公平与民众利益相联系的思想进一步发挥：“百姓足，君孰与不足？百姓不足，君孰与足？”（《论语·颜渊》）

《论语》中作为“利己”意义上的“私”无见。

2.孟子、荀子的公私观

其后的儒家孟子也寡言“公”“私”。

---

① 先秦推类模式所依据的类事理的同一或相似的合理性，论证者往往将结论性的东西潜在地预设在前提中，所以谕证过程的主观性强、论证主体性强。这个问题将另文论述。

再后的儒家荀子使用“公”“私”近四十处，且多处“公”“私”对举，明确表明“公义胜利欲”(《荀子·修身》)。其“公道达而私门塞”、“公义明而私事息”(《荀子·君道》)的态度是鲜明的，其“公正无私”“志爱公利”(《荀子·赋》)的选择也是明确的。

孔子所述“公则悦”的过程，其实就是一个如何将“公”归结为“公利”并进而约化为“义”的过程。这是因为当时的社会“不患寡而患不均，不患贫而患不安。盖均无贫，和无寡，安无倾”(《论语·季氏》)。

而荀子“公义明而私事息”(《荀子·君道》)的态度，与“公正无私”“志爱公利”的选择，也从他的公私问题向义利问题过渡。

3.墨子的公私观

墨子所述的公平、公正意义上的“公”仅一见，且与“私”对举：“举公义，辟私欲。”(《墨子·尚贤上》)而“利己”意义上的“私”仅五见。只是墨子所倡导的“举公义，辟私欲”，体现的也是以私从公的思想。

按以往的历史经验，“昔先圣王之治天下也，必先公，公则天下平矣。平得于公”(《吕氏春秋·贵公》)。言必称“先王之治”的儒墨，虽然并没有过多具体论述“公”与“私”，但是这个问题也必定会成为他们不能不思考的问题。

由是，儒墨理想的公私观就体现为具体的义利观了。

三、儒墨的义利观

1.孔子的义利观

《论语》中讲“义”处凡二十多见，且常与“利”对举。

按“义者，宜也”(《中庸·第二十章》)，以及韩非的细论，“义者，君臣上下之事，父子贵贱之差也，知交朋友之接也，亲疏内外之分也。臣事君宜，下怀上宜，子事父宜，贱敬贵宜，知交朋友之相助也宜，亲者内而疏者外宜。义者，谓其宜也，宜而为之”(《韩非子·解老》)。所谓“义”，应是一切行为的应然态度或适宜标准。这也成为孔子所认定的人生要义、立身之本：“君子以义为质”(《论语·卫灵公》)，“君子义以为上”(《论语·阳货》)。

《论语》中孔子讲“利”处不到十见，一见为“公利”，“因民所利而利之”，其余的“利”基本上是“私利”意义上的利。

应该说，孔子重义轻利。在他的义利观中有两种命题值得注意，一种将

"公""私"对立,"君子喻于义,小人喻于利"(《论语·里仁》);另一种是"公""私"可以有一定交集,"义以为上"(《论语·阳货》),"见利思义""义然后取"(《论语·宪问》)。前一种以君子和小人的人格对比说明义和利的价值地位,后一种则把"义"当作价值选择的最高目标或标准。故而孔子虽"罕言利"(《论语·子罕》),但他主张的是"无见"那种"欲而贪"的"小利",并非完全去利和非利。就群体而言,"因民所利而利之","修己以安百姓","博施于民而能济众",是"义"约化后的"公利";就个体而言,"富而可求也,虽执鞭之士,吾亦为之"(《论语·述而》),是"义然后取"的正确途径。

对于孔子的义利观,后人精辟地将其概括为"惟吾夫子'先难后易'、'先事后得'、'敬事后食'三'后'字无弊。盖正义便谋利,明道便计功,是欲速,是助长"(《颜元集·言行录》)。

2.孟子的义利观

其后的孟子虽寡言"公""私",但《孟子》中却几乎篇篇谈"义""利",并在义利对举中高扬了"义"的价值,以舍生取义承继了孔子的杀身成仁。

> 生,亦我所欲也;义,亦我所欲也。二者不可得兼,舍生而取义者也。(《孟子·告子上》)

虽然孟子在高扬"义"的价值时,又将义、利截然对立起来,提出了"何必曰利?亦有仁义而已矣"(《孟子·梁惠王上》)的绝对观点,但这实在是由于他认为天下人只顾追求利而忽视了义,故而要"天下溺,援之以道",以仁义来导民向善。

3.荀子的义利观

再后的荀子同样是以他的公私观体现了自己的义利观,以"君子苟能无以利害义"(《荀子·法行》),把"义"看成是道德的标准。

> 义与利者,人之两有也。虽尧、舜不能去民之欲利,然而能使其欲利不克其好义也。虽桀、纣不能去民之好义,然而能使其好义不胜其欲利也。(《荀子·大略》)

不过,在"上重义则义克利,上重利则利克义",从而"义胜利者为治世,利克义者为乱世"(《荀子·大略》)的过程中,荀子认为礼义是社会的最高原则。

4.墨子的义利观

作为墨家领军，墨子也寡言“公”“私”，但作为公私观具体体现为义利观，“义”“利”却在《墨子》中频频出现。

首先，可将墨子之“义”理解为“正”。

> 义者，正也。何以知义之为正也？天下有义则治，无义则乱。我以此知义之为正也。（《墨子·天志下》）

对此，墨子还做了正反两方面的解释。正面解释为：

> 为贤之道将奈何？曰：有力者疾以助人，有财者勉以分人，有道者劝以教人。若此，则饥者得食，寒者得衣，乱者得治。（《墨子·尚贤下》）

反面解释为：

> 义正者若何？曰：大不攻小也，强不侮弱也，众不贼寡也，智不欺愚也，贵不敖贱也，富不骄贫也，壮不夺老也。……故凡从事此者，圣知也，仁义也，忠惠也，慈孝也。是故聚敛天下之善名而加之。（《墨子·天志下》）

由此正反解释可看出墨子之“义”的具体体现仍然是“无私”：

> 三圣人者，谨其言，慎其行，精其思虑，索天下隐事遗利。以上事天，则天享其德；下施之万民，万民被其利，终身无已。（《墨子·尚贤中》）

其次，墨家所言的“利”，有养生所需之利、众人之利、为我之利、兵器锋利之利。前三种意义的“利”尽管都是“所得而喜也”（《墨经·经上》），但仍然有公利、私利之分，“交相利”之“利”是众人之利，“赖其力”的养生所需之“利”是合乎正道之利，均是“义”的体现，应该与“义”同义；而不合乎正道的“不与其劳获其实，已非其有所取之”的“亏人自利”之“利”则是“不义”。因此，在墨子所言利中，公利与私利的义与不义界限泾渭分明。

墨家贵义，认为“有义则生，无义则死；有义则富，无义则贫”（《墨子·天志上》），并以“爱无差等”将兼爱建立在人类的互报上，“夫爱人者，人必从而爱之；利人者，人必从而利之；恶人者，人必从而恶之；害人者，人必从而害之”。故而在以兼相爱达致交相利的过程中，义利是统一的，即“义，利也”（《墨经·经下》）。

其实，对于“兼相爱，交相利”的讨论，映射的是墨子“天之行广而无私，其施厚而不德，其明久而不衰”（《墨子·法仪》）的公私理念，义利问题仍然是公私问题，只不过将“义”体现在对“天志”的认识与践行中。

四、儒墨的公私义利观对推类模式前提预设的影响

1.孔子的前提预设

前文所述，孔子将“公”归结为“公利”，并进而约化为“义”，把“义”看成是道德之价值选择的最高目标或标准。但定标准是一回事，如何使行为的主体自觉按照这个标准行事，却是另一回事。为此，注重加强德化教育的道德建设，就成为孔子公私义利观走向的题中应有之义。

> 道之以政，齐之以刑，民免而无耻；道之以德，齐之以礼，有耻且格。（《论语·为政》）

为了达到这个目的，孔子从社会发展论的角度，在《子路》篇中首次系统地提出了“庶”“富”“教”的思想。其目的在于“务民之义”为“智”，“先难而后获”得“义”则为“仁”（《论语·雍也》）。“仁”是什么？《论语》中有关“仁”的解说有很多，但能够作为推导方法前提的指导观念有两条，一条是“夫仁者，己欲立而立人，己欲达而达人，能近取譬，可谓仁之方也”（《论语·雍也》）；另一条是“仲弓问仁。子曰：‘……己所不欲，勿施于人’”（《论语·颜渊》）。由这一点来看，在孔子那里，仁是义的内在本质，义是仁的外在表现，所以才会“欲而不贪”“欲仁而得仁，又焉贪？”（《论语·尧曰》）

而在“教之”的道德建设中，“为政以德，譬如北辰，居其所，而众星拱之”（《论语·为政》），君主成为道德建设的主体，亦即“上好礼，则民莫敢不敬；上好义，则民莫敢不服；上好信，则民莫敢不用情”（《论语·子路》）。由是，在孔子所希冀的“主忠信，徙义，崇德也”（《论语·颜渊》）的道德建设中，在“君子之于天下也，无适也，无莫也，义之与比”（《论语·里仁》）的道德建设的取法思考中，由“公”“义”而来的“仁”，也就成为孔子一切思考的前提预设。尤其体现在他的“正名”精神上。

2.孟子的前提预设

在《孟子》中，“义”有一百多见，其中“仁”“义”连用凡三十多见，表明孟子对于“义”的理解，已经是要希冀通过“谨庠序之教，申之以孝悌之义，颁白者不负戴于道路矣”（《孟子·梁惠王上》）的道德教育，能够使人人知晓“仁，人心也；义，人路也。舍其路而弗知，放其心而不知求，哀哉！……学问之道无他，求其放心而已”（《孟子·告子上》）。如是才“人皆可以为尧舜”（《孟子·告子下》）。按宋代朱熹在其《孟子集注》中的评价，孟子对“亦有仁义而已矣”说得如此坚决，是因为当时的人唯利是图不知世上有“仁”“义”二字，“所以拔本塞源而救其弊，此圣贤之心也”。这也表明，孔子“正名”精神的前提预设“仁”，发展到孟子，“仁义”就成为其一切思考的前提预设。这也就是为什么他在与告子有关人性的论辩中，同样是引征“水性的问题”，但其谕证的结论却大相径庭。

3.荀子的前提预设

《荀子》中，“义”有近三百见，其中“礼义”连用多达一百多见。而“礼义”更多地体现了“人能群”（《荀子·非相》）的尚义社会中人文规定的意义，因此荀子的公私观、义利观不但延续了注重德化教育的儒家传统，而且进一步提出了通过礼义法度来引导人的自然本性。故而他主张以“师法之化，礼义之道”去“化性起伪”，如是才可以“出于辞让，合于文理，而归于治”。（《荀子·性恶》）

因此，主张“君子必辩”的荀子，就是以“言仁”为论辩内容，以符合“礼义之中”为论辩方法。这实在是因为以前的一些人“不法先王，不是礼义，而好治怪说，玩奇词。甚察而不惠，辩而无用，多事而寡功，不可以为治纲纪”（《荀子·非十二子》），所以在荀子那里，辩说也是一种教化人的方法——“兼术”，是为了向人们正确地宣讲礼义，是为了“以正道而辩奸，犹引绳墨以持曲直。是故邪说不能乱，百家无所窜”（《荀子·正名》）。由是，孔子之“仁”，孟子之“仁义”，发展到荀子，“礼义”就成为他一切思考的前提预设了。

4.墨子的前提预设

墨子的义利观体现在他对“天志”的认识与践行中。

首先，墨子所倡导的“义”，是以“天志”为准则的。这是因为，墨子之“天”，一是具有大公无私的品格，“爱利百姓”，“为万民兴利除害，富贫众寡，安危治乱”，却又“行广而无私，其施厚而不德，其明久而不衰”；二是具有善恶分明的态度，“欲义而恶不义”（《墨子·天志中》），“欲人相爱相利，不欲人相恶相贼”（《墨子·法仪》），“不欲大国之攻小国”（《墨子·非攻》）；三是具有法力无边的权威，“然则何以知天之欲义而恶不义？曰：天下有义则生，无义则死；有义则富，无义则贫；有义则治，无义则乱”（《墨子·天志上》）。基于此，墨子的“天志”即为“义”，为“公利”。接续上古以来的传统，天意表达的还是民意，“顺天意者，兼相爱，交相利，必得赏；反天意者，别相恶，交相贼，必得罚”（《墨子·天志上》），所以墨子要求“动作有为，必度于天。天之所欲则为之，天所不欲则止”。概言之，在将天下之人都“鼓而进于义”的过程中，“莫若法天”（《墨子·法仪》），“取法于天”（《墨子·尚贤中》）。

其次，墨子所实行的“义”，是按“天志”践行的。由于“天志”就是“义”，而“万事莫贵于义”（《墨子·贵义》），所以“取法于天”的过程也是“鼓而进于义”的践行过程。“若事：上利天，中利鬼，下利人。三利而无所不利，是谓天德。……是其何故也？则顺天之意也。”（《墨子·天志下》）

为了达到这个目的，墨子最先旗帜鲜明地将“辩”提高到一个“为义首务”的高度：“为义孰为大务？……能谈辩者谈辩，能说书者说书，能从事者从事，然后义事成也。”（《墨子·耕柱》）并进而在“言必立仪”的理性认识下提出了著名的“三表法”：“言必立仪……言而无仪……是非利害之辩，不可得而明知也。故言有三表。”（《墨子·非命上》）墨子的“三表法”也几乎成为他在对其十个政治伦理主张做论证时的一种思维框架，从而使“三表法”具有了一定意义上的公理意识。

由此，由“公”“义”“天”而来的“三表法”，就成为墨子一切思考的前提预设，并具体体现在其推类模式的“谈辩”实践中。亦即要“察类”“知类”，而“察类”“知类”的过程也是一个“依类明故”的过程，是一个“明小以明大”的过程。在墨子“动之于其类”的推类模式运用中，“若”“是犹”“是譬犹”“此譬犹”等“类事理联结词”也就比比皆是，成为他论辩中运用最娴熟的一种方法，成为他政治传播活动中一个得心应手的论辩工具。

五、结语

按上，先秦时期推类模式取法标准有着政治伦理精神或伦理化倾向，其推类模式方法的形成在其历史化过程中，不断接受作为预设前提的历史化取法标准的反复淘洗，一点一滴地积淀并不断得以强化。

这个过程仍然是遵循“历史文化对逻辑的要求”“逻辑对历史文化的观照”之思想路数，故而先秦逻辑思想一以贯之的融贯“观乎天文以察时变”之科学精神与“观乎人文以化成天下”之人文精神的统一，就是求真精神与求善精神的统一。或者说，预设前提的历史化取法标准的合理性与合法性，不能不在“讲逻辑”与“用逻辑”统一的名辩思潮中，考量着先秦推类模式的适宜性、有效性或生效性问题，以及它的普遍适用性问题。

这就是我们今天在思考为什么“孟子非墨子，其辩言正辞则与墨同。荀卿、庄周等皆非毁名家，而不能易其论也”时需要注意的一个问题。

乾嘉学术与清中期儒墨关系的变动趋向
——以汪中儒墨观为中心的考察

张永春

先秦诸子，儒墨为盛。墨子生当战国初年，至战国末期，墨家作为一个影响广泛的学派仍活跃于历史舞台。《韩非子·显学》说："世之显学，儒、墨也。儒之所至，孔丘也；墨之所至，墨翟也。"《吕氏春秋·当染》亦云："（孔墨）从属弥众，弟子弥丰，充满天下。"秦汉以降，儒学成为封建社会的正统，炙手可热；而墨学则被视为异端之学，尘封千古，即便与道家、法家等诸子学派相比，命运亦有所不及。唐宋以后，随着孟子在儒学谱系内地位的上升，其斥责墨家"兼爱为无父"之语广为流传，①使得历代士人谈墨者稀，儒尊墨卑的格局由此而定。这一情形正如《四库全书总目》所言："墨家者流，史罕著录，盖以孟子所辟，无人肯居其名。"②然自清代考据学兴起后，儒墨关系开始出现新的变动趋向。因《墨子》多载《诗》《书》，可证经证史，故考辨《墨子》之风渐成气候并旁及墨家思想。受此学风影响，乾嘉学者汪中致力于《荀》《墨》之学并卓然名家。通过对周秦学术源流的考察，汪中还原了儒墨均源于周代文化、为诸子之一的历史本相，阐述了儒墨相等、意相反而实相成的关系，并在此基础上挖掘、张扬墨子的济世情怀。其墨学观虽遭致当时学人猛烈的抨击，折射出乾嘉时期墨学备受排斥、无改异端定位的传统命运，但亦昭示了经学考据与晚清墨学复兴间的内在关联，预示着乾嘉之际传统学术演变的新趋向。

① 《孟子·滕文公下》云："圣王不作，诸侯放恣，处士横议。杨朱、墨翟之言盈天下。天下之言，不归杨，则归墨。杨氏为我，是无君也；墨氏兼爱，是无父也。无君无父，是禽兽也。……杨墨之道不息，孔子之道不著，是邪说诬民，充塞仁义也。仁义充塞，则率兽食人，人将相食。吾为此惧，闲先圣之道，距杨墨，放淫辞，邪说者不得作。……能言距杨墨者，圣人之徒也。"

② 纪昀等：《钦定四库全书总目》，四库全书研究所整理本，中华书局 1997 年版，第 1564 页。

一、考辨经子

汪中曾对毕沅言及自身为学大要："中少日问学，实私淑顾宁人处士。故尝推六经之旨，以合于世用。及为考古之学，惟实事求是，不尚墨守。以此不合于元和惠氏。所为文，恒患意不逮文，文不称物，不专一体。"[①]其好友江藩亦云："君治经宗汉学，谓国朝诸儒并起，接二千余年沉沦之绪，通儒如顾宁人、阎百诗、梅定九、胡朏明、惠定宇、戴东原，皆继往开来者。亭林始开其端；河、洛图书至胡氏而绌；中西推步至梅氏而精；力攻古文者，阎氏也；专治汉易者，惠氏也；及东原出而集大成焉。拟作六儒颂，未成。"[②]故从学术渊源看，汪氏学术思想，实远续顾炎武，近承戴震。

汪中少年时工诗，善词赋，《哀盐船赋》被杭世骏喻为"惊心动魄，一字千金"。三十岁后，始究心经史，由声音、训诂之学兼通名物、象数；由名物、象数之学精研大义。这种治学方法，实际上是乾嘉学派以声韵为关键进行名物训诂的基本路径，也是汉语汉字"义本于音"观点在学术上的实践。孙诒让即认为"以音求义"的方法乃董理古籍的关键，亦为清代朴学超轶唐宋的一个主要原因："大氏以旧籍精校为据依而究其微旨，通其大例，精研博约，不参成见。其厘正文字伪舛，或求之于本书，或旁证之它籍，及援引自类书，而以声类通转为之关键，故能发疑正读，奄若合符。"[③]汪氏曾谈到声音训诂之学的必要性："书契之始，有声音而后有语言，有语言而后有文字，故小学必自声音始，而形体训诂次之。"[④]又说："古之名物制度，不与今同也；古之语，不与今同也。故古之事，不可尽知也。"正是因为古今情形不同，后人对古代的制度、语言、史实不易准确把握，才会有考证、训诂的需要。[⑤] 其《释三九》《妇人无主答问》《女子许嫁而婿死不当从死议》《居丧释服解义》诸篇，王念孙认为："有功经义，使后之治经者振烦祛惑，而得其会通。"王引之亦谓汪氏："博考文字

---

① 汪中：《与巡抚毕侍郎书》，《新编汪中集·文集·第五辑》，广陵书社2005年版，第428页。

② 江藩：《国朝汉学师承记·汪中》，《新编汪中集·附录二》，广陵书社2005年版，第47页。

③ 孙诒让：《札迻·序》，转引自朱维铮编：《周予同经学史论著选集》，上海人民出版社1983年版，第781页。

④ 汪中：《致刘端临书之三》，《新编汪中集·文集·第五辑》，广陵书社2005年版，第434页。

⑤ 参见汪中：《释三九·中》，《新编汪中集·文集·第一辑》，广陵书社2005年版，第348页。

训诂、名物象数，识议精卓，唐以下所未有。”[①]很显然，汪中治经，实循顾炎武“读经自考文始，考文自知音始”的学术路径，从文字音韵入手，自群经中寻找义理的解释。这也是戴震《原善》《孟子字义疏证》等著作所遵循的路径。盖戴氏《原善》《孟子字义疏证》诸篇，互相表里，阐述性命理欲之旨，极为透彻。其后钱大昕、汪中、焦循、段玉裁诸家言义理，皆上承震之遗绪，进一步引申发明。

因是之故，汪中研究墨子，以考释墨子文本及以墨证经作为出发点。这在其早年著作中已现端倪。如关于《墨子·鲁问》篇“是犹欲粜粜，雠则愠也”，释“雠”为“俗”，并广引钱大昕、段玉裁、《史记》《汉书》诸家之说以证之。[②] 此乃训释《墨子》文字。《经义知新记》引《墨子·节用》中“昔者尧治天下，南抚交趾，北降幽都”一段文字，认为可注《尧典》中的“宅南交”，补《禹贡》“朔南暨”。[③] 此乃以墨证经证史。众所周知，出于博涉兼采的需要，以音韵、训诂等小学方法整理、校勘诸子文本，乃清代子学研究的重要内容，而顾炎武实倡其风，如其所言：“愚以为读九经自考文始，考文自知音始，以至诸子百家之书，亦莫不然。”[④]可见，这种方法实际上是与经学考据法一脉相承的。清儒治经，以推本原始为归，为求得经之本义，便不得不借助于诸子之学，江瑔的“经子相通”说即具有相当的代表性：“子中有经，经中亦有子。班氏艺文志之论诸子也，亦云合其要归，亦云六经之支与流裔。盖六经出于诸子，诸子亦可出于六经。”[⑤]这正是清中叶后经子合流的逻辑表述，也是当时以子证经、考辨诸子的出发点。

汪中治墨，用力最多者乃校注《墨子》文本。[⑥] 据汪喜孙《容甫先生年谱》记载，乾隆四十一年，汪中校注周秦古籍，涉猎《墨子》，所著《知新记》“于《尚书》、《毛诗》、《三礼》、《左氏春秋》、《逸周书》及《管子》、《墨子》、《列子》、《荀

① 汪喜孙：《容甫先生年谱》，《新编汪中集·附录一》，广陵书社 2005 年版，第 13 页。

② 参见汪中：《旧学蓄疑》，《新编汪中集》，广陵书社 2005 年版，第 106 页。

③ 参见汪中：《经义知新记》，《新编汪中集》，广陵书社 2005 年版，第 7 页。

④ 顾炎武：《答李子德书》，《顾亭林诗文集》卷四，中华书局 1959 年版，第 73 页。

⑤ 江瑔：《读子卮言》，商务印书馆 1926 年版，第 14 页。

⑥ 汪中《墨子序》云：“《墨子》七十一篇，亡十八篇，今见五十三篇。明陆隐所叙刻，视他本为完。其书多误字，文义昧晦，不可读。今以意粗为是正，阙所不知。又采古书之涉于《墨子》者，别为《表微》一卷，而为之序。”参见《新编汪中集·文集·第四辑》，广陵书社 2005 年版，第 408 页。

子》、《韩非子》、《吕氏春秋》、《史记》、《汉书》，多所发明”。乾隆四十二年（1777），《墨子校本》初成，此后又多次重校，至乾隆五十年（1785）最终得以成书。其《墨子后序》云：“某既治墨子，牵于人事，且作且止，越六年，友人阳湖孙季仇星衍以刊本示余，既受而卒业。意有未尽，乃为后序，以复于季仇。”与毕侍郎书曰：“某向者于周秦古籍多所校正。于《墨子》已有成书，谨录《序目》奉上。”[①]可见，汪氏治墨，始于乾隆四十一年，前后费时约十年始成。乾嘉时期，校注《墨子》的学者有汪中、卢文弨、孙星衍、毕沅、翁方纲、张惠言、王念孙、丁杰、许彦宗等人，而汪中应算校注《墨子》的先行者[②]，惜其《墨子校本》及《墨子表微》均不传，所存者惟见于《述学》的《墨子序》和《墨子后序》。

乾嘉时期乃清代经学最为繁盛的时期，作为后起的汉学大师，汪中的学术活动，自然以经学为中心，但视野所及，又非经学所能涵盖。其“有志于用世，而耻为无用之学，故于古今制度沿革、民生利弊之事，皆博闻而切究之”[③]，学术路径则由吴、皖之朴学回归顾炎武的经世之学，由汉、宋之经学而回归先秦儒学并进而追踪探研周朝学术，而其旨趣则是“有志于用世”。这实际上是顾炎武以降推本原始重建儒家思想体系的追求。其认知前提即唐宋以来的儒学非真儒学。如汪中的荀学观，就是对唐宋以来以孔孟为儒家正统这一观念的修正。其推崇荀子，强调荀子之学“尤有功于诸经”，如《毛诗》《陆诗》《韩诗》《左氏春秋》《穀梁春秋》《礼记》之传承，皆与荀子之学大有关系。同时，汪中亦强调荀子的思想“长于礼”，为二戴《礼记》所资取，既然《礼记》后来升格为经，那么荀子在儒学思想史上之重要性，自然不言而明。[④] 此外，汪中虽宗奉儒学，但在对周秦文化的考察中，意识到周代文化的精华并不止于儒学，同出于周代的诸子之学亦有其独特的价值：“诸子虽不合于圣人之道，然莫不极深研几，穷尽天地事物之变，斯其不可磨灭者哉！”[⑤]如其认为，墨子

① 关于汪中《墨子校本》成书经过，均参见汪喜孙：《容甫先生年谱》，《新编汪中集·附录一》，广陵书社 2005 年版，第 17、19、23、24、28 页。

② 俞樾、孙诒让说《墨子》一书“国朝镇洋毕氏，始为之注。”往昔的有些学术史亦只提到乾隆朝毕沅校刻《墨子》，实误。毕沅曰：“先是仁和卢学士文弨、阳湖孙明经星衍互校此书，略有端绪。沅始集其成，因遍览唐宋类书、古今传注所引，正其讹谬，又以知闻疏通其惑。自乾隆壬寅八月至癸卯十月，逾一岁而书成。”（毕沅校注，吴旭民标点：《墨子序》，上海古籍出版社 1995 年版，第 1 页）已晚汪中校本好几年。

③ 汪中：《与朱武曹书》，《新编汪中集·文集·第六辑》，广陵书社 2005 年版，第 442 页。

④ 参见汪中：《荀卿子通论》，《新编汪中集·文集·第四辑》，广陵书社 2005 年版，第 412～421 页。

⑤ 参见汪中：《策略谀闻·诸子》，《新编汪中集》，广陵书社 2005 年版，第 254 页。

的济世抱负尤其值得肯定:“吾读其书……至其述尧、舜,陈仁义,禁攻暴,止淫用,感王者之不作,而哀人生之长勤,百世之下,如见其心焉。《诗》所谓‘凡民有丧,匍匐救之’之仁人也!”[①]从这个角度看,汪氏校注周秦古籍,涉猎荀墨,辨析古今学术源流,实循考古而经世的轨辙,这也是他能以诸子学成就而卓然成家,在人才辈出的清代中叶学术史上拥有一席之地的原因。

二、儒墨同源

汪中为学,“钩贯经史,镕铸汉唐”,当时学者多许其才识高卓,亦注意到其学说思想凌轹时辈,为世难容。如阮元说他“成一家言”,“尤精史学”,“生平多谐谑,凌轹时辈,人以故短之”。[②] 在汪中众多“为世难容”的学术思想中,平视儒墨、推崇墨家的思想尤为突出。探究其致思理路及由此引发的儒墨关系之争,一方面可了解清中叶儒墨关系的变动之迹,另一方面更可考察乾嘉考据方法对传统学术思想格局尤其是儒家独尊地位的冲击。

张舜徽总结扬州学术之“通”,说王念孙的研究训诂,阮元的研究名物制度,汪中的辨明学术源流,都是融会贯通。[③] 刘毓崧概括扬州诸儒的学术成就,其中谈道:“其深于诸子书之学者,明殊途之同归,溯九流之缘起,以证成周教士之官,而非若偏嗜老庄,崇虚无以失于诞也。”[④]实指汪中的诸子学研究。二人均道出了汪氏从周秦学术演变的角度董理古学、研治周秦诸子的学术理路。比如,汪中对于宋儒表彰《大学》抬高孟子的地位多有讥评,正是从学术流变的角度进行阐述,以孔学还诸孔学,以流派还诸流派,认为宋儒由《小戴礼》中析出《大学》而附会于孔门真传,是宋儒以禅学化装儒学的伎俩,在于以此俯仰自如,独断其说,并非真儒学。[⑤] 其对《墨子》《荀子》的表彰,正是从“辨章学术,考镜源流”的角度着眼。

乾嘉时期,墨学已开始引起学界关注并有所讨论。当时关于墨学的讨论基本上还在传统儒墨关系的框架内进行,具体涉及两个问题:一是墨学的渊

---

① 汪中:《墨子序》,《新编汪中集·文集·第四辑》,广陵书社 2005 年版,第 410 页。

② 参见阮元:《容夫(甫)先生小传》,《新编汪中集·诗集》,广陵书社 2005 年版,第 489~490 页。

③ 参见张舜徽:《清代扬州学记·叙论》,上海人民出版社 1962 年版,第 3 页。

④ 刘毓崧:《吴礼北竹西求友图序》,《通义堂文集》卷九,转引自张舜徽:《清代扬州学记》,上海人民出版社 1962 年版,第 10 页。

⑤ 参见汪中:《大学平议》,《新编汪中集·文集·第一辑》,广陵书社 2005 年版,第 381 页。

源，墨子是否尊夏制；二是如何看待儒墨关系及墨家兼爱观。汪中在这两个问题上均有自己独特的看法，尤其是后者，引起了学界激烈的反弹，成为乾隆后期学界的一大公案。

对于墨学的渊源，前人观点，大致可分为《庄子·天下》篇的源于夏禹说，《韩非子·显学》篇、司马谈《论六家要旨》的源于尧舜说，班固《汉书·艺文志》的源于清庙之守说以及《淮南子·要略》的源于儒家说几种。乾嘉时期，不少学者曾就墨家学说的渊源问题进行过讨论。其中毕沅、孙星衍认为出于夏，孙氏论证尤详，强调墨家的节葬、节用、明鬼、兼爱诸主张均为大禹之遗教，并广引《庄子》《淮南子》《吕氏春秋》《列子》诸书言论以证之。[①] 汪中乃孙氏好友，于孙氏处得到毕校《墨子》后，不认同后者的看法，撰文商榷。汪中认为，墨家主张有与大禹相似处，但并不代表其渊源于大禹。他指出，墨家的产生和其他学派一样，是周代社会历史演变的产物："昔在成周，礼器大备，凡古之道术，皆设官以掌之。官失其业，九流以兴，于是各执一术以为学，讳其所从出，而托上古神圣以为名高，不曰神农，则曰黄帝。"与其他诸子学派"托上古神圣以为名高"的做法不同，"墨子质实，未尝援人以自重"，敢为自家之术，勇于宣扬自己的主张。汪中通过缜密的论证，一一驳斥了《淮南子·要略》篇说墨家是"背周道而用夏政"及"墨子之道与禹同"的观点，称赞墨家乃"自重""自为"和"自制"的学派："墨子者，盖学焉而自为其道者也，故其《节葬》曰：'圣王制为节葬之法。'又曰：'墨子制为节葬之法。'则谓墨子自制者是也。故曰：'墨子治丧，以薄为其道。'"[②]

章学诚亦不赞同孙星衍的观点，认为战国之时，夏礼已不可稽考，墨子从夏，无所凭据："《墨子》之书，谓出夏礼，说似奇创，实无所本。……不知战国诸子称道黄农虞夏，殆如赋诗比兴，惟意所欲，并非真有前代之礼可成一家学术者也。当籍去官亡之际，本朝典制尚不能稽，况夏礼无征，甚于殷商，孔子生春秋时已不可见，而谓战国时尚可学其礼哉！"[③]而其依据则是"古无私门著述"说。《〈和州志·艺文书〉序例》述周代学术变迁曰：

---

① 参见毕沅校注，吴旭民标点：《墨子》序、后序，上海古籍出版社1995年版，第2、269～270页。

② 汪中：《墨子后序》，《新编汪中集·文集·第四辑》，广陵书社2005年版，第410～411页。

③ 章学诚：《与孙渊如观察论学十规》，章学诚著，仓修良编注：《文史通义新编新注》，浙江古籍出版社2005年版，第394～395页。

《易》曰:"上古结绳而治,后世圣人,易之以书契,百官以治,万民以察。"三代之盛,法具于书,书守之官。天下之术业,皆出于官师之掌故,道艺于此焉齐,德行于此焉通,天下所以以同文为治。而《周官》六篇,皆古人所以即官守而存师法者也。不为官师职业所存,是为非法,虽孔子言礼,必访柱下之藏是也。三代而后,文字不隶于职司,于是官府章程,师儒习业,分而为二,以致人自为书,家自为说,盖泛滥而出于百司掌故之外者,遂纷纷然矣。①

此段文字叙述了"三代盛世"到"三代而后"学术转折的历史趋向,即由"官师合一"走向"官""师"相分,百家私学兴起。其对周代学术演变脉络的认知与汪中极为相似,故钱穆说汪中为学途径"与实斋不全似,然持论立言之足以相通者不少",汪中论周秦学术流变,"其说与实斋《文史》、《校雠》两通义所论,古者官师流变,政学分合,意见殆相近似"。② 两人均湛于史,为学主经世之志,对乾嘉汉学脱离现实的学风多所讥评,但在诸子与六经、孔子与六经的关系及对待程朱理学的态度上差别甚大(此点下面详论)。

细考汪中关于周秦学术源流的见解,官失其守,诸子并起,各以学鸣乃核心观念。《述学》略云:

古之为学士者(,官师之长)。但教之以事,其所诵者,《诗》、《书》而已。其他典籍,则皆官府藏而世守之,民间无有也,苟非其官,官亦无有也。其所谓士者,非王后公卿大夫之子,则一命之士,外此则乡学、小学而已。自辟雍之制无闻,太史之官失守,于是布衣有授业之徒,草野多载笔之士,教学之官,记载之职,不在上而在下。及其衰也,诸子各以其学鸣,而先王之道荒矣。然当诸侯去籍,秦政焚书,有司之所长荡然无存,而犹赖学士相传,存其一二,不幸中之幸也。孔子所言,则学士所能为者,留为世教。若其政学之大者,圣人无位,不复举以教弟子。③

此段文字立足周代"礼崩乐坏,私学兴盛"的历史背景,于诸子蜂起、百家

---

① 章学诚:《〈和州志·艺文书〉序例》,章学诚撰,吕思勉评,李永圻、张耕华导读整理:《文史通义》,上海古籍出版社 2008 年版,第 209～210 页。

② 参见钱穆:《中国近三百年学术史》上册,商务印书馆 1997 年版,第 486～488 页。

③ 汪喜孙:《容甫先生年谱》,《新编汪中集·附录一》,广陵书社 2005 年版,第 21 页。

争鸣的源流阐述甚为明晰，这正是刘毓崧所言之“明殊途之同归，溯九流之缘起，以证成周教士之官”。此处说“诸侯去籍，秦政焚书”后，三代之学有赖学士相传，但亦不过“存其一二”。而孔子之学，仅学士所能为，并非三代之学的全盘继承者，且有德无位，“不复举以教弟子”。因此，孔子和同时代其他诸子一样，在“先王之道荒”的大背景下，“各以其学鸣”，而并非如后世儒家所宣传的那样，乃三代道体之正统。这种看法，实际上抹掉了附会于孔子身上的神圣色彩，而夷孔子于诸子之列。

汪氏进而认为，既然孔墨皆为诸子之一，且皆根植于周代文化，故地位相等，并无正统与异端之别，儒墨相非，不过是道不同不相为谋而已，孟子抨击墨子，实为诬妄。他说：“虽然，自儒者言之，孔子之尊，固生民以来所未有矣。自墨者言之，则孔子鲁之大夫也，而墨子宋之大夫也，其位相埒，其年又相近，其操术不同，而立言务以求胜。此在诸子百家，莫不如是。是故墨子之诬孔子，犹老子之黜儒学也，归于不相为谋而矣。”墨学乃当时的显学，九流之中只有儒学足以与之相颉颃，孟子把杨、墨并称并不符合历史事实：“其在九流之中，惟儒足与之对抗，其余诸子，皆非其比。历观周汉之书，凡百余条并孔墨、儒墨对举；杨、朱之书，惟贵放逸，当时亦莫之宗，跻之于墨，诚非其伦。自墨子没，其学离为三，徒属充满天下。吕不韦再称‘巨子’，韩非谓之显学。”

汪中强调墨家思想以救世为目的，墨子是救世的仁者，其尚贤尚同、节用节葬、非乐非命、尊天事鬼、兼爱非攻等主张，“此其救世亦多术矣”，“《备城门》以下临敌应变，纤悉周密，斯其所以为才士与？”又说：“至其述尧舜，陈仁义，禁攻暴，止淫用，感王之不作，而哀生人之长勤，百世之下，如见其心焉，《诗》所谓‘凡民有丧，匍匐救之’之仁人也！”并进而认为，儒墨虽道术不一，实可“相反而相成”：“荀之《礼论》、《乐论》，为王者治定功成，盛德之事；而墨之节葬、非乐，所以救衰世之弊，其意相反而实相成也。”先秦诸子，皆本救世之心，虽方法不一，但在革除社会弊端上实有异曲同工之妙，殊途同归。

汪中还力辩孟子斥墨子兼爱观为无父的言论为无当，认为墨子正是“以兼爱教天下之为人子者使其孝其亲”：“若夫兼爱，特墨之一端。然其所谓兼者，欲国家慎其封守，而无虐其邻之人民畜产也。虽昔先王制为聘问吊恤之礼，以睦诸侯之邦交者，岂有异哉？彼且以兼爱教天下之为人子者，使其孝其亲，而谓之无父，斯以过矣！后之君子，日习孟子之说，而未睹墨子之本书，众口交攻，抑又甚焉。”[①]在当时程朱理学高居庙堂，为统治者所推崇，墨学无改异端定位的环境中，汪中对墨家的称赞，对孟子辟墨言论的否定，可谓大胆至极，前此唯明末的李贽可比。

众所周知，在程朱理学高居庙堂的清代中前期，被其目为异端的墨学长期被打入另册，备受排斥。清代理学家尤为赞许孟子辟墨之功，而对韩愈调和儒墨的言论则不以为然。韩菼评韩愈“孔墨相为用”时说：“其易惑人也夫。由杨墨之迹固未至于无君父，由其说而推其害直可以无君父。孟子固忧其祸之无终也。”[②]理学家之外，治今文经学的学者如蒋彤亦对墨子持排斥态度，他说墨子“泯灭差等，不辨乡国天下贵贱、贤愚、亲疏、近远，而以骨肉概之”的做法完全是要“举世大乱无统纪不止，固不得以孟子率兽食人之言为或过也”。他不仅赞许孟子辟墨，而且明确不赞同调和儒墨：“世又称孔墨相为用，夫孔子之道何不备，而有待于墨子哉！”[③]即便是治墨子的学者，也不一定赞赏墨家学说。学宗今文经学、撰有《墨子经说解》二卷的张惠言说，“墨子之言悖于理而逆于人心者莫如非命、非乐、节葬”，而主旨则是兼爱，故孟子攻击墨家之“兼爱无父”乃击中了其要害，是“严而审，简而有要”。[④] 其尊儒贬墨的态度，昭然若现。乃至到了嘉道年间，受经世致用思潮影响，在肯定墨学救世之功的声音逐渐增多的情况下，批评墨家者仍不乏其人。如黄式三就明确地说道，前人有肯定墨家兼爱观之处，但“汪容甫为毕氏校是书(黄氏误，毕校《墨子》非汪中所校)，遂谓孟子之斥兼爱为墨子之受诬，则不可也。夫墨氏以泛兼爱为急而短父母之丧，亲亲仁民不分次而亲亲之道不厚，以尚俭节用为务而薄其父母之丧，爱物亲亲不分次而亲亲之道尤薄，爱无差等，固墨家之说至谬”[⑤]。正因为如此，汪中对儒墨关系的新看法、对墨家思想的肯定，蕴含

① 汪中：《墨子序》，《新编汪中集·文集·第四辑》，广陵书社 2005 年版，第 408～409 页。据孙诒让考证，今存汪中《述学·内篇》的“墨子序”已为后人所篡改，语气较原来平和一些，尤其是涉及孟子斥墨和儒墨相非的语句，被明显改动。参见罗检秋：《近代诸子学与文化思潮》，中国社会科学出版社 1998 年版，第 31 页。

② 韩菼：《杨墨》，《有怀堂文稿》，《四库存目丛书》第 245 册，齐鲁书社 1997 年版，第 604 页。

③ 蒋彤：《再书墨子后》，《丹棱文钞》卷二，《图书集成续编·集部》第 141 册，上海书店出版社 1994 年版，第 205 页。

④ 参见张惠言：《书〈墨子经〉后》，《茗柯文编》初编，《四部丛刊》影印同治八年(1869)评点本，第 19 页。

⑤ 黄式三：《为我兼爱说》，《儆居集》卷二，转引自谭家健：《墨子研究》，贵州教育出版社 1995 年版，第 362 页。

着传统思想格局变动的新趋向。侯外庐氏即指陈，汪中的诸子研究，“从历史意义上讲来，表现出要遗弃旧思想而蜕化出新思想的愿望，发展了清初大儒的子学复兴的传统”，表现出时代的思潮将有转变的趋向。[①]

如前所述，汪中平视儒墨，实为考辨古今学术源流，还原周秦文化后的逻辑结果。他认为，既然官失其守后九流并起，诸子各自以学鸣高，而孔子又为诸子之一，其与墨子地位相当，并无异端与正统之别乃题中之义。至于赞赏墨家的仁者之心和救世之义，恐与其身世密切相关。盖汪中虽处承平之世，但自幼家贫，一生坎坷，其子喜孙云：“计先君生五十有一年，少苦孤露，长苦奔走，晚苦疾疢，终先君之世，未尝有生人之乐焉。著述未成，饰终旅馆，举室飘泊，期功无人。”[②]汪中曾通过与刘孝标（462～521）的比较，坦言自己的心声，感怀伤世。[③] 其母因病行动不便，极为困苦，汪中又因生活所迫，长期奔波，无力尽孝，常怀内疚之心，曾设想创立贞苦堂这一福利机构，抚养帮助孤苦无助者。[④] 如果我们再读其所撰之《哀盐船文》《龙潭募建避风馆疏》等诸多带有经世取向的文章，其中渗透的，实为一位悲天悯人、以济世为任的墨者的情怀。从这个角度看，汪中为学私淑顾炎武，怀经世之志，与其身世不无关系。

三、“墨者汪中”

汪中生前，被时人目为“狂生”，其好骂与被骂，于同时代学者中，罕有出其右者。江藩述其事曰：“君性情伉直，不信释老阴阳神怪之说，又不喜宋儒性命之说。朱子之外，有举其名者，必痛诋之。……于时流不轻许可，有盛名于世者，必肆讥弹。人或规之，则曰：‘吾所骂者，皆非不知古今者，惟恐莠乱苗耳；若方苞、袁枚辈，岂屑屑骂之哉！”[⑤]卢文弨、孙星衍、洪亮吉诸家亦有类似记载。尽管汪喜孙以为不尽属实，并于《孤儿编》中力辩之，但汪中之骂与被骂，乃客观事实。《容甫先生年谱》乾隆五十二年条载：“翁阁学方纲好金石

① 参见侯外庐主编：《中国思想通史》第五册，人民出版社 1956 年版，第 466～467 页。

② 汪喜孙：《容甫先生年谱》，《新编汪中集·附录一》，广陵书社 2005 年版，第 1 页。

③ 参见汪中：《自序》，《新编汪中集·文集·第六辑》，广陵书社 2005 年版，第 446～447 页。

④ 参见汪中：《与剑谭书》，《新编汪中集·文集·第五辑》，广陵书社 2005 年版，第 440～441 页。

⑤ 江藩：《国朝汉学师承记》，中华书局 1983 年版，第 113 页。

文字，先君持论不合。同时袁知县枚、章进士学诚、张舍人埙并以诗文名，先君辩论无所让。”[①]实则于汪中与众人尤其是与翁方纲、章学诚的学术分歧含糊其辞、避重就轻。汪中之被骂，生性孤傲，臧否人物仅为表因，其抨击宋儒、平视儒墨乃至推崇墨家的“异端”思想方为主因。其间实蕴含着乾嘉中后期思想学术演变的新趋向，即儒学神圣地位面临乾嘉考据之学的冲击和儒墨尊卑关系的变化。

翁方纲学宗宋学，然亦出入汉学，尤擅金石文字，与长于考古的汪中不乏学术上的共同语言。其对后学亦“勉以朴学考订”，并以二言相告：“曰博综训诂，曰勿畔程朱。”[②]因是之故，翁氏对于汉学家指斥宋学、从不同角度摧毁宋学理论基石的行径深恶痛绝，抨击不遗余力。更重要的是，他对汉学家以追寻儒学经典原义为宗旨的考古活动容易滋长“异端”思想并进而冲击儒学权威的危险，有着清醒的认知。阎若璩、惠栋、汪中等人通过大量的辨伪、考证工作，一一否定了宋学的理论依据，如《大学》《河图》《洛书》；戴震、凌廷堪、焦循等人则对宋儒津津乐道的性、理、天道等进行了考辨和重新诠释。这些考据活动，单独来看，破坏力有限，但合并起来，则是东一拳，西一脚，零零散散地将儒学赖以为基的世传经典打翻在地。正是因为意识到这种来自儒学内部经学考据的危险，翁氏才在谈论入选《儒林传》的标准时，主张将由考据而趋“歧路”乃至“异端”的汉学家排除在外。[③]

作为乾嘉中后期的汉学大师，汪中十分反感宋儒，“闻人举其名，则骂不休……汉唐以后所服膺者，昆山顾宁人氏，德清胡朏明氏，宣城梅定九氏，太原阎百诗氏，元和惠定宇氏，休宁戴东原氏”[④]。比如程晋芳，翁方纲亟称许其能笃守程朱，为后学所宜矜式，但汪中却直斥其“不通”。更重要的是，汪中

① 汪喜孙：《容甫先生年谱》，《新编汪中集·附录一》，广陵书社2005年版，第31页。

② 翁方纲：《赠李兰卿归福建序》，《复初斋文集》第十五卷，《续修四库全书·集部》第1455册，上海古籍出版社2003年版，第17页。

③ 翁氏认为，为学须以笃守程朱为定矩：“学者束发受书，皆从朱子章句集注始，及其后见闻渐广，必从事于考证焉。则博综汉唐注疏以旁及诸家递述之所得，皆所以资辨订而畅原委也。顾其间师友所问难，名义所剖析，渐多渐衍，绪言日出，则考证之途，又虑其旁涉，必以衷于义理者为准则，博综马郑而勿畔程朱。”据其语，翁氏并不反对考据之学，认为可补宋儒不学之弊，但又担心考据无本，而趋异途。此种观点在当时宋学家中颇具代表性。翁方纲：《与曹中堂论儒林传目书》，《复初斋文集》卷十一，《续修四库全书·集部》第1455册，上海古籍出版社2003年版，第444～445页。

④ 凌廷堪：《汪容甫墓志铭》，《校礼堂文集》，中华书局1998年版，第319～320页。

较之他的考据学前辈走得更远，不但抨击宋儒，还平视儒墨乃至推崇被宋明理学家视为“异端”的墨家。在翁方纲看来，汪中正是凭借考证方法“而骋异闻、侈异说，渐致自外于程朱而恬然不觉者，其弊又将不可究极矣”①。因而，对汪中的批评，即是防范考据之学走向歧途。后来方东树痛诋汪中，也正是从卫护程朱的角度着眼。“汪氏既斥《大学》，欲废《四子书》之名，而作《墨子表微序》，顾极尊墨子，真颠倒邪见也。”②

翁方纲抨击汪中最力者，为其所撰之《书墨子》一文，其言曰：

> 近日江南有翰林孙星衍者，锓梓《墨子》之书；吾旧尝见其书，而不欲有其刻本也。有生员汪中者，则公然为《墨子》撰序，自言能治《墨子》，且敢言孟子之言兼爱无父为诬墨子。此则名教之罪人，又无疑也。……今见汪中治《墨子》之言，则当时褫革其生员衣顶，固法所宜矣。汪中者，昔尝与予论金石，颇该洽，犹是嗜学士也。其所撰它条尚无甚大舛戾。或今故以此准折焉，不名之曰生员，以当褫革，第称曰“墨者汪中”，庶得其平也乎？③

当时痛诋汪中者，翁方纲之外，还有不为汉学主流所认可、郁郁不得志的章学诚。章、汪学术之争，乃乾嘉学术史上的一大公案，前贤时人论述甚详。陈祖武先生认为，二人交恶，个人恩怨、文人相轻仅为次因，他们“之所以酿成唇枪舌剑，直至‘欲以持刀抵舌锋’，恐怕还有深层的原因。汪中关于儒墨关系的看法，恰好透露了个中消息。质言之，一个要尽力维护纲常名教，一个则公然蔑视儒家经典，敢于向其挑战，这或许才是问题的症结所在”④。

事实上，章学诚与汪中在学术思想方面颇多相似之处。即如诸子观，章氏所论，亦有与汪中相通处。章学诚之所以痛诋汪中墨学观，根本原因在于其恪守程朱立场，认为自六艺、孔孟到程朱的传承乃儒学的正统，不容非议。

① 翁方纲：《与曹中堂论儒林传目书》，《复初斋文集》卷十一，《续修四库全书·集部》第1455册，上海古籍出版社2003年版，第444页。

② 方东树：《汉学商兑》卷中，《汉学师承记》外二种，生活·读书·新知三联书店1998年版，第384页。

③ 翁方纲：《书墨子》，《复初斋文集》卷十五，《续修四库全书·集部》第1455册，上海古籍出版社2003年版，第493页。

④ 陈祖武、朱彤窗：《乾嘉学派研究》，河北人民出版社2005年版，第405页。

其学术思想不但具有鲜明的宋学色彩，甚至认为：“宋儒之学，自是三代以后讲求诚正治平正路，第其流弊，则于学问、文章、经济、事功之外，别有所谓‘道’耳。……宋学流弊，诚如前人所讥，今日之患，又坐宋学太不讲也。”[①]在对待汉学和宋学的态度上，章学诚虽对宋学末流之空疏多所讥评，对汉学并不完全否定，但在两者之间实有所轩轾。章学诚同时代的许多学者即已指出其著述有“宋人语录习气”，章氏好友邵晋涵跋《文史通义·原道篇》云：“是篇初出，传稿京师，同人素爱章氏文者，皆不满意，谓蹈宋人语录习气，不免陈腐取憎，与其平日为文不类，至有移书相规诫者。”[②]章氏强调为学须宗本，讲求义理，尤其是须讲求程朱义理之学。故其在评价戴震的学术成就时，一方面力排众议，独许戴震的义理之学；另一方面又不满于后者背离于程朱理学。[③]从这个意义上讲，章氏对汪中墨学观的指斥，实出于卫道者的立场。

章学诚对汪中的批评，主要见于《立言有本》《〈述学〉驳文》两文，均作于嘉庆三年(1798)，针对汪氏所出文集《述学》而发，其中驳斥汪中墨子观的内容，多见于《〈述学〉驳文》。与翁方纲沿袭孟子成说、上纲上线的诛心之论有别，章学诚出于以史明道的宗旨，依据“六经皆史”理论中“古无私家著作”及“六经皆周官掌故”的基本观念予以阐述。[④]

章氏论诸子源流，发挥《汉书·艺文志》中诸子为“六经之支与流裔”及诸

---

① 章学诚：《家书五》，章学诚著，仓修良编注：《文史通义新编新注》，浙江古籍出版社 2005 年版，第 822 页。

② 章学诚撰，吕思勉评，李永圻、张耕华导读整理：《文史通义》，上海古籍出版社 2008 年版，第 42～43 页。

③ 章学诚：《答邵二云书》曰：“时在朱先生门，得见一时通人，虽大扩生平闻见，而求能深识古人大体，进窥天地之纯，惟戴氏可与几比。而当时朝中荐绅负重望者，大兴朱氏、嘉定钱氏，实为一时巨擘。其推重戴氏，亦但云训诂，六书九数，用功深细而已，及见《原善》诸篇，则群惜其有用精神耗于无用之地，仆于当时力争朱先生前，以为此说似买椟而还珠，而人微言轻，不足以动诸公之听。”《书〈朱陆〉篇后》又说：“凡戴君所学，深通训诂，究于名物制度，而得其所以然，将以明道也。时人方重博雅考订，见其训诂名物有合时好，以谓戴之绝诣在此。及戴著《论性》、《原善》诸篇，于天人理气，实有发前人所未发者，时人则谓空说义理，可以无作，是固不知戴学者矣。……戴君学术，实自朱子道问学而得之，故戒人以凿空言理。其说深探本原，不可易矣。顾以训诂名义，偶有出于朱子所不及者，因而丑贬朱子，至斥以悖谬，诋为妄作，且云：‘自戴氏出，而朱子侥幸为世所宗已五百年，其运亦当渐替。’此则谬妄甚矣。”并说戴震心术未醇，颇为近日学者之患，故作《朱陆》篇正之。分载章学诚著，仓修良编注：《文史通义新编新注》，浙江古籍出版社 2005 年版，第 683、132～133 页。

④ 关于章氏“六经皆史”说，前贤论者众多。刘巍《章学诚“六经皆史”说的本源与意蕴》(《历史研究》2007 年第 4 期)一文于前人成说之外，别出新解，启人思处不少。本文所重者，乃章氏从“六经皆史”说所引申出的对于汪中墨学观的批评。

子“出于王官”的观点，说：

> 诸子之书，多周官之旧典。刘、班叙九流之所出，皆本古之官守是也，古者治学未分，官师合一，故治具于官，而官守其书。然世氏师传，讲习讨论，则有具于书，而不必尽于书者，犹今官司掌故，习见常行，不必转注传授，繁言曲解，其一端也。……至于周末，治学既分，礼失官废，诸子思以其学用世，莫不于人官物曲之中，求其道而通之，将以其道易天下，而非欲以文辞见也。故其所著之书，则有官守旧文与夫相传遗意，虽不能无失，然不可谓全无所受也。故诸子之书，虽极偏驳，而其中实有先王政教之遗，惟所存多寡纯驳之不同，而其著书之旨，则又各以意为之，盖不肯自为一官一曲之长，而皆欲以其一端以易天下。故庄生谓“耳目口鼻不能相通”是也。①

此处强调官失其守后诸子各持一端以鸣高，实与汪中《述学》中的看法颇有契合处。章学诚又说诸子“实有先王政教之遗”，均出自六艺，得道体之一端，故有值得肯定之处：“诸子之为书，其持之有故而言之成理者，必有得于道体之一端，而后乃能恣肆其说，以成一家之言也。所谓一端者，无非六艺之所该，故推之而皆得其所本，非谓诸子果能服六艺之教而出辞必衷于是也。”老子阴阳，庄列寓言假象，源于《易》；邹衍侈言天地，关尹推衍五行，源于《书》；管、商法制，义存政典，源于《礼》；申、韩刑名，旨归赏罚，源于《春秋》。“其他杨、墨、尹文之言，苏、张、孙、吴之术，辨其源委，挹其旨趣，九流之所分部，《七略》之所叙论，皆于物曲人官得其一致，而不自知为六典之遗也。”②

章氏对诸子学说持之有故、言之成理的评价，可说是与汪中“诸子虽不合于圣人之道，然莫不极深研几，穷尽天地事物之变，斯其不可磨灭者哉”的说法相表里。应该说，章、汪二人于周秦之际“官失其守，九流乃兴”的社会历史背景有着共同的体认，但对诸子学说与六艺的关系，则分歧甚大。前者强调诸子出于先王政典（六艺），各持先王政教之一端以鸣高；后者则认为先王之

---

① 章学诚：《〈述学〉驳文》，章学诚著，仓修良编注：《文史通义新编新注》，浙江古籍出版社 2005 年版，第 365 页。

② 章学诚：《诗教上》，章学诚著，仓修良编注：《文史通义新编新注》，浙江古籍出版社 2005 年版，第 45 页。

道荒，包括孔子在内的诸子各持一学以自立，如墨家，源于《尹佚》等六家之书，墨家学说乃自制、自为之学说。前者强调诸子各得六艺之一端，故驳杂不纯，而孔子则通过删定六艺得三代道体之正统，故诸子与儒家高下之别，不言而喻；后者则认为儒家乃诸子之一，各有长短，孔、墨初不甚异，墨子诬孔子，孟子诬墨子，乃诸子之相非，儒、墨平等，意相反而实相成。

在章学诚看来，先秦诸子皆承先王政教之遗，执六艺之一端以鸣高，其学说驳杂不纯，利弊兼得，后人易滋生两种错误认识：一为“陋儒习于成说，概辟之异端非圣而置不足道”，只看到诸子与儒家经典相异处，而看不到诸子秉承先王遗教之合理的一面；一为“世之涉学未深而好为高论翻成说者，则见其中亦有先王政教，而因谓其指初不异于圣人”，只见诸子与儒家之同而平视儒子，抹杀正统与异端之别。后者即指汪中：

> 汪中之叙《墨子》，至谓孔、墨初不相异，墨子诬孔，孟子诬墨，等于诸子之相非，则亦可谓好诞之至矣！孔子未修《春秋》以前，并无诸子著书之事。……墨子生去孔子未远，其书未必出其手著。其经言古奥难读，或其所传古遗之书，至入战国之事，则其徒相与附益。汪皆不能犁别而疑其时年，亦未达于理矣。《汉志》道家有《伊尹》、《太公》，墨家有《尹佚》等六家之书，皆在墨子以前，前人疑为古书。夫春秋以前，尚无诸子著书之事，而厚诬商、周之初，有如衰世百家自于官守典章之外，特著一书以传世乎？夫子信而好古，商、周之初有书可传至汉世，而夫子曾不之知，安在夫子之好学耶？盖道家有称太公、伊尹之言，后人误为即太公、伊尹之书；墨家有称尹佚之言，后人误为即尹佚之书；……而汪中叙六家为墨氏渊源，不其偵乎！①

其实，汪中谈诸子之起源，说“昔在成周，礼器大备，凡古之道术，皆设官以掌之，官失其业，九流以兴。于是各执一术，以为学讳其所从出，而托于上古神圣，以为名高”，并说墨家源于六家，其学说乃自制、自为（见前引《墨子后序》），在于强调墨家是在吸收前人思想基础上的发展，诸子（包括儒家）之出，

---

① 章学诚：《〈叙学〉驳文》，章学诚著，仓修良编注：《文史通义新编新注》，浙江古籍出版社 2005 年版，第 365～366 页。

是与春秋时代先贤辈出相表里的，并未涉及孔子之前有无私家著作的问题。而章学诚此段文字以“古无私家著作”立论，本意在于强调孔子删定六艺，乃儒家“道体”（即立言有本之“本”）之正统继承者，墨家非出于六家，而是如其他诸子一样源于六艺，且仅得其一端。故孔墨地位高下之别立判，并非如汪氏所言，“孔墨初不相异，墨子诬孔，孟子诬墨，等于诸子之相非”，更非汪氏所说，战国时能与儒家地位相当者惟墨而已。究其实，多与章学诚“六经皆史”息息相关，须略述如下。

“古无私门著述”乃“六经皆史”的基本观念之一，也是章学诚驳斥汪中“墨家学说乃自制自为”、“墨家源于《尹伊》等六家之书”的主要依据之一。《诗教》篇于此阐述甚详。

> 三代盛时，各守人官物曲之世氏，是以相传以口耳，而孔、孟以前，未尝得见其书也。至战国而官守师传之道废，通其学者述旧闻而著之竹帛焉。……古初无著述，而战国始以竹帛代口耳(，外史掌三皇五帝之书及四方之志，与孔子所述六艺旧典，皆非著述一类)。[1]

这段话与前引《〈和州志・艺文书〉序例》合并来看，表达了两个重要的看法。其一，六艺乃周官之遗，“道艺于此焉齐，德行于此焉通，天下所以以同文为治”，乃三代盛世的标志，而且六艺各有官守，“不为官师职业所存，是为非法，虽孔子言礼，必访柱下之藏是也”，故圣如孔子，亦不能以“私意”著述。其二，至战国竹帛出现后，才有“以竹帛代口耳”的条件，才有著述兴盛之事。反之，战国之前，则“古无私门著述”也。

章学诚是具有浓烈复古情怀和经世气质的学者，虽生于乾隆盛世，但对于宋学末流及汉学之弊和汉宋之争所导致的儒学内部的分裂体认甚深，抨击不遗余力，欲以史通经，重建儒学的一统。盖章氏的观念中，“史学是讲究‘经世’的学问，可以救正汉宋学者都有的脱离实际的弊病，也可以消弭汉宋两派互争雄长的争端。然而他心目中的史学，不但要以‘义’为主，而且明白表示所谓义的范畴，就是由孔孟到程朱的名教；同时他把清代经学分裂的罪责，归

① 章学诚：《诗教・上》，章学诚著，仓修良编注：《文史通义新编新注》，浙江古籍出版社 2005 年版，第 47 页。

咎于戴震、汪中之流汉学家‘诽圣谤贤’”[①]。故其“六经皆史”说所指示的“以史明道”路径，实为消弭儒学内部分歧的基本方法，因为代表三代盛世、出自官师掌故之六艺，乃古人“道寓于器”“由器明道”之典范，可以通过“文史校雠”之学“循流而溯源”，“通乎大道”。

> 夫古者官府守书，道寓于器；《诗》、《书》六艺，学者肄于掌故而已……扩四部而通之，更为部次条别，申明家学，使求其书者可即类以明学，由流而溯源，庶几通于大道之要，而有以刊落夫无实之文词，泛滥之记诵，则学术当而风俗成矣。[②]

此处章氏明显表明了基于《七略》的学术主张与当时四库馆以四部分类为编辑原则的巨大差异，而其所追步的著史范式，则是史家鼻祖孔子所昭示的“作述之旨”：

> 记曰：“疏通知远，《书》教也；比事属辞，《春秋》教也。”言述作殊方，而风教有异也。孟子曰：“诵其诗，读其书，不知其人可乎？”言坟籍具存，而作者之旨，不可不辨也。古者史官，各有成法，辞文旨远，存乎其人，孟子所谓其文则史，孔子以谓义则窃取。明乎史官法度不可易，而义意为圣人所独裁。然则良史善书，亦必有道矣。[③]

文中“史官法度不可易，而义意为圣人所裁”乃史家述作之基本原则。所谓“史官法度不可易”之“法”，乃前引《〈和州志·艺文书〉序例》所述及之“周官掌故”之法：“《周官》六篇，皆古人所以即官守而存师法者也。不为官师职业所存，是为非法，虽孔子言礼，必访柱下之藏是也。”也是《校雠通义》中所言之“六经之文，皆周公之旧典，以其出于官守，而皆为宪章，故述之而无所用作”[④]。此乃“述而不作”之旨。所谓“义意为圣人所裁”，即孔子通过删定六经尤其是通过“《春秋》家学”所表达的著述之道：“孔子作《春秋》，盖曰其事则

① 朱维铮：《中国经学史十讲》，复旦大学出版社2005年版，第60～61页。

② 章学诚：《〈籍书园书目〉叙》，章学诚著，仓修良编注：《文史通义新编新注》，浙江古籍出版社2005年版，第513～514页。

③ 章学诚：《〈和州志·前志列传〉序列·上》，章学诚著，仓修良编注：《文史通义新编新注》，浙江古籍出版社2005年版，第931页。

④ 章学诚著，王重民通解：《校雠通义通解》，上海古籍出版社1987年版，第75页。

齐桓、晋文，其文则史，其义则孔子自谓有取乎尔。”[①]在章学诚心中，孔子并非只“述”不“作”，而是有“述”有“作”，而六经之“义”，显然与孔子有关。如果看章学诚对孔子未删定之六经和删定后六经的区分，则“义意为圣人所裁”的含义则更加明显：“夫子未删之《诗》、《书》，未定之《易》、《礼》、《春秋》，皆先王之旧典也。然非夫子之论定，则不可传之学者矣。”[②]如是，章学诚清晰地描绘了“以史明道”之“道”自三代六艺至孔子至程朱的传承脉络。换言之，章氏强调“道体”皆具于六艺，六艺足以该诸子，推之而皆可得其所本，而经孔子手定六经，“道体”得以传承下来。故儒家经典乃“三代盛世”大道之载体，远非仅得六艺之一端的墨家所能比拟。这种认知，与“古无私门著述”一样，正是章学诚不满汪中平视儒墨乃至厚重墨家的重要原因。

究其实，在章学诚眼中，汪中的墨子观如他的《大学平议》《妇人无主答问》《女子许嫁而婿死从死及守志议》诸多“诽圣谤贤”的文章一样，均为其名教罪人、儒家叛逆的铁证。故讥讽曰：“大抵汪氏之文，聪明有余，真识不足，触隅皆悟，大体茫然。”[③]又说：“其人聪明有余，而识力不足，不善尽其天志之良而强言学问，恒得其似，而不得其是。”所谓“真识不足”，“大体茫然”，“识力不足”诸语，实指汪氏思想有悖程朱思想，立言无本。章学诚还说，为学而无当于立言之道者有三，一曰舍学与文而言宗本，二曰博学能文而不知宗本，三曰力学攻文尚未有得而强言宗本。其中，舍学与文而言宗本者，当指束书不

① 章学诚：《申郑》，章学诚著，仓修良编注：《文史通义新编新注》，浙江古籍出版社2005年版，第250页。盖章氏“六经皆史”说之“史”，并非今人所言之历史资料，也非唐宋以来史部著作所单纯体现的史纂、史考、史例、史选、史评等内容，而是具有特定“义”之“史学”（此中区分，见章学诚：《上朱大司马论文》，章学诚著，仓修良编注：《文史通义新编新注》，浙江古籍出版社2005年版，第767～768页），即具有孔子笔削《春秋》所体现“义”之史学：“史之大原本乎《春秋》，《春秋》之义昭乎笔削。笔削之义，不仅事具本末、文成规矩已也。以夫子义则窃取之旨观之，固将纲纪天人，推明大道，所以通古今之变而成一家之言者，必有详人之所略，异人之所同，重人之所轻，而忽人之所谨，绳墨之所不可得而拘，类例之所不可得而泥，而后微茫秒忽之际有以独断于一心。即其书之成也，自然可以参天地而质鬼神，契前修而俟后圣，此家学之所以可贵也。”（章学诚：《答客问·上》，章学诚著，仓修良编注：《文史通义新编新注》，浙江古籍出版社2005年版，第252页）史学的“义”，或称“史意”，也就是“道”；六经之所以“皆史”，因其乃先王之政典，有“史意”存在，“六经特圣人取此六种之史以垂训者耳”。故在章氏看来，《春秋》也好，六经也好，皆为孔子著述以存大道之典范。

② 章学诚：《答客问·下》，章学诚著，仓修良编注：《文史通义新编新注》，浙江古籍出版社2005年版，第259页。

③ 章学诚：《〈叙学〉驳文》，章学诚著，仓修良编注：《文史通义新编新注》，浙江古籍出版社2005年版，第366页。

观、空言心性之宋学陋儒；力学攻文尚未有得而强言宗本者，当指恪守程朱而为学不深者；博学能文而不知宗本者，当指以考据鸣高而抨击宋学的汪中之流。而这三类人中，于道最有害的，即博学能文而不知宗本者："博学能文而不知宗本，终身不可入德也。盖负其博学能文，方自以为道在是矣，逾逞而去道逾远，是以终身不可入德也。"[①]此类品评，于其对汉宋学轩轾有别，排斥戴震、汪中等汉学家的卫道者心态表露无遗。

翁方纲宗理学而出入金石文字，章学诚虽不为时流所重，然究心史学，独树一帜。二人从不同角度抨击汪中墨学观，大致反映出清中期文化格局中墨学的异端定位与前此相比并无多大的改变。乾隆年间，伴随经学考据的兴盛，经学家或出于以子证经、证史的需求，或抱"子为六经羽翼"的信念，考证诸子文本，为后来诸子学的复兴奠定了基础。但当时学界对待诸子的态度并不一致。如荀子，经汪中等人的考证辨伪等工作[②]，恢复了其儒家传承者的本来面目，地位重新得到肯定，可说是走向了复兴之途，但墨学则是另类命运。虽然毕沅、孙星衍等援引韩愈"孔墨相用"说小心翼翼地部分肯定墨家思想，试图调和儒墨，但这种努力被更多地斥墨家为异端的言论淹没。翁方纲和章学诚指责汪中为名教罪人，均涉及其墨子研究，而对其表彰荀子传经之功，则不置一词，亦可见墨学在当时受压制的命运。

四、结语

以儒家道统卫护者自居的叶德辉曾如是述及清代学术的演变趋向："有汉学之攘宋，必有西汉之攘东汉，吾恐异日必有以战国诸子之学攘西汉矣。"[③]叶氏此语出于戊戌维新运动时期，但实道出了晚清诸子学复兴的内在理路，即乾嘉经学考据与诸子学兴起间的关联，汪中对儒墨关系的新看法，正是此种关联之表征。前已论及，汪中学术研究以经学为中心，实循顾炎武、戴

① 章学诚：《立言有本》，章学诚著，仓修良编注：《文史通义新编新注》，浙江古籍出版社 2005 年版，第 358～360 页。

② 乾嘉之际荀学著作，除汪中的《荀卿子通论》《荀卿子年表》外，还有王昶的《荀子跋》，钱大昕的《跋荀子》，卢文弨的《书荀子后》，张惠言的《读荀子》，顾广圻辑《荀子异同》《荀子佚文》，郝懿行、刘台拱的同名著作《荀子补注》，陈奂的《荀子异同》，陈昌齐的《荀子正误》，王念孙的《读荀子杂志》，凌廷堪的《荀卿颂》等，均认为荀子有功圣门。

③ 叶德辉：《叶吏部与戴宣翘校官书》，苏舆编：《翼教丛编》卷 6，上海书店出版社 2002 年版，第 174 页。

震以下由训诂而义理的路径进行，其目的在于追寻儒家经典的本义。在此过程中，出于证经证史的需要，旁及诸子百家。贯通经子，为其诸子学研究的基本理路。汪中为求得经典中的本义，常综合利用各类经、子、史文献。如《尚书・金縢》"周公居东二年"一条，汪中认为文简而事核，须证之以其他典籍，于是博引包括经部、史部、子部在内的多种文献，撰成《周公居东证》一文。其中，子部文献就有《墨子》《列子》《吕氏春秋》等多种。依循此种治学途径，必然上溯周秦，将儒学置于周代文化的大背景下予以探讨，并旁及先秦诸子之学，从而由东汉之学，超越西汉之学而直指三代，这正是汪中得以名家的重要原因。

依汪中对周秦文化源流的见解，史官乃周礼的传承者，为儒学的源流之一，即《墨子序》所言"古之史官，实秉礼经以成国典，其学皆有所受"。同时，"官失其守，九流以兴"后的先秦诸子亦为周代文化之一脉，故不应否认其思想价值。在《墨子序》里，汪中经考证后认为，墨子略后于孔子而与楚惠王同时，其学源于史角，《墨子》中"《亲士》、《修身》二篇，其言纯实，与曾子立言相表里，似七十子后学者所述"，与《荀子》之旨"意相反而相成"。[①] 正是基于这种认识，汪中才特别强调儒墨兼容、相通的一面。更主要的是，将儒学置于周代文化的背景之中，从而褪去后世附会其身的神圣光环，还其周秦诸子之一的历史本来面目，并得出儒墨地位相等，儒墨相非乃当时诸子间的常态，并无正统与异端之别的客观结论。所以说，汪中平视儒墨乃至推崇墨家，实为其推本原始之经学考据的逻辑结果。

晚清以降，墨学由隐而显、由边缘而中心的变化以及儒尊墨卑格局的改变，现实刺激及西学东浸虽为显因，但乾嘉经学考据推本原始的学术追求及其所带来的传统学术格局的内在变化亦为重要因素。晚清古文经学家章太炎等人，一方面倡导"夷六艺于古史"，认为"孔子删定六经，与太史公、班孟坚辈初无高下"[②]以历史家称誉孔子，从而把"经"降到"史"的地位。另一方面又承汪中之遗绪，认为先秦诸子与孔子一样，同出于周代史官，但各尊所闻，考迹异同，而与孔子异说。所以，从学术上看，孔子与先秦诸子并无尊卑之

① 参见汪中：《墨子序》，《新编汪中集・文集・第四辑》，广陵书社 2005 年版，第 408～409 页。

② 章太炎：《訄书・清儒》，章太炎、刘师培等撰，罗志田导读，徐亮工编校：《中国近三百年学术史论》，上海古籍出版社 2019 年版，第 5 页。

别。然而，“秦汉以来，学者溺于成见，视儒教为甚重，而视九家为甚轻，此学者第一大患者”[1]。所以，从这个角度看，汪中的墨学观昭示了晚清墨学复兴的传统学术内在的演变逻辑，亦预示了乾嘉之际传统学术思想变迁的新趋向。

① 佚名：《论中国人重视儒家的观念》，《警钟日报》1904年11月15日。

墨子"节用"思想蕴含的国家治理智慧

张子玉　刘大林

"崇俭节用"是中华民族的传统美德,也是中华民族十分重要的价值观念取向。2000多年前,墨子提出"节用"思想主张,提倡厉行勤俭节约,反对奢侈浪费,其"俭节则昌,淫佚则亡"的命题潜移默化影响了一代又一代中国人的道德实践。之后历经历史长河的积淀,节用思想逐步演变为一种烛照千秋的文化精神,不仅对中华民族产生了深远影响,更对中国勤俭节约、艰苦奋斗的优秀传统以及中华民族精神之形成,发挥了至关重要的促进作用。习近平总书记强调,中华民族在几千年历史中创造和延续的中华优秀传统文化,是中华民族的根和魂。艰苦奋斗、勤俭节约思想中所蕴含的民族精神、价值理念、使命担当都是对中华优秀传统文化的继承和发展。在全面建设社会主义现代化强国的时代背景下,墨子节用思想蕴含的治国理政智慧,不仅为我们认识和改造世界提供了有益启迪,而且也为国家治理提供了有益启示,为道德建设提供了有益启发。

一、墨子节用思想的历史背景和丰富内涵

墨子,名翟,春秋战国时期鲁国(今山东滕州)人,早年"学儒者之业,受孔子之术",后"以为其礼烦扰而不悦,厚葬靡财而贫民,久服伤生而害事,故背周道而用夏政"(《淮南子·要略训》),创立了墨家学派,并有《墨子》一书传世;墨学与儒学在先秦时期并称"显学"。墨子是我国历史上第一位平民出身的哲学家,也是先秦诸子中唯一一位集思想家、哲学家、教育家、科学家、军事家、社会活动家身份于一身的时代巨子;墨学是诸子百家中唯一的平民学派。

墨子生活的战国时期,战乱频仍,诈伪相尚,社会动荡,战争和统治者的奢靡无度使下层人民遭受了深重的苦难。统治阶级"以其极赏,以赐无功;虚

其府库，以备车马、衣裘、奇怪；苦其役徒，以治宫室观乐；死又厚为棺椁，多为衣裘。生时治台榭，死又修坟墓。故民苦于外，府库殚于内；上不厌其乐，下不堪其苦。”在这样的情况下，“欲国无乱，不可得也”。墨子针对当时“饥者不得食”“寒者不得衣”“劳者不得息”的社会现实，坚持“兴天下之利、除天下之害”，提出“节用”，主旨在“去无用之费”，“诸加费不加于民利者，圣王弗为”，以实现“国家之富”“人民之众”“刑政之治”。《墨子》中《节用》《节葬》《七患》《辞过》诸篇均论及节用之道，蕴含着丰富的国家治理智慧。

(1)民得不劳的人民立场。墨子认为，统治阶级和新旧贵族生活上存在着严重的奢侈浪费，衣“锦绣文采靡曼之衣，铸金以为钩，珠玉以为佩”，食“美食刍豢，蒸炙鱼鳖”，宫室“台榭曲直之望，青黄刻镂之饰”，舟车“饰车以文采，饰舟以刻镂”。为了满足生活上的穷奢极欲和礼乐上的铺张浮华，“厚作敛于百姓，暴夺民衣食之财”。统治阶级的奢侈生活和对劳动人民的残酷压榨，造成了大量财力、物力和人力的浪费，“其使民劳，其籍敛厚”，带来的后果就是“民财不足，冻饿死者，不可胜数也”。而为政者的奢侈无度，“左右象之”，臣子左右纷纷效仿，不仅加重了人民的负担，更造成了社会的极大不稳定，“欲国无乱，不可得也”。于是墨子站在人民的立场，基于对劳动人民的尊重和对劳动成果的爱惜，从维护广大人民的利益出发，提出“去无用之费”，“诸加费不加民利者，圣王弗为”。劝告统治者“爱民谨忠，利民谨厚”，目的还是希望统治阶级能体察民之艰难，以民之忧为己忧，能够真正爱民利民，这样才能“王天下正诸侯”。墨子认为，节用是“圣王之道，天下之大利也”，是国家治理的良策。“去无用之费”可以“用财不费，民得不劳，其兴利多矣”。墨子在“三表法”中提出“发以为刑政，观其中国家百姓人民之利”，还提出“功，利民也”。意即政治的功效，以符合人民的利益为标准。墨子将“国家百姓人民之利”作为其节用思想的根本出发点，把人民群众的利益作为判断是非的标准，体现了一种可贵的民本思想和道德情感，这在我国古代思想家中是独一无二的。

(2)兴利除害的道义追求。墨子认为“仁人之所以为事者，必兴天下之利，除去天下之害”。仁人做事，必须讲求对天下有利，为天下除害，这才是治理天下的准则。“利人乎即为，不利人乎即止。”对人有利的事情就去做，而危害到人的利益的就应该停止。“兴利除害”，关键是给予百姓物质财富上的利益和实惠。统治阶级在施政时，凡事应该利国利民，而过度追求衣服、饮食、宫室、舟车、乐器之华丽，不仅耗费钱财、荒废农耕，还会使人耽于荒淫，于国于民都没有利。“姑尝厚措敛乎万民，以为大钟、鸣鼓、琴瑟、竽笙之声，以求兴天下之利，除天下之害而无补也。”所以，墨子认为，节用是“天下之大利也”。他提出：“凡兴利除害也，其类在漏雍。”凡是兴办对人民有利的事，都包含着革除对人民有害的因素，比如兴修水利，就包含革除水害。同样，节用可以使“府库实满，士民不劳”，为天下之利；奢侈浪费的行为“单财劳力，毕归之于无用也”，乃是天下之害。为天下“兴利除害”，是墨子和墨家学派学术活动的宗旨和目的，墨子一生“摩顶放踵利天下，为之”。

(3)用之有度的行为法则。墨子非常重视事物实践中规则、法则的运用，认为：“天下从事者，不可以无法仪。无法仪而其事能成者，无有也。”认为“天下从事者”出言做事都必须遵循一定的法则；如果“无法可度”，治国理政等都将一事无成。墨子以古者圣王的节用之法为法则，提出“凡足以奉给民用则止，诸加费不加于民利者，圣王弗为”的节用原则，要求贵族统治者去掉浪费，一切花费以够用为基准，凡是不能增加国家百姓利益的花费，都要限制和停止。“圣人为政一国，一国可倍也；大之为政天下，天下可倍也。其倍之，非外取地也，因其国家去其无用之费，足以倍之。”以节用的方针治国，可以使国家的财富增长一倍，不需要向外夺取土地。根据国家的情况，节省不必要的费用，就可以使财富成倍地增长。墨子又进一步从衣、食、住、行四个方面提出了节用的具体要求和标准，主张无论是王公贵族还是平民百姓都要以这个标准为使用准则。衣服：“冬则练帛之中，足以为轻且暖；夏则絺绤之中，足以为轻且清。谨此则止。”饮食：“足以冲虚继气，强股肱，耳目聪明，则止。”居处：“室高足以辟润湿，边足以圉风寒，上足以待雪霜雨露，宫墙之高，足以别男女之礼。谨此则止。”舟车：“全固轻利，可以任重致远。”依此，则可以“民劳而不伤”“民费而不病”。墨子认为，宫室、衣服、食饮、舟车、蓄私“此五者不可不节。夫妇节而天地和，风雨节而五谷熟，衣服节而肌肤和”。墨子提倡的“节”即“适度”，衣食住行的用度要以人的实际需要为限，适当节制，注意分寸，不能过分，超出限度就是奢侈浪费。所以，墨子认为：“其民俭而易治，其君用财节而易赡也。府库实满，足以待不然，兵革不顿，士民不劳，足以征不服。故霸王之业，可行于天下矣。”

(4)裕民富国的固本之道。墨子非常重视农业生产，认为“凡五谷者，民之所仰也，君之所以为养也。故民无仰，则君无养；民无食，则不可事”。五谷乃国之根本，“固本”是治国的重中之重。民无衣食，自身生存已不可能，更无以供养“为政者”，那么其他的任何事业也就都不可能从事。立于此，墨子提出“财不足则反之时，食不足则反之用”。意即财用不足要反省是否抓住了农时，粮食不足要反省是否注意了节俭。而为政者“厚作敛于百姓”，使“女子废其纺织而修文采，男子离其耕稼而修刻镂”。又蓄私使“男女失时，故民少”。劳动力的严重不足影响了社会生产的发展，致使“国家不富”“饥者不得食，寒者不得衣”，故墨子强调“食不可不务也，地不可不立也，用不可不节也”。而“先民以时生财，固本而用财，则财足”。先人依四季时令进行生产，巩固作为农业之本而用财，则财用丰足。所以，墨子强调固本节用。墨子还认识到人不劳动就不能生存，“赖其力者生，不赖其力者不生”。而人们衣、食、住、行等基本需求是通过劳动满足的，“不强从事，即财用不足”，“强必富，不强必贫；强必饱，不强必饥”。不努力生产，财用就会不足。在诸侯以武力争胜的战国时代，墨子“强本节用”，把农业生产作为“王天下”的根本前提，提倡“强力从事”的劳动历史观，是极具理性的。

(5)居安思危的战备意识。墨子关注国家和人民的安全，“昭昭然为天下忧不足”，指出造成国家危亡的七种祸患是轻视城防、外交无能、滥用民力、君主专断、臣下不忠、赏罚不明、国库空虚。只要有这七种情况，国家就会面临灾祸。墨子提出：“备者，国之重也。食者，国之宝也；兵者，国之爪也；城者，所以自守也；此三者，国之具也。”食、兵、城三者是国家战备工作必须具备的工具，而食又谓之“国备”，是重中之重，“国无三年之食者，国非其国也；家无三年之食者，子非其子也”。各项物资的储备，是治国的要务，如果没有一定数量的积累和储备，一旦发生战乱或出现灾荒，那么国家就会面临存亡的危机。“故仓无备粟，不可以待凶饥；库无备兵，虽有义不能征无义；城郭不备全，不可以自守；心无备虑，不可以应卒。”所以，墨子主张，生产的粮食及物资，不能挥霍无度，要节约用项、加以储备，做到有备无患。墨子又举例说：“虽上世之圣王，岂能使五谷常收而旱水不至哉！然而无冻饿之民者，何也？其力时急而自养俭也。”即使是圣王统治时期，也不一定能够保证不出现五谷歉收、水旱无时的灾年，为什么能够“无冻馁之民”呢？原因就在于他们做到了“力时急而自养俭”。平时生产的财用多，而使用节俭，就能够有充足的储备,因而可以待凶饥。有了充足的武备、守备和粮食储备,国家安全就有了根本保障,“国备”完善,意味着上下一心、国富民强,“七患”就会迎刃而解。

(6)鉴古知今的历史思维。墨子非常注重从历史事件和古者圣王的治政经验中找寻解决问题的办法,他在“三表法”中提出“上本之于古者圣王之事”,即学习前人的经验智慧,以此作为检验政令言论是否合乎真理的标准。墨子言“昔者三代之暴王,不缪其耳目之淫,不慎其心志之辟,外之驱骋田猎毕弋,内沈于酒乐,而不顾其国家百姓之政,繁为无用,暴逆百姓”,最终“身在刑戮之中”;而“尧治天下”,“黍稷不二,羹胾不重,饭于土熘,啜于土形,斗以酌”。在政治上实现了“南抚交趾,北降幽都,东西至日所出入,莫不宾服”。所以,墨子劝告为政者“节于身,诲于民,是以天下之民可得而治,财用可得而足”。希望为政者能够效法古代贤王的做法,使天下百姓乐于追随,实现国泰民安。又举例说,古者圣王于宫室、衣服、饮食、舟车、蓄私等,仅求“便于生”“便于身”而已,而当今之主背道而驰,厚作敛于百姓而满足其私欲之奢靡行为,招致天下之乱,“夫以奢侈之君御好淫僻之民,欲国无乱不可得也”。墨子从而归结出“俭节则昌,淫佚则亡”的道理,这一光辉命题,是对历史经验的深刻总结,也是千古不变的定则。

二、墨子节用思想是中华民族的重要文化积淀

在中国历史上,墨子第一次对节俭问题进行了系统的论述。《荀子·富国》说:“墨术诚行,则天下尚俭。”司马谈《论六家要旨》评价说:“强本节用,则人给家足之道也。此墨子之所长,虽百家弗能废也。”历代思想家对崇俭节用都提出过相当深刻的见解。薪火相继,代代传承,崇俭节用思想已经成为中华民族历久弥新的生存智慧,影响了一代又一代中国人的道德实践。

(1)崇俭节用是中华民族的传统美德。中国古人很早就有勤劳生产、俭节治政的观念。《尚书·大禹谟》说:“克勤于邦,克俭于家。”后来衍生出“克勤克俭”一语。《左传》提出“俭,德之共也;侈,恶之大也”,以俭侈之别为德行和恶习的对立。《韩非子·显学》说,“侈而惰者贫,力而俭者富”,以俭侈之辨来揭示人之贫富、国之强弱的原因。这都和墨子崇俭节用的观念相通。《后汉书·肃宗孝章帝纪》提醒人们:“节用储蓄,以备凶灾。”诸葛亮有“静以修身,俭以养德”之论。唐李商隐《咏史》言:“历览前贤国与家,成由勤俭败由

奢。”更是对墨子崇俭节用思想的一种诗化描述。在中国人长久以来的价值观里，节俭不仅是一种行为方式，更是一种大的德行，是培养良好道德的基础。“艰难困苦，玉汝于成。”翻开中华历史，历朝历代无一不是在筚路蓝缕、勤俭自强、艰苦奋斗中成就王者霸业，也无一不是在骄奢淫逸、挥霍无度、纸醉金迷中销声匿迹。5000多年的中华文明史昭示我们，崇俭节用是中华优秀传统文化的重要积淀。这一思想深深扎根于中华优秀传统文化，流淌在中华民族的血脉之中，熔铸于中华民族的每一步发展实践之中，早已成为中华民族最鲜亮的精神标识和最宝贵的价值基因。

(2)崇俭节用是中国共产党的优良传统。崇俭节用是中国共产党保持同人民群众血肉联系的桥梁和纽带，是战胜困难、赢得胜利的法宝。从革命年代“红米饭南瓜汤”的乐观无畏，到建设时期“勤俭是个传家宝，千日打柴不能一日烧”的生动号召；从革命年代毛泽东同志提出，“节省每一个铜板为着战争和革命事业，为着我们的经济建设”，“延安作风打败西安作风”，到新中国成立后他又强调，“执行厉行节约、反对浪费这样一个勤俭建国的方针”；从改革开放后邓小平同志反复提醒全党“艰苦朴素的教育今后要抓紧，一直要抓60至70年”，到中共十三届四中全会后江泽民同志指出：“要以艰苦奋斗、勤俭朴素为荣，以铺张浪费、奢侈挥霍为耻。”党的十六大后胡锦涛同志强调，各级领导干部要牢记“两个务必”，带头发扬艰苦奋斗、勤俭节约的精神。党的十八大以来，习近平总书记多次强调全党上下必须持续抓好艰苦奋斗、勤俭节约的优良作风，到党中央出台《关于改进工作作风、密切联系群众的八项规定》，并将“坚持尚俭戒奢，艰苦朴素，勤俭节约”写进《中国共产党廉洁自律准则》；从习近平总书记在党的十九大报告上中明确指出，全党一定要保持艰苦奋斗、戒骄戒躁的作风，以时不我待、只争朝夕的精神，奋力走好新时代的长征路，到近日对制止餐饮浪费行为做出重要指示。艰苦奋斗、崇俭节用作为强大的精神力量，始终激励着中国共产党顽强进取、百折不挠、走向胜利、成就伟业。实践证明，正是由于中国共产党始终大力弘扬、积极践行、长期坚持艰苦奋斗、勤俭节约的优良传统，才为在新的历史时期开创中国特色社会主义提供了宝贵经验、理论准备、物质基础，才凝聚起建设中国特色社会主义伟大事业的磅礴力量，并成功推动中国特色社会主义进入新时代。

(3)崇俭节用是新时代中国特色社会主义的实践要求。习近平总书记在党的十九大报告中指出，经过长期努力，中国特色社会主义进入新时代是我国发展新的历史方位。新时代要有新气象新作为，新时代要展现新风尚。站在新时代的新起点上，面对世界百年未有之大变局，面对纷繁复杂的形势变化，面对我国改革发展稳定面临的新情况新问题新挑战，只有各级党委政府、广大干部群众更加紧密地团结在以习近平同志为核心的党中央周围，进一步弘扬艰苦奋斗、崇俭节用的优良作风，去奢崇俭、弃侈尚节、克勤克俭，进一步激扬滚石上山、攻坚克难的精神品格，增强忧患意识，坚持问题导向，奋力担当作为，进一步强化以人民为中心、为人民谋幸福的宗旨观念，坚持人民立场、永葆人民情怀、造福人民群众，才能在实现中华民族伟大复兴的历史进程中走好新时代的长征路，才能在全面建成社会主义现代化国家的新征程中写就不负时代召唤、不负人民期待、不负历史使命的壮丽篇章。

三、新发展格局下，弘扬墨子节用思想是提升国家治理能力的方法路径

构建以国内大循环为主体、国内国际双循环相互促进的新发展格局，是对未来一段时期国家发展战略的全方位要求，对国家治理体系和治理能力现代化提出了新课题、新要求。需要各级党委政府、党政领导干部树立新发展理念，增强服务新发展格局的各种能力。墨子的节用思想，对在新发展格局下推进国家治理体系和治理能力现代化具有重要的启示意义和借鉴价值。

(1)坚持爱利百姓的群众观。“功，利民也。”人民立场是中国共产党的根本政治立场，是马克思主义政党区别于其他政党的显著标志。党的根基在人民、血脉在人民、力量在人民。只有厚植民心，才能凝聚力量。要树立以人民为中心的工作导向，坚持人民利益高于一切，“发以为行政，观其中国家百姓人民之利”，把实现好、维护好、发展好最广大人民的根本利益作为一切工作的出发点和落脚点，又“爱民谨忠，利民谨厚”，让“士民不劳”，牢记全心全意为人民服务的根本宗旨，顺应人民群众对美好生活的向往，提高、保障和改善民生水平。着力解决好人民群众最关心、最直接、最现实的问题，让群众幼有所育、学有所教、劳有所得、病有所医、老有所养、住有所居、弱有所扶；着力解决发展不平衡不充分的问题，在经济上富民、政治上重民、文化上安民、社会上惠民、生态上利民，使改革发展成果更多更公平惠及全体人民，让人民群众不断增强获得感、幸福感、安全感。

（2）弘扬兴利除害的义利观。“仁者之所以为事者，必兴天下之利，除去天下之害。”为人民谋幸福、为民族谋复兴、为世界谋大同，是对中国共产党人“兴天下之利、除天下之害”崇高追求和使命担当的集中概括，中国共产党人追求的是人民和国家之公利、人类和天下之大利。坚持正确的义利观，要讲信义、重情义、扬正义、树道义，做到义利兼顾。为人民谋幸福、为民族谋复兴、为世界谋大同，必须贯彻新发展理念，统筹推进“五位一体”总体布局，协调推进“四个全面”战略布局，加快推进国家治理体系和治理能力现代化，坚决破除一切不合时宜的思想观念和体制机制弊端，更好地进行中国特色社会主义事业的伟大实践，实现墨子“今用义为政于国家，人民必众，刑政必治，社稷必安”治国理想。

（3）践行文明节俭的价值观。文明是全人类的共同追求和美好向往，不仅体现在一个国家和民族创造的物质财富、精神财富的一切成果和活动之中，而且体现在人们的日常生活和言谈举止等具体细节之中。一个国家、一个民族对节俭和浪费的态度，折射出其价值标准和文明程度，昭示着这个国家和民族的发展前景。崇俭节用是社会文明的重要体现，是社会主义核心价值观的重要内容。要在全社会进一步加强勤俭节约传统美德教育、党的艰苦奋斗优良作风教育、基本国情教育，培育崇俭节用、反对浪费的文化，倡导健康文明的生活方式和消费理念，广泛开展全民性节粮、节水、节电、节约钱物等活动，推动“光盘行动”，推广节能节水产品，使用绿色环保家具，倡导绿色低碳出行，力戒奢侈浪费和不合理消费，把节俭节约的理念落实到生产建设各领域、体现到社会生活各方面，“去无用之费”，让文明深入人心，让节俭实施于行，让勤俭求进成为一种人生态度，让简约适度成为一种生活方式，持之以恒、久久为功，形成全民节约、全面节约的生动局面，让文明节俭的价值观念在全社会蔚然成风。

（4）坚持绿色生态的发展观。“取之有度，用之有节”，是生态文明的真谛。生态兴则文明兴，生态衰则文明衰。中国是世界上最大的能源生产国和消费国，建设美丽中国，谋求永续发展，必须坚持创新、协调、绿色、开放、共享的发展理念，必须践行“绿水青山就是金山银山”的理念，坚持节约资源和保护环境的基本国策，坚持节约优先、保护优先、自然恢复为主的方针，坚定走生产发展、生活富裕、生态良好的文明发展道路，加快建设资源节约型、环境友好型社会，实现经济社会发展与人口、资源、环境相协调。要推动资源利用方式根本转变，大幅降低对能源、水、土地的消耗，大力发展循环经济，促进生产、流通、消费过程的减量化、再利用、资源化。要实行最严格的生态环境保护制度，全面建立资源高效利用制度，健全生态保护和修复制度，严明生态环境保护责任制度，加快形成绿色发展方式和生活方式，推动绿色发展转型和实现绿色经济繁荣。

(5)树立凡事有备的安全观。“备者，国之重也。”现在我国发展进入了历史上最好时期，越是取得成绩的时候，越要有如履薄冰的谨慎，越要有居安思危的忧患意识，绝不能犯战略性、颠覆性错误，增强忧患意识、防范风险挑战要一以贯之。“心无备虑，不可以应卒。”“今后一个时期，我们将面对更多逆风逆水的外部环境，必须做好应对一系列新的风险挑战的准备。”防范化解重大风险，维护以党的执政安全和我国社会主义制度安全为核心的国家政治安全，必须以习近平新时代中国特色社会主义思想为理论武装，坚持总体国家安全观；必须深刻认识到国家安全内涵外延、时空领域、内外因素的复杂变化，时刻准备付出更为艰巨、更为艰苦的努力，有效应对重大挑战、抵御重大风险、克服重大阻力、解决重大矛盾；必须增强战略定力，坚持底线思维，凡事从坏处准备，努力争取最好的结果，做到有备无患、遇事不慌，牢牢把握主动权；必须增强忧患意识，居安思危，永葆斗争精神，加强斗争历练，增强斗争本领。

(6)树立实干兴邦的劳动观。“人民创造历史，劳动开创未来。”劳动是推动人类社会进步的根本力量，是一切成功的必经之路；劳动是共产党人保持政治本色的重要途径，是保持政治肌体健康的重要手段，也是发扬优良作风的重要保障。“空谈误国，实干兴邦”，好日子是通过辛勤劳动得到的。实现我们确立的奋斗目标，归根到底要靠辛勤劳动、诚实劳动、科学劳动。无论时代条件如何变化，我们始终都要崇尚劳动、尊重劳动者，始终重视发挥工人阶级和广大劳动群众的主力军作用。一勤天下无难事，要引导广大人民群众崇尚劳动、“强力从事”，让劳动光荣、创造伟大成为时代的铿锵之音，让劳动最光荣、劳动最崇高、劳动最伟大、劳动最美丽的价值观念形成社会风范。“凡天下群百工，轮车鞼匏、陶冶梓匠，使各从事其所能”，依靠广大人民群众的辛勤劳动、诚实劳动、创造性劳动，实现中国梦，创造幸福美好的生活。

(7)做实节身诲民的知行观。成事之要，关键在人，关键在领导干部。领导干部既是党的事业的组织者、推动者、实践者，又是党性党风的示范者、促进者、引领者，一言一行、一举一动，都会形成一种风气、提倡一种追求、引导一种方向。领导干部的作风关系党内风气和政治生态，关系民心向背，决定着党的群众基础。“上以为政，下以为俗。”如果领导干部自身要求不严、标准不高，党性、作风出了问题，就会脱离群众，党风和社会风气就会受到严重影响。领导干部作为“关键少数”，要以身作则、以上率下，为干部和群众做好示范，带动形成良好党风政风民风。要带头加强政治建设，在坚决维护习近平总书记核心地位、维护党中央权威和集中统一领导上做表率，严格遵守政治纪律，坚定站稳政治立场；要带头加强理论学习，在用习近平新时代中国特色社会主义思想武装头脑、指导实践、推动工作上做表率，坚定理想信念，着力克服“本领恐慌”；要带头加强道德修养，在弘扬社会主义核心价值观、引领社会文明风尚上做表率，提升道德境界，追求高尚情操；要带头加强作风建设，在坚持党的群众路线、践行全心全意为人民服务的根本宗旨上做表率，练就过硬作风，厚植党执政的群众基础。领导干部要发扬自我革命精神，锤炼坚强党性，把自我革新、自我净化的思想和行动贯彻体现到工作、学习、生活的方方面面，在不断历练改造中永葆共产党人的政治本色，“故节于身，诲于民，是以天下之民可得而治”。

墨家社会政治观的现当代性刍议

朱传棨

在中国优秀传统文化研究中，如何体现创造性转化和创新性发展的原则？对这个问题，从已有传统文化研究中甚为罕见，特别是对儒家文化的研究，无论是对原典的诠释，还是对其思想观点的逻辑论析，似乎存在着颂扬多于转化、沿袭多于创新的现象。因此，对优秀传统文化的研究要有科学的视角和方法。笔者认为，要以整体观对中国数千年传统思想文化的演进和发展，进行历史的和逻辑的科学分析。从整体上揭示诸学派的学说思想相互渗透和影响的关系，从中汲取其思想文化的精华，进行与当代文化相融合、与现实发展相协调的研究。因为，任何学说和思想观念，特别是对社会历史产生过重大影响的学说和思想观念，一经产生不仅有其相对独立发展的规律性，而且它还会渗透到整个文化思想发展中。任何一个学派的思想观念、哲学概念不仅要与其共存的其他学派的哲学思想产生相互影响、相互渗透的关系，而且还同其以前和以后的哲学观念发生沿袭与变革、吸收和剔除的相互关系。这既是创造性转化和创新性发展的思想前提，也是研究儒墨融合和互补的思想前提，还是研究墨家思想学说当代意义的方法论原则。依据这种方法原则，把墨家思想放在整个中国优秀传统文化数千年的历史发展中，进行深刻的分析和研究，就可以揭示其学说中具有现时代意义的文化基因，使之与当代文化相融合，与现实发展的要求相协调。同时，也可以揭示其社会政治观、价值观、伦理观、科技观乃至人才观和劳动观等，对其他学派特别是对主流学派的影响和渗透。

一、墨家社会政治观的理论基础和为政之本

“兼相爱，交相利”既是墨家学说的根本宗旨，也是墨家社会政治主张的

理论基础和指导思想。墨家学说的创始人墨子曾“修儒者之业，受孔子之术”。但是，他认为儒家提倡的“仁爱”思想，其实质是周礼制范畴之内的思想原则，在现实层面上是主张沿袭“亲亲”“尊尊”维护贵族权益的等级社会政治制度。墨子提出，要变革这种以周礼为指导的旧制度，效法夏禹时代利民的社会制度，建立起“爱利百姓”“为民兴利除害”的平民民主的社会制度。这种社会制度不是以血缘关系为社会基础，依照君王天子的意志制定的，而是以万民的社会需求和利益，推行尚贤使能的政治制度，按照“有能则举之，无能则下之”的民主原则，建立起“兼爱”“相利”的和谐社会。墨子认为，这种性质的社会，在先王时代存在过。他在《墨子·尚贤中》指出：“故古圣王者。甚尊尚贤，而任使能，不党父兄，不偏贵富，不嬖颜色。贤者举而上之，富而贵之，以为官长；不肖者抑而废之，贫而贱之，以为徒役。”这表明，墨子正式提出了既要变革世袭贵族制的要求，同时也要积极推行为出身于社会地位低下“农与工肆之人”及知识分子参与政治活动的重要举措。但是，墨子提出的尚贤主张与儒家的“举贤才”主张是不同的。儒家是从没落的、失势的贵族中“举贤才”，“农与工肆之人”被视为“贱者”，不在举贤之列。墨子的尚贤则相反，认为“虽在农与工肆之人，有能则举之”，而且只要贤能有成效，就“高予之爵，重予之禄，任之以事，断予之令”(《墨子·尚贤上》)。墨子认为，尚贤是治国为政的重要原则，是关系国之富强、万民得利的具有决定性的重要举措。强调指出，若“求国家之富，人民之利，刑政之治”，必须实行尚贤为政的原则。因此，他进一步指出贤良之士对社会治理、国家富强的重要意义：“国有贤良之士众，则国家之治厚；贤良之士寡，则国家之治薄。故大人之务，将在于众贤而已”(《墨子·尚贤上》)。

墨子之所以再三强调尚贤的重要性，就在于他所认为的“贤良之士”是具有墨家的政治理念、才能超群、道德高上的智者。他说：“贤良之士，厚乎德行，辩乎言谈，博乎道术者乎！此固国家之珍，而社稷之佐也。”(《墨子·尚贤上》)贤良之士为政，他们既有爱民之心，又有利民之行。如同古圣王治政那样，“其为政乎天下也，兼而爱之，从而利之，又率天下之万民”(《墨子·尚贤中》)。墨子不仅提出尚贤为政的重要性，而且规定贤士为官要具有举义和法治资格。贤士为官可以小到“治邑”，大到“治国”。所以，他坚决提出“不义不富，不义不贵，不义不亲，不义不近”。“古圣王之为政，列德而尚贤。……以德就列，以官服事，以劳殿赏，量功而分禄，故官无常贵，而民无终贱。”（《墨子·尚贤上》）这充分表明，贤良之士为官要以爱民利民为服务原则。只有贤良之士出来“治邑”“治国”，才能保护民众的利益，即为“农与工肆”及小私有者的经济利益而任官。因此说，墨子的尚贤主张是具有历史意义和进步意义的，深刻彰显了墨家学说的“兼相爱，交相利”的宗旨。

墨子的尚贤主张与尚同的规范原则是分不开的。但是，学界对尚同内涵的理解和诠释存在很大的歧义。有些学者认为，尚同具有专制主义色彩，他们说墨子一方面追求兼爱平等，另一方面又主张专制统治，这是墨子思想体系中的矛盾之处；还有的学者认为尚同具有宗教迷信的成分。我们认为，对尚同的内涵，既要与尚贤结合起来诠释，更要与“天志”结合起来进行阐明。那么尚同内涵的实质为何？也就是说尚同是“同”于居最高位的君王天子的意志呢，还是“同”于具有根本性和主导性的规范原则呢？我们认为，尚同的内涵应是后者。从“天志”的内涵来看，尚同的内涵是由“天志”的主导思想原则规定的，而“天志”主导原则规范，即“天志”的核心内涵“爱利百姓”。贤良之士为政为官必须以“爱利百姓”、为民兴利除害为坚守原则，即尚同的根本规范。所以说，尚贤是以尚同的原则规范为前提，贤良之士为政是为实现“爱民利民”的“天志”原则。因此，各级贤士必须做到：“上之所是，必皆是之，所非，必皆非之。”（《墨子·尚同上》）因为只有贤良之士才能实现“总天下之义，以‘尚同’于天”，即以“天志”来统一全社会的思想和行令规范。也就是说，尚同内涵的实质是规范全社会运行的根本原则，不是行政体制，更不是政治制度。所以，墨子十分强调上至天子、王公、诸侯，下至基层的乡长、里长都必须尚同于“天志”。按照“天志”的“爱利百姓”原则规范，建立起贤良治世的平民民主体制，是实现“天志”要求的“兴天之利，除天下之害”的制度保证。这是因为，这种平民民主体制的政治制度，既体现了天民之间的民为本的方面，也体现了君民之间的民是主导的方面。也就是说，贤良之士为君、为官，就保证了既有存爱民之心，又有利民之行的“天志”要求。

二、农与工肆是社会发展和国家稳固的支柱

《墨子》中关于农与工肆对社会的存在和发展所起的重要作用，是非常强调的，其论说的思想也是丰富的和多方面的，而且是以人学理论做深刻论证

的，这在中国古代民为本的思想史上是有其独特性的，也是属于罕见之列的。

墨子的人学思想，首先是从人和禽兽的区别提出和论述了人的本质问题。在《尚贤》《天志》《非命》《节用》《非乐》等篇中，墨子的用人之道和何谓人的根本观点是相一致的。在墨子看来，人不仅是有意志、有目的等思想活动的一般情形，而且是从事衣、食、住、行的感性活动的人。他主张，人和禽兽虽然都有为生存而衣、食等活动的共同点，但两者是有根本区别的。禽兽的生存活动是消极、适应性的，不能改变和创造其生存环境；而人的本质是劳动，并且具有创造性活动的特点，所以人为生存而衣、食等活动是积极主动的，是有意识、有目的的社会性的活动，人可根据自身生存的需要，积极改变和创造生存的外部环境。墨子说："今人与此异者也，赖其力者生，不赖其力者不生。君子不强听治，即刑政乱；贱人不强从事，即财用不足。"（《墨子·非乐上》）也就是说，不论是天子还是贱人，不同于禽兽的根本点，就在于必须从事耕织和听政等各种不同的劳动，才能够有安逸的生活，才有社会的稳固和发展。这里十分清楚地表明：全社会的人尽管从事的活动相异，但都必须各从其事，各尽其责。"王公大人，蚤朝晏退，听狱治政，此其分事也；士君子竭股肱之力，亶其思虑之智，内治官府，外收敛关市山林泽梁之利，以实仓廪府库，此其分事也；农夫蚤出暮入，耕稼树艺，多聚叔粟，此其分事也；妇人夙兴夜寐，纺绩织纴，多治麻丝葛绪，细布縿，此其分事也。"（《墨子·非乐上》）这里不仅说明了从事不同行业的人要各司其责，而且也显示其深层思想，是强调农与工肆是社会的主体，他们的劳动是社会财富的主要来源，是存在和发展的根基。

其次，墨家的人学思想是反对"命定论"的。从《墨子》的《兼爱》《天志》《非乐》《非命》等诸篇内容看，墨子是以"农与工肆"劳动的现实性反对"命定论"的，所以墨子认为人是具体的、现实的人，是与其生存环境和谐相处的人，而且由于不同群体的人所处社会地位和环境的不同，他们的认识与活动就有差异。墨子以此来说明人具有自主性、能动性、差异性的特征，不是命定的，更不是天赐的。但是，墨子在《天志》中说的"天"，既不是具有创造世界万物的神性之天，也不是自然世界之天，而是根本之道的天，体现"万民之利"之原道的天。所以，我们说墨子的"天志"是万民意志的一种外化。那么，墨子为什么要用"天"的观念呢？这要历史地从那个时代的具体境况予以说明。自周代以来，人们都把"天"看作最高权威。墨子依据当时人们对"天"的传统观念，沿用了这个具有最高权威性、普遍被运用的观念“天”。不过他把农与工肆及万民的意志赋予的“天”的本质属性，称为“天志”，不称“上天”，也不称“天子”。同样，当时“鬼”的观念，墨子也在沿用，用来约束人们的道德观念和端行。天与鬼的对立，也就是善与恶的对立。从宗教学上说，“天”“神”“鬼”的问题，实际上就是人的问题。对“上天”(上帝)、“神”和“鬼”的研究，都不能脱离一定历史条件下的现实的“人”。因此，我们认为，对墨子的“事天明鬼”思想的研究，不能停留在“宗教迷信”的简单结论上，而要以墨家手工业者群体和小私有者政治诉求的意志为切入点，做进一步的研究。因为“天”的根本意愿是“兼相爱，交相利”，“天之爱天下之百姓，以其兼而明之”，“天之志者，义之经也”。《贵义》篇明确指出：“万事莫贵于义。”而《天志上》则提出：“天下有义则生，无义则死；有义则富，无义则贫；有义则治，无义则乱。”所谓“义政”“义行”就是“天志”的付诸实践，“义政”就是王公大人为政要爱民利民；“义行”就是每个社会成员要积极践行社会责任和义务。由此看来，墨子的“天”不应为宗教迷信之天。

再者，从对整个《天志》篇的综合研究看，在现实世界中，“天”具有“赏善罚恶”的正义功能，以实现“爱利百姓”的和谐社会。所以，墨子反复讲“置立天之，以为仪法”，“立为天子以法也”。为了说明“天之爱天下之百姓”，他指出：“且吾言杀一不幸者，必有一不祥！杀不幸者谁也，则人也，予之不详者谁也，则天也。若以天为不爱天下之百姓，则何故以人为与人相杀，而天予之不祥。此我所以知天之爱天下之百姓也。顺天意者，义政也；反天意者，力政也。”(《墨子·天志上》)这里，若从字面分析，似有“天人感应”的迷信色彩，但从思想深层上分析，是为实现“兼相爱”的宗旨，为政者要“兼而明之”和“兼而有之”。要人与人相爱，人与人相利。由此我们认为，墨子把“天”当作为政、为人的最高指导原则，是手工业者群体和小私有者的政治诉求与利益的反映。在当时人们普遍存在和易于接受的观念“天”的情况下，墨子虽然不赞同自周代以来的“天命”“天子”等思想观念，但不能不以“天”的观念来宣传和实现其学说的宗旨，而以非命观来与天命观相抗衡，明确提出“天志”的核心内涵就是“兴天下之利，除天下之害”。爱利百姓是天的意愿，只有顺天意，才能使为政者实现良好的“义政”局面，才能更好地调动和发挥农与工肆和小私有者生产的积极性，从而使社会和谐稳固，社会才能有序前进。因此，我们认为，墨子的“天志”思想与其“兼相爱，交相利”的宗旨是紧密结合着的，不能就《天志》做孤立研究和阐释，一定要与《兼爱》《贵义》《非命》等篇结合起来进行研究和说明。

三、推行兼爱非攻，倡导节俭利民

墨子提出非攻非乐、节用节葬的政治主张，无疑是为了让平民百姓得以安居乐业，针对贵族统治者奢侈淫乐、攻伐杀掠的暴政做出的批判，道出了劳动人民不堪忍受税赋和徭役的反抗心声，是积极的进步主张。

墨子时代，诸侯国间攻伐兼并战争的兴起，固然有其历史必然性，但战争本身还是残酷的，残杀掠夺给社会发展和人民生活造成难以忍受的灾难，这是和墨子倡导的“兼相爱，交相利”的根本宗旨相背离的。所以，他提出要践行兼爱、非攻，维护万民之利。认为发动掠夺性的战争，不仅有害于被侵略国家的人民，而且也有害于本国人民之利。因而，反复宣扬侵略他国得不偿失。他指出：“计其所得，反不如所丧者之多。”（《墨子・非攻中》）侵略他国，就是“弃所不足，而重所有余也”（《墨子・非攻中》）。墨子主张非攻，但是不主张废除“征诛”之战。要把两者区别开来，前者是非正义之战，后者为正义之战。墨子的这种区分正义和非正义的战争观点，完全是和他倡导的兼爱原则相符合的。他认为，为民除害的“征诛”之战就是兼爱的一种表现。所以，他完全赞同“禹之征有苗也，非以求以重富贵，干福禄，乐耳目也；以求兴天下之利，除天下之害。即此禹兼也”（《墨子・兼爱下》）的评论。墨子把战争区分为正义的“征诛”和不正义的“攻伐”，是有进步意义和现实意义的。

应该说，非乐也是节用内容的组成部分，墨家对劳动的重视和尊重，为其他学派所罕见。墨家崇尚节俭，也为其他学派所不及。墨子从当时社会生产发展水平和劳动者的实际情况出发，提倡非乐和节用是很有积极意义的。主张非乐，并非反对音乐本身，而是反对为满足贵族统治者的淫乐享受所从事的音乐活动。在他看来，专门为满足贵族寻欢作乐、放荡不羁的音乐活动必然会加重人民的负担。他写道：统治者为满足奢欲而制作众多的乐器，“将必厚措敛乎万民”，为了演奏众多乐器而征集大批青年男女，这不仅使他们脱离生产劳动，影响生产，还要供给他们美衣美食，势必加重人民的负担。他根据当时的战乱形势和人民困苦生活的实际状况，进一步指出，从事音乐活动，不仅无任何益处，而且是十分有害的。《墨子·非乐》写道：“姑尝厚措敛乎万民，以为大钟、鸣鼓、琴瑟、竽笙之声。以求兴天下之利，除天下之害，而无补也。”故得出结论：“为乐，非也！”有研究者认为，墨子对音乐的认识是有缺欠的，断言墨子否定了音乐在社会精神文明建设和培养人民的高尚情操中的积极作用。我们认为，这种断言是一种主观苛求，误解了墨子提出非乐的初衷，是非历史主义的研究方法。墨子是针对贵族淫乐放荡，浪费社会劳动，影响社会生产，危害万民之利，而提出非乐予以指责。因此，对墨子的非乐主张的分析研究，不能脱离历史的具体情境。非乐的主旨是积极的，有其历史的进步意义。

墨子提出的节用和节葬是他倡导兼爱利民的一个基本内容，是针对统治者骄奢淫逸、横征暴敛的腐败生活方式提出来的，并借“天志”的名义要求统治者能仿效古代“圣王”的生活方式。他指出，古圣王节用的原则是以有利于人民的利益为基点的。凡是有利于人民的就做，无益的就不做。他说，古圣王的生活方式和饮食之法是：“足以充虚继气，强股肱，耳目聪明则止。不极五味之调，芬香之和，不致远国珍怪异物。”（《墨子·节用中》）节葬之法是：“衣三领，足以朽肉”，“棺三寸，足以朽骸；堀穴深不通于泉，流不发泄则止。死者既葬，生者毋久丧用哀”（《墨子·节用中》）。

墨子提出的节用并不是消极地缩衣节食，而是积极地同增加生产、发展经济相结合的。他注重“强本”，为了增加生产、发展经济特别强调“强本”的重要性，把粮食看作国中之宝，要把农业生产放在优先地位。他说：“凡五谷者，民之所仰也，君之所以为养也。故民无仰，则君无养；民无食，则不可事。故食不可不务也，地不可不力也，用不可不节也。”（《墨子·七患》）他还借古贤之人，进一步强调了注重农时、节约用粮、搞好农业生产的重要性。所以说，墨子的节用不是消极的缩减之举，而是增加生产，崇尚节俭的导向。他主张的节葬，实际上是节用的一个重要方面，是节用的应有之义，是对统治者奉行的厚葬久丧的恶俗所做的批判。所以，他指责统治者奉行厚葬久丧习俗是愚蠢之举，并指出“以厚葬从丧者为政，国家必贫，人民必寡，刑政必乱”（《墨子·节葬下》）的恶果。因此说，墨子提出节葬，是以变革社会陋俗和腐败风尚为要旨的，这在当时具有进步意义和革新精神。时至今日，墨子的这些主张，对于我们进行反腐倡廉、净化社会风尚、发展生产、勤俭建国都具有直接的借鉴意义。

综上所述,墨家的社会政治观,具有历史意义和进步意义。他强烈要求变革以周礼为主导的贵族等级制度,主张建立为万民兴利除害尚贤、尚同的平民民主制度;高扬农与工肆创造历史的作用,注重“强本”,突出农事的重要意义;崇尚节俭,改变陋习,以净化社会风尚;推行兼爱、非攻,营造和谐环境;等等。这些主张和举措,对于现当代社会均具有研究和借鉴意义。

应用研究

中国之治
——用墨子“兼爱”思想解读全球新冠肺炎疫情背景下人类健康命运共同体

巩文学

墨子生活的春秋末期是一个充满纷争动荡的时代，针对当时社会现实，思想家们纷纷提出了各自的主张以应对社会的纷乱和弊端。在如何处理人与人、国与国之间关系的问题上，孔子推崇“仁”，墨子则提出了“兼爱”的思想。在历史的长河中，优秀的文化源远流长。墨子思想主张中“兼爱”的思想是需要弘扬和发展的。

“兼爱”是墨家思想学说的核心，主张爱无差别等级，不分厚薄亲疏。在当时的封建社会，这种思想几乎成了一种奢侈的空想。但是随着时间的推移，“兼爱”思想蕴含的人人平等、不分贫富贵贱、不分尊卑的人与人之间和谐共生的理论对于我们现在生活的时代却具有无比现实的影响。特别是2020年1月新冠肺炎疫情暴发以来，世界各国为抗击疫情所采取的做法和主张，疫情之下的“中国之治”更能体现墨子“兼爱”思想的精髓与升华。本文从全球疫情背景下“中美治理”对比到“中国之治”再到全球人类健康命运共同体，用墨子的“兼爱”思想一步步解读。

一、全球疫情背景下的“中美治理”对比

疫情突如其来，对世界各国都是一场前所未有的灾难。疫情之初，情况复杂，各国各地区应对水平参差不齐，形势非常严峻。国际传染性疾病防控机制遭遇前所未有的挑战。研究表明，有的国家表现与原有的卫生安全指数并不匹配，如美国、中国等。

美国全球卫生安全指数排名世界第一。但是在这次防控疫情的“大考”中，美国政府忽略民意，忽视公众利益，阶级差异化区别对待，导致美国对抗疫情不力，国内局面混乱。中国作为世界卫生安全指数排名第51位的国家，提交的“疫考”答卷却是近乎完美。目前，中国疫情已经进入“内防反弹，外防输入”的后防控阶段。在前期最艰难的时期，中国政府面对疫情要求“早发现，早报告，早隔离，早治疗”，采取各种应急和急救措施，无差别化治疗。这些做法都与墨子的理论相一致。

二、墨子“兼爱”思想与全球疫情背景下的“中国之治”

全球疫情蔓延，各国人民都很恐慌。在这场没有硝烟的战役中，中国开启“中国之治”，赢得世界点赞，外国政府也纷纷效仿中国经验。疫情防控中体现的中国力量、中国精神，无不渗透着墨子“兼爱”思想的灵魂——“以民为本”。墨子主张天下之治，富国强民，完全是从人民的利益出发。“中国之治”的基础就是以人民为中心。

(1)党的集中统一领导体现中国力度。疫情发生以后，习近平总书记亲自指挥，党和政府迅速部署、统一行动，广大党员冲锋在前，肩上扛着责任、心中装着人民。“中国之治”统一意志、统一行动，彰显党的集中领导的制度优势。

(2)集中力量办大事体现中国速度。习近平总书记指出：“我们最大的优势是我国社会主义制度能够集中力量办大事。”“雷神山”、“火神山”、各个方舱医院、物资调度分配等，无不体现了中国速度，体现了全国上下一盘棋，坚决打赢防疫攻坚战携手共进的决心和勇气。

(3)充分发挥人民的力量体现国家温度。人民是历史的创造者，打赢疫情防控战争，必须依靠人民。一方有难，八方支援，全国上下一心、守望相助，共克时艰。“中国之治”不放弃任何一个病人，无论男女老幼，只要是中国人就必能得到救治，而且治疗费用全免。“人民救人民，你我心连心”，国家有爱，社会有爱，人心温暖。

三、墨子“兼爱”思想解读人类健康命运共同体

(1)墨子“兼爱”思想对构建人类命运共同体具有现实价值。墨子“兼爱”

思想，不分人我，爱人如己，“视人之国，若视其国”，爱无国别之分，不分彼此，对于构建人类命运共同体具有理论意义和时代价值。墨子“兼爱”思想在当时社会无法实现，但是对于现在却具有现实意义和价值。在全球经济一体化的大形势下，国家与国家的相处之道关乎人类社会发展的命运。如果国家之间能做到“兼爱”，和平与发展的时代主题便更具有现实性。

(2)墨子“兼爱”思想对构建人类健康命运共同体具有现实价值。全球化背景下，任何国家和个人都无法“独善其身”，特别是人类健康突遭威胁时，人类命运更是息息相关。在全球疫情背景下，中国表现出的人道主义更是彰显了中华优秀传统文化理念。“道不远人，人无异国”，爱无差别、爱无尊卑，延伸至爱无种族。“视人之国，若视其国；视人之家，若视其家。”疫情面前，中国人的大爱无疆，为全球公共卫生安全和全球人民健康福祉做出的巨大贡献，正是“兼爱”的现实表达。

作为社会底层劳动者的代表，墨子的思想学说完全是从民意出发，代表广大劳动人民群众的利益。在当今以和平与发展为时代主题的全球化背景下，中国的发展日益迅猛。中国的社会主义制度凸显出无比的优势。文化是一个民族的灵魂，中国文化的灵魂正是中华优秀传统文化和思想。墨子“兼爱”思想正是代表了人民群众的利益，所以这种先进的思想文化才在历史的长河中熠熠生辉，永不磨灭。

社会发展视域下的儒墨会通探析

刘书玉

诸子学说是先秦时期政治经济文化诸方面的集中反映，诸子思想的涌现有其历史的必然性，是和春秋战国时期社会历史的发展进程息息相关的，儒墨学派的兴起亦出于此道理。胡适“以为诸子之学皆起于救世之弊，应时而兴”，“学术之兴皆本于世变之所急”，道出了儒墨学派与社会发展之间的关系，儒墨学派都是社会发展流变中的产物，随社会自身的调整而调整，在社会的演变中或显或隐、或分或合。

一、儒墨学说都是对三代文化的继承

“一定的文化是一定社会的政治和经济在观念形态上的反映。”[①]诸子学说则是在观念形态上反映春秋战国时期政治和经济的思想成果，即对夏商周三代文化的相承相袭，“孔丘、墨翟，修先圣之术，通六艺之论，口道其言，身行其志，慕义从风”，“有周公之遗风，而儒者之学兴”，“墨子学儒者之业，受孔子之术”，学说之间呈现出“天下一致而百虑，同归而殊途”相容相逮的特征。由于社会发展的阶段性不同，各诸侯国的政治、经济发展相对独立和不平衡，学术思想发生流变，“有儒学之弊、礼文之烦扰，而后墨者之教起”，学说之间凸显出“道术将为天下裂”的相异相离。孔子、墨子承袭了夏商周三代文化，根据时代需要对先圣之术进行了调整，“孔子、墨子俱道尧舜，而取舍不同，皆自谓真尧舜。尧舜不复生，将谁使定儒、墨之诚乎”，“墨子学儒者之业，受孔子之术，以为其礼烦扰而不说，厚葬靡财而贫民，久服伤生而害事，故背周道而行夏政”，同时体现了中国学术发展的实践逻辑和儒墨

① 《毛泽东著作选读》上册，人民出版社1986年版，第384页。

学术发展的历史逻辑。

二、社会政治经济转向背景下的春秋文化转向

春秋时期，西周初年的带有氏族部落集体耕作特征的土地领主制逐渐被新兴的地主土地私有制所取代，生产方式从刀耕火种过渡到铁犁牛耕，以助耕公田为主的劳役地租被实物地租取代，这种经济结构的改变提高了封建领主和农民的劳动积极性，劳动生产率得到提高，荒芜的土地被开垦，土地作为商品可以自由买卖，导致私田的数量不断增加，私门富庶，公室贫弱。与东周王室相比，诸侯国变得更加富足；与诸侯国君相比，诸侯国内卿大夫财富剧增。

经济基础决定上层建筑，诸侯国经济实力的增加逐渐改变了西周承袭下来的以分封制和宗法制为核心的拱卫王室的政治格局，王室独尊、诸侯并立的分封局面转变为王室衰微、诸侯并立的争霸局面，“及平王之末，而秦、晋、齐、楚代兴，秦景、襄于是乎取周土，晋文侯于是乎定天子”，“平王之时，周室衰微，诸侯强并弱，齐、楚、秦、晋始大，政由方伯”，周王室沦为诸侯争霸的工具，礼乐征伐自诸侯出，禄去公室，政逮于大夫，陪臣执国命，臣弑君、子弑父等篡逆行为时常发生，私分公室也成为惯见的社会现象。

周王朝大一统政治格局的纵向割裂，诸侯国横向发展的不平衡，天子、国君、大夫实力、地位的升降，通过礼乐制度建构的社会层级制度在诸侯国君、卿大夫的层级上被人为断割开来，造成各诸侯国的统治者对待西周以来的礼乐制度形成事实上的冲突。一方面需要维持礼乐制度以证明自身政权的合法性，如楚、齐两国，“今诸侯皆为叛相侵，或相杀。我有敝甲，欲以观中国之政，请王室尊吾号”，“尊周室，攘夷狄，禁篡弑，抑兼并”，以博取国内百姓和国外诸侯的认可。另一方面又需要僭越礼乐制度来保持自身政权的独立性，以冲破西周以来以天子为中心的政治格局。

西周社会的统一使得礼乐制度推行于天下，春秋社会的断裂造成礼乐制度被撕裂。春秋之际，西周创建的以礼乐制度为标志的奴隶主贵族文化尚保持生命力，新兴地主阶级的文化体系尚未形成，这种新旧文化的冲突，为诸子学说的产生提供了历史舞台，孔子儒学应时而生。

三、春秋社会转向与儒家学派的文化整合

孔子作为西周文化的继承者，试图以文化一统维系社会的统一，通过礼乐制度将诸侯割据形成的社会断层弥合，再次实现西周王朝的大一统。然而，地主阶级兴起导致的诸侯割据使得孔子“克己复礼”的文化一统只存在理论上的可能性，现实中并不具备可能性，彻底恢复周公制定的礼乐制度意味着诸侯国君、大夫、陪臣放弃数世以来攫取在手的权力和尊荣，新兴地主阶级放下手中获得的既有财富，“天下有道，则礼乐征伐自天子出；天下无道，则礼乐征伐自诸侯出。自诸侯出，盖十世希不失矣；自大夫出，五世希不失矣；陪臣执国命，三世希不失矣。天下有道，则政不在大夫。天下有道，则庶人不议”，“禄之去公室五世矣，政逮于大夫四世矣，故夫三桓之子孙微矣”。诸侯国君、大夫、陪臣不可能因为遥不可知、遥不可及的“道”而放弃既得利益，尊崇周王室。而且，社会割裂有政治、经济、文化多位一体的现实基础，“管仲相桓公，霸诸侯，一匡天下，民到于今受其赐。微管仲，吾其被发左衽矣”。孔子在认可管仲政治贡献的时候，同样承认了齐桓公的霸主地位，间接认可了社会割裂的现实。

孔子所承袭的礼乐制度继承了周公以来的德、礼精神，并根据割裂的社会现实进行了新的阐释，将周公的“皇天无亲，唯德是辅。民心无常，惟惠之怀”改造成“为政以德，譬如北辰，居其所而众星拱之”，将德的内涵从天命王德扩展到君政人德，承认了诸侯国国君乃至三公政权的合法性。“道之以政，齐之以刑，民免而无耻；道之以德，齐之以礼，有耻且格”，“上好礼，则民易使也”，“上好礼，则民莫敢不敬。上好义，则民莫敢不服。上好信，则民莫敢不用情。夫如是，则四方之民襁负其子而至矣”，将德、礼的地位从西周王朝的建国准则转变为诸侯国的治国之策。孔子提出的“礼”“仁”“克己复礼”“贵贱有序”“为政以德”等思想无不是奴隶主贵族文化与地主阶级新兴文化碰撞的产物，既带有周王朝奴隶主贵族文化的特点，又代表着封建地主阶级的文化转向。

四、战国时期的社会转向与墨家学派的文化变革

经过春秋时期 200 多年的争霸、兼并，据《鲁史》的记载——仅仅记在《鲁史》的——242 年里，列国间军事行动凡 483 次，朝聘盟会凡 450 次，总计

933次，诸侯国数量不断减少，见于春秋时代的大小国家共148，到末年仅留存周、鲁、齐、晋、秦、楚、宋、郑、卫、秦、越十几国。

进入战国时期，经过战争幸存下来的诸侯国在兼并过程中国力不断增强，局部地区在兼并中走向统一。为应对国内外矛盾，在春秋时期生产关系变革的基础上及新兴封建地主阶级的推动下，各诸侯国经济改革和政治改革不断深入，土地私有制已经成为主要的所有制形式，地主阶级已经占据社会的统治地位，封建领主制被抛弃，君主集权已经初现端倪。春秋时期周王朝与诸侯国之间的纵向割裂以及诸侯国之间的横向分裂已经完全转变为诸侯国之间的割据，东周王室与诸侯国之间的实力已经完全颠倒过来。在战争中幸存下来的诸侯国已经不再需要周王室的认可，僭越已经成为诸侯国的集体性行为，其合法性已经不需要礼乐制度的支撑。各种学说、思潮围绕封建地主阶级统治的需要和民众的利益诉求进行自身的调整和转变，"先王之制，不宜则废之；未世之事，善则著之；是故礼乐未始有常也。故圣人制礼乐，而不制于礼乐。治国有常，而利民为本；政教有经，而令行为上。苟利于民，不必法古；苟周于事，不必循旧"。墨家学派的出现正是战国时期社会文化根据社会需要的自我调整，是政治、经济社会矛盾在文化上的具体呈现。

墨家学派在继承三代文化及儒家文化的同时，又根据社会的需要进行了革新，特别是对礼乐制度的变革，摒弃了春秋时期凸显天子威严的繁文缛节、奴隶主贵族文化倡导的厚葬久丧的礼乐制度，将孔子的"克己复礼曰仁"改造成"仁，仁爱也；义，利也"；根据地主阶级政权统治的需要将"君权神授"的天命观改造成为"选贤与能"的尚贤尚同观，同时又希望保持现有的政治格局，通过止战非攻保持民生稳定的多国状态，通过强力节用克服社会经济发展中的困难。墨子的政治主张是根据战国这一历史方位对国家治理之道的现实审视和对策选择。

五、儒墨学派在社会实践中不断调整

人类社会在生产力与生产关系、经济基础与上层建筑这一社会基本矛盾的推动下不断向前发展。孔子、墨子生活的春秋战国时期正是中国古代社会生产关系大变革时期，处在从奴隶制向封建制转轨的大变革时代。孔子学说的基本原则，以及对礼乐制度的继承和变革是为了维持生产关系的稳定性，

维护已有政治制度和经济制度。墨子学说的基本原则,以及对礼乐制度的改革和简化是为了推动生产关系的变革,推动政治制度和经济制度的变革。

进入封建社会以后,中国社会在生产力和生产关系的张力中螺旋式上升,但是受到农业文明自给自足农耕经济的束缚,生产力发展水平受到很大的局限,变革社会生产关系成为推动社会发展的主要力量。中国历史上王朝的更替,正是社会生产关系调整,上层建筑变更最为剧烈的时候。墨学的变革精神往往成为社会革命的重要推动力,墨子的尚贤、兼爱、义利学说就成为革命的有力思想武器;而当社会关系调整完成,上层建筑完成重构之后,儒学的中和、中庸精神就往往成为社会发展的调节器,孔子的仁爱、仁政学说就会受到社会的推崇。在生产力和生产关系特别是生产关系的调整和维持中,儒墨学术思想在社会历史发展进程中或隐或现。

六、现代文明对儒墨文化的影响

从鸦片战争开始,西方殖民者利用坚船利炮打开了中国的国门,中国面临"三千年未有之大变局",开始沦为半殖民地半封建社会。西方资产阶级在中国开设工厂,运用机器大生产,大量廉价商品冲击着中国的农村和城市,对西方国家的战争赔款层层加码到农民和小手工业者身上,导致农民和城市小手工业者破产,传统的农业社会、自给自足的自然经济被打破,经济基础面临完全颠覆,面对工业社会、机器大生产、商品经济的冲击,中国面临着生产力变革的迫切要求。生产力的发展推动生产关系的变革,经济基础的变化引发上层建筑的动荡,清王朝、封建帝制受到冲击。西方资产阶级的价值观和科学思想,对于中国封建社会的伦理纲常和经史之学造成颠覆性的冲击。

为维护清王朝的封建统治,维护儒家学说的正统地位,地主阶级洋务派提出了"中体西用"的指导思想,主张以中国伦理纲常、经史之学为原本,以西方科技之"术"为应用,开展洋务运动。然而封建社会的腐朽性,包括儒家文化在内的中国封建文化受制于农业文明的局限性,在工业文明的冲击之下并没有起到扶大厦于将倾的功能,中国社会反而一步步陷入深渊。资产阶级民主革命爆发,清王朝被推翻,2000 多年的封建君主专制制度被推翻,中国社会的生产关系发生了巨大的变化,文化体系也随之发生动荡,作为中国封建社会主流思想的儒家学说成为被批判、讨伐的对象,"而儒家以孝弟二字为二千年来专制政治、家族制度联结之根干，贯彻始终而不可动摇。使宗法社会牵制军国社会，不克完全发达，其流毒诚不减于洪水猛兽矣”①。

在对儒家学说的批判和中国传统文化的反思过程中，开启了中国文化的转向，时人试图从已有的中国传统文化中找到民主、科学的根据，担当“中体西用”的“中体”，对接西方资产阶级的民主、自由、平等、博爱的价值观，对接西方先进的科学思想，于是墨学由微至显。墨子兼爱、非攻等政治主张，对君权神授的质疑，以及丰富的科学思想、逻辑思想、战争思想重新显光，推动了资产阶级民主与科学思想在中国的普及与传播。

墨学文化在20世纪早期的重光，是中国固有思想文化的自我调整，是政治革命、经济革命在观念形态上的反映，是“中体西用”思想的延续。特别是墨家文化与新文化运动中“提倡民主与科学，反对专制与愚昧；提倡新道德，反对旧道德”等口号有着高度的一致性，与新民主主义文化民族的、科学的、大众的文化内涵是一致的。由于墨学创立于封建社会初期，产生于农业文明之中，带有小手工生产者的特点，墨学文化中的民主思想、科学思想与西方资本主义的民主思想与科学思想存在一定的差异，但依然具有超越时代的历史意义，是优秀传统文化中兼具民族性、科学性、大众性的文化，是发展民族新文化、提高民族自信心的必要条件，是旧民主主义革命和新民主主义革命历史进程中文化战线上反帝反封建的有力武器。

七、结语

新中国成立以后，马克思主义成为中国社会的主流文化，包括儒墨文化在内的中国优秀传统文化都是中国社会主义文化的重要组成部分，儒墨文化的思想理念已经成为中华民族最基本、最强大的文化基因。儒墨文化一脉相承，应时代需要而生，在历史的发展中不断调整、革新和流变，汇聚于历史的今天，服务于新时代中国特色社会主义文化建设。

① 吴虞：《家族制度为专制主义之根据论》，《新青年》1917年第2卷第6号。

打造新时代墨学文化传承新高地

——从墨子书院的创建运营看墨学振兴的实践路径

任守景

近一段时间以来，滕州墨子书院的开业运营，吸引了社会关注的目光。她投身社会公益，强化思想文化引领，积极组织有影响力的墨学文化传播活动，不仅成为滕州市民学习普及墨学文化的好去处，墨研学者讲学、研修、学术交流的好平台，对党政干部、企业家进行创新孵化的好课堂，还成为天南地北滕州人为家乡发展献计献策的会客厅，更成为新时代墨学文化传承的新高地。

墨子书院是在中国墨子学会、墨子研究中心的大力扶持下，由滕州市本土优秀企业家王鹏、高伟投资兴建，聘请中国墨子学会顾问、武汉大学教授朱传棨，中国墨子学会原副会长、山东大学教授姜宝昌，国家一级编剧、鲁班研究专家王中教授担任顾问。书院依托国内多家高校和培训机构，致力于构建墨学文化与生活实践相结合的特色文化平台。

墨子书院具备中国传统书院讲学游学、藏书研修、学术交流等功能，具有独立院产，一期项目建筑面积2000多平方米，设有国学教育讲堂、大众阅读空间、墨家宴研发中心及正着手筹建的“光影墨客”主题宾馆。书院藏有各类墨子、鲁班研究专著及中外名著10余万册，珍藏名家书画、著作手稿上百件，是枣庄市唯一一处带有大众阅读空间、提供精神食粮的传统文化培训基地和人文景观。国学课堂采用先进的全息投影技术，营造古朴优雅的学习环境，让人身临其境感受传统文化的无穷魅力；墨家宴借助墨家先进的养生理念，研发适宜现代人饮食习惯的特色保健菜系。通过浓厚的文化氛围熏陶和声、光、影、物的深切体验，增强人们的文化自觉和文化自信。

一、墨子书院传播墨学文化的创新实践

墨子书院于2020年4月正式开业运营，为扩大影响，让书院尽快进入社会主流视野，他们广泛宣传造势，组织开展人民群众乐于参与的文化活动，吸引社会关注的目光。

一是邀请名家助力墨子书院。先后邀请山东大学姜宝昌教授、国家一级编剧王中教授等来书院做墨子鲁班文化的专题讲座。讲述量子卫星为什么以“墨子号”命名，滕州为什么是中国工匠精神的诞生地。阐述班墨文化的深刻内涵，激发了班墨传人传承弘扬墨子鲁班文化的热情。书院还采取“走出去，请进来”的方式，先后专程拜访了学界泰斗朱传棨教授、中央文史馆馆长袁行霈教授、中科院谭家健教授，特邀省人大常委、省文联副主席于联华，山东大学马士远教授做客墨子书院，借助名人效应，助力墨子书院发展。

二是恳请老领导来书院调研指导。为使墨子书院一开始就沿着健康正确的轨道发展，书院主动恳请德高望重且对墨学文化传承有重要发言权的魏振岱、杨位明、刘杰等老领导来书院调研指导，请他们把关定向，传授发展秘诀。有了老领导的鼓励支持，墨子书院更加坚定了投身社会公益，把墨子书院做大做强的决心。他们立即研究利用现有条件，尽可能多地组织开展群众乐于参与、便于参与的普及弘扬墨学文化的活动，把墨子书院打造成新的文化朝圣地，阅读新空间。

三是高调参与山东惠民文化节。2020年中秋前后，以“健康生活，快乐阅读”为主题的山东惠民文化节暨第四届滕州书展隆重举行。墨子书院经过认真筹备，积极参与书展。不仅在书展主会场开辟了专门展区，还把墨子书院列为书展分会场。由于书院致力于社会公益且参展文创产品别致独特，吸引了参会的枣庄、滕州两级主要领导前往书院展区观看，听取详细汇报，并对下一步发展提出明确具体要求。书展盛况经媒体报道后，赢得了社会各界对墨子书院的好评。

四是多次组织媒体小记者和大中学生走进墨子书院。为更好地做好墨学文化普及传承工作，墨子书院从娃娃抓起，协调《滕州日报》、滕州电台和电视台小记者及枣庄科技职业学院学生，先后组织40余批次7000多人走进墨子书院，参加各类文化讲座，感受传统文化的博大精深，尤其是穿汉服，点朱

沙，学拓印，击鼓明志，让小记者们陶醉于此，流连忘返，发誓长大后要做像墨子那样造福社会的人，在孩子们心中埋下了理想的种子。

五是开设非遗剧场。由于墨子书院目前是枣庄市唯一一处带有大众阅读空间的文旅景点，在 2020 年 9 月被枣庄市文旅局评为“枣庄好趣”，吸引了众多的游客纷至沓来。为满足广大游客需求，书院专门邀请柳琴戏非遗传人赵秀英、鲁南石鼓非遗传人李传文来书院表演。地道的演唱，独特的韵味，博得了听众的一致好评。他们还定期邀请一批出色的京剧、豫剧票友来书院倾情献唱，与来书院阅读的游客现场互动，吸引越来越多的游客和市民来书院陶冶情操，愉悦身心。

六是定期组织班墨文化创新论坛。按照当地干部培训和企业家创新孵化的要求，邀请国内顶尖级专家学者和最美奋斗者主持论坛，多维度解读班墨文化的当代价值，有效地提升了党政干部文化素养，培养创新创造思维和提高执政能力，对党政干部成长成才、创新发展带来良好影响。通过现场交流互动、专家点评，激发滕州人创新创造、善作善成、敢于担当、善于作为的热情。

另外，墨子书院还多次组织企业家创新培训、国学经典培训、传统礼仪培训、家庭教育培训，承接拜师礼、成人礼及墨学大讲堂等各种社会公益性文化活动，丰富了市民的精神文化生活，为市民整体素质的提高做出了应有的贡献。墨子书院建立伊始就确立了举办各类旨在扩大墨学传承影响力公益活动的初衷，“国学大讲堂”开设以来，累计开课近百次，先后为滕州市大中小学、企事业单位、外地游客等上万人讲述墨子鲁班的故事，传播优秀传统文化。

2020 年 11 月，墨子书院报送的“我跟墨子学创新”研学项目被省总工会、省人社厅、省文旅厅等五部门评为创新大赛三等奖。

二、墨子书院运营的价值意义

墨子书院的创办，弥补了体制内文化建设资金不足的短板，满足了广大人民群众日益增长的文化需求，激发了全社会的文化创造活力，大幅提升了公共文化服务的效率和品质，引导和鼓励更多的社会力量参与墨学文化服务。同时，墨子书院的创办和运营也为墨学研究成果的转化和应用做了良好示范。墨学研究大家姜宝昌教授称墨子书院是“墨学文化园圃中绽放的一支艳丽的鲜花”。中央文史馆馆长袁行霈教授盛赞墨子书院的创办“开创社会力量传承墨学文化之先河，是足以写进墨学发展史的重要事件”。鲁班研究专家王中教授则认为，墨子书院的开业标志着传承和弘扬班墨文化已成为滕州人的文化自觉。学界泰斗、武汉大学朱传棨教授称：“通过墨子书院的建设可以窥见家乡滕州主要领导对墨学传承的重视支持，可见墨学文化已融入滕州人的血脉之中，创造性地解决了学术研究与墨学普及有机结合的问题，是一件功在当代、利在千秋的伟业。”

第一，有利于满足人民群众不断增长的学习墨学文化的需求。

通过近十几年来的广泛宣传，尤其是这些精心打造的班墨文化品牌，墨学文化已在滕州深入人心，人民群众探究墨学文化奥秘的意愿不断增强。但由于墨学文化服务提供主体和提供形式单一，墨学文化供给不足、效率不高，已满足不了群众日益增长的对墨学文化探究的需求。墨子书院由个人出资创办，购置了十万余册市民急需的墨学文化方面的图书，免费向社会开放，而且不受上下班时间的限制（借阅时间可延长到晚上 10 点），方便广大市民随时借阅，提高了墨学文化服务供给能力和水平。

面对这样的现实，政府应该转变职能，改进管理，提高效能，把工作重点放在文化体系建设规划和标准制定、加强重大文化服务工程和项目实施情况监督检查等方面，改变统包统揽的模式，形成政府主导、社会参与、多元投入、协力发展的新格局。

第二，有利于创新墨学文化服务运行机制。

以往政府投资的文化项目投入多、见效慢，群众往往不领情、不满意。个人兴办的墨子书院，愿意在阅读环境上下功夫，营造了舒适高雅的阅读氛围，加上温馨贴心的服务，让读者有宾至如归的感觉，群众乐意来读，并能与有共同语言的书友切磋交流，提高了阅读效率，书院人气越来越旺。加之市机关单位工作人员来书院也感受到了这样的氛围，意识到了政府必须建立充满活力的文化服务运行机制，引入竞争机制，提高服务质量，提升服务效益。引导社会力量投资兴办文化实体，多提供适合群众需要且对生产生活有指导作用的文化产品，多开展群众乐于参与、便于参与的文化活动，有效解决文化产品供给不足的问题。

第三，有利于更好地激发全社会文化创造活力。

文化已经渗透于经济社会生活各个方面，文化建设与各领域、各行业的联系十分密切。墨子书院举办的各类培训、论坛、讲座等活动，激发了人们的兴奋点，参与的人越来越多，每一项活动都能激发人们的奇思妙想，使人们产生创新创造的强烈欲望。为什么小小的书院能够拥有如此强劲的活力和吸引力，这就促使政府部门去思考：如何更好地调动社会各方面的积极性，让更多的人参与文化建设；如何加快形成有利于文化创新创造的社会环境，引导更多的资源资金兴办文化；如何更好地挖掘释放蕴藏于人民群众中的智慧和力量，为人民群众提供更多更好的文化产品和服务，达到了抛砖引玉的良好效果。

三、振兴墨学文化的路径选择

1992年底，山东大学滕州市墨子研究中心和中国墨子学会成立，标志着墨学研究进入了有组织、有领导的阶段，揭开了墨学振兴的序幕。墨子纪念馆和鲁班纪念馆的对外开放，十三届墨学研讨会、两届小孔成像国际摄影学术研讨会、两届祭墨大典、八届墨子鲁班国际科技文化节的成功举办，使墨学研究的声浪一浪高过一浪。尤其是请著名国际东方专家季羡林先生为滕州题写“善国双圣”，协调钱文忠教授在央视《百家讲坛》讲墨子鲁班，更是把学术的墨子变成了大众的墨子，把滕州的墨子变成了世界的墨子。墨学的振兴是墨学专家奔走呼号的结果，也是专家学者倾注心血的结果，是各级党政领导支持的结果，也是滕州经济实力和山东大学学术力量强强联合的结果。

进入新时代，墨学如何振兴？如何让墨学融入生活，用创新点亮科技？这是摆在人们面前的一个重大课题，也是一个需要花大气力才能解决的现实难题。依据墨子书院创建运营半年多的创新实践，墨学的振兴需要从以下几个方面着力。

第一，继续加强宣传造势，让墨学文化成为助推经济社会快速发展的新引擎。

传承墨学文化，不能只满足于学术研究层面，还要借助于宣传的力量，进一步扩大墨学文化的影响。传播力决定影响力。无论做什么工作，都需要舆论先行。要在前一阶段大张旗鼓宣传墨学文化的基础上，制订周密的宣传计划，继续加大宣传力度。一是利用央媒等高端传播平台，宣传墨学文化在当今治国理政、促进经济社会全面发展过程中发挥的积极作用。二是充分利用地方媒体宣传牢固树立科技创新理念，自觉弘扬和传承墨学文化，促进地方创新发展的成功经验，引导人们以墨子的爱心做人，以鲁班的创新做事。三是采取切实有效的措施，先在省内打造好班墨文化品牌，让省委、省政府意识到墨学文化的重大价值，主动写入省级文件及省领导讲话中，真正让流淌于山东人血脉中的“创新创造”文化基因，化作“尽善尽美”的责任担当，让墨学文化成为山东人的文化自觉和文化自信。

第二，鼓励社会力量投资，兴办墨学文化实体。

依据《中华人民共和国公共文化服务保障法》和国务院办公厅转发文化部等部门《关于做好政府向社会力量购买公共文化服务工作意见的通知》(国办发〔2015〕37号)精神，应充分利用社会力量的资源优势，鼓励社会力量新建、改造、提升传播墨学文化的设施，将社会力量参与墨学文化建设的项目纳入国家“十四五”规划，依据规定享有政策支持和资金补助，推进墨学文化服务社会化、市场化、专业化。

要大力营造鼓励社会力量投资兴办文化实体的舆论氛围。鼓励企业、社会组织和个人，积极参与墨学文化设施建设、墨学文化产品供给、墨学文化设施管理运行，面向公众提供免费或低价墨学文化服务，鼓励更多的社会志士投资文化产业，促进墨学文化繁荣发展。

2018年是乡村振兴开局之年，墨子书院要在促进乡村振兴的国家战略中打头阵、当先锋。乡村振兴必须文化先行，必须强化思想文化层面的精神引领。要在壮大“农家书屋”的基础上，进一步完善“乡镇图书馆＋墨子分院”模式，力争三年内全市所有镇街都建立墨子书院分院，开设墨学大讲堂，普及墨学文化知识，让墨学融入生活，走进寻常百姓家。

要大力扶持墨子书院做大做强，力争进入国家、省、市发展规划，建议在墨子湖附近辟出专门用地，建设墨子书院二期项目，满足能容纳千人以上吃住、拓展、培训、游学、研学的需要，把墨子书院建成全国最大的科普教育基地和全国消防安全教育基地，大力宣传墨子是“科技之父”和“消防鼻祖”，吸引全国各地团体和个人尤其是企业家和中小学生来墨子书院进行创新创造的体验培训，尽快探索出独特的商业运营模式，让墨子书院走出滕州，走向全国。

第三，拓展墨学研究阵地，吸引企业家加盟。

一个国家综合国力的较量在于企业，而企业的较量在于企业家，拥有一支高素质的企业家队伍已成为国力提升的重要依托。企业家群体既是现代企业的灵魂，又是国家经济发展的栋梁。墨学文化要发扬光大，自然也离不开企业家的支持和加盟。

要扩大墨学研究队伍规模，吸引热爱墨学文化的企业家加入墨学研究的行列。需要弘扬企业家精神的不止是企业，墨学文化的振兴也需要弘扬企业家精神。墨学文化不仅需要研究，更需要开发转化应用。为更好地将博大精深的墨学文化发扬光大，让其科技创新理念更好地与中国经济及企业发展相融合，墨子研究中心和墨子书院已协调在全国企业界有一定威望、有一定号召力的枣庄籍企业家，牵头组建了中国墨子学会企业家创新发展研究分会。下一步的工作重点是如何采取措施支持鼓励这一机构履职作为，在全国范围内组织开展各类创新性的、有影响力的大型活动。

枣庄滕州是墨子的故乡，全国的枣庄籍企业家及各种商业从业者达 30 万之众。时代发展到现在，科技创新已成为当前国内国际竞争最核心的部分，而墨子的科技创新思想与企业家的需求完全吻合。只有通过企业家队伍对创新发展的研究、探索、实践，才能使墨子的科技创新思想落到实处，运用得更广泛。有了企业家队伍的加盟，墨学研究事业会如虎添翼，便于组织一些全国性的创新论坛、科技创新比赛、墨学文化普及活动。因为企业家们都有各自的企业，随时都能进行墨学成果的转化应用，研发生产与墨学相关的文创产品，进一步扩大墨学在全国的对外影响。关键是由于企业家的加盟，我们弘扬墨学文化的经费来源更加多元，而且这种“众筹模式”除了筹资本，还包括筹智力、筹资源，并在传播墨学、树立品牌、推广公益、建设实施等方面产生重要影响和取得良好的社会效益。

以殡葬改革谋乡村振兴

——践行墨子“节葬”思想的沂水样本解读

田　茹

2017 年 5 月 10 日，山东省沂水县启动实施殡葬全免费改革，实现“当天去世、当天火化、当天安葬”。截至目前，全县已有两万多户家庭享受这一全免政策，实现了新逝人员 100%进公益性公墓。通过殡葬改革，移风易俗之风吹遍乡村，吹暖民心，为乡村振兴注入文明灵魂，为乡村振兴筑牢思想根基。

剖析沂水殡葬改革的成功样本，我们发现，它成功地印证并践行了墨子节葬的核心思想。在改革开放的现代中国，使当地居民对节葬理念寓教于心，通过规范化、制度化、政府埋单的形式，解决了节葬中涉及的民生实质关键性问题，把墨子的节葬思想发扬光大。

一、墨子节葬思想在现代社会仍具有指导意义

墨子生活的春秋战国时代，社会动荡不安，诸侯间征战连年，统治者亟须稳定社会秩序，加强政治局势的稳定。另外，当时灵魂不死和祖先崇拜观念根深蒂固，人们为了让逝者安息并希求其保佑，以获得心理安慰，整个社会对丧葬礼仪十分重视，统治者也对丧葬程序做出了严格的规定。再加上当时儒家盛极一时，对丧葬等礼仪都做出了思想上的支持，诸多因素都使得厚葬之风大盛。

厚葬耗费之大，使百姓倾家荡产，而统治阶级耗费更大，将整个国家的库存财物都耗费一空。厚葬久丧给社会带来的影响几乎全是破坏性的。它破坏社会经济的发展，进一步又诱发了社会危机，使人民大众的生活更加艰难。

墨子站在国家发展的高度，以人民大众的实际利益为根本，历数厚葬久丧之风的弊端，提出了“节葬”之说。

自古以来，国人多重视葬礼。特别是在农村，一些不良风气蔓延，丧事大操大办，墓地位置、棺材档次等都要攀比，总花费数万元甚至更多；薄养厚葬、装棺再葬等陈规陋习屡见不鲜。这种沿袭千年的殡葬方式既浪费土地木材，也耗尽群众财力精力，百姓苦不堪言，但碍于情面和传统思想，很多家庭不得不“随大溜”，这些现象群众极度反感，但一家一户无力改变。

以沂水为例，沂水每年去世 8000 人左右，过去每家办一场丧事花费在 2.5 万元左右，统算下来，全县全年需要 2 亿多元，很多家庭为此背上了沉重的负担。正如《墨子·节葬下》记载：“王公大人有丧者，曰棺椁必重，葬埋必厚，衣衾必多，文绣必繁，丘陇必巨；存乎匹夫贱人死者，殆竭家室；乎诸侯死者，虚车府，然后金玉珠玑比乎身，纶组节约，车马藏乎圹，又必多为屋幕。鼎鼓几梴壶滥，戈剑羽旄齿革，挟而埋之，满亿，若送徙。”

而在十分重视丧葬礼仪的春秋战国时代，墨子敢冒天下之大不韪，提出“节葬”一说，既收慎终追远之效，又得节俭厚生之益，文明便宜，利国利民，散发着深邃独特的思想光芒，在现代社会也具有超前的指导意义。

二、沂水如何改变“便其习而义其俗者也”

2017 年，沂水县开始启动实施殡葬改革，规定对具有沂水户籍的居民，殡葬过程中涉及的遗体运输费、存放费、火化费、骨灰寄存及骨灰盒费和公益性公墓墓穴使用费等费用全免，实现“当天去世、当天火化、当天安葬”，相关费用由县、乡两级财政兜底，真正做到让逝者安息、为生者减负。2017 年 6 月 30 日，全县 110 处公益性公墓全部建成。截至目前，全县已有两万多户家庭享受这一全免政策。如今，“厚养礼葬”在沂水蔚然成风，逝后入公墓已由规定性动作转化为村民的自觉行动。

改革未动，观念先行。墨子曾在《节葬》一文中提到，坚持厚葬久丧的人会说：“厚葬久丧果非圣王之道，夫胡说中国之君子为而不已，操而不择哉？”墨子曰：“此所谓便其习而义其俗者也。”

当地政府部门是如何改变这些习惯和风俗呢？笔者了解到，在殡葬改革特别是“厚养礼葬”丧礼新模式铺开前，沂水县专门印发了《致全县党员、干部和企业家的一封信》，县里各部门也齐心协力在各自领域加大宣传引导力度，让殡葬改革铺天盖地，声势浩荡。沂水县一名政协副主席将老家墓林让出来，交给镇里建设公益性公墓，并带头将家族十几座祖坟迁到新公墓，在周边群众中引发强烈反响。

与此同时，沂水县印发了《致全县人民的一封公开信》，与广大干部群众一起算好算透“六笔账”，即经济账、土地账、资源账、安全账、环境账、祭祀账，通过算大账、算长远账，先获得民意支持。

针对殡葬改革，沂水开展万名志愿服务队员倡导厚养礼葬活动，志愿者向群众传达“厚养礼葬”的理念，成为新时代文明实践工作的重要组成部分。

启动殡葬改革以来，政府面向全民，对所有殡葬环节实行全免费，体现全民性、普惠性、全面性、彻底性，让百姓减负受益。这正如墨子在《节葬》中所云：“故衣食者，人之生利也，然而犹尚有节；葬埋者，人之死利也，夫何独无节于此乎？”

三、殡葬改革是对墨子节葬思想的生动实践

千里之行，始于足下。墨子提出：“棺三寸，足以朽体；衣衾三领，足以覆恶。以及其葬也，下毋及泉，上毋通臭，垄若参耕之亩，则止矣”，“棺三寸，足以朽骨；衣三领，足以朽肉。掘地之深，下无菹漏，气无发泄于上，垄足以期其所，则止矣”（《墨子・节葬下》）。

沂水践行墨子节葬理念，先从殡葬用具改起。摒弃棺木，全部采用标准化骨灰盒，安放到政府建设的公墓，各个环节全部免费，这正是对墨子节葬理念的最好诠释。

规划建设公益性公墓成为节葬的先决条件。在改革实施后的两个月里，沂水在全县19个乡镇改扩建和新开工建设公益性公墓110处，建设资金全部由县、乡两级财政承担。改革实施当年，即实现新逝人员100%进公益性公墓。公墓建设有统一规划和要求，原来每座散葬坟头占地10平方米左右，一亩地最多建20处坟墓，全县每年去世人员按此方式安葬的话，需要300～400亩地；而建设公益性公墓，一亩地可建200处双穴墓，一年仅需20～30亩地即可满足群众安葬需求，能够节省90%的土地。这些公墓均设有传统葬区和花葬、树葬、花坛葬等生态葬区，其中传统葬区按照统一公墓单穴不超过

0.5平方米、双穴不超过0.8平方米、穴间距不超过0.6米的标准，每亩墓地可供400人使用。与此同时，当地政府对公墓绿化、道路、停车场等配套设施进行了提升，适当融入雕刻、墙绘等文化元素，努力将其建设成为环境优美、群众认可的"花园式"公墓。公墓还设置管理员，负责日常管理及有序安葬。

建设公墓，节约出大量土地资源，有例为证，沂水县诸葛镇下梭峪村主动将该村老公墓林的65座老坟集体迁入新建的金陵公墓。下梭峪村位于诸葛镇西南角，是一个库区贫困村，全村有398户，1118口人。下梭峪村黄桃、麻椒、苹果等林果资源丰富，三块老坟地腾出的12.1亩土地后来建成林果交易市场，方便附近村民在此交易。老坟地的让路，为美丽村庄建设、村集体增收和村民致富开拓了发展新空间。

而在减轻百姓负担方面，数据显示，沂水实施殡葬改革以来，逝者家庭平均节省2.5万元，财政只需要投入2000万元，户均可节省90%的费用。沂水县许家湖镇前南社村村民袁丽，丈夫不幸因病去世，留下两个孩子和数万元丈夫治病时欠下的债务。在过去，丧葬会让这个家庭雪上加霜，但在"殡葬全免费"政策下，逝者殡葬涉及的所有费用全部由政府财政买单，袁丽只花了65元购买些许祭祀用品，就办好了逝者身后事。

这些做法正好体现了"以人民为中心、全心全意为人民服务"的执政理念，是墨子朴素而务实的节葬思想的生动实践。

四、沂水是如何做到"礼葬"和"短丧"的

对于厚葬久丧之危害，墨子在《节葬下》中进行了全面的剖析，并提出了节葬之法。首先，厚葬久丧之礼仪要求人哭泣不停，睡草苫，枕土地，忍饥挨冻，耳不聪目不明，手脚不能用力。地位较高的士人守丧则必须使人搀扶着才能站起，拄着拐杖行走。假若此种主张得以实行，王公大人就不能安心治理五官六府；农夫就不能早出晚归，辛勤耕作；工匠们就不能专务修造制作；妇女就不能早起晚睡，纺纱织布。"细计厚葬。为多埋赋之财者也。计久丧，为久禁从事者也。财以成者，扶而埋之；后得生者，而久禁之。"所以，以厚葬久丧之法求富必不可得。其次，三年之丧期间对饮食、居住等还有一定的规定，在此期间，百姓因生病而死的不可计数。并且，这样做会影响男女交往、婚嫁，想要这样追求人口的增加也是不可能的。再次，厚葬久丧之主张如果

得以实行，在上者不能听政治国，国家的刑事政务就会混乱；在下者不能从事生产，衣食之资就必定不会丰富。生活不富足，不孝之子、不忠之臣等怪僻奸邪之人就会出现，国家的治理就不可能实现了。

由此可见，“以厚葬久丧者为政，国家必贫，人民必寡，刑政必乱”，厚葬久丧并非贤士治国之道。所以墨子主张，我们应效法古代圣王，“死则既以葬矣，生者必无久哭，而疾而从事，人为其所能”，以交相得利，“饵乎祭祀，以致孝于亲”，求得更好的发展。

反观现实，沂水县如何做到“薄葬”“短丧”的呢？在葬礼形式上，沂水县探索以“厚养礼葬”为主要内容的丧事礼仪改革，在全县推广以“播放哀乐，宣读逝者生平、鞠躬告别”为主要内容的追思会，进一步体现了对逝者的尊重，让逝者体面、有尊严地走好人生最后一程。

在沂水，已经形成这样的现象，那就是不管是领导干部、企业老板还是普通民众，他们死后的火化炉、骨灰盒、墓穴和墓碑都一样，只有先来后到之别，绝无高低贵贱之分。以前只有领导干部才开得起的“追思会”，普通居民去世后也能通用。

在齐鲁乡村，丧礼一般耗时三天，三拜九叩，礼节烦琐，劳民伤财。殡葬制度改革伊始，沂水县便推出“一会一约”（红白理事会和村规民约）。红白理事会成员由党员群众推选，均为德高望重的老党员、老干部、家族长，全权负责殡仪服务、领取丧葬用品、送葬等殡葬事宜；村规民约则以移风易俗为主要内容。目前，沂水县已实现村级“一会一约”全覆盖。

笔者于 2019 年 3 月参加过一场乡村追思会，在沂水县黄山铺镇田家旺村一处农家小院里，村红白理事会为当天凌晨去世的田洪礼老人举办了一场简朴而不失庄重的追思会。介绍生平、致悼词、默哀、鞠躬、瞻仰遗容，整个仪式严谨有序，不足 20 分钟。追思会以文明又不失仪式感的方式告别逝者、宽慰生者，是“厚养礼葬”的创新之举。

“厚养礼葬”新风尚形成的同时，新事新办也蔚然成风：佩戴黑纱、白花代替了披麻戴孝，鞠躬代替了磕头，献花代替了烧纸……殡葬改革让所有逝者一个标准、同一待遇，简化丧葬流程，摒弃陈规陋习，让移风易俗成为群众的自觉行动，有利于乡村文明建设。

五、沂水殡葬改革成为现代社会践行墨子节葬思想新样本

党的十九大报告指出，必须在发展中补齐民生短板、促进社会公平正义，在幼有所育、学有所教、劳有所得、病有所医、老有所养、住有所居、弱有所扶上不断进取，这“七个所”解决了“生老病”问题，而殡葬改革解决了“死”的问题，也就是逝有所安，这样就形成人生完整的闭环。

生老病死是人之常理，任何人也回避不了。墨子提出：“今天下之士君子，中请将欲为仁义，求为上士，上欲中圣王之道，下欲中国家百姓之利，故当若节丧之为政，而不可不察此者也。”墨子的节葬思想，不损害生和死两方面的利益，体现了唯物主义辩证法，仔细品来，是有其深邃而独特的社会治理意义。

2000多年前，墨子大声疾呼，讲述节葬对国家、对百姓的种种益处，在古代也许只能是“乌托邦”，而良好的改革成效却让沂水尝到了甜头。调查显示：在2018年上半年全省移风易俗群众满意度电话问卷调查工作中，沂水县取得了全省第七、临沂市第一的好成绩。目前，沂水已连获“两届全国文明县城”称号，沂水模式也成为全国基层殡葬改革的学习样板。据不完全统计，沂水殡葬改革以来，先后有21个省（市、区）180多个地区到沂水考察学习殡葬改革经验。中央全面深化改革领导小组以《山东沂水算好“民生账”，实施基本殡葬服务全免费改革》为题，介绍沂水殡葬改革经验。省委办公厅、省政府办公厅印发了《关于抓好20项重点民生实事落实的工作方案》，明确推广沂水等地的经验做法。同时，沂水殡葬改革经验也被写入《山东省乡村振兴战略规划（2018～2022年）》。

乡风文明是乡村振兴战略的灵魂所在，而移风易俗又是乡风文明的重中之重，作为移风易俗的小切口，殡葬改革事关百姓群众的切身利益。三年多的实践表明，沂水县殡葬改革从政府推动逐渐成为群众自觉行动，既减轻了群众负担，让逝者“逝有所安”，也起到“四两拨千斤”的效果。沂水以殡葬改革促乡村文明，以乡村文明谋乡村振兴，推动精准扶贫、新时代文明实践等工作的开展，堪称现代社会践行墨子节葬思想的典范样本。

墨子职业教育思想的传承与转化

肖　坤

中华优秀传统文化博大精深，墨子思想是其重要组成部分。墨子是伟大的教育家，早在春秋战国时期就开始进行职业教育实践探索。墨子主张平民教育、分科教育、实践教育，是中国职业教育的鼻祖。职业教育作为类型教育，既要把墨子职业教育思想传承好，又要将其转化为职业教育的具体行动。

一、传承墨子职业教育思想

(一)墨子职业教育思想体系

墨家在教育理念、教育目的、教育内容和教育方法等方面进行了实践，构建了我国最早的职业教育思想体系。

1.教育理念:救世利民

春秋战国时期战乱频发，社会动荡、百姓悲苦，墨子面对残酷的社会现实，经过艰苦的探索与实践，形成了独具特色的世界观。他认为天下不太平的根源皆起自互不相爱。“天下之人皆不相爱，强必执弱，富必侮贫，贵必傲贱，诈必欺愚。”(《墨子・兼爱中》)墨子选择教育作为救世办法，通过“兼相爱，交相利”(《墨子・兼爱中》)实现“兴天下之利，除天下之害”(《墨子・兼爱中》)的社会理想。

通过教育发展生产力。墨子思想中有一个理念是“赖其力者生，不赖其力者不生”(《墨子・非乐上》)，并赞成“不与其劳，获其实”(《墨子・天志下》)是天下战乱不断的根本原因。教育人们必须强力从事，勤劳致富。墨子在与吴虑辩论“教”与“做”的问题时，最后得出“教育人耕者，其功多”，充分肯定了教育对发展生产力和创造社会财富的巨大作用。

培养实用技能。墨子特别主张普通平民不仅要学会读和写，而且要掌握某种生产技术，有一技之长，能勤勤恳恳地做一定的实际工作，有一定服务社会的真实本领。在日常生活中，要节约勤劳，要务实质朴，不要贪图享乐，“量腹而食，度身而衣”（《墨子·鲁问》）。认真遵守、严格执行墨家所规定的各项纪律制度。

教育对象面向所有人。墨子赞同人人平等，他面向天下，在民间广泛招生。招生办法灵活多样，有推荐入学、上门动员入学等。他赞成人无高低贵贱之分、人人都有受教育的权利、人人都要学习。

2.教育目的：“厚乎德行，辩乎言谈，博乎道术”

墨家学派的一个重要观点就是“尚贤”：尊敬贤良之人，贤人就是德行高尚之人，是“厚乎德行，辩乎言谈，博乎道术”（《墨子·尚贤上》）之人，是有智慧的人，是德才兼备的人。他把这些人看作国家的珍宝、社稷的梁柱。他声称：“国有贤良之士众，则国家之治厚；贤良之士寡，则国家之治薄。”（《墨子·尚贤上》）因此，墨子认为“为政之本”便是尊敬贤良之人，选贤任能是一个国家长治久安的关键和基石。所谓的贤人是具有如下几个特点的：

厚乎德行。厚乎德行是人才首要标准。“故古者圣王之为政，列德而尚贤。”（《墨子·尚贤上》）强调德的先决地位，有继承儒家思想的一面，但也有与儒家所言“德”不同的地方。德行是人社会意识形式的一种外在表现，是指以善恶评价的方式调整人与人之间的行为。所以，他更加注重德的两个特性。一是重“义”顾“利”。“仁，仁爱也。义，利也。”（《墨子·经说下》）义和利本就不同，不论是在概念上还是在类型上。义的范畴是情感，而利的范畴则是经济。二是厚德重效。墨家学派还将行为的动机归根于志，将行为的效果和作用归根于功，并且墨子还侧重将这两者结合和统一起来，做到“志功合一”，缺一不可。

辩乎言谈。辩乎言谈，通俗地说就是能言善辩。此要求是墨子对贤良之人提出的，这也从侧面反映出国家此时急需能言善辩的人才的现状。“辩”与“辨”本是互通的，而且墨家学派也将“辩”归为了“辨”的小类，就是辨别和分析之义。“辩乎言谈”放到现代也是适用的，因为它包含今天的逻辑学等知识。再加上墨子比较关注“言辩”的技巧和效果，“夫辩者，将以明是非之分，审治乱之纪，明同异之处，察名实之理，处利害，决嫌疑”（《墨子·小取》）。“言辩”的目的和任务是“摹略万物之然，论求群言之比”（《墨子·小取》），也就是探知世界万物的原始和真面目，集中诸子百家的各种言论并进行分析，墨家学派的思想与其他诸子百家相比更侧重于逻辑善辩。

博乎道术。“道术”是指做事的原理和技术。这里指的是墨家思想侧重于培养拥有一技之长、有才艺和了解世间万物发展规律的人才，这也是墨子对贤良之人和“兼士”提出的能力要求和标准，当然这一要求并不是人人都能做到的，因此墨子就降低了要求，希望贤良之人最少应该学会或精通一种。“譬若筑墙然，能筑者筑，能实壤者实壤，能欣者欣，然后墙成也。”(《墨子·耕柱》)

3.教育内容：谈辩、说书、从事

墨子教育观点中还有一比较重要的就是创办满足社会实际需要的综合性教育，即社会缺什么样的人才，就根据需求开设什么样的课程培养此类人才。因此，墨子创办的教育学校不仅有现如今的建设工程学院，还有社会科学院等。教育内容全面实用，所教学科相当于现代的哲学、政治、经济、教育、数学、物理和军工科学等。“能谈辩者谈辩，能说书者说书，能从事者从事，然后义事成也。”(《墨子·耕柱》)这就可看出墨子教育思想中的三个重要方面：“说书”“谈辩”“从事”。“说书”就是培育科学文化知识传播的使者——老师和学者，并开设丰富的课程，设置与其相匹配的课程如天文、数学等等。“谈辩”指的是开设提高学生谈话和辩论技巧的课程，以培养政治人才，比如开设与之匹配的逻辑学、政治学等课程。“从事”即学习农、工和兵等实用工作技能，培养各种专门应用型人才，比如开设与之匹配的物理、化学和几何学等课程。

4.教育原则与方法：学思结合、述作并重、志功合一

学思结合。墨子提出在学习中不能死学，要知道所学的究竟为何，在学的过程中思考，在思考中学习。在《墨子》中，“是故何也”“何以为”“何以知之”“何自”等就是探求所学究竟为何的标志字眼，就是提示弟子在学习的过程中勤于思考，在思考中学习，在学习中思考。此外，墨子还提倡思辨，并开设了相应的学科，相当于现在的逻辑学，并且首次提出了何为“故”、何为“类”，“类”就是类比、类推，就是用类概念进行归纳推理以判断事物，实际上已包含逻辑学中的归纳法和演绎法两个根本法则，这可以说是史无前例的成就和贡献。

述作并重。墨子还比较注重创造教育，他提出："今述而不作，是无异于不好述而作者矣。吾以为古之善者则述之，今之善者则作之，欲善之益多也。"（《墨子·耕柱》）墨子一方面提倡继承中华民族的精华和传统思想，另一方面又提倡积极创新、做出成就。这就可看出墨子既对传统文化取其精华，又重视创造性。

志功合一。墨子除了是一位教育家和思想家，还是著名的实践活动家。他说"合其志功而观焉"，即对一个人或事进行判断时，不仅仅要看外在和单一的动机，更要结合这件事的动机和结果，他提出"志不强者智不达，言不信者行不果"（《墨子·修身》）。墨子强烈批评那些将口号喊得响亮而却不付诸实际的人，因此他说："言必信，行必果，使言行之合犹合符节也，无言而不行也"（《墨子·兼爱下》），就是说话必须讲信用，行为必定要看结果。

这一时期墨家的教育思想，已经对职业教育的理念、目的、方法等内容有了较为系统的阐述，也成为后世职业教育发展过程中的文化基因。把墨子职业教育文化引入学校，推动校园特色文化建设，树立高职文化自信，为培育现代工匠精神夯实文化基础。

（二）墨子工匠精神时代内涵

1.墨子思想闪耀着工匠精神的光辉

亚里士多德说过：技术家比经验家更聪明。前者知道原因，后者则不知。凭经验的，知事物的所然而不知其所以然；技术家则兼知事物的所然与所以然。孙中原指出：墨子除了是一名科学家，还是一名实践活动家，既是老师又是高级技工，一般的技师知识熟练于动作，而大师级的技工就如墨子，更善于在工作中总结经验和改进技术并上升为理论，是理论家，所以相对来说，他更有智慧。在"敏于动作"方面，墨子的技艺可以与鲁班媲美，他也可以制造精美的木鸢。而就"理论家"方面，墨子学派确是将自己的经验写出了百科全书《墨经》，它代表了当时数、理、化的最高水平，是其他著作不可媲美的。

墨家具有高度体系化的工匠精神元素，墨子关于工匠精神的论述，即使今日看来仍然是光彩夺目的，墨子超前的职业教育理念让我们甚至可以将墨子称作一位跨越时空的"现代工匠"。在当下职业教育实践中，汲取千年前墨子的智慧与思想，创造性转化和创新性发展墨子工匠精神，对于全面推动中国职业教育有着长远且深刻的影响。

2.时代赋予墨子工匠精神新的内涵

在新时代背景下，现代工匠精神被赋予了新的时代内涵，表现为三个方面：一是甘于奉献的敬业精神。忠诚于产品或岗位，不为外利所惑，坚守内心对产品或岗位的追求，专注于自己的技艺和专业领域。在自己的工作岗位上尽心尽力、兢兢业业、恪尽职守。二是知行合一的实践精神。将所学的知识应用到行动中去，在不断的实践过程中发现与解决问题。同时，在实践中提高对知识的掌握，进而使自身不断成长。三是精益求精的制造精神。注重细节，追求完美和极致，不惜花费时间精力，孜孜不倦，不断完善使用的材料、设计和生产流程。持续精进，反复改进改善产品，不断提升产品和服务。四是至善至美的创新精神。不仅专注产品或服务，还关注产品的使用者或服务对象，对产品赋予情感，对服务倾注人文关怀，使产品饱含人的温度，让服务满怀温暖。把产品当作艺术品，把服务当作艺术创作，达至美的境界。

二、转化墨子职业教育思想

（一）确立校训校歌

从墨子思想中吸取有益于人才培养的文化精华，凝练为学校的校训，使墨子思想与校训成为学校师生在文化认知和文化践履上的坚实基础。

早在2015级新生的开学典礼时，校长就发表了《厚乎德行、辩乎言谈、博乎道术，做学校“三好”学生》的致辞，他期望新生利用三年时光，为未来工作和生活做好准备。一是要满怀信心，明确目标；二是厚乎德行，志功合一；三是辩乎言谈，学思结合；四是博乎道术，智慧人生；五是坚持锻炼，健康生活。

2015年11月，校长在《文化育人》(2015年第4辑)杂志发表《厚乎德行，辩乎言谈，博乎道术——墨子的职业教育思想及启示》一文，认为墨子的教育思想与当今职业教育在价值追求和基本理念方面具有高度一致性。墨子的学说和主张至今仍具有极为鲜活的生命力，应当成为现代职业教育的文化积淀，成为职业教育发展建设的重要思想动力。

经过三年多的学习考察和理论准备，学校认为发布校训的时机成熟于2017年6月10日郑重举行了校训、校歌发布仪式。时任教育部职业教育与成人教育司司长王继平出席仪式并发表讲话，指出墨子是我国历史上伟大的思想家、科学家、教育家、实践家，是百科全书式的“兼士”，其教育理念是培养

“厚乎德行，辩乎言谈，博乎道术”的“兼士”，这与当今中国倡导培育“厚道、明白、能干”复合型专业人才的理念一脉相承。

学校校训“厚乎德行、辩乎言谈、博乎道术”，由校长发布并对其内涵进行了深刻阐释。学校校训出自《墨子·尚贤》。“厚乎德行”强调立德为先，体现个人内修与外饰的和谐统一；“辩乎言谈”展示自信表达，体现个人内在才情与外在魅力的和谐统一；“博乎道术”突出学以致用，体现思想与方法、学养与能力的完美结合。校训，简言之，就是“厚道”“明白”“能干”。校训作为校园文化基因，既是对墨家思想和工匠文化的传承，更是为工匠文化赋予了新时代的精神特质，势必成为让每个学生受益终身的文化烙印。校训是一盏明灯，指引着学校的发展方向，激励着一代代顺职人不辱使命，携手并进，不断创造无愧于母校的光辉业绩！

会上还举行了校歌发布仪式。130 余名师生代表共同演唱了校歌。歌词表达了学校对工匠文化薪火相传的坚定理念。“顺峰山秀，望不尽无限风光。桂畔海美，览不完波光浩荡。历史长河众星璀璨，薪火相传开来继往。辩言谈博道术，丰我才智；厚德行怀天下，成我栋梁。莘莘学子，永志不忘。天地之大，任我翱翔！”整个曲调，激昂悠扬。

与会领导和现场嘉宾共同为学校墨子像揭幕。墨子塑像手握书简、造型庄重，既突出了墨子知行合一、实干理论得兼的风貌，又体现了学校的办学理念，成为校园文化建设的重要符号。

2019 年 12 月 21 日，学校举行了校训石揭幕仪式，把校训铭刻于泰山石之上，立校训石于校园中央，植罗汉松于校训石两旁。泰山石寓意“稳如泰山、坚如磐石”，罗汉松寓指“青翠挺立、茁壮刚正”。校训泰山石与罗汉松交相辉映，励才俊、载时任、赋春秋。

（二）培育工匠精神

2017 年 4 月 10 日，学校在《中国教育报》上发表《传承墨子工匠精神，涵养高职文化自信》的文章，引起社会各大媒体的广泛关注。学校打造以墨子工匠精神为特色的工匠文化、初步建成理论体系、形成属于高等职业教育师生的文化自信的先进做法受到学界普遍认可。

高等职业教育的发展与创新，既要回归和继承我国优秀传统文化，更要在此基础上形成新时代“工匠思想”。在 2016 年出版的《文化育人》杂志第 5

辑上，发表了校长的文章《工匠精神：高职教育人才培养新探》。该文阐述了工匠的内涵、传统工匠的技术特点、工匠精神的表征、工匠精神的培养途径等。在2015届学生毕业典礼上，校长说："作为校长和老师，我希望大家铸造工匠精神。""工匠精神绝非外来之物，它是中国一脉相承的传统文化的重要组成部分，它镌刻在每个勤劳智慧的炎黄子孙的血脉之中。工匠精神绝非简单机械的周而复始，而是在一次又一次的重复中超越自我挑战极限的过程。工匠精神是时代的旗帜，它应该存在于每一个求成者的行动中。"他热情而诚挚地寄语同学们："世界那么大，出去闯闯吧！"

2016年6月29日，学校与佛山电视台顺德分台在梁銶琚堂举办了以"工匠精神与职业教育"为主题的论坛。校长与三位企业代表、学校校友、佛山市顺德区车雄汽车服务有限公司董事长陈庆业等嘉宾，就"工匠精神"的内涵、工匠成才的途径、企业对工匠的要求等问题，与学校2500多名学子面对面，展开了热烈与有深度的探讨，引起了强烈的共鸣。

2016届学生毕业典礼上，校长做了《坚定理想，勇于创新，作幸福的现代工匠》的毕业致辞。他寄语同学们要坚定理想与梦想，做"大成工匠，甚至一代巨匠"。他鼓励同学们坚持创新和创业，坚守匠人和匠心，"做一名幸福的现代工匠，成就出彩人生"。

在学校2016级新生开学典礼暨军训总结大会上，校长勉励新生要"自信自强、胸怀梦想；精于技能、尊崇匠心；拓展视野、全面发展"。2016年11月5日，在学校举办的全国第十届职业院校设计类专业工作年会暨中国职业型与应用型大学设计教育高峰论坛上，校长作了《坚守育人初心，培养设计匠才》的讲话，指出"艺术教育是一种情感教育，使人的心灵高尚纯洁。设计教育就是培养设计匠才的教育"。

2017届学生毕业典礼，校长做了《传承墨学，铭记校训，继续前进》的致辞，充分肯定同学们三年来不负众望，追逐梦想，超越自我，成绩骄人，要他们：积极响应国家号召，肩负历史使命，顺应时代潮流，在未来的道路上明明白白、扎扎实实，用信念和行动、用激情和汗水创造精彩的人生。

从学生反馈不难看出，学校凝练工匠精神、培育幸福工匠的办学实践成效显著。2013级数控专业毕业生陈伟健说："我在日后会积极响应校长在2016届毕业典礼上对校友的期望，做一名幸福的现代工匠，成就出彩人生而努力。”2017届学生代表再回母校时深情表示：“在学校学习的日子，不仅掌握了技术，更磨砺了品行，坚定了信念，让我能够面对职业道路时厚积薄发。”2017届国际贸易专业陈嘉绵同学说：“正确定位自己，明确未来发展方向，定一个十年目标，吃苦耐劳，脚踏实地，从基层做起，用心学习。”

三、结语

顺应当前培育工匠精神的大潮流，有选择性地吸取墨子的职业教育思想，界定墨子工匠精神的定义和内涵，并使工匠精神适应时代发展，使工匠精神内涵更丰富、更有民族特色和生命力。高职院校弘扬墨学，传承和转化墨子职业教育思想，最终落实到培养人的具体实践中，培育具有墨子精神的大国工匠。

参考文献

李广星：《墨学与当代教育》，中国书店出版社1997年版。

薛金东：《〈墨子〉人才思想探论》，苏州大学硕士学位论文，2007年。

李绍崑：《墨子：伟大的教育家》，湖南教育出版社1985年版。

孙中原、邵长婕、杨文：《墨学大辞典》，商务印书馆2016年版。

本书编写组：《四个自信党员干部读本》，中共中央党校出版社2016年版。

迟云、柴焰：《自觉　自信　自强——涵养当代中国文化建设的内驱力》，济南出版社2013年版。

[美]亚克力·福奇：《工匠精神缔造伟大传奇的重要力量》，陈劲译，浙江人民出版社2014年版。

李绍崑：《墨子：伟大的教育家》，湖南教育出版社1985年版。

王继平：《把墨子请进职业院校》，《中国职业技术教育》2011年第34期。

云杉：《文化自觉，文化自信，文化自强》，《红旗文稿》2010年第16期。

启瑄：《提升文化自觉 增强文化自信 实现文化自强》，《红旗文稿》2012年第5期。

张杰：《以高度的文化自觉和文化自信推动大学文化建设》，《求是杂志》2012年第9期。

张幼林:《论墨子教育思想以及对我国职业教育的启示》,《中国成人教育》2010年第12期。

胥玲玲:《墨子职业教育思想初探》,《黑龙江史志》2008年第8期。

娄权鑫:《工匠精神:没有工匠哪来精品——中国职业技术教育学会产教融合背景下工匠精神培育研讨会综述》,《中国职业技术教育》2018年第19期。

夏伟:《传承墨子工匠精神,涵养高职文化自信》,《中国教育报》2017年4月10日。

从新冠肺炎疫情防控角度浅谈墨子“尚同”思想

赵富平

“尚同”是墨子提出的著名主张。尚同力是执政者一同天下的能力，是执政者的综合能力，也是执政者的核心竞争力。执政者尚同力建设包括四个方面：政治领导力、思想引领力、群众组织力、社会号召力。墨子认为，有贤能的人处理各级行政事务，奖优罚劣、赏罚分明，上下同欲，步调一致，天下就会得到良好治理；反之，天下就会混乱。墨子的“尚同”思想，在当下全球新冠肺炎疫情扩散蔓延之际，有很强的现实意义。面对突如其来的新冠肺炎疫情，有的国家进退失据、局势动荡，有的国家怨天尤人、手足无措，有的国家朝令夕改、无所适从，有的国家众说纷纭、每况愈下。而面对严重的新冠肺炎疫情，为什么中国能够在短短几个月时间就会取得疫情防控和经济社会发展重大成果，一举成为疫情发生以来恢复正增长的全球第一个主要经济体？下面浅谈一下中国共产党和中国政府在疫情防控中卓有成效的尚同力建设。

一、政治领导力建设

政治领导力是政党领导力的重要要素，是由政党的性质、宗旨、目标和行为等因素构成的，体现为政党的胜任力、执行力和影响力，显示出政党建设和政治能力运作的实际状态和效果。

(1)决断力是政治领导力的首要体现。《墨子·尚同上》说：“上之所是必皆是之，所非必皆非之。上有过则规谏之，下有善则傍荐之。”衡量一个政党有没有强大的领导力，一个重要方面就是看其在重大风险挑战面前能不能号令四面八方共同应对。其中，处置突发事件的正确决断力是领导力的重要体现。《墨子·经说上》说：“权者两而勿偏。”权衡思考，要顾及两面，不要只顾及一面。《墨子·大取》讲：“断指以存腕，利之中取大，害之中取小也；利之中取大，非不得已也；害之中取小，不得已也。”这些都是决断时的重要考量。面对突如其来的新冠肺炎疫情，中共中央统揽全局、果断决策，第一时间实施集中统一领导，领导组织党政军民学、东西南北中大会战，提出“坚定信心、同舟共济、科学防治、精准施策”的总要求，明确坚决遏制疫情蔓延势头、坚决打赢疫情防控阻击战的总目标，周密部署疫情防控工作，因时因势制定重大战略策略。成立中央应对疫情工作领导小组，派出中央指导组，建立国务院联防联控机制。对疫情工作加强顶层设计和统一领导。距离春节除夕仅有一天，果断关闭离汉离鄂通道，实施严格管控。这一切体现了中共中央非凡的决断力。

(2)执行力是政治领导力的重要保障。中共中央一声令下，在全国迅速开展新冠肺炎疫情防控的人民战争、总体战、阻击战，用一个多月的时间就初步遏制住疫情蔓延势头，用两个月左右的时间将本土每日新增病例控制在个位数以内，用三个月左右的时间取得疫情防控工作的决定性成果，进而又接连打了几场局部地区聚集性疫情歼灭战，夺取了全国抗疫斗争重大胜利。在此基础上，中国统筹推进疫情防控和经济社会发展工作，着力恢复生产生活秩序，取得显著成效。中国成为疫情发生以来第一个恢复正增长的主要经济体。《墨子·亲士》说：“为其所难者，必得其所欲焉。”习近平总书记说：“有多大担当才能干多大事业，尽多大责任才会有多大成就。”中国在统筹推进疫情防控和经济社会发展方面成效显著，为全球疫情防控做出了表率，体现了中国人民超强的执行力。

(3)切实解决群众所急、所想、所盼，增强政治领导力。《墨子·兼爱中》说要“视人之家若视其家，视人之身若视其身”。在全国抗击新冠肺炎疫情期间，中共中央践行为人民服务的宗旨，始终把人民安危冷暖放在心上，实行“六保”“六稳”政策，帮助群众解决就业、收入、就学、社保、医保、住房等方面的实际困难，扎扎实实做好保障和改善民生各项工作，从而形成了万众一心、举国参与的磅礴力量。

反观其他一些国家，在疫情防控中政治领导力明显不足。在疫情防控、个人自由、发展经济之间各行其是，严重影响了疫情防控，反过来又影响了经济恢复增长。其中，针对美国疫情严重扩散蔓延的严峻形势，《纽约时报》专栏作家认为：“究其原因，很大程度上是美国独特的个人主义文化、高度分散的地方—州—联邦权力分享系统、脆弱的公共卫生系统、分裂的政治体……同时很多美国人热衷于从社交网络上得到消息，社交媒体的传播放大了阴谋论，破坏了真相和信任……没有对疫情真相和科学管控的信任，才导致美国今天的局面。”截至2020年11月10日9:39，全世界新冠肺炎疫情累计确诊病人51141049人，累计死亡1264162，日增加确诊病例477269例，日增加死亡病例5854例，世界疫情防控依然严峻复杂。墨子“利之中取大，害之中取小”的忠告言犹在耳，从之获益，违之取祸。

二、思想引领力建设

思想引领力是指不断推进理论创新，用创新理论武装头脑、统一思想、指导实践、推进工作、抵御错误思潮干扰的能力。

(1)提出新理论是思想引领力的重要标志。《墨子·尚同中》说：“尚同义其上，而毋有下比之心。”《墨子·公孟》说：“行说人者，其功善亦多。”“尚同”的基本做法是不失时机地提出新的理论、号召，并深入人心。从1949年至2010年，新中国不失时机地不断提出新的理论，仅用了几十年的时间，就在一穷二白的基础上迅速发展为世界第二大经济体，显示了中共中央强大的思想引领力。譬如根据形势变化中共中共先后提出了“愚公移山，改造中国”“实现四个现代化”“三个世界理论”“三步走战略”“三个代表”“科学发展观”“中国梦”“一带一路”“构建人类命运共同体”等一系列深入人心的新理论、新观念。2020年伊始，面对严重的新冠肺炎疫情，中共中央提出“早发现、早报告、早隔离、早治疗”的防控要求，确定“集中患者、集中专家、集中资源、集中救治”的救治要求，把提高收治率和治愈率、降低感染率和病亡率作为突出任务来抓。根据情况变化，及时将全国总体防控策略调整为“外防输入，内防反弹”，推动防控工作由应急性超常规防控向常态化防控转变，健全“及时发现，快速处置，精准管控，有效救治”的常态化防控机制。在党中央的坚强领导下，全国迅速形成统一指挥、全面部署、立体防控的战略布局，有效遏制了疫情大面积蔓延，最大限度地保护了人民生命安全，充分显示了中共中央强大的思想引领力。

(2)率先垂范是思想引领力的重要体现。《墨子·公孟》说：“政者，口言之，身必行之。”在抗疫斗争中，广大共产党员积极响应党中央号召，奋不顾身、勇往直前，充分发挥先锋模范作用，25000多名优秀分子在火线上宣誓入党。在与疫情短兵相接的战场上，先后涌现出许多可歌可泣的典型人物、模范事迹，有把生的希望留给他人而自己错过救治的医院院长，有永远无法向妻子兑现婚礼承诺的丈夫，也有牺牲在救治岗位留下幼小孩子的妈妈……面对疫情，他们临危不惧、视死如归，困难面前豁得出、关键时刻冲得上，以生命赴使命，用大爱护众生，赴火蹈刃，死不旋踵。《墨子・经上》说："士损己而益所为也。"遍地英雄的挺身而出，生动诠释了中国共产党全心全意为人民服务的根本宗旨、人民当家作主的本质，显示了中共中央强大的思想引领力。

(3)化"危"为"机"、沉着应对，是思想引领力的重要表现。《墨子・七患》讲："仓无备粟，不可以待凶饥；库无备兵，虽有义不能征无义；心无备虑，不可以应卒。"针对疫情防控暴露出来的问题，中共中央要求："要构筑强大的公共卫生体系，完善疾病预防控制体系，建设平战结合的重大疫情防控救治体系，强化公共卫生法治保障和科技支撑，提升应急物资储备和保障能力，夯实联防联控、群防群控的基层基础。要完善城市治理体系和城乡基层治理体系，树立全周期的城市健康管理理念，增强社会治理总体效能。要重视生物安全风险，提升国家生物安全防御能力。"中共中央坚持问题导向，抓紧补短板、堵漏洞、强弱项并迅速见效，再次展现了强大的思想引领力。

中共中央"言则诲，动则事"(《墨子・贵义》)，显示了强大的思想引领力。反观其他一些国家，疾病控制专家意见被束之高阁，甚至被打压，上下没有形成科学有效的防控意见，低级、重复性错误一再发生，导致疫情迅速扩散蔓延，人民生命财产遭受巨大损失，思想引领力严重不足。

三、群众组织力建设

群众组织力，一般而论，就是依靠群众、动员群众、组织群众进行物质生产活动、精神文化活动、革命斗争和社会变革活动的能力。

(1)发动群众是群众组织力的首要问题。《墨子・尚同中》说："夫唯能使人之耳目，助己视听。使人之唇吻，助己言谈。使人之心，助己思虑。使人之股肱，助己动作。助之视听者众，则其所闻见者远矣。助之言谈者众，则其德音之所抚循者博矣。助之思虑者众，则其谋度速得矣。助之动作者众，即其举事速成矣。"只有动员组织人民群众广泛参与抗击疫情才能取得最终胜利。

《墨子·鲁问》说:“鼓而进众者其功多。”即击鼓号令众人冲锋向前功效最大。中国举全国之力,用10多天时间先后建成火神山医院和雷神山医院,大规模改建16座方舱医院,开辟600多个集中隔离点,最优秀的人员、最急需的资源、最先进的设备千里驰援。国有企业、公立医院勇挑重担,460多万个基层党组织冲锋陷阵,400多万名社区工作者在全国65万个城乡社区日夜值守,各类民营企业、民办医院、慈善机构、养老院、福利院等积极出力,广大党员、干部带头拼搏,人民解放军指战员、武警部队官兵、公安民警奋勇当先,广大科研人员奋力攻关,数百万快递员冒疫奔忙,180万名环卫工人起早贪黑,新闻工作者深入一线,千千万万志愿者和普通人默默奉献……《墨子·大取》说:“爱人不外己,己在所爱之中。己在所爱,爱加于己。”正是全国人民的大爱无疆、无私奉献,最终取得了抗疫的全面胜利。

(2)组织群众,必然要求集思广益、群防群治。面对突如其来的新冠肺炎疫情,有关部门综合专家学者意见和各地经验教训,迅速提出新冠肺炎疫情防控措施——“戴口罩、勤洗手、少出门、少聚集、多通风”,在全社会得到积极响应,取得了良好效果。中共中央把遵循科学规律贯穿到决策指挥、病患治疗、技术攻关、社会治理各方面全过程。在没有特效药的情况下,实行中西医结合,先后推出八版全国新冠肺炎诊疗方案,后被多个国家借鉴、使用。抢建方舱医院、多条技术路线研发疫苗、开展大规模核酸检测、大数据追踪溯源和健康码识别、分区分级差异化防控、有序推进复工复产等科学决策,都尊崇和弘扬了科学精神,并为战胜疫情提供了强大科技支撑!

(3)组织群众,需要公民遵规守法。《墨子·法仪》说:“天下从事者,不可以无法仪,无法仪而其事能成者,无有也。”《墨子·备城门》说:“赏明可信,罚严足畏。”全国各地在疫情防控工作中,既大力表彰英雄人物、先进事迹,同时对于干扰疫情防控的各类违法犯罪行为也进行了及时有力的打击,有力维护了疫情防控工作有序进行。

反观一些国家,群众组织力严重缺失,疫情防控梗阻不畅、举步维艰,甚至出现了严重的打砸抢烧等恶性事件,社会疫情防控处于无序状态,第二波疫情又在扩散蔓延,与中国的抗疫形势相形见绌。

四、社会号召力建设

社会号召力是指一定主体对客体的影响与动员能力。政党的社会号召力是指政党对全社会的影响能力、凝聚能力、动员能力、引导能力等。

(1)亲民爱民才能产生社会号召力。《墨子·节用中》讲,执政者要"爱民谨忠,利民谨厚,忠信相连,又示之以利"。面对严重的新冠肺炎疫情,中共中央要求:"全力以赴救治患者,不遗漏一个感染者,不放弃每一位病患者,坚持中西医结合,费用全部由国家承担,最大程度提高了治愈率、降低了病亡率。"中共中央实施了最紧急的爱民工程、利民工程、暖心工程,挽救了无数宝贵的生命。

(2)激浊扬清才能激发社会号召力。依法维护正常的医疗秩序,也是疫情防控题中应有之义。《墨子·尚同上》说:"古者圣王为五刑,请以治其民,譬若丝缕之有纪,罔罟之有纲,所以连收天下之百姓,不尚同其上者也。"《墨子·尚同中》说:"赏当贤,罚当暴,不杀不辜,不失有罪,则此尚同之功也。"《墨子·经上》说:"罪,犯禁也。"《墨子·经说上》说:"罪,不在禁,惟害无罪。"是说违反了法律禁止的活动即犯罪。如果法律没有规定禁止的行为,即使造成了伤害也不能认定为犯罪。受各种因素限制,医疗结果不可能尽如人意,只要医务人员规范医疗,即使发生意外医务人员也不承担法律责任。疫情防控中,针对个别患者家属因对医疗不满辱骂、殴打甚至严重伤害医务人员的恶性事件,司法机关重申《侵权责任法》有关条款:"干扰医疗秩序,妨害医务人员工作、生活的,应当依法承担法律责任。"在打击侵害医务人员的违法犯罪行为的同时,有力捍卫了医务工作者的合法权益,也维护了正常的抗疫秩序。

(3)公民崇德守法才能汇集社会号召力。公民崇德守法、自律自觉才能保证社会有序、步调一致。《吕氏春秋·去私》说:"墨者有巨子腹䵍,居秦。其子杀人,秦惠王曰:'先生之年长矣,非有他子也;寡人已令吏弗诛矣,先生之以此听寡人也。'腹䵍对曰:'墨者之法曰:"杀人者死,伤人者刑。"此所以禁杀伤人也。夫禁杀伤人者,天下之大义也。王虽为之赐,而令吏弗诛,腹䵍不可不行墨者之法。'不许惠王,而遂杀之。子,人之所私也。忍所私以行大义,巨子可谓公矣。"墨家巨子腹䵍大公无私、恪守公理大义的精神在今天得以传承，这是中华优秀传统文化得以赓续的结果。

反观其他许多国家，社会号召力严重缺失，正确的措施无法贯彻落地，反对疫情防控措施的民众游行此起彼伏。这些国家民众的自由主义，给新冠病毒自由扩散提供了机会，疫情愈演愈烈，局面一发不可收拾。

衡量一个政党是否有尚同力，一个重要方面就是看其在突发重大风险挑战面前能不能举国动员、共同应对。这次新冠肺炎疫情防控，彰显了中共中央非凡的组织动员能力、统筹协调能力、贯彻执行能力，能够集中力量办大事、办难事、办急事的能力，充分展示了中共中央卓越的尚同力。世界各国如果能够借鉴中国抗击疫情的有效做法，结合自身实际，不断提升本国的政治领导力、思想引领力、群众组织力、社会号召力，就一定能够战胜疫情，并取得全球抗疫的最终胜利。

墨学文化遗产的数字化保护与传承

张金星

墨子是春秋战国之际伟大的思想家、教育家、科学家、军事家。他不仅创立了以“兼爱、非攻、尚贤、尚同、节用、节葬、天志、明鬼、非乐、非命”十大主张为代表的思想学说，而且在物理、几何、数学、逻辑、自然哲学、军事技术等多个领域成就辉煌，堪称“百科全书式的思想家”。

先秦时期，群雄并起，百家争鸣，是中华文化的轴心时代。墨家作为诸子百家中最为独特的一家，因兼爱、非攻等思想而独树一帜，在当时与儒学并称“显学”。墨子及墨家为后人留下了丰富的文化遗产。后来墨学衰微，墨学典籍传承饱受磨难，明代以前的墨学典籍难觅踪迹，明《道藏》仅收 53 篇，墨家经典整整缺失了 18 篇，其他墨学书籍更无处查找，这给墨学文化遗产造成了重大损失。

20 世纪 90 年代后，在张知寒等老一辈教授的大力呼吁和扶持下，山东大学和滕州市先后成立了滕州市墨子研究中心、中国墨子学会，墨学研究进入了有组织、有保障的阶段。中国墨子学会对墨子及墨家思想进行了系统的梳理，整理出版了《墨子大全》等墨学书籍；建设了墨子纪念馆，举办了墨子文化节、国际墨子鲁班学术研讨会；策划了墨子公开课；拍摄了《班墨传奇》百家讲坛等影视作品。随着研究的不断深入，学界愈发感慨墨家文化的博大精深，同时也对墨家文化典籍及文化遗产的遗失深感叹息。

1.优秀传统文化遗产数字化保护和传承的现状是什么？

随着互联网、数字化、大数据、云计算的逐渐发展，对优秀传统文化的保护和传承也进入了数字化阶段。随着时间的推移，书籍和物品会慢慢氧化、发黄、褪色、风化以致最终消失。数字化却可以让文化遗产得以永久、鲜活地保存。敦煌壁画经过高清拍摄、3D 扫描、数字化复原等，不仅实现了数字化保存、数字化展示等目标，更让壁画人物展现出动态效果，让敦煌壁画的魅力愈发彰显。几十年、上百年甚至上千年后，敦煌壁画可能会慢慢风化、脱落以致最终消失在历史长河，但是依托各种高科技保存的数据，可以通过 3D 打印和彩色印刷等方式在任何地方、任何地点实现场景重生。

2.墨家文化为什么要数字化保护？

春秋战国之际，墨子及其弟子付出毕生精力，撰写了《墨子》一书，涵盖文、理、军、工、学，是一部“百科全书式”的不朽之作，为中华文化发展做出了巨大贡献。20 年前，任继愈、李广星等墨学专家耗费了巨大的人力、物力把墨学留存文献从战国时期一直整理到 20 世纪，发行出版了《墨子大全》，为墨学研究做出了杰出贡献。当今学者为推动墨学发展孜孜不倦地研究，出版了大量墨学研究著作。如果墨学学术成果一直被束之高阁，没有得到很好利用的话，前人的努力和付出付之东流就甚为可惜了。如果没有进行很好的数字化保护的话，也许几十年后甚至上百年后，现今的墨学研究成果也有可能会像 2000 多年前的《墨经》那样，部分篇章将永远消失在历史长河里。现有研究成果算不算文物呢？墨子纪念馆设计理念、鲁班纪念馆设计理念、场馆设计、展陈效果、墨子像、鲁班像、墨子砚等几十年、上百年后也是文物。如果没有及时做数字化保护的话，几百年后，墨学研究后人会如何评价这一时期的我们？我们在感慨前人文献多散佚的同时，也希望后人不要感慨我们没有给他们留下丰富的文化遗产。

3.墨家文化为什么要数字化传承？

当今墨学研究成果和信息是分散的，散布在各个图书馆里和互联网的角落里。如果研究信息不对称，当我们自以为取得研究成果，而我们研究的成果可能已被前人研究，甚至我们的研究成果不如前人时，从历史发展的角度和墨学发展的角度看，我们的研究是没有意义的。我们建设大数据平台的目的就是保存所有墨学研究数据，展现墨学研究最全、最新的信息，让数字技术更好更高效便捷地服务专家学者，从而推动墨学研究快速发展，相信这也是我们的历史使命。

4.墨学文化的数字化要解决哪些现实问题？

一是墨学专业化图书室、资料室资料分散。墨学专家检索资料困难，缺少专业、完整的墨学研究资料检索系统。滕州市墨子研究中心资料室资料较多，但位置偏远、交通不变，北京、上海等外地专家日常时间很难专程赴滕查阅资料，而且大型图书室资料检索困难，效率极低，造成图书室使用率不高。传统互联网数据库缺少专业全面的墨学研究数据平台，论文分散在各个网站，很难高效地检索到有用的信息。

二是墨学研究论文、书籍成果展示不充分。部分杰出研究成果没有得到充分的宣传、推介。传统墨学研究杂志和专著发行范围和对象有限，使学术研究成效大打折扣。

三是墨学爱好者缺少与、专家学者沟通的渠道。墨学爱好者在学习的过程中，如有疑问，因缺少与顶尖专家沟通的渠道，致使难题无法得到专业解答，从而丧失研究的兴趣。

四是传统座谈研讨模式需要扩展网上交流渠道。传统国际性墨子鲁班学术研讨会受会议时间的限制，研讨时间短，且部分研究热点与座谈会召开日期不一致。研究热点有其时效性，只有把握热点，才能最大最好的发挥宣传弘扬效能，事半功倍。热点过去，效果就会大打折扣。

五是宣传手段和管理手段亟须更新。传统网站只能平面展示，游客不访问，新闻就无法被看到，属于被动型宣传。现有宣传手段属于引导性宣传，通过信息热点精准推送，促使访客点击查看，从而达到最佳的宣传效果。疫情期间，各景区为疫情防控闭馆、限流，给场馆管理带来了很大的难题。信息化建设完美解决了这一难题。网上展馆使游客在家就可以参观场馆，听取网络讲解。网上预约系统的搭建，完美解决了游客限流和统计的难题，取得了非常好的效果。

六是决策缺乏数据支撑。墨学研究方向依靠顶尖专家和学者带领，无法知晓普通专家和爱好者的研究方向，无法发挥集聚效应。传统场馆基础设施建设，依靠日常管理者所观所思，缺少数据支撑，造成部分优秀展品被移出展厅。

5.滕州市实施墨家文化数字化保护和弘扬具备哪些优势？

一是墨学资料最全。滕州市墨子研究中心、中国墨子学会经过30年的发展，已经建立了中国乃至国际最大的墨学研究资料室。所藏墨学典籍和研究资料，无出其右。

二是学术成果最新。每届研讨会，专家均能拿出最新和最能体现其学术水平的论文、专著参加研讨会，确保了滕州市墨子研究中心能够获取最新的墨学学术成果。

三是专家队伍最尖端、最权威。中国墨子学会拥有全球权威的专家学者研究队伍和学术力量，能为解决现有墨学研究爱好者和专家在墨学研究中遇到的各项难题提供有益借鉴。

四是墨学研究队伍最多。中国墨子学会、中国墨子学会青年研究会、中国墨子学会职业教育研究会基本涵盖了全国墨学研究的所有专家学者及爱好者，专家学者人数最多。

五是展馆最大。墨子纪念馆始建于 1993 年，占地面积 1.1 万平方米，是目前国内最大的专题纪念墨子的场馆，也是目前国内唯一一座集墨学研讨、墨学图书资料收藏、墨学科技教育和参观游览于一体的综合性庭院式建筑场馆。墨子纪念馆是联合中外墨学研究专家学者的纽带桥梁，被中外专家誉为“墨研基地，古滕圣府”。

六是保障最完备。滕州市墨子研究中心是市政府直属事业单位，也是中国墨子学会秘书处，单位编制 35 个。中心配备了专职领导及工作人员，市财政对墨学研究给予了充分的经费保障，解决了墨学文化数字化保护和传承的后顾之忧。

6.如何对墨学文化遗产进行数字化保护和传承？

一是建设全球最大、资料最为完备的墨学研究数字化文献资料库。以滕州市墨子研究中心、中国墨子学会近三十多年墨学研究取得的成绩为基础，对现存从明清至当代的墨学研究文献进行文本化转换、数字化保存，并通过网络云平台实时备份，彻底解决墨学研究文献容易丢失和散落的难题，同时也为专家学者能够随时随地查阅墨学研究数字化资料提供便利。

二是配套建设数字化检索系统。通过数字化检索系统，专家和学者输入关键字，可以检索文献资料库的资料，因文献资料库资料充实详备，能确保专家获得最为直接和最具参考价值的资料。依托现代大数据技术，数据库可以对文献库资料进行智能化统计。例如，《墨子》一书中兼爱思想出现的具体次数、不同专家学者对兼爱思想的所有解读，等等。也可对用户行为进行数字化统计。例如，专家检索“节用”关键字较多，“墨守”及“粮食安全”等论文资料的点击量突增，管理者可以通过大数据看板实时展示当今的热点是国家粮食安全，这和墨家的节用思想高度一致。管理者还可以通过建设专题、征集论文等形式，以墨家思想对当代的治国理政进行解读，提升墨学的社会影响力，推动中华优秀传统文化的创造性转化和创新性发展。

三是建设墨学研究专家库。对从明清至当代的墨学研究专家进行登记、注册，录入最为系统和完备的专家资料。通过大数据技术对数字化资料库进行数据分析和数据挖掘，不但可以实现专家信息的查看，最为重要的可以展示该专家在墨学研究中的所有观点。

四是建设场馆网上 720°VR 实景展示。用户可以通过手机和电脑虚拟化地访问网上展厅，得到和实地参观基本一致的体验。另外，在网上展厅中配置语音讲解系统，可以针对青少年、专家学者和领导干部进行不同侧重的语音讲解，提升参观后的获得感。

五是建设展品二维码系统，对场馆的不同展品进行二维码标注。用户在参观中扫描展品二维码可以获得此展品图文介绍和语音讲解，提升参观游览的体验性。另外，通过对游客扫描二维码情况的大数据统计，可以获取游客对哪些展品、哪类展品和哪些展厅感兴趣，对日后场馆完善建设起到重要的数据支撑。

六是建设网上点播和直播平台。随着部分墨学研究专家的年龄增大和过世，墨学研究专家的视频影像资料也愈发弥足珍贵。建设网上点播系统，收录古代至当代的墨学影像资料，对墨学文化影像资料的保护和传承来说具有重要的学术价值和历史意义。建设网上直播平台。传统讲座受到地点、场地和规模限制，只有少部分观众能到现场观看，无法满足广大群众了解和学习墨学的需求。网上直播系统的建立可以实现用户用手机和电脑实时在线观看，还可与专家在线互动；直播结束后，自动实现视频的转存和回放。

七是搭建线上问答系统。墨学爱好者和专家在墨学研究中遇到问题时，可以采用在线提问的方式向其他专家请教，集思广益，由尖端专家答疑解惑。

八是搭建网上文创展品系统。展示和销售文创产品，扩展网上展示和销售渠道，并收集、征集文化创意产品。

九是建设网上预约系统。通过此系统，游客可以预约参观、预约讲解员讲解、预约研学游线路等，增强服务的针对性，确保游客满意而来、高兴而归。

十是打造综合宣传矩阵。坚持顶层设计、高标准规划，打通微信公众号、网站、手机 App 等不同系统、不同平台，做到统一后台发布、同时在线更新。确保新闻、政策法规等不同平台、不同栏目的一致性。

十一是 AI 游客智能统计。在墨子纪念馆、鲁班纪念馆和墨砚馆三个展馆的出口和入口处安装 AI 摄像头（红外版），通过 IOT 技术实现数据的可视化，并接入大屏展示系统，满足不同时间点、时间段访客出入统计的需要。

十二是建设墨子云平台大数据看板。以不同图表和数据的形式，展示在线用户数量、在线专家数量、专家分布情况、在线问答回复率、游客统计、检索热词分析、网页访问排行、二维码排行（如墨子像二维码）、VR 全景（如青少年讲解）等，并构建智能数据分析系统，对突发热点和数据进行智能提醒，实时掌握墨学研究数据动态。

文化兴，则国运兴；文化强，则民族强。在全面建设社会主义现代化强国的时代背景下，墨子思想具有重要的时代价值。如今墨学文化已成为滕州最具地域特色、最具国际影响力的文化品牌，成为滕州对外交流、扩大开放的桥梁和纽带。墨学文化数字化工作的开展必将为传统文化的保护和传承开创先河，也必将为墨学研究和墨学发展开创崭新的未来。